近代珍稀史料研究丛书

王天根 ◎ 编著

开平煤矿珍稀史料研究

北京师范大学出版集团
BEIJING NORMAL UNIVERSITY PUBLISHING GROUP
安徽大学出版社

图书在版编目(CIP)数据

开平煤矿珍稀史料研究/王天根编著. —合肥:安徽大学出版社,2017.7
(近代珍稀史料研究丛书)
ISBN 978-7-5664-1432-8

Ⅰ.①开… Ⅱ.①王… Ⅲ.①煤矿－工业史－史料－研究－中国－清后期 Ⅳ.①F426.21

中国版本图书馆 CIP 数据核字(2017)第 163195 号

开平煤矿珍稀史料研究
Kaiping Meikuang Zhenxi Shiliao Yanjiu

王天根　编著

出版发行：	北京师范大学出版集团 安 徽 大 学 出 版 社 (安徽省合肥市肥西路 3 号 邮编 230039) www.bnupg.com.cn www.ahupress.com.cn
印　　刷：	合肥远东印务有限责任公司
经　　销：	全国新华书店
开　　本：	170mm×240mm
印　　张：	26.75
字　　数：	368 千字
版　　次：	2017 年 7 月第 1 版
印　　次：	2017 年 7 月第 1 次印刷
定　　价：	69.60 元

ISBN 978-7-5664-1432-8

策划编辑：李加凯		装帧设计：张　浩　李　军	
责任编辑：李加凯		美术编辑：李　军	
责任印制：陈　如			

版权所有　侵权必究
反盗版、侵权举报电话：0551－65106311
外埠邮购电话：0551－65107716
本书如有印装质量问题，请与印制管理部联系调换。
印制管理部电话：0551－65106311

本书系王天根主持的国家社会科学基金重大项目"不列颠图书馆藏中国近代珍稀文献辑录、校勘并考释"(15ZDB038)、全国高等院校古籍整理项目(1206)、教育部人文社会科学重点研究基地重大项目(13BXW011)、安徽省学术和技术带头人后备人选2014年度科研资助项目(编号:J05055110)成果的重要构成。本书亦为王天根主持的安徽省学术和技术带头人培育资助项目(项目代码:J05201419)的一部分。

目录

MULU

导论:煤时代的求富路径及其书写——以开平矿权中外纠葛之文献与历史为中心 …………………………………………………………………………… 1

上 编

在场与追忆:中外开平矿权纠纷缘起探析 ………………………………… 2
面子与法理:中英开平矿权纠纷及赴英诉讼 ……………………………… 27
官场与市场:庚子政潮及对中外开平矿权纠葛的影响 …………………… 52

中 编

开滦矿务资料(中国社会科学院近代史图书馆特藏室) …………………… 90

下 编

《申报》开平煤矿史料 ………………………………………………… 144
 论开平矿务(1878年1月2日) ……………………………………… 144
 通盘核算开平煤铁成本总论(1878年1月22日) …………………… 145
 开平矿务近闻(1878年3月8日) …………………………………… 147
 矿苗甚富(1878年8月3日) ………………………………………… 147
 议造铁路(1878年8月9日) ………………………………………… 147

开平矿务纪述(1878年8月31日) ·············· 148

开矿近闻(1878年11月6日) ·············· 148

开平佳音(1878年12月11日) ·············· 148

开矿续闻(1878年12月21日) ·············· 149

铁路停筑(1879年2月8日) ·············· 149

探查矿苗(1879年5月29日) ·············· 149

开煤近信(1881年1月14日) ·············· 150

开平煤矿情形(1881年1月25日) ·············· 150

书开平煤矿情形(1881年1月26日) ·············· 151

矿务近闻(1881年4月6日) ·············· 153

矿务近闻(1881年10月11日) ·············· 153

股分涨价(1881年11月1日) ·············· 153

论电线宜得相辅之道(节选)(1881年12月12日) ·············· 154

留意矿务(1882年1月19日) ·············· 154

风气日开说(节选)(1882年2月23日) ·············· 154

开平近闻(1882年2月28日) ·············· 155

劝开银行(节选)(1882年3月3日) ·············· 155

煤务近闻(1882年3月5日) ·············· 155

商股获利(1882年3月15日) ·············· 156

矿务传闻说(1882年3月24日) ·············· 156

论中国开煤之益(节选)(1882年3月28日) ·············· 158

股分又涨(1882年3月29日) ·············· 158

津信摘录(1882年4月5日) ·············· 158

煤矿消息(1882年4月7日) ·············· 159

矿务方兴(1882年4月11日) ·············· 159

论开平创开铁路事(1882年5月4日) ·············· 159

北地矿多(节选)(1882年5月13日) ·············· 161

开采煤铁急于金银说(节选)(1882年5月15日) …………… 161
津信杂录(节选)(1882年5月15日) …………… 161
开平近闻(1882年5月19日) …………… 162
矿煤生色(1882年5月30日) …………… 162
船局煤矿琐闻(1882年5月31日) …………… 162
矿煤大至(1882年6月6日) …………… 162
劝华人集股说(节选)(1882年6月13日) …………… 163
津信摘登(1882年6月25日) …………… 163
矿务近闻(1882年7月6日) …………… 164
津门近信(1882年7月13日) …………… 164
津信杂录(1882年7月16日) …………… 164
矿煤畅销(1882年9月7日) …………… 165
津事杂录(1882年10月15日) …………… 165
开平近信(1882年10月28日) …………… 166
津沽近信(1882年12月3日) …………… 166
开矿宜兼筹运道论(节选)(1882年12月19日) …………… 166
矿师赴工(1883年5月5日) …………… 166
矿务生色(1883年5月11日) …………… 167
论禁开矿事(节选)(1883年5月13日) …………… 167
再论禁开矿务(节选)(1883年5月28日) …………… 167
津信摘录(1883年10月23日) …………… 168
津信摘录(1883年11月1日) …………… 168
西报译录(1883年11月18日) …………… 168
开平近信(1883年12月5日) …………… 168
津信摘录(1883年12月11日) …………… 169
汉矿佳音(1883年12月12日) …………… 169
续论矿务(节选)(1884年2月25日) …………… 169

津信摘录(1884年3月9日) …… 169
封禁私矿(1884年3月31日) …… 170
利国佳音(1884年4月9日) …… 170
津信译录(1884年6月7日) …… 170
查勘矿苗(1884年7月17日) …… 171
矿务近闻(1884年8月17日) …… 171
整顿矿务(1884年8月19日) …… 171
西报照译(1885年10月17日) …… 171
铁路将兴(1885年12月30日) …… 172
论法人拟立煤埠事(节选)(1885年12月31日) …… 172
喜书本报铁路将兴事(节选)(1886年1月8日) …… 172
论中国铁路有可兴之机(节选)(1886年4月16日) …… 173
铁路将兴(1886年7月10日) …… 173
煤色甚佳(1886年7月13日) …… 174
津沽西信(节选)(1886年7月21日) …… 174
铁路议(节选)(1886年9月6日) …… 174
装运铁条(1886年10月7日) …… 174
铁路将兴(1886年11月30日) …… 175
扩充铁路(1887年3月19日) …… 175
开平纪事(1887年4月1日) …… 175
开办铁路(1887年4月23日) …… 175
不办报销(1887年9月27日) …… 176
铁路自利说(节选)(1887年9月29日) …… 176
论矿厂被毁(节选)(1887年10月13日) …… 177
拟开煤矿(1888年2月19日) …… 177
论中国渐知铁路之利(节选)(1888年5月29日) …… 178
铁路近闻(1888年7月26日) …… 178

论中国兴办矿务学堂事(节选)(1888年8月18日) …………… 179
津沽寒讯(1888年11月21日) …………………………………… 179
火车述闻(1888年12月29日) …………………………………… 179
筑路开煤(1889年2月9日) ……………………………………… 181
铁路兴而后矿务旺论(节选)(1889年2月16日) ……………… 181
铁路不宜中止说(节选)(1889年2月23日) …………………… 181
咨询矿政(1889年3月13日) ……………………………………… 182
铁路考略(节选)(1889年7月8日) ……………………………… 182
综记中国去年购用洋煤价值之数(1890年3月19日) ………… 182
矿务新论(节选)(1890年4月7日) ……………………………… 184
铁路续闻(1890年5月10日) ……………………………………… 184
论中国矿务宜及时兴办(节选)(1890年5月21日) …………… 185
论开矿购地之善法(节选)(1890年6月28日) ………………… 185
铁路近闻(1891年2月20日) ……………………………………… 186
铁路客谈(节选)(1891年11月12日) …………………………… 186
论中国开矿之效(节选)(1891年12月24日) …………………… 187
矿煤兴旺(1892年7月12日) ……………………………………… 188
论中国宜认真洋务(节选)(1892年7月28日) ………………… 188
论致富首在开矿(节选)(1892年9月23日) …………………… 189
书唐景星观察事略后(节选)(1892年11月13日) …………… 189
铁路纪闻(1893年6月1日) ……………………………………… 190
广育矿务人才论(节选)(1894年5月21日) …………………… 190
矿问(节选)(1894年5月30日) ………………………………… 191
矿局纪闻(1894年6月9日) ……………………………………… 192
购煤宜禁(1894年7月25日) ……………………………………… 192
严防汉奸接济敌军说(节选)(1894年7月29日) ……………… 192
论有铁路必先求有养路之法(节选)(1896年1月3日) ……… 193

论开矿之利(节选)(1896年7月2日) …… 193
宜广开煤矿说(节选)(1896年10月9日) …… 194
接录宜广开煤矿说(节选)(1896年10月16日) …… 194
论盛京卿宣怀奉命督办铁路总公司事(节选)(1896年10月24日) …… 195
中国宜亟采煤说(节选)(1897年8月29日) …… 195
煤价翔贵(1897年12月21日) …… 196
西报论矿(节选)(1898年2月4日) …… 196
开矿必察矿说(节选)(1898年4月30日) …… 196
论中国急宜整顿矿路以绝外人觊觎(1899年5月23日) …… 197
开平矿政(1899年5月26日) …… 198
论中国矿务有振兴之机(节选)(1899年11月28日) …… 199
论采煤被阻事(节选)(1900年5月1日) …… 199
煤矿被夺(1900年10月3日) …… 200
开平煤矿述闻(1901年3月14日) …… 200
论开平煤矿改归英国公司事(1901年3月15日) …… 200
开平矿务续闻(1901年3月17日) …… 202
开平矿务(1901年5月11日) …… 202
矿工已靖(1901年6月28日) …… 202
报纪韩售矿山感而书此(节选)(1901年8月19日) …… 203
矿师不必专延洋人说(节选)(1901年9月15日) …… 203
矿政述闻(1901年9月16日) …… 203
开平煤旺(1902年6月15日) …… 204
矿辨(节选)(1903年7月14日) …… 204
英人获矿(1904年3月10日) …… 204
开平获利(1905年1月28日) …… 204
纪开平矿案控理得直事(特别访函)(1905年2月18日) …… 205

开平煤矿公司控案判词(1905年3月4日) …… 205
开平煤矿案判定原告得直(英京来电)(1905年3月10日) …… 205
准张翼回京陛见(京师)(1905年8月30日) …… 206
开平矿局煤斤纪数(1905年10月17日) …… 206
开平煤矿出产之富(1906年7月18日) …… 206
改传为提(1909年3月23日) …… 206
英人干涉滦矿问题(北京)(1909年4月8日) …… 206
京师近事(1909年5月1日) …… 207
直人争矿问题续闻(北京)(1909年5月6日) …… 207
英使对于开平滦矿之意见(1909年11月14日) …… 208
开平煤槽损伤铁路之补救法(北京)(1910年2月15日) …… 208
董事会不允滦矿总理告退(天津)(1910年2月24日) …… 208
研究开平矿务交涉(北京)(1910年3月27日) …… 209
外交谈(1910年3月28日) …… 209
京师近事(1910年7月9日) …… 210
直督密陈赎回开平煤矿办法(北京)(1910年9月19日) …… 210
开平矿务有限公司分销处迁移广告(1910年10月10日) …… 211
电一(北京)(1910年10月11日) …… 211
电五(北京)(1910年10月12日) …… 211
电四(北京)(1910年10月20日) …… 212
电四(北京)(1910年10月21日) …… 212
沈仲礼观察上商务总会总协理书(节选)(1910年10月21日) …… 212
京师近事(1910年10月24日) …… 212
京师近事(1910年10月26日) …… 212
电五(北京)(1910年10月27日) …… 213
直省官绅奏参张翼之痛快(北京)(1910年10月28日) …… 213
京师近事(1910年10月28日) …… 213

开平矿案之公呈(1910年10月30日) ……………………………… 214
直隶绅民争赎开平矿公呈(节选)(1910年11月3日) ………… 216
盛侍郎对于开平矿案之踌躇(北京)(1910年11月4日) ……… 216
电六(北京)(1910年11月5日) ………………………………… 217
直人对于张翼之愤愤(北京)(1910年11月5日) ……………… 217
开平赎矿问题尚难解决(北京)(1910年11月11日) …………… 218
京师近事(1910年11月14日) …………………………………… 218
滦矿公司会议对待开平情形(天津)(1910年11月18日) ……… 218
电一(北京)(1910年11月25日) ………………………………… 219
电五(北京)(1910年11月25日) ………………………………… 219
十月十六日议事(节选)(1910年11月25日) …………………… 220
电二(北京)(1910年11月27日) ………………………………… 220
京师近事(1910年11月29日) …………………………………… 220
电三(北京)(1910年12月1日) ………………………………… 220
电四(北京)(1910年12月1日) ………………………………… 221
资政院通过弹劾军机奏稿(1910年12月2日) ………………… 221
时评·其一(1910年12月2日) ………………………………… 221
论开平矿事(1910年12月3日) ………………………………… 221
审查开平矿案之报告(北京)(1910年12月6日) ……………… 223
京师近事(1910年12月9日) …………………………………… 224
京师近事(1910年12月12日) …………………………………… 224
京师近事(1911年1月5日) …………………………………… 224
电三(北京)(1911年1月6日) ………………………………… 225
电二(北京)(1911年1月7日) ………………………………… 225
电三(北京)(1911年1月7日) ………………………………… 225
时评·其二(1911年1月7日) ………………………………… 225
电六(北京)(1911年1月20日) ………………………………… 226

电三(北京)(1911年1月23日) …………………………… 226

电四(北京)(1911年1月23日) …………………………… 226

京师近事(1911年1月24日) ……………………………… 226

开平矿案张翼战胜矣(北京)(1911年1月26日) ………… 226

京师近事(1911年2月27日) ……………………………… 227

直绅争矿仍以上书了结(天津)(1911年3月20日) ……… 227

又有参张翼谋者(北京)(1911年3月24日) ……………… 228

电三(北京)(1911年4月11日) …………………………… 228

开滦两矿合并办法(1912年2月12日) …………………… 228

专电(1912年3月27日) …………………………………… 229

咄咄滦矿竟归并开平矣(1912年6月14日) ……………… 229

译电(1912年6月16日) …………………………………… 230

张翼报告建永两金矿情形(1912年9月27日) …………… 230

《大公报》开平煤矿史料 …………………………………… 233

译件(1902年7月10日) …………………………………… 233

时事要闻(1902年7月11日) ……………………………… 233

译件(1902年7月16日) …………………………………… 234

译件(1902年7月25日) …………………………………… 234

开平矿局(1902年9月30日) ……………………………… 234

官商利便(1902年10月14日—11月28日) ……………… 235

开平矿务有限公司派利广告(1902年10月23日—29日) ………… 235

开平矿务有限公司广告(1902年10月23日—25日,11月1日—6日) …

…………………………………………………………… 236

开平矿务有限公司续出广告(1902年10月25日、27日—11月6日) …

…………………………………………………………… 236

时事要闻(1902年11月18日) …………………………… 236

时事要闻(1902年11月19日) …………………………… 237

时事要闻(1902年11月20日) …… 237
开平矿务有限公司招买告白(1902年11月23日—29日) …… 237
开平矿务有限公司议事情形(1902年11月29日) …… 237
开平矿务有限公司议事情形(续前稿)(1902年11月30日) …… 238
论开平矿务局事(1902年12月1日) …… 239
时事要闻(1903年1月13日) …… 243
论说(1903年1月23日) …… 243
开平矿务有限公司废铁、旧车招买告白(1903年2月24日—28日) …… 243
开平矿务有限公司招包木桶告白(1903年5月15日—21日) …… 243
新河招租广告(1903年10月11日—17日) …… 244
开平矿务有限公司派利广告(1903年11月12日—18日) …… 244
开平矿务有限公司第二次总会聚议报单(1903年12月9日) …… 244
开平矿务有限公司第二次总会聚议报单(续昨稿)(1903年12月10日) …… 249
开平煤矿要闻(1903年12月20日) …… 253
比不干涉矿事(1904年1月16日) …… 254
调停开平矿务(1904年2月1日) …… 254
纪闻开平矿务事(1904年2月6日) …… 254
矿权可收一半(1904年3月8日) …… 255
接办开平矿务(1904年5月14日) …… 255
会议收回煤矿(1904年8月21日) …… 255
张侍郎赏顶戴之缘因(1904年11月20日) …… 255
张燕谋氏出都有期(1904年11月25日) …… 255
赴英办理矿案起程(1904年11月30日) …… 256
矿案会质日期(1904年12月16日) …… 256
派员查看矿苗(1905年1月6日) …… 256

开平矿务讼案得直纪闻(1905年2月10日) …………………………… 256
英报评论开平矿务讼事(1905年3月5日) …………………………… 257
记英京审讯开平矿务局要案(1905年3月9日) ……………………… 257
记英京审讯开平矿务局要案(续昨稿)(1905年3月10日) ………… 259
记英京审讯开平矿务局要案(再续前稿)(1905年3月11日) ……… 260
记英京审讯开平矿务局要案(三续前稿)(1905年3月12日) ……… 261
记英京审讯开平矿务局要案(四续前稿)(1905年3月13日) ……… 264
记英京审讯开平矿务局要案(五续前稿)(1905年3月14日) ……… 266
记英京审讯开平矿务局要案(六续前稿)(1905年3月15日) ……… 267
记英京审讯开平矿务局要案(七续前稿)(1905年3月16日) ……… 269
记英京审讯开平矿务局要案(八续前稿)(1905年3月17日) ……… 270
记英京审讯开平矿务局要案(九续前稿)(1905年3月18日) ……… 271
记英京审讯开平矿务局要案(十续前稿)(1905年3月19日) ……… 274
记英京审讯开平矿务局要案(十一续前稿)(1905年3月20日) …… 276
记英京审讯开平矿务局要案(十二续前稿)(1905年3月21日) …… 277
记英京审讯开平矿务局要案(十三续前稿)(1905年3月22日) …… 278
记英京审讯开平矿务局要案(十四续前稿)(1905年3月23日) …… 279
记英京审讯开平矿务局要案(十五续前稿)(1905年3月30日) …… 281
记英京审讯开平矿务局要案(十六续前稿)(1905年3月31日) …… 283
记英京审讯开平矿务局要案(十七续前稿)(1905年4月1日) …… 285
记英京审讯开平矿务局要案(十八续前稿)(1905年4月2日) …… 286
记英京审讯开平矿务局要案(十九续前稿)(1905年4月5日) …… 288
记英京审讯开平矿务局要案(二十续前稿)(1905年4月6日) …… 290
记英京审讯开平矿务局要案(二十一续前稿)(1905年4月7日) …… 291
记英京审讯开平矿务局要案(二十二续前稿)(1905年4月8日) …… 293
记英京审讯开平矿务局要案(二十三续前稿)(1905年4月9日) …… 294
记英京审讯开平矿务局要案(二十四续前稿)(1905年4月10日) … 295

记英京审讯开平矿务局要案(二十五续前稿)(1905年4月11日) … 297
记英京审讯开平矿务局要案(二十六续前稿)(1905年4月12日) … 298
张侍郎自英起程(1905年3月21日) … 300
张燕谋氏将到津(1905年4月18日) … 300
开办硝矿近闻(1905年4月21日) … 300
开平矿务局控案堂断(1905年4月25日) … 300
开平矿务局控案堂断(续昨稿)(1905年4月26日) … 302
开平矿务局控案堂断(再续前稿)(1905年4月27日) … 303
开平矿务局控案堂断(三续前稿)(1905年4月28日) … 306
张侍郎将回华(1905年8月22日) … 307
电召张侍郎归(1905年8月27日) … 307
开平煤矿奇缺(1906年4月3日) … 307
车站汇志(1906年5月9日) … 308
开平矿务有限公司炉灶之谋策(1908年4月26日) … 308
读北洋滦州官矿有限公司招股章程书后(1908年7月10日) … 308
北洋滦州官矿有限公司招股广告(1908年8月1日) … 309
论滦州煤矿之关系(1908年8月4日) … 310
北洋滦州官矿有限公司招股广告(1909年1月2日) … 311
北洋滦州官矿有限公司付息广告(1909年3月3日) … 311
北洋滦州官矿有限公司付息紧要告白(1909年3月25日) … 312
滦矿与开矿之关系(1909年4月9日) … 312
汪大燮与张燕谋(1909年4月9日) … 313
直隶民气之发达(1909年4月11日) … 313
直隶人之摹仿性(1909年4月14日) … 314
北洋滦州官矿有限公司每日取息时限广告(1909年4月15日) … 314
敬告力争滦矿者(1909年4月15日) … 315
滦矿问题之变相(1909年4月21日) … 315

滦矿问题之变相(续)(1909年4月22日) ……………………… 316

滦矿问题之变相(续)(1909年4月23日) ……………………… 317

滦矿案入奏消息(1909年4月25日) …………………………… 318

北洋滦州官矿公司设立接待处广告(1909年6月11日) ……… 319

北洋滦州官矿有限公司开正式股东会订期广告(1909年6月30日) ……
………………………………………………………………… 319

记滦矿开股东会之盛(1909年7月16日) ……………………… 319

北洋滦州官矿有限公司迁移广告(1909年8月25日) ………… 320

北洋滦州官矿公司开收第二期股本广告(1910年2月25日) ……… 320

北洋滦州官矿有限公司订期开股东常会广告(1910年3月15日) … 321

开平矿务有限公司广告(1910年3月20日) …………………… 321

滦州官矿有限公司第二次付息广告(1910年4月1日) ……… 321

密电商办开平矿务(1910年5月1日) ………………………… 322

北洋滦州官矿公司开收第二期股本广告(1910年5月1日) … 322

北洋滦州官矿公司续收第二期股本截限广告(1910年5月21日) … 322

开平交涉将次解决(1910年5月31日) ………………………… 323

北洋滦州官矿公司第二期地字股限满截止广告(1910年7月31日) ……
………………………………………………………………… 323

收回开平矿之办法(1910年10月2日) ………………………… 323

开平焦炭(1910年10月6日) …………………………………… 323

张京堂将为直省矿务交涉专使(1910年10月16日) ………… 324

开平矿之历史(1910年10月18日) …………………………… 324

关于开平煤矿纠葛之文件(1910年10月19日) ……………… 325

北洋滦州官矿有限公司特别股东会日期广告(1910年10月27日) ……
………………………………………………………………… 326

张翼又上封奏(1910年10月27日) …………………………… 326

张翼反对赎矿之原因(1910年10月31日) …………………… 326

挽回矿权(1910年11月1日) ………………………………………… 326
论张燕谋反对开平赎矿事(1910年11月2日) ………………… 327
泽尚书对于开平矿务之政见(1910年11月3日) ……………… 328
力争矿案(1910年11月6日) ……………………………………… 328
北洋滦州官矿有限公司招募学徒广告(1910年11月19日)…… 328
张翼又递封奏之内容(1910年11月28日) ……………………… 329
北洋滦州官矿公司售煤广告(1910年12月1日) ……………… 329
开平矿案之议决(1910年12月2日) …………………………… 329
密谕派员筹办开平矿案(1910年12月3日) …………………… 329
赎回开平矿之筹款法(1910年12月7日) ……………………… 330
北洋滦州官矿有限公司订期开股东会广告(1911年2月4日)… 330
直督复陈开平矿收回办法(1911年2月11日) ………………… 330
会议矿务(1911年3月1日) ……………………………………… 331
开会争矿(1911年3月10日) …………………………………… 331
筹办矿案(1911年3月24日) …………………………………… 332
滦州官矿有限公司第三次付息广告(1911年4月10日) ……… 332
车站纪事(1911年5月10日) …………………………………… 333
车站纪事(1911年6月26日) …………………………………… 333
车站纪事(1911年7月11日) …………………………………… 333
车站纪事(1911年8月19日) …………………………………… 333
车站纪事(1911年9月24日) …………………………………… 333
车站纪事(1911年10月7日) …………………………………… 333
车站纪事(1911年10月8日) …………………………………… 334
北洋滦州官矿有限公司售煤广告(1911年6月22日) ………… 334
开平矿务有限公司(1911年8月19日) ………………………… 334
启新洋灰有限公司董事会条驳湖北水泥厂总理程听彝观察诬蔑节略议案
(1911年9月16日) ……………………………………………… 335

启新洋灰有限公司董事会条驳湖北水泥厂总理程听彝观察诬蔑节略议案
（续）(1911年9月18日) ································· 336
北洋滦州官矿公司矿厂纪略(1911年10月11日) ················· 337
北洋滦州官矿公司矿厂纪略（续）(1911年10月12日) ············· 337
北洋滦州官矿公司矿厂纪略（续）(1911年10月14日) ············· 338
开平矿务有限公司(1912年1月6日) ··························· 339
北洋滦州官矿有限公司开特别股东会广告(1912年1月7日) ········· 339
北洋滦州官矿有限公司续开特别股东会广告(1912年1月19日) ··· 339
北洋滦州官矿有限公司广告(1912年1月30日) ··················· 340
开平矿务有限公司(1912年4月14日) ·························· 340
开平矿务有限公司(1912年5月8日) ··························· 340
庚子年前开平矿务局旧员司鉴(1912年8月26日) ················· 341
开滦煤矿总局(1912年11月18日) ····························· 341

《外交报》开平煤矿史料 ································· 342

外务部奏定矿务章程折(1902年2卷7期) ······················· 342
会办路况大臣张遵旨回奏开平矿务情形折(1903年3卷6期) ········ 346
开平矿务局合同凭单：税务司德璀琳与胡华议定合同(1903年3卷7期)
··· 349
开平矿务局合同凭单：张侍郎与洋商胡华议订合同(1903年3卷7期)···
··· 351
张侍郎发给德璀琳凭单(1903年3卷7期) ······················· 353
矿路汇志：自张燕谋侍郎奉命收回开平矿务之后(1903年3卷9期)······
··· 354
论外人攫取矿权之害(1903年3卷26期) ······················· 355
论中国路矿(1903年3卷33期) ································ 356
记外人干预中国路矿(1904年4卷1期) ························· 357
开平矿务局控案伦敦按察使佐斯君堂断(1905年5卷7期) ············ 358

论开平矿局讼事(1905年5卷7期) …………………………………… 364
论开平矿局讼事(其二)(1905年5卷7期) …………………………… 364
路矿汇志:英德两国近将津镇铁路草案送交外务部(1905年5卷19期)
　……………………………………………………………………… 366
力争矿权:力争滦州矿权(1909年9卷12期) ………………………… 366
要事汇志:咨查有无路矿逾期条约(1909年9卷17期) ……………… 367
矿政交涉:开平矿务之交涉(1910年10卷7期) ……………………… 367
矿政交涉:赎回开平煤矿(1910年10卷23期) ……………………… 368
矿政交涉:开平矿务(1910年10卷31期) …………………………… 368

附录:严复有关开平矿权纠葛的六封信函 …………………………… 370

后　记 ………………………………………………………………… 376

导论:煤时代的求富路径及其书写

——以开平矿权中外纠葛之文献与历史为中心

近代中西面临分野。在求富的路上,以首创产业革命成功的英国为核心的西方列强迅速崛起。以英国为代表的近代化趋向被誉为工业化大生产原创性的模板,也成为后来者效仿的榜样。英国的成功多被归因为自然科学与社会科学合力的作用。自然科学上从牛顿力学到瓦特集大成式蒸汽机的发明,为工业化大生产解决了机器动力等问题。而瓦特蒸汽机的发明背后涉及煤矿能源等支持。"在所有的技术发展背后和下面,是煤和矿工及采矿工程师的技术。对于1865年大谈其铁时代或蒸汽时代的那些人,斯坦莱·杰文斯回答说,单单煤炭就可以充分支配无论是铁或者蒸汽,所以支配这个时代的是煤"。[①] 大体而言,产业革命与煤主导的时代密切关联。以机器为主导的动力运行又与社会分工论密切关联。亚当·斯密的社会分工论与大规模的社会化大生产相适应,以产品标准化为主体的社会化大生产多以工厂流水线的方式呈现。相比之下,中国仍蹒跚在帝国的故道上,后成以英国为首的西方殖民者攫取高额垄断利润的对象。殖民者与被殖民者之间的关系表现为以英国为首的欧洲与以江南为中心的中国内地的经济发展的差距。这种落差多以工业化与农耕文明的对比而被多重解读。亚当·斯密的 *An*

---

① [英]克拉潘著:《现代英国经济史》(中卷),北京:商务印书馆,1975年,第137页。说明:该书原著出版于1932年。

Inquiry into Nature and Cause of the Wealth of Nations 受到有思想的翻译家严复等人的高度重视,严复将其译著成《原富》,古典经济学一度成为近代中国寻求富强的学理参照乃至救世良方。而以亚当·斯密的政治经济学来分析中国与欧洲富强路径及其学理上的共识和分殊,后来成为西方汉学探索的重要传统。

一、煤的时代:中国与欧洲富强分殊之界标及其学理探讨

这些年中西比较意义上有关寻求富强的学理及其路径分析,尤以美国加州学派之显著业绩为代表。其中可见英国工业化进程中亚当·斯密乃至马尔萨斯经济学理论的卓越风姿。1997年有着西方经济学背景的学人王国斌著 *Chinese Transformed*: *Historical Change and the Limits of European Experience*,后被李伯重、连玲玲译成中文《转变的中国:历史变迁与欧洲经验的局限》。在王国斌看来,"经济学,作为一个学科来说,其出现与资本主义的发展相伴,并且成为用来解释市场、企业与单个经济行为运作的分析工具。经济学最初与政治学密切联系,所以亚当·斯密和卡尔·马克思所从事的都是政治经济学的研究。"[①]该书围绕经济变化、国家形成、社会抗争等主题进行论述。该书"导论"云:"选择近代欧洲史上的两大历史过程——资本主义的发展与民族国家的形成,来与中国的经济、政治变化进行比较,然后用关于集体行动的研究(中西集体行动貌似相同,实则有异),来深化上述比较。关于经济变化,我在本书上篇中指出:在近代早期的欧洲和明清时期的中国,经济变化的动力颇为相似,直到19世纪,它们才变得截然不同。关于国家形成,我在本书中篇中,把欧洲武力威胁到中国统一之前和之后,中国及欧洲政治变化的历史环境加以对比。而后,在本书下篇中,我探讨食物骚乱、抗税运动和革命的内在逻辑与环境。我希望该书的讨论,能对中国与欧洲历史变化

---

① 王国斌著,李伯重、连玲玲译:《转变的中国:历史变迁与欧洲经验的局限》,南京:江苏人民出版社,2010年,第3页。

的诸种动力,提出一种新的观点。同时我也想借此表明,比较史学如何能够有助于修正社会理论。"① 吴承明为其作序,称作者从这三个层面进行中国和西欧历史的比较研究,并希望从比较所得的更大范围的社会演变轨迹中来改进人们对社会发展的看法。② 吴承明认为该书尤以"国家形成"中中国与西欧比较史学方法的运用最为成功。这是因为:根源于文化和历史传统的中西之间在国家理论和实践上的差异,远较双方在物质生活上的差异为大。政治比之经济有更大的选择性。③ 吴承明称,王国斌认为"16 至 18 世纪,欧洲和中国的经济发展都适用亚当·斯密的增长理论,即贸易和市场的扩大,通过交换中的绝对优势,促进了分工和专业化,而后者带来的生产率的提高,乃是经济发展之源。在这种'斯密型动力'的推动下,欧洲和中国的农业经济,包括农村手工业,其发展道路大体上是相同的。但到 19 世纪,欧洲的农村手工业被城市的机械化工厂工业所代替,更适用于新古典主义的以储蓄和投资为动力的增长理论,遂与中国经济的发展分道扬镳。19 世纪西方的侵入,扩展了中国的贸易和市场,而其结果主要是扩大了斯密型动力运作的空间,并未根本改变中国经济发展的动力,直到 20 世纪前叶还是这样。"④ 而依据马尔萨斯的人口论则另有一番结论。王国斌亦有涉及,"古典主义增长模型给出一个人口与资源的悲观结论,成为史学家议论的焦点。在这个问题上,本书作者对中国和欧洲的人口行为与经济发展的关系作了精湛的分析,令人信服地说明:直到 19 世纪,尽管家庭和生产组织迥异,但中国的人口危机并不比欧

---

① 王国斌:《导序》,参见王国斌著,李伯重、连玲玲译:《转变的中国:历史变迁与欧洲经验的局限》,南京:江苏人民出版社,2010 年,第 3 页。
② 吴承明:《中文版序》,参见王国斌著,李伯重、连玲玲译:《转变的中国:历史变迁与欧洲经验的局限》,南京:江苏人民出版社,2010 年,第 1 页。
③ 吴承明:《中文版序》,参见王国斌著,李伯重、连玲玲译:《转变的中国:历史变迁与欧洲经验的局限》,南京:江苏人民出版社,2010 年,第 3 页。
④ 吴承明:《中文版序》,参见王国斌著,李伯重、连玲玲译:《转变的中国:历史变迁与欧洲经验的局限》,南京:江苏人民出版社,2010 年,第 5 页。

洲更大。"①

分析近代中西经济增长落差之原委,另一学派代表人物黄宗智则有不同的看法。王国斌称"黄宗智的新著《长江三角洲农民家庭和乡村发展(1350—1988)》,则重在探讨中国经验与欧洲模式的不同(黄把亚当·斯密和马克思的理论当做欧洲的理想模式)"。②王国斌称:"大多数学者都在搜索寻找某种阻碍中国经济发展的实实在在的障碍。少数学者则想找出中国所缺少的关键因素到底何在。在这类研究中,最有名的是马克斯·韦伯把基督教新教精神与世界其他地区宗教信仰所作的对比。"③王国斌在探讨欧洲与中国的经济经验的比较时,恰恰是从亚当·斯密开始的。在王国斌看来,在16—19世纪,中国许多地区都存在斯密型动力,即亚当·斯密所指出的经济成长动力④。王国斌指出,"无论是近代早期的英国农业经济,还是明清时期的中国农业经济,都为那些与亚当·斯密和托马斯·马尔萨斯的学说有关联的积极的和消极的变化力量所支配。"⑤王国斌认为:"上述时代的中国与欧洲,共处于一个农业收成不保险、生产原料有限的世界之中。二者都经历了由经济扩展与收缩组成的周期循环。在类似的斯密型动力(即劳动区域分工和通过市场的绝对优势)的推动下,这种循环逐渐地创造了更大规模的经济。"⑥同时,"中国与欧洲也同样有落入马尔萨斯人口陷阱的可能性,即人口压力带来资

---

① 吴承明:《中文版序》,参见王国斌著,李伯重、连玲玲译:《转变的中国:历史变迁与欧洲经验的局限》,南京:江苏人民出版社,2010年,第5页。
② 王国斌著,李伯重、连玲玲译:《转变的中国:历史变迁与欧洲经验的局限》,南京:江苏人民出版社,2010年,第7页。
③ 王国斌著,李伯重、连玲玲译:《转变的中国:历史变迁与欧洲经验的局限》,南京:江苏人民出版社,2010年,第8页。
④ 王国斌著,李伯重、连玲玲译:《转变的中国:历史变迁与欧洲经验的局限》,南京:江苏人民出版社,2010年,第11页。
⑤ 王国斌著,李伯重、连玲玲译:《转变的中国:历史变迁与欧洲经验的局限》,南京:江苏人民出版社,2010年,第28页。
⑥ 王国斌著,李伯重、连玲玲译:《转变的中国:历史变迁与欧洲经验的局限》,南京:江苏人民出版社,2010年,第29页。

源匮乏的经济危机。"[1]

通过对已有研究成果的梳理,王国斌称:"E. A. 雷格莱(Wrigley)已指出:英国之逃脱斯密型增长的内在限制,靠的是世界上史无前例的矿物能源的大开发。以煤为新的热能来源而以蒸汽为新形式的机械动力,在此基础上提高生产率。这是欧洲一些地区的工业化,在19世纪变得与欧亚大陆其他地区的工业化大相径庭的主要特征。"[2]王国斌认为:"近代农业中资本与劳动生产率之增长,与能源之大量使用密不可分。"[3]王国斌评价:"雷格莱对于古典经济学家时代的有机经济和后来的矿物经济所作的区别,是合乎逻辑的。"[4]

加州学派另一代表人物彭慕兰认为,"中国比较富裕的地区迟至18世纪中后期,在相对意义上极具经济活力,相对繁荣。那种认为中国或是由于人口压力,或是由于其社会所有制关系的性质而'闭塞'并极为贫穷的旧观点,现在在我看来完全处于守势地位"。[5] 他认为这一观点得到广泛认可。而东西方因何在19世纪发生经济增长上的分流,一直有争议。解读其原因的过程中不乏内因与外因及其互动关系的分析。彭慕兰对王国斌有关中国与西欧的平行性发展分析也相当重视。

彭慕兰、王国斌在他们的论著中阐释了欧洲与中国在整体意义上的可比性,彭慕兰称他与王国斌都认为:"在进行东西方比较(或者任何比较)时所用的单位必须具有可比性,而现代民族国家理所当然不是必然构成这些单位。

---

[1] 王国斌著,李伯重、连玲玲译:《转变的中国:历史变迁与欧洲经验的局限》,南京:江苏人民出版社,1998年,第29页。

[2] 王国斌著,李伯重、连玲玲译:《转变的中国:历史变迁与欧洲经验的局限》,南京:江苏人民出版社,1998年,第47页。

[3] 王国斌著,李伯重、连玲玲译:《转变的中国:历史变迁与欧洲经验的局限》,南京:江苏人民出版社,1998年,第47页。

[4] 王国斌著,李伯重、连玲玲译:《转变的中国:历史变迁与欧洲经验的局限》,南京:江苏人民出版社,1998年,第48~49页。

[5] 彭慕兰:《中文版序言》,参见彭慕兰,史建云译:《大分流:欧洲、中国及现代世界经济的发展》,南京:江苏人民出版社,2010年,第5页。

因而中国作为一个整体(或印度作为一个整体)更适合与整个欧洲而不是与具体的欧洲国家进行比较:正如中国既有富裕的江南也有贫穷的甘肃一样,欧洲同样既包括英格兰也包括巴尔干。江南当然不是一个独立的国家,但在18世纪,其人口超过除俄国以外的任何一个欧洲国家,就其在自己所处的更大社会中的经济职能来说,江南——而不是整个中国——是英格兰(或者英格兰加上尼德兰)的一个合理的比较对象。这种想法给了我们一条进行类比的基线,能使比较真正具有意义,从而使我们得以弄清,在世界不同地区、区域之间重要关系的建立方式有什么相同之处和不同之处。进一步使我们得以把经济发展看作地区间互动的结果,而不是始终寻找某种对一个具体地区内生的成功来说是具体的致命缺陷或关键的东西,并用这一关键性特征对1800年前的相同和1800年后的差异进行困难的解释。"①彭慕兰称:"正是中国,而不是其他任何地方,成为现代西方讲述的它自己的历史的'另一面',从斯密和马尔萨斯到马克思和韦伯都是如此。"②

　　彭、王一度将英国的英格兰与中国的江南进行对照研究。当然也指出两者的差别。在彭慕兰看来,"煤是工业革命早期景观的中心。只有棉花、铁、钢和铁路得到了同样的注意,而除了棉花以外,其他那些要素都要依赖煤。"③"尽管把19世纪初期煤的兴盛看作廉价的矿物燃料最终缓解了来自有限的土地供给的压力(甚至农业本身也受益于能源密集的化肥工业)的全过程可能过于目的论,但它明显成为决定性的一步;水力,无论其轮子得到了多么大的改进,但完全没有同样的潜力能提供超过未来几十年中飞速增长的人口的能源投入,或是让化学替代土地。因而,把煤的开采和使用看作欧洲最可能具备的技术优势看起来毕竟是明智的,因为这一优势纯粹发生在本地,

---

① 彭慕兰著,史建云译:《大分流:欧洲、中国及现代世界经济的发展》,南京:江苏人民出版社,2010年,第2~3页。
② 彭慕兰著,史建云译:《大分流:欧洲、中国及现代世界经济的发展》,南京:江苏人民出版社,2010年,第29页。
③ 彭慕兰著,史建云译:《大分流:欧洲、中国及现代世界经济的发展》,南京:江苏人民出版社,2010年,第70页。

对欧洲 19 世纪的突破是关键性的,并且(与纺织品不同)其兴旺并不依赖欧洲对海外资源的获取。"①西欧领先于 18 世纪世界的相关技术是英国那些居领先地位的技术,"其中之一正是采矿,但其余的并不是那些直接显示其关联性的技术:钟表制造、枪炮制造和航海仪器"。②

二、煤的时代中西求富思想先行者:严复与斯密

英国乃至欧洲列强的富强在学理参照层面大体上离不开马尔萨斯的人口论与亚当·斯密的社会分工论的对话与对峙。这一点早在严复译著亚当·斯密的《原富》等西学名著的按语中已有充分展示。

亚当·斯密作为古典经济学的创始人,其集大成之作《原富》无疑反映了英、法等国工业化进程的学理解读。由此而论,《原富》从学理层面折射西方资本主义发展过程中呈现出来的历史本真。而近代中西社会发展的落差又以被殖民者与殖民者等身份悬殊来展示。严复翻译西方经济学论著,意在让近代国人探索富强之道有学理参照。比较中西差别及重农学派、重商学派,严复分析通商求利称:"以金为财,故论通商,则必争进出差之正负。"③通商涉及进出口贸易,"优内抑外之术,如云而起。夫保商之力,昔有过于英国者乎?有外输之奖,有掣还之税,有海运之条例,凡此皆为抵制设也。而卒之英不以是而加富,且延缘而失美洲"。这就需要经济学学理的支撑,"自斯密论出,乃商贾亦知此类之政,名曰保之,实则困之。虽有一时一家之获,而一国长久之利,所失滋多。于是翕然反之,而主客交利。今夫理之诚妄,不可以口舌争也,其证存乎事实……斯密《计学》之例,所以无可致(置)疑者,亦以与之

---

① 彭慕兰著,史建云译:《大分流:欧洲、中国及现代世界经济的发展》,南京:江苏人民出版社,2010 年,第 73 页。
② 彭慕兰著,史建云译:《大分流:欧洲、中国及现代世界经济的发展》,南京:江苏人民出版社,2010 年,第 74 页。
③ 严复:《译斯氏〈计学〉例言》,王栻主编:《严复集》(一),北京:中华书局,1986 年,第 99 页。

冥同则利,与之舛驰则害故耳"。① 由此严复阐述亚当·斯密的贸易自由主义之思想。严复译著亚当·斯密的政治经济学论著,绝非限于为大学堂提供经济学教科书之类。有思想的翻译家严复译著《原富》,有着更多的救世的学人情怀。

在汲取亚当·斯密等政治经济学的基础上,严复的经济学思想有着世界乃至全球的目光:"西人尝谓商市欧洲最盛,而欧洲又英国最盛者,虽曰人事,亦地形为之耳。设分地球为二半,其一为陆半球,其一为水半球,则英岛实处陆半球之中央。欧洲海岸,出入海线最长,而英为岛国,无地不可与水通,当墨西哥湾温溜之冲,气候温燠。总是三者,此所以能独握海权,牢笼商务,驾万国而上之,非偶然也。顾谓十九稘前,英以地势,其商业宜甲天下,是则然矣。第必曰其事将恒如此,则自诩之论,殆未可信。往者世治初进,埃及、印度、安息,实为奥区。浸假而希腊,而罗马,而英伦,则过是以往,势将又迁。汽车大行,而海线之长,不足孤擅。故二十稘以往,将地大气厚者,为文明富庶之所钟焉。然则雄宇内者,非震旦,即美利坚也。"②(稘,指周年,此指世纪更妥。)比照今天的美国、中国为世界第一、第二大经济实体,不能不感叹严复的预见。

曾任开平矿务局华局总办并兼翻译的严复对西方经济学,包括公司制度在学理上的价值等方面的认识是较为深刻的。严复翻译亚当·斯密的政治经济学方面的论著,他对亚当·斯密的经济伦理等方面著述也有深刻的体悟。亚当·斯密著述《原富》有其历史语境,严复对此体悟颇深,"当是时,欧洲民生蕉然,大变将作,法国外则东失印度,西丧北美,内则财赋枵虚,政俗大坏。华盛顿起而与英争自立,两洲骚然。自由平等之义,所在大昌。民处困阨之中,求其故而不得,则相与归狱于古制。有识之徒,于政治宗教咸有论著。斯密生于此时,具深湛之思,值变化之会,故《原富》有作"。斯密之所以

---

① 严复:《译斯氏〈计学〉例言》,王栻主编:《严复集》(一),北京:中华书局,1986年,第99页。

② 王栻主编:《严复集》(四),北京:中华书局,1986年,第894页。

重新整理或爬梳相关经济数据及经济学方面的论著,也是感于时运所济,"虽曰其人赡知,抑亦时之所相也。归里杜门十年,而《原富》行于世。书出,各国传译,言计之家,偃尔宗之……弛爱尔兰人口之禁,与法人更定条约,平其酒榷,不相龃龉,则皆斯密氏之画云"。① 斯密对英国及其庞大的殖民地关系亦有着深刻而又宏观的揭示。他多从市场与专卖制度层面,分析作为母国的英国与美洲殖民地的关系。其视角及目光之犀利,令人印象深刻。

所谓寻求富强,对英语世界而言涉及以大英帝国为核心的全球范围内的殖民体系及其财富输入等。亚当·斯密有专题论述殖民地,他在《论殖民地》将希腊、罗马等早期的殖民地思想与欧洲人最初在美洲及西印度建立殖民地的动机相比较,认为后者的动机更加隐形。② 亚当·斯密分析了哥伦布环球航行在殖民史中的意义,他称哥伦布曾将到达的一些地方叫印度,最后"发现了新印度与老印度完全不相同,才把前者叫做西印度,后者叫做东印度,以示区别"。③ 亚当·斯密认为进步最速的殖民地,"要算英国的北美洲殖民地了"。在他看来,"一切新殖民地繁荣的两大原因,似乎是良好土地很多,和按照自己方式自由处理自己事务"。④ 以英国所涉北美洲殖民地而言,虽然有很多良好的土地,"但不如西班牙人和葡萄牙人的殖民地,也不比上次战争前法国人的一些殖民地好。但是英国殖民地的政治制度,却比其他三国任何一国殖民地的政治制度更有利于土地的改良与耕作"。⑤ 亚当·斯密认为:"英领美洲殖民地及西印度间的贸易,无论就列举商品说或就非列举商品说,都

---

① 严复:《译斯氏〈计学〉例言》,王栻主编:《严复集》(一),北京:中华书局,1986年,第103页。
② [英]亚当·斯密著,郭大力及王亚南译:《国民财富的性质和原因的研究》(下),北京:商务印书馆,1997年,第127页。
③ [英]亚当·斯密著,郭大力及王亚南译:《国民财富的性质和原因的研究》(下),北京:商务印书馆,1997年,第131~132页。
④ [英]亚当·斯密著,郭大力及王亚南译:《国民财富的性质和原因的研究》(下),北京:商务印书馆,1997年,第143页。
⑤ [英]亚当·斯密著,郭大力及王亚南译:《国民财富的性质和原因的研究》(下),北京:商务印书馆,1997年,第143页。

有最完全的自由。此等殖民地,现在是那么富庶,所以彼此间,对于彼此所有的产物,都能提供广大的市场。把这一切殖民地合起来看,那对于彼此的产物,就是一个大的国内市场了。"①从世界市场的形成层面探讨殖民者与被殖民者角色的分工及其文化认同,无疑会涉及民族主义及其情感认同等。这又不仅仅是经济史所能囊括的了。

列强瓜分世界有争夺霸权之意,更有看不见的手——市场经济之关联。严复称:"斯密氏此说,在当时已然,而至今尚尔。海军陆师,侵耗民力之尤大者,顾英德诸国急不敢暇者,亦坐属境多耳。英得印度之初,战守之费以京垓沟涧计,即其他如南极之澳洲,如南非之好望角,如北美之刚那达,以财赋兵役言,于本国均为有损。光绪初年,俄土之战,英得地中海之东极旧岛名塞布刺斯者,至今以为累。斯宾塞尔言,国家常以辟拓疆土为事。然得一无益之地,虚本国之财力以守之,则于国常有损,失之又大堕威名,则何异引磨之驴以石自缠其项耶!然而至今英、德、俄、法诸国,犹斯斯于非、亚、澳三洲之殖民地,不惜为出兵力以守且争之者,非曰国家财赋兵役有所利也,实以得之则人民有所殖,物产有所销。此其所以不惜大张海陆之兵以力持之之故也。中国地大物博,税薄而民勤。欧洲与之互市,有其全利,无其少费。此所为操万全之算者。近者,英人贝勒斯福游华,归而著说,主大开门户之谋,而黜瓜分之议。彼固计利而动,夫岂有爱于我也哉!"②在严复看来,"今者,中国过庶而不富,而国中可兴之新业最多。此所以浮海华工,日以益众,而各国争欲主中国矿路者,亦正为此耳"③。

亚当·斯密非常重视经济伦理,对此译著者严复有深刻的认识:"犹有以斯密氏此书为纯于功利之说者,以谓如计学家言,则人道计赢虑亏,将无往而不出于喻利。驯致其效,天理将亡,此其为言厉矣。独不知科学之事,主于所

---

① [英]亚当·斯密著,郭大力及王亚南译:《国民财富的性质和原因的研究》(下),北京:商务印书馆,1997年,第152页。
② 王栻主编:《严复集》(四),北京:中华书局,1986年,第892页。
③ 王栻主编:《严复集》(四),北京:中华书局,1986年,第894页。

明之诚妄而已。其合于仁义与否,非所容心也。且其所言者计也,固将非计不言,抑非曰人道止于为计,乃已足也。从而尤之,此何异读兵谋之书,而訾其伐国,睹针砭之伦,而怪其伤人乎!且吾闻斯密氏少日之言矣,曰:'今夫群之所以成群,未必皆善者机也。饮食男女,凡斯人之大欲,即群道之四维,缺一不行,群道乃废,礼乐之所以兴,生养之所以遂,始于耕凿,终于懋迁。出于为人者寡,出于自为者多,积私以为公,世之所以盛也。'此其言藉令褒衣大袑者闻之,不尤掩耳而疾走乎?则无怪斯密他日之悔其前论,戒学者以其意之已迁,而欲毁其讲义也。"①

严复译著《原富》既有世界目光,更有本土意识。他作按语称:"地产有限而民生无穷,国怀过庶之忧,至于今为已极矣。盖自物性尽而舟车通,亦治化进而天民者寡。户口之进,倍蓰古初,不为之地,将何以善其后乎!"而自哥伦布发现新大陆格局有所改变,"自科仑波肇通新地,洎今差四百余年。南北美洲,其民几满,凡海外可居之小岛,若檀香山、纽西兰等,皆不数十年由蛮獠狂榛而转为文物饶富。古阿非利加,世以鬼国视之,今则群雄争先,惟忧所据者之不广,亦以地广人稀,于殖民最便故也"。即哥伦布发现新大陆也开启了殖民新时代,列强将魔爪伸向了人类文明古国,"甲午东事以还,彼族常以剖分支那为必至之事,顾无如其人满何!此所以但挹其利源,而后其土地,至其力征经营,亦不以此易彼也。独长城以外生齿较稀,辽沈之间土地尤美,动植以近海而滋,矿产以近极而积,则俄罗斯视为禁脔,而在所必争者矣。且以远近形势言之,俄于支那,其情亦与各国异也。故中国之大患终在俄。顷者,特兰斯哇以蕞尔民主,抗英以求自立。英前相格来斯敦尝听之矣。至于今日,则必不相容者,英欲通非洲南北,而特兰当其孔道,虽甚劳费,不得不锄故也。且英既有印度,南非次道,自所必争。争之不得,则英之全局将散。故其地虽小,而所关甚巨。特兰之役罢,则亚东之争起矣"。②严复大体上在列强争霸

---

① 严复:《译斯氏〈计学〉例言》,王栻主编:《严复集》(一),北京:中华书局,1986年,第100~101页。

② 王栻主编:《严复集》(四),北京:中华书局,1986年,第891页。

世界的格局内探讨中国的位置。

在学理上,严复将亚当·斯密论著视作近代中国寻求富强之路的药方,下了大量的工夫译著并有按语,试图结合近代中国的社会研究而能对中国经济问题之解决有所借鉴与启迪。严复作按语称:"斯密氏每及二矿之业,未尝不反复于其事之少利而多殃也。盖其指迷之意切矣。此其论岂独信于当时已哉?即今矿学日精,机器日巧,而其利害相权之分,则未改也。不佞尝遇一矿师,交游累月,至濒别赠言曰:'吾以矿为业者也,然与子好,则赠言无他,戒勿买新矿股票而已。'美澳新旧二金山,天下名出金处也,然其有益于世至寡,其所以富欧美之民,不在其金,在乎其地之播植,而所出生货之日多。光绪初年间,澳洲所出羊毛,以吨计者百余万不止。即此其利于英国,夫岂区区出金之数所得比伦哉!至于今日,倍蓰前数矣。"①此涉及开矿赢利及其公司股份运作等。更重要的是严复对所谓洋务运动中军事企业的官督商办这一形式很有看法,"中国自海通以来,咸同间中兴诸公,颇存高瞻远瞩之概。天津、江南之制造局,福州之船厂,其尤著也。顾为之者一,而败之者十。畛域之致严,侵蚀之时有,遂使事设三十余年,无一实效之可指。至于今治战守之具,犹縻无穷之国帑,以仰鼻息于西人,事可太息,无逾此者"②。洋务运动推行三十年,实效有待提升。

论及包括开平矿务局在内的官督商办的洋务企业时,严复一度称:"自咸同以还,中国各省大吏,有讲求制造船械枪炮者,有兴矿务农工者,有为机器纺织者。不独其器来自外国也,一局既立,则教习工匠,少者数人,多者百十,皆厚禄重糈者也。于是议者曰:西人固无巧,西器固未必利也。诚使巧且利乎,则人情不甚相睽,彼方闵之以长守其利权之不暇,奈之何出以教我与我乎?且彼族于我固无爱也。无爱而乐与之以巧利,不情;不然则出其粗且下者,以要吾利,而尚有其精且上者,固非我之所能得也。予方垂髫时,时时闻此。即至今日,其言犹未绝于耳也。"在严复看来,"不知是言也,以谓百数十

---

① 王栻主编:《严复集》(四),北京:中华书局,1986年,第890页。
② 王栻主编:《严复集》(四),北京:中华书局,1986年,第888~889页。

年前之西人可,以测今日之西人不可。何者?自斯密氏此书既行,民智日开,深计远算,知其于己之无有利也。谓其必爱我而后教我与我者,犹自仁之事言之也。而彼则以无所利而不为,其事固自智生也。故不佞常谓世之不仁人少,而不智人多。而西儒亦谓愚者必不肖,无不肖之非愚。然则,民智之开,固不亟乎"。① 即《原富》呈现的古典经济学理论对西方求富起了思想启蒙的作用。

严复在功利主义的学理框架中分析近代中国官督商办模式等,"国功为一群之公利,凡可以听民自为者,其道莫善于无扰。此不独中土先圣所雅言,而亦近世计家所切诫。顾国家开物成务,所以前民用者,又有时而不可诿。诿之,则其职溺矣!约而言之,其事有三:一、其事以民为之而费,以官为之则廉,此如邮政电报是已;二、所利于群者大,而民以顾私而莫为,此如学校之廪田、制造之奖励是已;三、民不知合群而群力犹弱,非在上者为之先导,则相顾趑趄。此则各国互异,而亦随时不同,为政者必斟酌察度,而后为之得以利耳。譬如英国,若垦田,若通道,至漕渠铁轨,大抵皆公司之所为;而至各国,则官办,若官为先导矣。然此必至不得已而后为之。攘臂奋肌,常以官督商办为要图者,于此国财未有不病者也"。② 而严复所参与的开平矿务局恰属近代洋务企业中典型的官督商办模式。实际上,以官督商办模式运营开平煤矿的迅猛发展催生了近代工业城市唐山的崛起,而开平煤的外输无疑为秦皇岛的港口及码头发展提供了关键机遇。不仅如此,开平煤矿对一北一南的天津及上海的能源建市提供了巨大的不可再生资源方面的动力。开平煤矿开掘不仅仅促动了部分工业城市的发展,也因经营等培养了一大批企业家群体。这些企业家群体与开平矿务局乃至开滦公司的经营、发展等息息相关,其佼佼者包括唐廷枢、张翼、周学熙、刘鸿生等。这些影响,远超洋务企业的模式的价值及其示范效应。而近代开平矿权纠葛涉及中外关系及世界格局之调适。

---

① 王栻主编:《严复集》(四),北京:中华书局,1986年,第897页。
② 王栻主编:《严复集》(四),北京:中华书局,1986年,第902页。

三、煤的时代的经典个案：中外开平矿权纠葛之历史书写

官督商办模式运行的开平矿务局所产煤终清一代居首，而在八国联军侵华期间遭遇厄运，后英、比等国以欺蒙的方式窃取矿权，中英由此而有开平矿权纠葛。笔者所以选择开平矿权涉及中外关系作为考察中国近代经济史学的一个侧面，有其原委。中国是具有五千年农耕历史的人类文明古国，而大英帝国是第一个具有原创性的工业文明国家。近代双方的交往以暴力呈现，征服者与被征服者对应的就是殖民者与被殖民者游戏规则的认同或抗争。英国一度被视为最后一个旧式帝国，问题是"屠杀是使旧式帝国运转的主要手段，但现在已很难再秘密地进行"①。此意味着旧时帝国关系是建立在血腥屠杀的基础上的。而商业利润的角逐无疑是建立在掠夺式的高额殖民利润的基础上。经典个案的剖析涉及政治经济学的学理及实践意义上的历史场景。剖析中外开平矿权纠葛即属此例。

开平煤矿文献呈现的历史及其解读，是开平矿权史书写的基础，也是笔者着力的主要方向：

首先是文献整理与考证。为了方便说明开平矿权涉及的文献整理及研究者历史书写的学理依托，先论述文献考释及历史书写一些学理参照。论及史料与史学的关系，留学德国的傅斯年曾提出"史料即历史学"，这种观点深受西方实证主义影响，特别是受到以兰克及其学生为代表的兰克史学影响。1928年，中央研究院历史语言研究所成立，傅在《历史语言研究所工作之旨趣》中就提出要以"扩充材料，扩充工具"为方法，将历史学"建设得和生物学、地质学等同一样"的主张。笔者以为不管后世学者怎么样非议傅斯年的提法，但傅对史料的强调，其实质是要将历史学从含有强烈价值判断的人文学科分离出来，他主张将历史学建设成社会科学，为历史学的科学性奠定了良

---

① 《巴拉丁版序言》，[英]布莱恩·拉平著，钱乘旦、计秋枫、陈仲丹译：《帝国斜阳》，上海：上海人民出版社，1996年，第1页。

好的学理基础。傅斯年强调历史学家乃至语言学家若离开史料、离开实证，则不能发声、不能讲话。

在史学探索中，我们对新史料或未刊档案等珍稀文献的强调，是因为历史的基本复原多依赖对这些史料进行记忆、重构。中国近现代史料众多，特别是一些历史档案的开放，使得我们学术研究有更多的历史空间。新史料的发掘对于历史的复原及重构有重要的意义，既为新史料，则要多方考证。史料的考证包含证实或证伪。孙宝瑄认为："欲判决是非，非易事，其必不可不注意者，曰考证也，研究也，调查也。"①中国考据学有系统的方法论，梁启超在《清代学术概论》中称："炎武所以能当一代开派宗师之名者何在？则在其能建设研究方法而已。"②梁启超将其治学方法归纳为三条，其中有一条为"博证"，"盖炎武研学之要诀在是。论一事必举证，尤不以孤证自足，必取之甚博，证备然后自表其所信"③。梁启超征引顾炎武《音论》称："列本证、旁证二条。本证者，诗自相证也。旁证者，采之他书也。二者俱无，则宛转以审其音，参伍以谐其韵……此所用者，皆近世科学的研究法。乾嘉以还，学者固所共习，在当时则固炎武所自创也。"④相比之下，胡适认为顾炎武的《音学五书》，其方法全采自陈第的《毛诗古音考》的"本证""旁证"两法。在中国学术史上系统地对传统的考证学进行总结并试图与西方的经验哲学相结合的是胡适。1934年1月11日的胡适日记显示："今天下午到辅仁大学讲演'考证学方法的来历'。"⑤胡适的目的是"近年学者往往误信清朝汉学考证之方法是受了耶稣会教士带来的西洋科学的影响。此说毫无根据，故作此讲演，证

---

① 孙宝瑄：《忘山庐日记》下，上海：上海古籍出版社，1983年，第964页。
② 梁启超：《清代学术概论》，北京：中华书局，2010年，第16页。
③ 梁启超：《清代学术概论》，北京：中华书局，2010年，第16页。
④ 梁启超：《清代学术概论》，北京：中华书局，2010年，第16~17页。
⑤ 胡适著，曹伯言整理：《胡适日记全编6(1931—1937)》，合肥：安徽教育出版社，2001年，第280页。

明朴学方法确是道地国货,并非舶来货品"。① 胡适当时认为"朱子是真能'读书穷理'的大学者,就开了考证学的大宗派"。"中国向无接近自然界实物之风气。我以为考证之风大概是从刑名之学来的"②。从历史上来看,"自唐到清,科举都用'判',故学者多不能不懂一点听讼的方法。程颢《行状》中可见他是一个善断狱的好官。朱子论格物与读书,也常用断狱为例"。而就考证学使用的名词来看,"辩证,考据,考证,证,据,比,例,例证,左证(佐证),都是法律的名词。而'审问'官司,实在与考证的方法无分别"。③ 1957年7月16日,胡适称自己对于中国考证之学出于刑名之学的论点,"我现在的看法根本不同了。我近来觉得两千多年的文史之学,——经学,校勘本子异同之学,文字训诂之学,史事比勘之学,——本身就是一种训练,就是一种方法上的学习与训练。王充、张衡、郑玄、刘熙、杜预、郭璞,都是经生,都是考证学的远祖。试看杜预《春秋释例自序》,'优而柔之,使自求之,餍而饫之,使自趋之,若江海之浸,膏泽之润,涣然冰释,怡然理顺,然后为得也',——这已是考证学的方法与精神了"。④ 胡适竭力推动传统的考据学近世转型。上述学理探究值得深思,更重要的是如何在学术探索中实际操作。考察洋务运动及其后续的经济史学也当如此。

中国经济史学涉及近代社会转型及转型语境中社会经济变动的时间、空间等。就中国社会经济变动空间的分析具体而言,涉及诸多开放口岸,关联自开商埠与约开商埠。所谓自开商埠或约开商埠大多分布沿江沿海地区。就经济历史在地理空间上的展开而言,所谓港口—腹地研究框架颇受关注。

---

① 胡适著,曹伯言整理:《胡适日记全编6(1931—1937)》,合肥:安徽教育出版社,2001年,第280页。
② 胡适著,曹伯言整理:《胡适日记全编6(1931—1937)》,合肥:安徽教育出版社,2001年,第284页。
③ 胡适著,曹伯言整理:《胡适日记全编6(1931—1937)》,合肥:安徽教育出版社,2001年,第284页。
④ 胡适著,曹伯言整理:《胡适日记全编6(1931—1937)》,合肥:安徽教育出版社,2001年,第284~285页。

而这些研究模式从费正清为《剑桥中华民国史》所作的导论《中国历史上的沿海与内陆》中可以窥探一斑。费正清相关论述分别从"外来影响问题""作为一种次要传统的中国沿海""通商口岸的混合社会"进行分析，今天读来仍有启迪。所谓港口与内陆的关联也一直是笔者研究历史、关注现实的重要视角，特别是 2000 年以来，笔者在写作与虞和平研究员有关中国社会经济史热点与焦点的学术对话的时候。记得 2000 年虞和平在一次学术讲座中特意提及日本学者有关渤海湾的经济地理的分析。此后渤海湾的秦皇岛码头及其所关联的内陆经济地理，一直是笔者关注的兴趣点。探索秦皇岛及其所涉及的中外开平矿权纠葛则充满偶然性，但又在情理之中。自己早年学的是英语专业，自 1993 年始以跨学科的方式研读历史学乃至政治经济学。在自学的历程中，笔者 1994 年前后曾读过胡如雷著《中国封建社会形态研究》，作者用马克思主义理论（主要是《资本论》方面的思想）论述中国传统农耕社会的地租及其封建性等，特别是自地权始，论及地租、佃农、自耕农等。作者视野开阔，从自然经济与商品经济关联层面着手，所论关涉商品价格、价值规律、商业利润等，由此论及农业经济再生产与周期性经济危机。基于上述学理分析而谈论中国封建社会史的分期等重大史学选题。胡先生用马克思的政治经济学理论分析中国农耕文明史，当是改革开放以来马克思主义中国化历程中中国特色的经济史学探索的代表作。有关他的学术见解，至少二十多年未翻阅原著，而在我印象中仍有这些主观性的结论。后来查找资料时发现，胡如雷在清华大学选修的政治经济学授业老师王亚南是《资本论》《国民财富的性质和原因的研究》（*An Inquiry into the Nature and Causes of the Wealth of Nations*，严复译作《原富》，其他多译《国富论》等）翻译者之一，后者译本属枕边之书。现在想起来，难怪胡著学理分析的路径与方法是如此磅礴大气，让人震撼而又非常熟悉。硕士生期间，记忆中曾写过章太炎经济伦理思想方面的文章，属中国近代经济史课程论文。为此曾系统研读近代中国经济史方面的历史文献。题目聚焦于章太炎论述义利观等功利主义哲学及其与善恶思想的关联，由此论及他以均田法为核心有关商人乃至商贸方面的农业资本主义思想，并置于孙中山民生主义等经济思想比照的格局中把握。最后在社会转型的语境中考察章氏的经济思想的整体脉络及其背后的人文精神。现旧作手稿最后版本难觅，脑海只是隐隐有些影像浮现。现在看来探讨章太炎经济见解并与其国粹派身份相联系，笔者大致是受其时亚洲四小龙的经济腾飞并常有学者归因于儒家管理思想乃至儒学精神的影响。而这背后在学术脉络上难以避免地要提及马克斯·韦伯的《新教伦理与资本主义经济》的分析路径，在新教伦理与资本主义精神的关联等选题之下是否可以讨论儒学教化与资本主义精神的关系？而其时中国经济史专题授课老师唐凌教授（大概四十多岁），上课颇有激情。印象中课程讨论近代经济史所涉学理与方法，他对诺贝尔经济学奖获得者诺斯的制度经济学颇重视。后来笔者花了相当长的时间研读相关西方经济学论著，而诺斯制度经济学方面的代表作《经济史中的结构与变迁》对笔者学术道路或多或少有些影响。有关诺斯经济理论框架的方法论方面的意义，学界有诸多好评。陈郁在该书"译者的话"中指出："任何一场学术革命都离不开方法论上的革命，经济史学中的这场革命的缘起，更依赖于理论统治学的最近一次革命——凯恩斯革命。""凯恩斯革命"的直接结果产生了宏观经济学以及由此形成并完善起来的国民经济核算理论、经济增长理论和经济计量学，所有这些都成为经济史学家分析经济史的强有力工具，而传统经济史学研究方法是无法与此相比的。"对经济增长因素的重新核算必然引发对经济源泉的探讨，诺思（斯）教授也不例外。何况，经济增长问题在新经济史学派兴起的50年代末和60年代初是经济研究的热门课题。不过，诺斯教授并没有去完善凯恩斯主义式的增长模型，而是独辟蹊径，力求以制度的变迁来解释经济的增长"。诺斯的制度经济学与罗斯福新政背后的学理阐释凯恩斯经济学有所差别，虽然两者强调从制度层面考虑社会经济运行。另，诺斯制度经济学亦有别于以往的经济增长的技术创新论。后者常将制度视作已知的、既定的或将制度因素作为"外生变量"，主要通过各种物质生产要素的变化去说明生产率变化和经济增长与否。这就涉及经济增长究竟取决于生产要素的变革，还是取决于生产关系的变革。当生产要素不变,制度变革能否促进经济增长？笔者由此联想,1978年前后中国包括科技力量等在内的生产要素变化不大,但在社会制度上实行改革开放。经济快速增长已是历史事实。这如何解释？比照技术、制度与社会发展的各自的关联,诺斯认为:"制度变迁与技术进步有相似性,即制度变迁和技术进步的行为主体都追求收益最大化的。"简言之,诺斯等代表的制度经济学有别于以往经济增长理论在于前者将制度作为变量。诺斯认为对经济增长起决定性作用的是制度因素而非技术性因素。而这一思想实际上在马克斯·韦伯《新教伦理与资本主义精神》的导论中已有论述:"初看上去,资本主义的独特的近代西方形态一直受到各种技术可能性的发展的强烈影响。其理智性在今天从根本上依赖于最为重要的技术因素的可靠性。然而,这在根本上意味着它依赖于现代科学,特别是以数学和精确的理性实验为基础的自然科学的特点。另一方面,这些科学的和以这些科学为基础的技术的发展又在其实际经济应用中从资本主义利益那里获得重要的刺激……对人民大众生活条件至关重要的科学知识的技术应用,确实曾经受到经济考虑的鼓励,这些考虑在西方曾对科学知识的技术应用甚为有利。但是,这一鼓励是从西方的社会结构的特性中衍生出来的。"① 这无疑折射出政治经济学的光芒。

  为修学业,笔者研读了中国经济思想史等通史类及专题史著作,涉猎诸如南开大学经济学系等用计量方法研究近代中国经济史学的论文。20世纪90年代中期讨论经济伦理的文章也很多。所谓经济伦理除涉及市场交易的正当性外,大体有制度价值,蕴含交易公平、正义等伦理秩序的一些内容。因为自己学位论文与近代中国的伦理学史相关,所以对这方面的文献与论著很注意。2003年自北京师范大学中国近现代史方向博士毕业后,笔者对严复及其有关中国经济学学科的建制,作了一些探索,更多的是考虑进化论在经济学等中国近代学科的框架意义。笔者任教新闻系后,为了研究传播政治经济学,花了很大力气探究亚当·斯密的政治经济学;2011年至2012年在英

---

① 马克斯·韦伯著,于晓、陈维纲等译:《新教伦理与资本主义精神》,西安:陕西师范大学出版社,2006年,第9~10页。

国西敏寺大学进修期间,选修"传媒政治经济学"。访学期间,笔者对伦敦政治经济学院及其引领的政治经济学有所考察,并有深刻的印象。而用政治经济学理论分析中国矿产资源乃至耕地资源及其对现代中国经济的影响,一直是笔者心中未了的愿景。经济地理意义上的矿产资源、耕地资源皆属自然资源。对这些资源经营权或支配权乃至处置权的分析往往是把握现代国情的重要前提。

无论是学习西方经济学理论还是阅读中国经济史方面的文献,对于笔者而言都有个学术积累的过程。后来写作一些经济史方面的论文受到中国社会科学院近代史所的一些老师的影响,影响包括现代化相关的理论及社会经济史的问题意识等。而从事开平矿权的研究,主要是得益于2002年中国社会科学院近代史所原所长王庆成老师馈赠的相当数量的珍稀文献,其中就有近代史所特藏的有关开平煤矿的档案。王老师送资料是否缘于笔者博士论文的研究对象严复及其与开平矿权纠葛处置有所关联?2005年我到复旦大学传播学做博士后期间,也带着这些珍稀文献,试图对勘报刊资料并完成一些课题的研究。论及文献与史学的关系,笔者认为:

其一,文献是历史重建的前提,而文献真伪考释属史学求真之前提。有关中外纠葛语境中开平矿权交涉的文献涉及档案与报刊等。档案在文献中多被视作史学求真的基石。而报刊无疑是近代中国的新媒体,近代意义的报刊这一媒体是由西方传入的。西学东渐语境中报刊嵌入近代社会结构,由此称近代中国属"媒介化社会",偏差不大。所谓媒介社会亦涉本真意义上的社会结构、功能及其历史变迁。报刊媒介所呈现与展示的社会,属本真社会的拟态环境。而本真社会与拟态社会的关联,涉及社会事件到媒介事件,报刊意义上的议程往往是媒介化社会的重要选题。比照本书相关开平矿权纠葛之传媒镜像及议程设置等相关论述,当有感触。

开平矿权中外纠葛的分析离不开档案文献与报刊文献这两个重要组成部分,本书搜集的文献大体上包括这两个部分。

本书所涉及的文献包括中国社会科学院近代史所特藏室的珍稀文献,也包含一般报刊资料等。报刊涉及关注中外关系的《外交报》,也涉及以"大"与"公"("忘己之为大""无私之谓公")为旨趣的《大公报》,而张元济及英敛之分属《外交报》与《大公报》的灵魂性人物,皆为时任开平煤矿中方总办严复的好友。与此同时就是租界大本营所在的上海及其重要的舆论平台《申报》对其时中国首要煤矿所涉及的议题甚为关注。《申报》对开平煤矿的报道及评论显然有其选题框架及其议题设置。综观开平矿权的相关专题可见,作为官督商办的代表其报道多呈现在近代路矿问题的历史语境中。自 2002 年以来,笔者对相关报刊史料中开平矿权等文献的关注是持续的。特别是 2005 年至 2007 年在复旦大学传播学博士后流动站做研究期间,在新闻学院珍稀资料室花费了相当多的精力查阅《外交报》等,在徐家汇藏书楼阅读外文报刊时间持续三年之久。《申报》等有关开平煤矿的报道及其评述有相当一部分译自英文版的《字林西报》等。通过阅读有关开平矿权纠葛的中外报道并其相互比照,笔者无疑有了更加深刻的印象。

其二,学术研究探索涉及对前沿问题的把握,正如陈寅恪云:"一时代之学术,必有其新材料与新问题。取用此材料,以研求问题,则为此时代学术之新潮流。"①笔者研究近代企业的另一重要目的就是希望对生产意义上的社会组织有所认知。这就不仅仅是斯宾塞社会学意义上的社会有机体论(诸如将工厂或企业视作一个社会的营养系统,而将政府等视作心脏等社会指挥系统,而交通等属于血脉功能中社会循环系统等)所能囊括的。这些年笔者投入了很大精力阅读亚当·斯密的经济学论著。对亚当·斯密相关论著的阅读早在 2000 年就开始,并就社会分工论等相关内容进行中英文译著的对勘。后因博士论文选题而转向。在 2004 年清华大学举行的国际学术会议上,王国斌、李中清的发言给笔者以深刻的影响,笔者在致王庆成老师的邮件中对他们的学术观点有所介绍。四十多岁之后,读亚当·斯密的论著有更多的体悟。研究中笔者也花费相当的时间与精力阅读近人论著,诸如美国学者王国

---

① 陈寅恪:《陈垣敦煌劫余录序》,见陈寅恪著,陈美延编:《金明馆丛稿二编》,北京:三联书店,2001 年,第 266 页。

斌等有关中国与欧洲比较等相关论著、德国学者的《白银资本》等所谓东西方大分流的著作。通过网络视频等，笔者选修了西方一些名牌大学相关经济学课程，包括股票分析等。希望自己能有个好的经济学基础，为后续研究积累学养。利用老一辈学者馈赠的珍稀文献探讨中国经济史，是我对老一辈学者教诲的一种回馈。王庆成老师致笔者电子邮件中称历史研究属科学研究，按照科学研究的路径就有收获。多年后，我再读邮件仍很感动：历史学是科学，那与自然科学研究就没有太大的差别，想想物理学史之类便是如此。笔者后来的研究涉及达尔文的生物进化论及斯宾塞社会进化论等，对此论述尤有深刻印象。而所谓煤铁时代涉及路矿问题，无疑是社会重大的议题。此从工业化社会进化进程中可见一斑。开平矿权的中外纠葛涉及中国路矿问题，也涉及工业化遭遇的历史困境。这从当时的报刊舆论中可以窥探一斑。

就世界范围内的产业革命而言，煤炭资源是近代钢铁等冶金行业崛起的重要前提。近代重工业若缺少煤炭可谓无米之炊。中国历史已显示煤炭资源丰富，其储存量居世界前列。而近代中国的工业化大生产也离不开煤炭资源，比照官督商办的洋务企业即可见一斑。分析洋务企业经营历程又可以从侧面展示近代工业发展的艰难历程。换言之，近代中国工业化历程离不开洋务运动等军事乃至民用企业的筹办。十多年来，笔者一直思考开平矿务局所代表的近代中国企业畸变命运及其所展示的经济发展脉络。官督商办模式的轮船招商局、开平矿务局、电报局和上海织布局所代表的四大洋务企业涉及军事、民用等，各有特例。工业化大生产离不开煤炭等能源供给。同时燃煤也可以作为中国北方老百姓过冬的取暖燃料。就开平矿务局而言，其在近代中国早期工业史中占据的位置不言而喻。当然李鸿章等在筹办初期，一度试图做到采煤、炼铁及修路等并举，后因筹措资金困难，乃决定先以掘煤为主。开平矿务局管理及业务涉及近代工业发展所需要的燃煤这一能源动力，更重要的是开平优质煤后来还大量出口，参与国际市场的竞争。庚子之后开平矿权涉及中外纠葛，包含顶层设计者袁世凯、张翼等在收复矿权的过程中的政治路径抉择，也包含以袁、张各自为首的报刊舆论有关利益立场的正当性乃至合法性论证。

总之，对近代媒介化社会语境中开平矿权纠葛的探索，涉及分析史料、解读文献的多个维度与视角。近代开平矿权史的探索中之所以有这些维度与视角切入，是源于矿权中外纠葛本身涉及多维立体的社会关系网络。而近代社会关系网络的运动关联历史本真及历史研究者的求真语境。研究者对历史真相求索的过程中涉及研究者历史书写及其历史素养，后者亦涉及史学知识及其解读的方法论等。就历史文献而言，对包括矿权在内的近代经济史探索显然离不开档案与报刊各自解读的社会语境及其各自的局限性。而研究者多维的视野显然有助于解读这些议题并有利全局性的关照或把握。

总体而言，从历史纵向的脉络清理中比勘文献及考释史料，笔者探索开平矿权的中外纠葛关涉三个层面：

首先，从在场与追忆层面探讨中外开平矿权纠纷缘起探析。救亡图存压力下的近代中国面临市场经济的转向，由此成为东亚乃至世界市场网络中不可或缺的重要一环。但中国经济转型亦有自己的历史惯性及路径。19世纪60年代初开始的洋务运动意味着官督商办的体制探索，以求富为旨趣的民用企业尤以开平矿务局、轮船招商局、电报总局、上海机器织布局为著名。命途多舛的民用企业以开平矿务局的资产及矿权等易为墨林、东方辛迪加所属再至中英矿务有限公司的曲折过程为代表。中国的开平煤矿等是西方列强在远东攫取殖民利润的重要目标。

就晚清官场权力纷争而言，开平煤矿重要经济地位及其作为牟取政治功利的经济资本等诸多因素，决定了袁世凯与张翼派系斗争的激烈程度。袁世凯、张翼从经济层面还是从政治高度处理中外矿权纠葛，涉及派系利益立场。对此，英国等采取迂回的外交策略；而张、袁在开平矿权上的矛盾，又与八国联军侵华后官场权力重组密切关联。张、袁两派对有关开平矿权的条约的辩论既涉及外交文书签订时在场或缺席，又关联追忆。在场签订的条约可能属于临时的，但事后逻辑推论又可能变得有条不紊。在场应该是追忆的基础。追忆是多路径的，也有其目的性。针对开平矿权上正约、副约乃至移交约，袁世凯批判或张翼辩护显系精心的逻辑建构。外交文书的清理及其考释有关开平矿权得失成败。彼时彼地派系立场上的解读关联近代市场、官场浮沉，为我们考察近代企业命途多舛提供了活化石。

其次，从面子与法理层面探讨中英开平矿权纠纷及张翼赴英诉讼所涉开平矿权的合法性、正当性。庚子年间，八国联军侵华之下开平矿务局由官督商办洋务企业易为中英合办，矿权实为英、比等国鲸吞。围绕求权还是争利，袁世凯、张翼各自的利益集团提出了解决中外开平矿权纠葛的意见、主张乃至方案，相互指责、辩难，论辩中两者不断地陈述各自的理由，涉及利益集团背后的政治或经济立场。面对袁世凯步步紧逼，张翼被迫往伦敦诉讼，诉讼涉及正约、移交约与副约等互为矛盾的合法性。张翼诉讼也在此框架内展开。张翼伦敦诉讼既有法理上争取副约权益的诉求，也有维持自己在清廷官场面子的需要。英方司法维护了张翼的面子，但判决执行涉及海外，表示毫无执行能力。而英方再审结果又有翻覆。英帝国既是中外开平矿务纠葛中的获益者，又是在围绕开平矿务的晚清官场权力的角逐中充当了调适者与裁判者。张翼诉讼因舆论精英严复等在报刊上有效舆论议程设置而在面子上有所获益，开平矿权却在新政语境中渐次加速丧失。

最后，从1907年至1912年前后官场与市场之离合层面讨论庚子政潮跌宕，特别是丁未政潮及其对中外开平矿权纠葛的影响。1907年至1912年前后，大致即丁未至民元，中国社会面临改朝换代，且由封建专制转向资产阶级意义上的民主共和。此期间开平矿权再度面临抉择，涉及官场、市场交融与对峙。就开平矿务局而言，所谓官场本身涉及其筹办伊始就属官督商办的产物，且官督起关键性作用，后直隶总督袁世凯在开平矿权对外交涉中实是中方的代表，开平矿权随着丁未政潮的权力交替而有浮沉；所谓市场涉及中英在开平矿权的归属上交锋，袁世凯等意欲筹办滦州煤矿，借助于官场运作使得滦州煤矿在煤价销售压倒开平煤矿，从而达到"以滦收开"。英方通过市场竞争相角力，旨在"以开并滦"。恶性竞争造成开、滦两败俱伤，外交斡旋亦随之展开。随着光绪、慈禧去世及袁世凯下台，清廷政局逆转。与此对应的是革命势头愈发壮大。而辛亥革命语境中开平煤矿与滦州煤矿终以张翼得一百万两的补偿而袁世凯之子袁克定成为中方的代理人而告终,实权仍掌握在英方的手中。所谓市场与官场角力兼相互渗透,竟致开平矿权再回故辙,而滦州煤矿矿权亦沦于英人掌控。清季国贫民弱意义上的市场竞争,实为殖民者攫利正当性之自我赋权。

简言之,开平矿权的中外纠葛及其历史调试的过程,对有关外交文书乃至相关报刊的文本及内容的解读,无疑就是官督商办的洋务企业在近代中国命途多歧的呈现与展示,此亦从多个层面展示中国近代化面对的历史时空。开平煤矿在近代中国的成功或社会影响是多方面的,涉及铁路乃至海运船只等,也涉及与煤炭相关工业包括水泥等。围绕开平煤矿的股票涨落及其对上海股市行情的影响可谓远距离的推波助澜。开平矿权的中外纠葛关联伦敦金融市场与天津乃至上海金融市场,呈现世界金融网络链接。由此而论,开平矿权史展示的是近代中国求富历程中工业化面对的诸多成功或挫折及其历史经验,也展示了大英帝国在殖民地或半殖民地的诸多心机及其迂回策略。这又涉及被攫取者抵抗及民族主义意识觉醒等多重利益、文化心态,亦包含民族抗争历程中面子与情理及其书写等。诸如此类,对外交文书的考释,属近代中国重要的历史过往再审视,而对相关报刊文本及内容的解读亦属现代中国历史经验之省思的重要构成。

上编

在场与追忆:中外开平矿权纠纷缘起探析

以官督商办形式运作的开平煤矿曾是洋务运动的典型范例。中华人民共和国建立后,它一度是华北电力网中火力发电的重要支撑。它是中国企业史上,特别是矿业史上最为重要的企业之一,企业制度健全。庚子年间,开平煤矿由官督商办形式易为中英合办名义,实为英资所鲸吞。次年正、副约签订后引发中外纠葛。对条约签订本身及其解读,涉及诠释意义上的在场与追忆。开平煤矿的中外利益纠葛,涉及英、美、比、德等国,参与人物有后任美国总统的胡佛等;中国方面则涉及慈禧太后等人的隐形收入。学界对开平煤矿有所探讨:

其一,开平煤矿与列强侵略。对开滦煤矿研究较早的是魏子初的《帝国主义与开滦煤矿》,1954年由神州国光出版社刊行。该书立论以批判以英国为首的列强对华侵略为基石,意在揭露帝国主义的罪恶。其二,开平煤矿与官督商办的企业性质。改革开放后相关研究多集中探讨洋务企业的功能变迁。陈绛认为:"开平矿务局的发展,同它采取'官督商办'的形式关系十分密切,而企业最后为外国资本所侵吞,从企业本身分析,追根溯源,官督商办制度又不能辞其咎。"①胡滨著《从开平矿务局看官督商办企业的历史作用》,认为"开平矿务局是洋务派经营的一个卓有成效的官督商办企业。结合这个企

---

① 陈绛:《开平矿务局经济活动试析(1878—1900)》,载《复旦学报》,1983年第3期。

业创办和经营的历史,探讨官督商办企业的某些特点和历史作用,也许有助于当前开展的关于洋务运动问题的讨论"。① 也有论文探讨开平、滦州煤矿竞争与合并,并探讨开滦煤矿经营管理等情况。其三,精英人物与中英开平矿权纠葛的研究。知人论世是中国史学重要传统,近代经济史探索亦如此。涉及开平煤矿的重要人物尤集中于李鸿章、唐廷枢、张翼、严复等,此类论文对他们在开平煤矿筹办或发展中扮演的角色有所揭示。其他的一些成果另辟蹊径,诸如有论文涉及开平煤矿与唐山市崛起的关系,认为唐山是近代随着开平煤矿的创建而逐步成长起来的一个新兴城市,而开平煤矿则是唐山崛起的基础产业②。与大陆相比,台湾出版了大部头的矿务资料汇编,涉及开滦煤矿的众多文档;也有学者就开滦煤矿写成小册子,但也没有超出大陆这些学者的研究框架。总体看来,在研究框架、史料搜集及分析上均有突破的论著鲜见。

开平矿务、矿权涉及方方面面,过去史料有待公布,能将矿权纠葛的来龙去脉阐释清楚的文章并不多见。随着新史料的发掘及视角转变,中外开平煤矿纠葛又有了重新检视的必要。

由开平煤矿引发的利益纷争涉及方方面面,其变迁的主要脉络背后的历史复杂性有待揭示。开平矿务利益纠葛肇始于庚子事变,涉及英、美、比、德等国,背后利益涉及清宫。八国联军侵华期间,清廷风雨飘摇。为了挽狂澜于既倒,清廷推行新政,涉及行政等改革。首先,1901 年 7 月 24 日,撤销总理衙门,改设外务部,列各部之首。其次是军事改革。诸如袁世凯在直隶编练北洋常备军;1903 年设练兵处,庆亲王奕劻总理练兵事务,袁世凯为会办练兵大臣。再次,重视实业及贸易。1903 年 4 月 22 日,清廷让袁世凯、载振、伍廷芳议论商律。9 月 7 日,令设商部,此前路矿总局所辖路矿事将并于商部。1905 年清政府陆续颁布《重订铁路简明章程》《重订开矿暂行章程》等,着手经济改革。清末新政关涉权力资源重新分配,各种力量也有个博弈过程。这

---

① 胡滨:《从开平矿务局看官督商办企业的历史作用》,载《近代史研究》,1985 年第 5 期。
② 冯云琴:《开平煤矿与唐山城市的崛起》,载《河北师范大学学报》,2006 年第 5 期。

些皆关系开平矿权交涉的利益背景。简言之,中外开平矿权利益纠葛与清末新政的社会语境密切相关。新政语境中不同的利益企图决定了解决开平问题的思想及策略上的分歧。作为官督商办的洋务企业开平煤矿,其兴衰成败也与列强在华商业利益的角逐相勾连。开平矿权得失关涉中外纠葛及其国内的权力集团,呈现的是内外交织的众多力量在官场上的角逐、市场上的博弈,或对峙或妥协。

一、在场与追认:中外开平矿务纠纷肇始

开平煤矿营业状况与晚清政局变迁关联。1870年前后,洋务派采取官督商办形式大兴洋务,具代表性的有轮船招商局、开平矿务局、电报局和上海织布局等。这些洋务企业多与李鸿章代表的军政利益集团有着密切关系,亦或随李鸿章之政坛进退而浮沉。

开平煤矿素为李鸿章所重视。1876年,李氏任命唐廷枢前往开平煤田查勘。次年9月9日,唐廷枢有《呈熔化煤铁成色译文并条陈开采事宜禀》,内容涉及"论煤铁乃富强根基极宜开采""论开平开采煤铁把握""论专采煤一法""论采煤兼熔铁"等①,旨在论证开平煤矿开采可行性。唐廷枢还表示将来开平煤矿无论是官办还是商办都要效力。9月15日,李鸿章批示,要以官督商办的方式开办。9月27日,唐廷枢等拟直隶开平矿务局开办章程。10月3日,李鸿章批复,大体同意。1881年5月25日,开平煤矿以官督商办的形式开办,并获朝廷首肯。为了拓展业务,开平矿务局试图修建铁路。修铁路涉及动风水,时谓创举②。

李鸿章等办开平煤矿得到慈禧太后、醇亲王支持③。1892年唐廷枢去

---

① 熊性美、阎光华主编:《开滦煤矿矿权史料》,天津:南开大学出版社,2004年,第6~8页。
② 熊性美、阎光华主编:《开滦煤矿矿权史料》,天津:南开大学出版社,2004年,第22页。
③ 慈禧太后支持开平矿务是要从中牟利,而其时醇亲王则是李鸿章顶头上司。李鸿章、慈禧、醇亲王在开平矿务上属一个利益群体是不言而喻的。

世,李鸿章命醇亲王侍役、江苏候补道张翼(字燕谋)接办。此后,张翼成为开平煤矿负责人。开平煤矿获利亦颇丰。以英国为代表的列强对开平煤矿丰厚的利润垂涎已久。以英帝国为首的军方借八国联军侵华禁锢张翼,哄吓、诈骗并用,让其委托德璀琳代理并与西方合作事宜,逼其就范。结果德璀琳与胡华勾结,如数出卖开平煤矿权益。

1901年,胡华等威逼利诱张翼就开平矿权签订相关条约,包括正约(移交约)与副约,皆倒填日期,属事后追认。正约有利于英方,副约有利于张翼。正、副约的文本解读与诠释相矛盾又相牵制。

(一)事实与追认

中外开平煤矿纠葛肇始于庚子前后对外关系及其相关的条约,涉及外交。所谓外交及其历史正如英国史学家所称:"外交史,极大程度上就是建立在对外交文献模棱两可之分析上——并非所有的模棱两可都是刻意为之——而且,因一个条约或一份协议中能够、且往往可以被不同国家以不同方式加以诠释,对这种可能性甚至是可行性的认识,已经成为了外交史分析中的重头戏。"①外交文献解读涉及签约时在场意图与事后追忆及两者的逻辑关联。中外开平煤矿条约纠葛,尤其反映了这一点。

1.移交约是对1900年德璀琳私自签订卖约的追认

胡华、张翼等以事后追认的方式签订移交约。1901年2月19日,张翼与德璀琳、墨林代理人胡华定约(中方署:光绪二十七年正月初一日),见证人为丁嘉立、顾勃尔②。条约首先涉及张翼在义和团运动及八国联军侵华期间的许诺。在中国农历新年第一天以签约的方式进行追认,此属上年许诺的兑现,意在移交矿权,条款以历史记忆方式追溯"史实"无可避免,属事后追认而形成文件,只是移交约、副约各自的利益立场对峙。日后分歧系再次追忆,是在事后追忆及追认基础上形成的事实认知,公说公有理,婆说婆有理,实在

---

① 理查德·艾文斯著,张仲民、潘玮琳、章可译:《捍卫历史》,桂林:广西师范大学出版社,2009年,第102页。
② 《开滦矿务资料》乙F37—函三册·第二册,中国社会科学院近代史所图书馆特藏室。

难免。

移交条款云:"因督办直隶全省及热河矿务开平矿务局(帮办关内外铁路大臣前内阁侍读学士)张京卿燕谋于光绪二十六年五月二十八日(1900年6月24日——笔者注),札饬津关税务司德君璀琳招集股本英金壹百万镑中外合办。凡开平矿务局之矿地等各产业(后有细单详载)均移交听凭管理,且招集续股整顿开办一切。复因德君璀琳于西一千九百年七月三十号,因奉此札特与墨林代理人胡华订立合同设立公司,名开平矿务有限公司。股本英金壹百万镑,将所云之产业归该公司管业办理。又因该公司缘所订合同,现已设立,即此合同内以后所云之开平矿务有限公司也。今开平矿务局其总局设在中国天津。张京卿燕谋该局之督办、德税司璀琳该局之总办与开平矿务有限公司订立合同,将开平矿务局之产业交与开平矿务有限公司。"①这属事后追认。移交约日期"6月24日",为1900年英军囚禁张翼后释放的第一天。英方囚禁张翼的目的就是为了取得开平矿权上的口头许诺,且第一步达到目的就释放,此也可见英军禁锢张翼旨在夺取开平煤矿的权益这一趁火打劫之意。次年"移交条款"酝酿及其形成可谓事后追认,追认涉及一年前的八国联军侵华。文中"此特札",日期为倒填,具有追认的性质,见"迨庚子年五月,适北方有拳匪之乱,本督办当危险万分之际,以英文公牍交德璀琳,授以全权。令其以善法保全煤矿时,德璀琳在塘沽求给札文倒填年月,并称与墨林商酌八条办法,意在添招洋股中外合办、赴英挂号等语,当照给札"②。可见所谓《正约》(移交约)文本涉及确认事实。日期倒填属事后追认。

2. 所谓副约则属张翼试图保存自己的利益

与移交约同日(即属追认上年6月24日)的还有双方签订的《开平矿务局整顿始末》③,此即后来"副约"。由日期可见,副约属事后追认,前文述及。

---

① 《开滦矿务资料》乙F37一函三册·第二册,中国社会科学院近代史所图书馆特藏室。
② 《译抄红皮账本》,《开滦矿务资料》乙F37一函三册·第二册,中国社会科学院近代史所图书馆特藏室。
③ 《开滦矿务资料》乙F37一函三册·第二册,中国社会科学院近代史所图书馆特藏室。

"副约"明确"开平矿务局"易名"中英公司"之缘由,云:"窃因去夏之乱,中外失和,开平矿务局甚属可危。一则因该局系官督商办,深恐他国占而有之,竟将全产充公;一则恐他国要索也,故是为国家暨保全股东之利益起见,意将该局改为中英公司,按英例注册,以便得其保护也。"①这一话语表述可谓以事后追忆的方式呈现张翼等关于开平矿权上许诺的诸多逻辑上的合理性。诸如,"因该局以兵端之故,甚形拮据,非添招洋股不足以济其难,前已以该局全产作抵挪借英款矣。督办张大人翼故特派德君璀琳设法为之,德君因即为开平局与英京墨林之代理人胡华君订立合同,以便墨林君在欧招集股本按英例存案。当即言明移交之后,该局仍用原名,将按定章办理。华洋股东利益均沾、盈绌同享,限于西二月杪之前。先集招股本英金壹拾万镑,此中紧要各节,已由胡华君办妥,禀知督办张大人矣"②。此追忆的方式表明,所谓对英矿权承诺形成既定事实时,张翼并不在场。追认意义上的"副约"第七款规定张翼在开平煤矿的权力:"张大人翼,仍为该公司住华督办,管理该公司各事宜,并派中国人充总办,与该公司中外总办之权一般无异。"③对于张翼来说,事后追认的一纸副约要保证他仍继续维持自己在开平矿产上所谓独裁的权益。即表象上开平煤矿过去、现在甚至未来对张翼而言仍一如既往,矿权至少在名义上仍掌控在自己手中。

涉及开平煤矿权益的瓜分或转让,无疑都与正约(移交约)、副约相关联。面对有利于张翼这一方的"副约",吴德斯事后以追忆的方式称"副约"属"绝对无价值的",其用意是:"中国人的天生麻痹和在一个遭到战乱的国家内管理上的困难。一旦临时凭单换取旧股票后,我们就会更有力地向前进展。"④事后追忆意义上的正、副约相互矛盾。自倒填条约签订日期起,开平矿权中外纠葛即开启。对于张翼而言,为了顺利地恢复开平煤矿生产并运转,他开

---

① 《开滦矿务资料》乙 F37 一函三册·第二册,中国社会科学院近代史所图书馆特藏室。
② 《开滦矿务资料》乙 F37 一函三册·第二册,中国社会科学院近代史所图书馆特藏室。
③ 《开滦矿务资料》乙 F37 一函三册·第二册,中国社会科学院近代史所图书馆特藏室。
④ 《张翼谋控诉墨林案诉讼记录》,《开滦煤矿矿权史料》,天津:南开大学出版社,2000年,第 193~194 页。

始网罗人才以应外交变数。1901年7月16日张翼及其对外代言人严复、梁诚联名在《中外日报》发表《开平矿务有限公司广告》，重申：“开平矿务总局今成开平矿务有限公司，事资合办，义取平权。”①局外人很难看出开平矿权重组的目的与用意，但就中外纠葛而言，张翼等无疑更强调副约的合法性。

总体而言，其时开平矿务局处在义和团运动、八国联军侵华这一内战、外战交困之中，慈禧、光绪帝亡命西北，清廷或亡国或苟存，命运未卜。张翼处境也不容易，其应对开平煤矿之策也分两条，或保存或卖矿。张翼让代理人签订这些条约亦有自己的算盘，"张燕谋的方针是把直隶全省各矿的中、英权益，如可能连同德国权益在内，都联合为一，他的目的显然是一旦在北方发生总溃败或被侵入时，能取得依靠或足够的保护"②。在张翼缺席的场景下达成承诺，当然是代理人所为。问题是张翼的代理德国顾问德璀琳早已被西方辛迪加代理人墨林收买，墨林后称："我在所做的一切买卖里，总是把半数提供给德璀琳先生，那就是我和德璀琳先生的一切谈话的基础。"③面对西方的利益企图，张翼与英方"制造"的所谓正、副之约的事后两手之策，也不难理解。即正、副约两者利益分歧，事后双方的立足点显然不同却又正反相依而对峙，亦属情理之中。

(二)事实与真相

所谓正、副约都属事后追认，包括1900年与英方等承诺的张翼不懂英语而全权委托德璀琳办理，即与英方达成协约。问题是当事人张翼并不在场。张翼缺席（即离场）造成了事实与真相严重不符，带来严重的后果。

张翼的离场不仅表现在1900年特札委托德璀琳，还表现在次年再次让德璀琳代理。

---

① 严复：《论〈中外日报〉论开平矿事书》，孙应祥、皮后锋编：《〈严复集〉补编》，福州：福建人民出版社，2004年，第9页。
② 《德璀琳致墨林函》(1898年8月14日)，见《张燕谋控诉墨林案诉讼记录》，《开滦煤矿矿权史料》，天津：南开大学出版社，2004年，第55页。
③ 《墨林在伦敦高等法院的证词》(1905年2月3日)，见《张燕谋控诉墨林案诉讼记录》，《开滦煤矿矿权史料》，天津：南开大学出版社，2004年，第49页。

中英开平矿务纠葛其事端涉及所谓正约"移交条款""副约"相关条款。在"副约"基础上,光绪二十七年正月初一日(1901年2月19日)相关方还签有"照译侍郎张翼发给德璀琳代理移交矿务洋文凭单"①。张翼何以如此信任有着西方国籍的代理人?德璀琳在李鸿章主持的军政利益集团任职多年,为人处世颇得李鸿章信赖。张翼对德璀琳亦非常信任,称他"才具开展,熟悉各国情形,在中国三十年充当税务司兼北洋随员,为时甚久……其为人公正,不肯惟利是趋,且办事朴诚,是以中国官商知之者多相嘉许,在洋员中尤为难得"。张翼向朝廷奏明,意欲札委德璀琳"随办洋务工程事件",竟得上谕批准②。张翼对外交涉的代理人德璀琳相关文件中有"恐后无凭,开平矿务局兹特盖印于上,而张京卿燕谋亦特于西一千九百零一年二月十九号盖印树押于此,以昭信守"。署名有"张燕谋(此处画押之外,并用督办直隶全省及热河矿务总局关防)、德璀琳(又用开平矿局关防)"。见证人:"丁家立、顾勃尔。"条约的见证人尚有专业律师,显属司法公证,此更见条约式协议当事人在场及见证这一事实的重要性。文本的严肃性另见"右开之据与原底实属相符(代理驻津英总领事施密士具)"。此可见英国官方之利益背景,最末还署有"一千九百零一年二月二十七号"。可见,两日期并不相同。"原底"当指正约即"移交约",而非"副约"。"移交约"规定:"开平矿务局督办张京卿燕谋、总办德君璀琳,无论此据入于何人之手,均认为可。今因西历一千九百零一年二月十九号,开平矿务局暨张京卿燕谋、德君璀琳与胡华君,暨开平矿务有限公司订立合同内载,所有开平矿务局地亩,各矿暨其全产均交与开平矿务有限公司。因欲移交全美,张京卿燕谋兹特派德君璀琳,为开平矿务局暨张京卿燕谋之合例经理代理之人,用印、签名移交一切契纸、文凭、合同等件,并代张京卿赴各领事衙署办理一切。用印、签名所有存案案卷、契纸以及各项字样。凡于开平矿务局移交全产与开平矿务有限公司或其代理人所有应行各事俱可举办,且于办理此事,并可转派经理代理之人。凡按此据合例所行所

---

① 《开滦矿务资料》乙F37一函三册·第二册,中国社会科学院近代史所图书馆特藏室。
② 《开滦矿务资料》乙F37一函三册·第二册,中国社会科学院近代史所图书馆特藏室。

作各事,开平矿务局暨张京卿燕谋,均皆认允,而此据亦属永远不能毁废者。"①张翼对所谓正约,即"移交约"画押认可。

张翼之所以委托代理,除对涉外矿权交涉较为茫然外,还与语言不通密切相关。张翼不懂英语,开平煤矿前聘外事人才陈蔼亭,从古巴使馆任上辞官归国后,曾前往天津,"出任开平矿务公司董事兼经理,业绩超著,建树良多。其行政手腕以及其对矿务的兴革,均为其僚属所钦佩。拳匪作乱期间,倘使他仍主持矿务公司,我深信张燕谋(译音)先生不致陷于今日的困境。以蔼亭先生的才能,当可使矿务公司化险为夷,继续经营"②。问题是"当时盛宫保(宣怀)延揽才俊,以为己用,蔼亭先生以是去上海辅佐宫保"③。不懂英语的张翼要办理开平矿权涉外事宜,所受蒙骗显而易见。严复后来对此有所评述:"通州之事,胶葛甚多,考其受病本源,皆在不识西文而与西人画诺。"④语言不通造成张翼面对条约或条款实属睁眼瞎。弱国无外交,路矿之权丧于他人之手,也在情理之中,晚清四大官督商办代表性企业开平煤矿属沦入外人之手的典型案例。1900年张翼在签发委任德璀琳为全权代理的这些文件后,即于8月2日(阴历七月八日)离开塘沽往上海,并"把一切详情告诉了李鸿章"⑤。张翼告知李鸿章既缘于利益共同体相奥援之需要,亦属于官督商办企业必经的程序,但未见李鸿章有多大的反应。此亦可见近代官督商办的恶果与路矿之权的丧失有着内在一致性。

(三)追忆与中西方对"移交约""副约"各自解读

洋务运动中筹办并崛起的开平矿业在庚子事变后由官督商办形式易为

---

① 《开滦矿务资料》乙F37一函三册·第二册,中国社会科学院近代史所图书馆特藏室。
② 1905年8月26日伍廷芳致上海《字林西报》函,见《伍廷芳集》,北京:中华书局,1993年,第275页。
③ 《伍廷芳集》,北京:中华书局,1993年,第275页。
④ 严复:《与张元济(十六)》,见王栻主编:《严复集》(三),北京:中华书局,1986年,第553页。张翼为通州人,所指可见。
⑤ 《张翼在伦敦高等法院的证词》(1905年1月18日),《开滦煤矿矿权史料》,天津:南开大学出版社,2004年,第72页。

中英合办。此后所谓正、副约之争，引发中外开平矿权纠葛，旷日持久，涉及承诺与签约。就当事人而言，涉及在场与追忆等，实际上条约文本中呈现所谓事实与真相因时间差等原因两者有相当距离。达成开平矿权协议之后，东方辛迪加于 1900 年 12 月 21 日在伦敦注册"开平矿务有限公司"，其代理人为胡华（即 1929 年至 1933 年任美国总统的胡佛，胡华是其中文名字）及比利时人吴德斯。二人狼狈为奸，通过所谓法律意义上的程序逼迫张翼将承诺化为条约，旨在使得条款进一步合法化。张翼等签订卖约及副约，中英关于中国董事部问题纠缠了一个月之后，"吴德斯先生不得不签署了关于中国董事部的试办章程"①。公司性质发生变化，面临换股票的问题。而这一切涉及正、副约及其为我所用的各自解读。就列强代言人而言，他们对开平矿权步步为营，早有议程设置。

面对开平煤矿的矿权及股权、股票新旧交接，代理人胡华称："这次中国人虽然摔了跤，但他们是平安无事的，这也是张燕谋唯一求之不得的一件事。他那时已了解到，他已失去了对公司的一切控制，并安于这种局面。他急于想要避免的是旧股东对他的愤恨，并阻止他们到皇帝面前去告御状。"②针对张翼一厢情愿寄希望于董事部以图照旧执掌开平矿务，东方辛迪加的代表吴德斯称开平矿务有限公司试办章程"允许我们设置一个没有实权的董事部，其所作决议我们都可以置之不理，但是，它给中国人留了面子，并保证我们在这个天朝帝国里得到了不可缺少的当地的支持"③。可见东方辛迪加视董事会为摆设。所谓董事会是留给天朝大国语境下张翼一个"面子"，"张没有坚持要胡华先生在这文件上签字。我也想，在这样一个古怪的文件上——你们也许会在必要时否认它——签字愈少愈好，我也就没有提出这个问题"。可见，相比于列强代理人在追忆的基础上形成的协议并在律师公证的基础上签字，张翼却没有坚持让胡华签字。"张所选定的中国方面的代表，第一个是德

---

① 《开滦煤矿矿权史料》，天津：南开大学出版社，2004 年，第 192 页。
② 《开滦煤矿矿权史料》，天津：南开大学出版社，2004 年，第 192 页。
③ 《开滦煤矿矿权史料》，天津：南开大学出版社，2004 年，第 194 页。

璀琳先生,他给他的名义是中国董事部主席,然后就是两个道台,严复和梁诚"①。张翼不懂英语,这些人事实上亦属他的代理,但在法律程序上却不完全有合法性身份。吴德斯称:"即使我签署的文件被认可,这几位先生的委任也是绝对非正规的。"②即张翼代理人签字可随时被东方辛迪加涉足的开平矿务有限公司代理人胡华、吴德斯等推翻或否认。

此后,开平煤矿面临召开股东大会、换发股票问题。这些问题可追述到开平煤矿矿权在墨林及辛迪加公司有意识的参股、让渡乃至被倒卖,涉及英国、比利时在开平煤矿问题上狼狈为奸。但这一切在法律文书上皆能得到如意的解释,可见张翼与胡华等关于开平煤矿的契约属为我所用的工具而已。

二、中外纠葛对抗性解读与张翼、袁世凯权势集团间利益冲突

义和团运动后开平中、英矿权纠纷引起袁世凯的关注。袁世凯最初只是一般性了解开平矿务,这一点从张翼奏折中可见。光绪二十七年"翼核办并饬华洋总办拟订试办章程十九条(附录试办章程十九条,华洋文各一件)实行十八个月,如有不妥再行酌改,并即查照副约,先行筹还官款银二十万两,批解前爵阁宪李行辕核收。并续筹还官款银十一万两,批解前北洋大臣袁行辕核收。各在案。此庚子乱时,设法保护之实在情形也"③。张翼称:"是年五月二十六日,将中外合办情形会同前爵阁宪李奏明有案(附录会奏稿一件,查会奏稿原经面呈李大臣核定后即行缮发,并即缮稿咨呈迨由德华备文索取。袁大臣竟以李大臣意见不合,未能书奏,将原稿咨回,不知是何意见)。"④张

---

① 《开滦煤矿矿权史料》,天津:南开大学出版社,2004年,第194页。
② 《开滦煤矿矿权史料》,天津:南开大学出版社,2004年,第194页。
③ 张翼:《谨将开平矿务全案始终情形择要开呈节略》,《开滦矿务资料》乙F37一函三册·第二册,中国社会科学院近代史所图书馆特藏室。
④ 张翼:《谨将开平矿务全案始终情形择要开呈节略》,《开滦矿务资料》乙F37一函三册·第二册,中国社会科学院近代史所图书馆特藏室。

翼在奏折中虽为自己出卖矿产的行为辩护,并提及李鸿章与袁世凯意见不合,但八国联军侵华时,为供给慈禧太后、光绪皇帝两宫在西安的开销,张翼、李鸿章拿开平矿产作抵押从西方列强手中筹款,这一点经手人之一袁世凯不可能毫无知晓。光绪二十七年五月二十六日确有北洋商务大臣直隶督臣李鸿章向慈禧与光绪皇帝上的奏稿①,可见张翼在奏报中并没有完全作伪。五月二十六日张翼与李鸿章恭折具陈:"奏为开平矿局加招洋股,改为中外合办有限公司,以保利权而维商本。"②朱批:"知道了。该大臣责无旁贷,着即认真妥为经理,以保利源。"③毫无疑问,张翼等奏折得到朝廷认可。从晚清官场人际脉络及张翼折子来看,他代表的基本上属李鸿章系下军政利益集团。李鸿章病亡后,张翼失去直接的靠山(下文将述及)。总体看来,列强垂涎、利润丰盈的开平煤矿一直充当慈禧代表的皇权日常开销的钱袋子。在开平煤矿问题上,慈禧、光绪帝知道一些情况。张翼在李鸿章利益集团中当差。袁世凯虽对张翼、李鸿章的联名奏折有不同看法,但李鸿章在世,袁世凯沉默了事。

1901年11月7日,张翼靠山之一直隶总督兼任北洋大臣李鸿章病亡,由张翼儿女亲家周馥代理李鸿章官职。与此同时,袁世凯仕途扶摇直上。袁氏一手抓军队,一手抓财权。1902年5月28日,周馥与袁世凯职务对调。1902年6月9日,上谕有:"袁世凯着补授直隶总督兼北详(洋)大臣(五月初四日)。"④被任命直隶总督的袁世凯对李鸿章麾下北洋人员"大换血",意在进行权力重组。袁世凯一度试图从开平煤矿中攫取金钱以筹备军饷,培植自己手中军队的实力。相比之下,移交约、副约签订后,开平矿务名义上的负责人张翼访德归国后,仕途亦颇顺,1902年10月27日《大公报》(第133号)载"上谕电传"有:"上谕礼部右侍郎着张翼署理。"张翼受赏之时,开平矿务上的

---

① 张翼:《奏为开平矿局加招洋股,改为中外合办有限公司折》,《开滦矿务资料》乙F37—函三册·第二册,中国社会科学院近代史所图书馆特藏室。
② 《开滦矿务资料》乙F37—函三册·第二册,中国社会科学院近代史所图书馆特藏室。
③ 《开滦矿务资料》乙F37—函三册·第二册,中国社会科学院近代史所图书馆特藏室。
④ 1902年6月10日《外交报》第14期。

政敌袁世凯亦受重用,次日《大公报》(第134号)"时事要闻"有:"皇上前次特赏直督(指袁世凯)银两并谕令毋庸谢恩,以此条系破格之举,恐为他人所知,心怀不平也。"袁世凯声望日隆,可见一斑。同时被清廷提拔的袁世凯与张翼有接触,《大公报》"督辕纪事":袁世凯于九月二十五晚"见督办矿务大臣张侍郎翼"。由事态的发展来看,双方会见的话题极有可能涉及中外开平矿权纠葛。袁世凯在开平矿权上的对手张翼仕途亦有上升的势头,主要是商业管理方面。1902年11月6号(光绪二十八年十月初七日)《大公报》(第143号)附张中的"时事要闻":"外务部、政务处议覆振贝子条陈,闻有设立商务部之请,意在召集南洋华商回华振兴商业,将船政、路矿各事并商务部办理。"与此同时,"传闻盛杏孙(荪)侍郎经手各件,现在政府之意拟派张燕谋侍郎接办",传闻大致属实。这与张翼依李鸿章亡灵之余威及背后醇亲王的照应显然有着内在的联系。

(一)张翼与清廷权力中枢

就开平矿务管理而言,张翼是唐廷枢的继任,属李鸿章军政利益集团控制开平煤矿代理人。因后者之故,张氏对英并非一味屈从,胡华称1901年签约后,张翼"简直拒不覆约,拒不完成移交手续。为了替他的这种行为找借口,他辩解说,七月三十日所签订的契约的第四条,还没有被履行到使他满意的地步;又说我们还没有把答应付给李鸿章的那廿万两银子支付给他,而那是在什么情况下答应的,你们也知道"①。而李鸿章等在中英开平矿务交涉中索取贿金不全为了自己,主要是为了八国联军侵华时逃往西安的慈禧与光绪。"李(鸿章)催我们支付那笔款项……自从签署了合同(指移交约与副约)以来,李就急于想要得到那笔我们答应给他的款项,越快越好。那时宫廷需款孔亟,李要把这二十万两解送到西安府去"。② 后来,胡华等"与俄华道胜银行和麦加利银行协议,从当地筹得这笔款项。这二十万两一经付出,我们

---

① 参见1905年英国伦敦法庭辩护词中胡华报告,《开滦煤矿矿权史料》,天津:南开大学出版社,2004年,第187页。

② 《开滦煤矿矿权史料》,天津:南开大学出版社,2004年,第187~188、188页。

在那一方面就再没有什么顾虑了"①。张翼签订及履行卖约涉及索贿,贿金中也有李鸿章乃至清宫的份额。李鸿章死后,清廷权力中枢面临重组。袁世凯取代李鸿章,掌控北洋。张翼系下开平矿务的丰厚利润受袁世凯密切关注。

  围绕正、副约涉及的事实与真相、缺席与追忆,张翼、袁世凯展开权力之争,这些涉及政治、经济等具体职能部门肥缺的分配等方方面面。特别是清廷官员在任职中安排亲信,培植自己势力,同时打击对方上升势头。西方以张翼为代理人合法性不足,轻视《副约》,但绝不代表他们小视张翼在清廷中的地位及其利用价值。这与宦海浮游中张翼的在场及其位置密不可分。光绪二十六年十一月二十四日(1901年1月14日)清廷上谕:"醇亲王载沣,着授为头等专使大臣。前赴大德国,敬谨将命,前由内阁学士张翼、副督统荫昌均着随同前往,参赞一切。"②而其对皇亲国戚内部亦有利益分歧,奕劻对载沣出使德国严加防范,正如严复称:"前番醇邸使德,若麦佐之,若刘祖桂,若治格,若象贤,若杨书雯,皆庆邸夹袋中物,馀可知矣。"③奕劻在晚清官场权力之争中专横独断可见一斑。张翼在开平矿务权力角逐中有奕譞做靠山,其伴载沣出使德国的美差亦是与奕譞运作分不开的。载沣是年19岁④,奕譞意让张翼辅载沣。其中原委正如王绅(1905年就任开平矿务公司总文案)之子王冠东后著《英帝统治下的开滦煤矿》所称,张翼"颇有来头,他除了得到李鸿章的宠信以外,又因在醇亲王府当过差,深得醇亲王奕譞的信任,故后来新醇亲王载沣出使德国,也带他去"⑤。王冠东亦于1919年入开滦,曾任机要秘

---

① 《开滦煤矿矿权史料》,天津:南开大学出版社,2004年,第187~188、188页。
② 王铁崖编:《中外旧约章程汇编》第1册,北京:生活·读书·新知三联书店,1959年,第1003~1009页。
③ 严复:《与张元济书(十三)》,《严复集》(三),北京:中华书局,1986年,第548页。
④ 溥杰:《醇亲王府的生活》,《文史资料精选》第1册,北京:中国文史出版社,1986年,第88页。
⑤ 王冠东:《英帝统治下的开滦煤矿》,《文史资料精选》第1册,北京:中国文史出版社,第410页。

书,对开平矿权中外纠葛较为熟悉,所言基本属实。张翼能有伴载沣出国的美差与其在开平煤矿捞取好处,成为八国联军侵华期间流亡西安的慈禧、光绪帝为首的宫廷的钱袋子是分不开的。中饱私囊的皇权对张翼十分重视,"在他(张翼)赴欧之前,一份电报通知他说,他的奏章皇上已经批准了。他还被擢升为北京某部的侍郎,并奉派为醇亲王使团的顾问,这就证明皇上还是宠信他的"①。英方这些情报大体准确。八国联军侵华后中国政局巨变,内政、外交皆在调适。1901年7月24日,清政府就《辛丑条约》附件十八发表上谕,撤销总理衙门,改设外务部②:"简派和硕庆亲王奕劻总理外务部事务。体仁阁大学士王文韶着授为会办外务部大臣;工部尚书瞿鸿禨着调补外务部尚书,授为会办大臣。"③就奕劻总理外务部,开平矿务中张翼得力助手严复发表评论:"以此人而据外交之要席,中国前路不问可知。"④关于外务部,《纽约时报》评论:"起先这是一个独立的组织,但随着时间的推移,它和军机处的关系就越来越密切了。"⑤外务部由总理衙门脱胎而来,其中有四司一厅,即和令、考工、榷算、庶务等四司和司务厅等。其中考工司专管铁路、矿务等。在路矿方面,1902年清政府任命瞿鸿禨、王文韶为督办矿务铁路大臣,张翼为总办矿务铁路大臣。清廷在矿务处理上似对其背后涉及奕劻、袁世凯等与瞿鸿禨等两派的矛盾与纠纷有所察觉,但仍按制度设计中已有人事安排进行运作。光绪二十八年(1902)三月十五日《新民丛报》第六号刊有《中国近事》栏,有"指斥报章"一条,称:"督办铁路矿务大臣王文韶、瞿鸿禨,当订矿务章

---

① 《开滦煤矿矿权史料》,天津:南开大学出版社,2004年,第188页。
② 1901年9月7日签订《辛丑各国和约》第十二款规定:"西历本年七月二十四日,即中历六月初九日,降旨将总理各国事务衙门,按照诸国酌定,改为外务部,班列六部之前。"见复旦大学历史系中国近代史教研组:《中国近代对外关系史资料选辑(1840—1949)》上卷,第2分册,上海:上海人民出版社,1977年,第151页。
③ 《清政府改总理衙门为外务部"上谕"》,《中国近代对外关系史资料选辑(1840—1949)》上卷,第2分册,上海:上海人民出版社,1977年,第185页。
④ 严复:《与张元济书(十三)》,《严复集》(三),北京:中华书局,1986年,第548页。
⑤ 郑曦原编:《帝国的回忆:〈纽约时报〉晚清观察记》,北京:生活·读书·新知三联书店,2001年,第139页。

程时,并未与会办大臣张翼商议,迨章程颁发,张始得知,遂将章程中所有不妥之处,逐项签驳。并请两大臣从速更改。闻各公使亦以新章程税课太重,啧有烦言。"可见张翼与王文韶、瞿鸿玑这一派之间亦有矛盾。1902 年 2 月 23 日谕旨:"派张翼总办路矿事宜,仍着王文韶、瞿鸿玑督同办理。"①而这三个人为 1902 年成立的路矿局的负责人。内忧外患下瞿鸿玑、王文韶、张翼主持路矿局,"矿路局虽经诏设,而外务部则以侵其权利而龃龉之,故自四月至今乃至无事可办"②,处境艰难。矿路局主持人为瞿鸿玑,外务部负责者为奕劻,矿路局与外务部矛盾涉及丁未政潮前后清廷中枢权力的分化、组合。

不仅路矿局内部有矛盾,路矿局与外务部之人互有重叠,如王文韶、瞿鸿玑等,路矿局与外务部也存在争权。张翼之所以敢在开平纠葛中与袁世凯抗衡,是与其在清廷权力中枢中颇有政治资本相关。在皇亲国戚中,张翼与醇亲王载沣关系非同一般,张颇得清廷重用③。"张翼以小吏给事醇邸,不数年,官至侍郎,骎骎大用"④。在朝廷重臣中,张翼与瞿鸿玑关系亦密切,张翼之子张叔诚回忆说:"朱启钤,字桂辛,贵州紫江县人,清光绪中叶由大学士瞿鸿玑推荐给当时的路矿帮办张翼,由张派其在公署内担任候补道职衔的官员。"⑤瞿与张在安插亲信上互相帮衬。大体而言,在载沣、瞿鸿玑帮助下,此时张翼在官场处上升势头。

对于西人而言,张翼的后台及其在开平矿权上可利用的价值是不言而喻的。在开平矿权问题上,英、比等国代表步步紧逼,尽可能对张翼威逼利诱,连张翼出使德国也不忘跟踪。张翼在德期间,英帝国抓住一切机会试图在开平矿权问题上对中方变本加厉地强取豪夺。时任开平矿务英方董事长蔡斯

---

① 朱寿朋编:《光绪朝东华录》,北京:中华书局,1958 年,第 4827 页。
② 严复:《与熊季廉书》,《〈严复集〉补编》,福州:福建人民出版社,2004 年,第 233 页。
③ 1902 年 3 月 4 日(光绪二十八年正月二十五日)《外交报》"文牍第一"谕旨恭录:"上谕:张翼着加恩以侍郎候补。"
④ 胡思敬:"岑袁气焰",《国闻备乘》卷一,北京:中华书局,2007 年,第 22 页。
⑤ 张叔诚口述、谈在唐笔录:《中兴煤矿经营始末》,《文史集萃》(第 3 辑),北京:中国文史出版社,1984 年,第 206 页。

中校派代理人就开平矿权与张翼进行秘密磋商。在此基础上,张翼、蔡斯后在热那亚的"贝尔恩"号轮船见面,双方就条约展开讨论①。约见目的当然是蔡斯利用解读条约取得权利,以便在开平矿权及矿务问题上进一步落实追忆基础上签订正约、移交约的合法性,并继续瞒骗与欺诈张翼,使其变成东方辛迪加把持与操纵开平矿权的有利工具。

(二)张翼、袁世凯利益冲突与开平矿权纠葛的舆论导向

袁世凯对督办开平矿务张翼、盛宣怀、严复予以打击,试图以周学熙、唐绍仪取而代之。张翼、盛宣怀、严复等或是李鸿章幕府幕宾,或与李鸿章关系密切。盛宣怀在李鸿章死后与袁世凯政敌岑春煊友善。岑春煊"沪滨养疾,与武进盛杏荪尚书交,一见如故。武进喜知名之士,文人墨客结习,花晨月夕,莫不以气节为谈资。西林居处稍久,遂与俱化,颇以名臣自励"②。而盛宣怀在李鸿章幕府效力时,一度与袁世凯交善。但在开平煤矿问题上,袁世凯倾向支持唐绍仪,唐绍仪为开平煤矿的开创者唐廷枢的族侄。胡思敬在《国闻备乘》中称:"唐绍仪旧从世凯驻朝鲜,甲午之变,生死力护之以归,故遇之加厚,既夺盛宣怀路政畀之,邮传部开,又用为侍郎,一手把持部务。"③清末新政前后,值瞿鸿禨、岑春煊与奕劻、袁世凯权力纷争之际,盛宣怀游走两派之间。张翼、盛宣怀属同党。盛宣怀在开平问题上倾向前者。

作为企业的经营者,张翼既工心计,也颇干练。他主持开平煤矿期间重外交联络。在筹集外资中,张翼颇注意开平矿务的西方舆论评判。1899年6月26日,张翼致墨林函,称:"我的确感到你们在(英)外交部和在报纸上为我帮忙甚大,破除谎言与流言蜚语,它们使英国政府与公众不明真相陷入错误,而少数人却从中渔利。我完全赞赏你在维护我的利益方面所做的重要工作。"④但张忽视了英帝国对开平煤矿垂涎之意。相比之下,张之政敌袁世凯

---

① 2408条中编号148、149,参见《开滦煤矿矿权史料》,天津:南开大学出版社,2004年,第198页。
② 刘体智:《异辞录》(卷四)"岑春煊宠衰",北京:中华书局,1988年,第208页。
③ 胡思敬:《国闻备乘》(卷三),北京:中华书局,2007年,第91页。
④ 《开滦煤矿矿权史料》,天津:南开大学出版社,2004年,第58页。

对英国的用心有警觉。袁世凯属清末新政的获益者,他顺势在军界崛起。清末新政涉及以权力为核心的关系网,盘根错节,丝丝入扣。彼此提携与庇护,细致入微。特别是1903年兵部成立,奕劻与袁世凯把持了兵部,这引起了一些幕僚的担心。是年王乃徵上折弹劾袁世凯,称袁世凯"年甫四十,曾无勋绩足录,而宠任之隆已为曾国藩、李鸿章所未有"①,指其结党营私。面对袁世凯遭弹劾,张翼抓住机会,于光绪二十九年正月"为遵旨明白回奏并略陈开平矿务情形恭折"②,就开平矿权问题进行反诘。张翼称:"抑祈至鉴事,窃臣于本月十七日接军机大臣片,交面奉谕旨。有人奏大臣卖矿肥私,请旨严惩一折。着张翼明白回奏等因。"针对袁世凯等的弹劾,张翼辩解再次涉及事后追忆:"查开平矿务加招洋股改为中外公司,原属万不得已之举。缘光绪廿六年夏间北方遭变,时臣被困天津租界,其河东一带所有开平矿厂均被抢掳焚烧。目睹情形,万分焦灼。其时与臣相处者天津税务司德璀琳三两人耳。臣等昼夜筹商。德璀琳建议谓煤矿在西国军火之条。联军一来,势必首先攫取。又谓矿司执事大半逃生,一经停止,水为淹没,矿井废弃,救治无从。若不及早图谋则该矿原有数百万中外商本,势将化为乌有。计惟有加派洋员招添洋股,改为中外合资公司,庶可拒联军而保矿井,则中国利权仍可无恙。彼即慨然自任该矿之洋员总办,当于是年五月二十七日由开平总办道员周学熙签押主诺,复由铁路总办道员唐绍仪签押作证,予以总办全权。"即在庚子事变混乱的情况下,张翼事后追忆称签约有保矿的意图,"臣复加剳委派,立与办法八条,饬其遵守。布置甫定,军务日逼,津沽无可驻足。臣即前赴上海。至八月间,始随全权大臣李鸿章来京办理和议之事。到津,德璀琳即面禀开平之事。渠已与矿师胡华订立六个月草约,命其前赴英国办理,合办招股、挂号、保护之事。是时联军压境,俄兵竟以突往唐山将局占据。各军继往,遍插洋旗。局内华人不能容留,均各逃散。德璀琳惟恐矿产毁失,立即执持约据驰

---

① (清)刘锦藻撰:《清朝续文献通考》(三),卷219,考9659~9660,杭州:浙江古籍出版社,2000年。
② 1903年《外交报》(文牍第一)第三册。

往力争,又复往返京津,与俄使辩难两三月之久。俄军始肯退出,其时和议尚在未定、遍地洋兵,而开平得以机井未停、矿产无恙者,皆德璀琳维持之力也"。可见立足于自己缺席的事后追忆,张翼亦为代理人德璀琳等卖矿行径辩护。辩护重点涉及倒填日期这一追认基础上的正约(移交约)及副约,追忆涉及俄军占领矿务局之企图,意在说明代理人德璀琳维持矿权之功劳,"及至胡华由英回津,将招股、挂号等事办理已毕,六个月草约之期已将届满,而联军注意此矿正在眈眈。是以臣赶即于二十七年正月初间赴津与之订立正、副两合同。其正者,合股、挂号所以拒联司(军)并局内办事章程。一切条款,立约签订,以备遵守,并选择熟悉交涉、通晓洋文人员总办理,其事即由沪札调直隶候补道梁诚、候选道严复二员,派为中国总办,以期中外平权,不相隔阂。部署既定,乃于五月二十六日,会同李鸿章具奏、奉旨允准在案"。张翼辩解称自己这样办理上司李鸿章等知道且无异议。"是月,臣又奉命随同醇亲王出洋,往返五阅月。由德回华,讵料该矿办理竟未遵照臣等所订之约,德璀琳屡次致函向西国诘问,彼亦置之不理。臣等访查,不料胡华到英竟将臣等原约隐匿,仅以德璀琳草约与英商墨林设立东方有限公司,以图骗局"。针对变局,张翼称自己将往伦敦兴讼,"臣现已委派洋员前赴伦敦相机行事。刻下英国驻京公使亦因此事电致该国外(务)部助力压制,以保西国利益邦交。再迟两三月之期,办理必自有规模矣"。中英开平矿权之争,引发社会舆论广泛关注。1903年1月29日在东京创刊的《湖北学生界》(创刊号)专栏"馀录"即刊有"开平矿局纷议起,争清、英二国之所属"。可见,中英开平纠葛影响之大,连留日学生都开始关注。

  袁世凯在开平矿权纠葛中弹劾张翼,意在取而代之,重要目的是筹军饷并图结纳权贵的贿赂资金,以捞取更多的政治资本。而这一点亦成张翼利益集团系下舆论精英严复攻击的要害。张翼与严复都在李鸿章军政利益集团中任职,严复任职开平煤矿为张翼聘请。严复既为张翼的重要助手及矿务中方总办之一,面对袁世凯的弹劾,有《为张燕谋草奏》《塘沽草约稿》等,在舆论上为张翼辩解。1903年4月16日至18日,严复在《大公报》上发表《论〈中外日报〉论开平煤矿事书》,指责报章引导舆论抨击张翼而庇护周学熙、唐绍仪。他称:"阅上海《中外日报》三月初一日所论张燕谋侍郎复奏开平矿务一节,徒为肆口诋諆,而于办事者功过是非,如不识痒痛者从旁说针砭。"①严复同样强调衷系周学熙、唐绍仪在矿权纠葛中作为经手人的责任,"回奏原折中述周、唐两观察签押见证之事,要不过据事直书;假使其事为非,即侍郎亦岂能诿过"②?周指周学熙,唐指唐绍仪,两人皆参加了部分条款的签订,"为立手据事,本督办现派天津縠士达甫德璀琳为开平煤矿公司经纪产业综理事宜之总办,并予以便宜行事之权,听凭用其所筹最善之法,以保全煤矿产业、股东利益。须至据者",时间为"光绪二十六年五月二十七日立",其签名有"督办:张燕谋押""总办:周缉之押""在见:唐筱川押、法拉士押"。周缉之即周学熙,为开平煤矿总办,签约时作为中方代表签章。唐筱川即唐绍仪,签约时为中方见证人。在严复看来,中英矿务条约由酝酿到签订,周、唐也脱不了干系。严复抨击了张翼之政敌袁世凯之团伙唐、周二人,指出义和团运动、八国联军侵华期间他们在处置开平矿权问题上与张翼利益立场一致,比照张翼后来再次追忆:"中外失和,联军纷集,翼等坐困于天津租界,道路梗阻,声息不通。五月二十一日,拳匪攻击紫竹林。前北洋大臣杨暨杨升道士琦、唐升守绍怡、周升道学熙兄弟并受炮伤之眷属等,及电报学生招商铁路各局员司相率偕来,男妇老幼三百余口,均藏匿于翼宅地窖之内。二十八九等日,驻津英贾领事,以翼宅人数众多,迹近埋伏,疑与拳匪相通,饲鸽传达消息。竟带英兵四十名搜索翼宅,将翼及唐升守拘入太古洋行,几遭不测。"③即张翼、唐绍仪等被英军囚禁于英商系下太古洋行,"经德璀琳前来省视,谓现在危险已极。天津等处煤栈被焚,司事人等均已逃散,唐山、林西不通消息,存亡莫卜。欲保

---

① 严复:《论〈中外日报〉论开平矿事书》,《〈严复集〉补编》,福州:福建人民出版社,2004年,第13页。

② 王庆成主编:《严复未刊诗文函稿及散佚著译》,台湾财团法人辜公亮文教基金会1998年出版发行,第127页。

③ 张翼:《谨将开平矿务全案始终情形择要开呈节略》,《开滦矿务资料》乙F37一函三册·第二册,中国社会科学院近代史所图书馆特藏室。

全矿产,须委伊为代理总办,以为暂时抵制外人侵占地步等语。该洋员并以时会逼处,迫不及待,自拟委任字据,呈请签字,畀以全权保护矿产。翼以事关重大,未可草率,定议允俟回寓再商。翌日回寓,与该总办周升道再四筹商,均以事势危迫,舍此别无他法。旋据德璀琳持字据,面称与周升道商允签字。并经唐升守洋员法拉士税司有年,办事颇有热诚,尚属可靠"①。可见,张翼虽系事后追忆,但记忆中唐、周等合谋,显系有意突出,即协议签订为张翼、唐绍仪、周学熙等集体主张,并非个人意见。

袁世凯被弹劾及张翼、严复等辩解,还反映矿权纠葛背后的政治利益斗争。前文述及周学熙、唐绍仪属袁世凯这一派。周学熙系周馥之子,周馥和张翼是儿女亲家,因此"张翼于光绪二十二年(1896年)派周学熙为开平矿务局驻上海售煤处主任。周学熙由于有了候补道这个身份,才于光绪二十四年(1898年)当上了开平的会办,转年升为总办"②。周学熙与袁世凯属姻亲,周妹瑞珠议婚于袁世凯第八子袁克轸③。袁、周属官场裙带关系,1902年袁世凯升任直隶总督,周馥继袁世凯之后任山东巡抚。是年,周学熙奉袁世凯之命创办银元局。1903年周学熙去日本考察,创设北洋工艺局,周后又升任长芦盐运使、直隶按察使④。插手开平煤矿的另一骨干唐绍仪为"世凯死党"⑤,光绪二十七年十月初六日,袁世凯有奏折"又请调唐绍仪佐理事务片",称唐绍仪"历在朝鲜北洋供差多年,洞达洋情,到东后,委办商务、洋务各节均极得力。该道素为洋人所敬服,而于北洋情形尤稔悉"。1901年11月袁世凯就任直隶总督兼北洋大臣时曾上折"恳吁天恩俯准将唐绍仪调随北上,以资差

---

① 《开滦矿务资料》乙F37—函三册·第二册,中国社会科学院近代史所图书馆特藏室。
② 淳夫:《周学熙与北洋实业》,《天津文史资料选辑》第1辑,天津:天津人民出版社,1978年,第2页。
③ 淳夫:《周学熙与北洋实业》,《天津文史资料选辑》第1辑,天津:天津人民出版社,1978年,第2~3页;周叔弢、李勉之:《启新洋灰公司的初期资本和资方的派系矛盾》,《文史资料选辑》第53辑,北京:中国文史出版社,1964年,第10页。
④ 周叔弢、李勉之:《启新洋灰公司的初期资本和资方的派系矛盾》,《文史资料选辑》第53辑,北京:中国文史出版社,1964年,第10页。
⑤ 胡思敬:《张之洞抑郁而死》,《国闻备乘》(卷四),北京:中华书局,2007年,第134页。

遣,而收臂助"①。是年十月二十六日,袁世凯又有"以唐绍仪为署津海关道片"②。在袁世凯帮助下,唐绍仪升任奉天巡抚。唐绍仪掌管下的财经可谓袁世凯幕府筹集军饷的钱袋子,胡思敬在《大盗窃国记》中称:"是时创办新军,各省增派练兵经费凡千余万,皆汇归北洋,顺直善后捐余存二百余万,又创办永平七属盐捐,有夺盛宣怀京汉铁路交唐绍仪,累岁无报销,天津财币山积,任意开支,司农不敢过问。"③唐氏掌管袁记利益集团的财政,其开销部分用于兵饷,部分被袁世凯用于贿赂。针对唐绍仪在开平纠葛上的骑墙派立场,严复批评《中外日报》称:"自甲午东事以还,吾见有人身为败坏大局之戎首罪魁,但造作蜚语伪书,卸其责于素受卵翼之人,即因之而取尊官大权者矣!于周、唐二公尚何尤乎?该报若谓前节为非所宣言,则试问置实事者,其措词又当何若?"④简言之,唐、周氏是以袁世凯为核心的利益集团在开平煤矿的耳目。严复对整个事态预测,大体准确。张翼去职后,袁世凯果派唐、周二人接手。张翼事后的奏折称:"经前北洋大臣袁札派唐升道绍怡充督办,周升守长龄充帮办(帮同唐升道办理一切)。"⑤此亦佐证。

作为舆论精英及张翼代言人严复的文章发表后,袁世凯、张翼在开平矿务上矛盾日益公开化。袁世凯对张翼打击力度增大,见张翼之回应:"唐升道仍请责成翼办理与英人那森磋商六条(附录磋商六条一件)。呈请前北洋大臣袁鉴核,已蒙许可而加删改。满谓此案可期了结,讵奉檄而又奏驳"⑥。此

---

① 袁世凯:《道员唐绍仪请调赴北洋片》,廖一中、罗真容:《袁世凯奏议》上,天津:天津古籍出版社,1986年,第385页。
② 《袁世凯奏折专辑》,台北:广文书局,1970年,第383页。
③ 转引自(台湾)苏同炳著:《中国近代史上的关键人物》(下),天津:百花文艺出版社,2000年,第704页。
④ 严复:《论〈中外日报〉论开平矿事书》,《〈严复集〉补编》,福州:福建人民出版社,2004年,第15~16页。
⑤ 张翼:《谨将开平矿务全案始终情形择要开呈节略》,《开滦矿务资料》乙F37一函三册·第二册,中国社会科学院近代史所图书馆特藏室。
⑥ 张翼:《谨将开平矿务全案始终情形择要开呈节略》,《开滦矿务资料》乙F37一函三册·第二册,中国社会科学院近代史所图书馆特藏室。

可见1903年3月13日,袁世凯上书朝廷,奏请收回开平煤矿。后袁数次上书指责张翼,但英国态度强硬,张翼在矿权收复上的努力没有结果。

总之,中外开平矿权纠葛上的在场与追忆,还涉及事实与事件的关系。就历史场景复原或重构而言,在场应该是追忆的基础。在场签订的条约可能属于临时的,但事后追忆变得有条不紊。签订移交约(即正约),在某种程度上属西方辛迪加等利益集团对华经济渗透,也属义和团运动及八国联军侵华这一历史链条中必然的手段,而副约属张翼试图保持自己的权力。面对签约进程中的事实与追认、事实与真相,英国等更多地认同移交约(即正约),袁世凯打击张翼也多利用正约。相比之下,张翼更多地认同副约,到英国打官司是要追认副约的合法性。开平矿权纠葛中张翼与袁世凯利益集团矛盾及中外纠葛中张、袁双方的进退,又与丁未政潮前后的官场权力重组密切关联。袁世凯、张翼及其代表的利益集团,对开平煤矿这一肥肉的资源分割有着不同的价值取向,袁世凯求权,张翼逐利。

三、开平煤矿中外纠葛缘起的历史省思

开平煤矿是李鸿章等筹办洋务的产物。煤矿是钢铁制造业的基础,也为早期工业化提供了能源支撑。就经营管理而言,开平煤矿官督商办形式可谓清末社会革新的一部分,也是洋务运动中绩效突出的企业示范性的表现。开平煤矿既是官督商办,则在管理上当然服从晚清官场运作的规则或潜规则,而在企业经营上又要按照商业形式进行操作。作为官督商办的开平煤矿,其命途多舛常与晚清政局复杂多变相牵连。至于官督商办给洋务企业酿下的苦酒见《外交报》第四册"论说"中《论中国路矿将尽归外人》,云:"正月十六,诏以张翼总办路矿事宜,命之曰认真经理,戒之曰毋得敷衍因循、空言塞责。睿虑周至,无非为吾民兴利。"该论说由此发挥,"自今以往,苟吾中国人通力合作,胥二者而自为之,失之东隅,庸不可收之桑榆乎?虽然有敌我者。□□设有巨商,鸠资请办,且能径达于总局,而大臣不能遽决也。必商之督抚。督

抚不能自答也，必下之州县。风气壅塞，法制未详。一旦兴巨工，地方交涉事繁，必至无所措手。州县善自谋，不能不多方以尼之。大臣督抚，无如何也"。可见僵化的官僚体制也是造成路矿之权屡屡丧失的重要原因，"至外人要索，则挟其国力而来。朝廷欲顾全邦交，而大臣、督抚亦知当郑重。州县自顾力薄，乌敢饰词抵拒？即令为之，而公使领事，且出图说以相辩，岂能如吾民之易兴，而以空言驳斥也。且成例可援，虽欲不许而不得矣。吾故曰：路矿之利将尽归外人也"。开平煤矿这种官商结合的情状，使得它在中国由封建的农耕文明走向市场导向的工业文明过程中处在纷繁复杂的畸变之中。开平煤矿近百年兴衰史是近代中国企业发展脉络的侧影。多重掠夺使得它承载了太多的历史艰辛。

张翼面对义和团运动及八国联军侵华中开平矿权之损失，以自己及顶头上司李鸿章的名义承诺与以西方英、比为首的辛迪加签订卖矿条约，同时又仍以倒填日期的方式签订所谓煤矿仍在中方手中的"副约"，其权宜之计可见一斑。当然从中得到的贿金等除了张翼自己及李鸿章各得一份外，多被李鸿章送往流亡西安行在的权力中枢，供慈禧太后与光绪皇帝等代表的宫廷开销。也即以慈禧太后为首的清朝廷在开平煤矿主权断送的过程中得到了好处，清廷当然不会亏待李、张。可见，开平煤矿盈利很快被李鸿章、张翼等兑成政治资本。兑换中官场潜规则发挥了重要作用，即大体基于人际脉络的派系奥援之上。以英国为代表的西方更有高明之处，用哄吓、诈骗的方式迫使张翼签订追认意义上的"移交约"（正约），将开平煤矿的权益移交给所谓中英合办的开平股份公司，同日签订的副约虽规定张翼名义上仍是中方的督办，实际上变成了橡皮图章，成为西方在开平煤矿攫取殖民利益的傀儡。义和团运动及八国联军侵华，中国政局巨变。其后，袁世凯取代了病逝的李鸿章，成为北洋实力派人物的代表。为了维系北洋巨大军费开支及混迹官场的贿赂资本，袁世凯瞄准了利润丰厚的开平煤矿。他在中外开平煤矿纠葛处理过程中以中方总督代表的国家权力身份，主动参与交涉。袁世凯打着政治的幌子处理中外开平矿权纠葛，其打击张翼的部署及举措大体上是按晚清官场正常的运行秩序进行的。而袁世凯的政敌张翼亦有应对,他在李鸿章死后,援结醇亲王载沣。时政坛有新旧派系之分,后身处开平纠葛中的严复在赠熊季廉诗中称,"胶胶扰扰何时已,新旧两党方相攻"①,既喻指新旧两党政理及学理分歧,也感叹当政者新旧两派权力之争的纷扰。与新派代表袁世凯的总督身份相比,张翼路矿大臣的地位就微不足道了,较量的双方势力之悬殊显而易见。但官场输赢不总是按照事理的逻辑作结论。首先,双方绝非个人的较量,都有各自的利益集团。其次,双方背后都与皇权有着千丝万缕的联系。当袁世凯以国家代表的身份在中外开平矿权纠葛中出现时,张翼则利用官场潜规则,积极运用自己在宫廷中结成的人际网络,向袁世凯军政利益集团发动反击。

袁世凯、张翼围绕移交约与副约不断地论辩,所谓正、副约都属于事后追认,即便是1900年被困期间张翼向英方的许诺亦是如此。张翼不懂英语,却全权委托德璀琳办理,而德璀琳与英方等签订协议,张翼并不在场。当局者张翼的缺席即离场,显然造成了严重的后果。袁、张论战的差异涉及订约时的在场与追忆,还涉及事实与证据、事实与真相的关系。在事实与证据之间双方存在着利益上的解读。正因为利益立场的不同,所以解读呈现建构性的特征。从逻辑链条来看,先有在场的事实,再有利益立场上的解读,然后才是说理意义上的证据。因为利益立场不同,由解读而形成派系或阵营,这在晚清官场也是很常见的。在场与追忆还涉及事实与事件的关系。张翼与英方签订正、副约,就条约文本而言,是事实,尚未构成事件。而对文本的解读是顺应性的解读,还是对抗性的解读,无疑是十分关键的。顺应的解读与对抗性的解读,提供了论战的基础与空间,也折射了开平矿权问题上的乐观情绪与悲观情怀之间的交锋。从这一点上来说,不能拘泥于条约是卖国或维护自身的法律条文,至少要看到双方在论辩中如何作为证据在使用。双方的共同点都是要坚持还原真相,都站在捍卫朝廷、捍卫国家利益的立场上,而背后却皆有捍卫本集团利益的用意。

---

① 严复:《赠熊季廉》,《严复集》(二),北京:中华书局,1986年,第364页。

面子与法理:中英开平矿权纠纷及赴英诉讼

19世纪末20世纪初,以英国为核心的欧洲已经走过世界工厂的辉煌,步入典型的食利型殖民帝国时代,其重要的标志就是托拉斯等垄断组织大规模的涌现并向亚非拉等海外市场拓展。以亚洲为例,英经济殖民主义前者以兼有行政及其商业职能的东印度公司为代表,后者以中国的开平矿务局被改组为中英有限公司等为范例。英帝国对华的资本输出及其企业改组所产生的矛盾与纠纷,涉及官场与市场,还涉及英中关系。下文所要探讨的开平矿务局改组的得失成败经验,为我们考察近代东亚社会中农耕经济向市场经济转型的后续命运提供诸多借鉴①,学界对此已有所探讨:其一,关于开平煤矿与帝国主义侵略。开滦煤矿研究起步较早的是魏子初,他在《〈帝国主义与开滦煤矿〉导言》中论述了英国掠夺开平煤矿的具体经过,称:"'收买'这一重要的煤矿和庞大财产,英人却没付出什么代价。"②南开大学的熊性美就开平矿权的丧失,分别从"开平煤矿的建立与帝国主义的蓄意攫取""帝国主义骗占开平煤矿""英比资本在欧洲的阴谋活动""袁世凯插手,张翼兴讼,竞相与

---

① 具体论述参见王天根:《在场与追忆:中外开平矿权纠纷缘起探析》,载《史学月刊》,2013年第11期。
② 魏子初:《〈帝国主义与开滦煤矿〉导言》,熊性美、阎光华主编:《开滦煤矿矿权史料》,天津:南开大学出版社,2004年,第842页。

英人妥协"等层面作了论述①。其二,关于开平煤矿与官督商办的洋务企业经营模式。胡滨认为,"象(像)开平煤矿这样的官督商办企业,在当时不是太多了,而是太少了。令人遗憾的是,一个好端端的开平煤矿在张翼的主持下,不但没有顺利地继续向前发展,反而以沦于英帝国主义的控制之下而告终"②。其他的一些成果,诸如有论文探讨开平、滦州煤矿竞争与合并,并探讨开滦煤矿经营管理等。总体看来,研究框架、史料搜集及分析上均有突破的论著鲜见。但是,随着新史料的发掘及视角转变,跨国意义上开平矿权纠葛又有了重新检视的必要。

一、开平矿权移交约、副约及中英权限各自解读

20世纪初英国等国家的托拉斯、辛迪加等垄断组织有跨国经营的性质,公司对外包括资本、技术输出、企业组织形式及其管理人才方式等,遭遇诸多抵制。正如孟德斯鸠指出:"商人们为连(联)合经营某一种贸易而成立的公司对君主统治的政体也很少有适宜的时候。这种公司的性质就是使私人的财富取得公共财富的权力。但是在君主统治的国家里,公共财富的权力只能掌握在君主的手里。"③有限公司的制度未必适合亚非拉等君主专制的近代国家。

就早期的世界工业化进程而言,煤炭是钢铁工业的重要支撑,也是产业革命的重要前提。洋务运动中开平矿务局成为官督商办的典范企业与此亦有内在关联。从开平矿权被掠夺及由此而开跨国诉讼可见,英帝国殖民本性及其在亚洲推行有限责任公司的遭遇。中外开平矿权纠葛缘于法律文本的编码与解读,涉及移交约与副约各自的合法性。1901年2月19日,张翼与德

---

① 熊性美:《〈开滦煤矿矿权史料〉序》,熊性美、阎光华主编:《开滦煤矿矿权史料》,天津:南开大学出版社,2004年。
② 胡滨:《从开平矿务局看官督商办企业的历史作用》,载《近代史研究》,1985年第5期。
③ 孟德斯鸠:《论法的精神》,北京:商务印书馆,1963年,第11页。

璀琳、墨林代理人胡华定约(中方署:光绪二十七年正月初一日),见证人为丁嘉立、顾勃尔①。条约首先涉及张翼在义和团运动及八国联军侵华期间的许诺,属上年许诺的兑现,条款追溯史实无可避免②。与移交约同日(即6月24日)的还有双方签订的《开平矿务局整顿始末》③,此即后来的"副约"。由日期可见,这也属事后追认。所谓确认张翼权利的"副约",明确"开平矿务局"改名"中英公司"之缘由,见《开平矿务局整顿始末》。④ 所谓中英公司的改组见1901年7月1～2日张翼的对外代言人严复发表的《奉告开平矿务有限公司中国诸股东启》⑤。面对八国联军侵华,俄、德等国对开平煤矿之觊觎,张翼的代言人兼李鸿章幕府洋员德璀琳请张翼"更札已令增招募百万镑之新股,而以其局注于英商部之册,一切用英国商例为有限公司,夫而后泰山可摇,而开平之煤局不得动矣"⑥。此大体说明,所谓有限公司组建是张翼的权宜之计,"今者合办之章规既定,一切公司之事,将统于支那之总局,置议事首领,而华洋总理各二,事资平权,不为畸"⑦。论及中英有限责任公司为平权之规章制度,严复等特劝华董不要抛售股票或撤出股份,"使售之而尽,则华人于此矿为无权,则谓之尽归洋人可也"⑧。1901年7月16～25日,开平矿务有限公司督办张翼、总办严复及梁诚联名在《中外日报》发表《开平矿务有

---

① 《开滦矿务资料》乙F37一函三册·第二册,中国社会科学院近代史所图书馆特藏室。
② 王天根:《在场与追忆:中外开平矿权纠纷缘起探析》,载《史学月刊》,2013年第11期。
③ 《开滦矿务资料》乙F37一函三册·第二册,中国社会科学院近代史所图书馆特藏室。
④ 《开滦矿务资料》乙F37一函三册·第二册,中国社会科学院近代史所图书馆特藏室。
⑤ 严复:《与汪康年书》8,王栻主编:《严复集》(三),北京:中华书局,1986年,第509页。
⑥ 严复:《奉告开平矿务有限公司中国诸股东启》,孙应祥、皮后锋编:《〈严复集〉补编》,福州:福建人民出版社,2004年,第6页。
⑦ 严复:《奉告开平矿务有限公司中国诸股东启》,孙应祥、皮后锋编:《〈严复集〉补编》,福州:福建人民出版社,2004年,第6页。
⑧ 严复:《奉告开平矿务有限公司中国诸股东启》,孙应祥、皮后锋编:《〈严复集〉补编》,福州:福建人民出版社,2004年,第7页。

限公司广告》,再次谈及"我中国之言矿利者数十年,而开平之成效最著"①,"开平有官督商办之名。煤之为物,军兴所用,公法既禁,取之有名,加以垂涎之素如前云云,则当日开平全局之危急不问可知"②。此大体重申《奉告开平矿务有限公司中国诸股东启》之旨趣,即成立有限公司面临旧股需要重新处理,换发股票重组资产等问题。就中外纠纷的事实而言,此涉及英、比等国商股一百万英镑本金兑现,即英、比等国商人到底有无注资,注资多少,以口头允诺的虚股冲抵干股的份额是多大,改组后的公司哪些权利被英方攫取。这涉及中英各自的股票、股份及其代理人的政治背景,也涉及中英外交。

中外开平矿务利益纠葛再起波澜,还与清末新政社会语境相关。清末新政没有触及官员兼职,如袁世凯行政上是直隶总督,军事上兼北洋大臣,显属军政一手抓。袁世凯利用开平矿务隶属自己的行政范围,一步步地逼迫张翼就范,意在取而代之。

二、张翼、袁世凯内讧与英方的策略调整

袁世凯、张翼对新政不同的利益企图,决定了官场上解决开平问题的价值取向,这与列强在华商业利益角逐相勾连。在开平矿务利权纷争中,除其党羽评骘张翼卖矿外,袁世凯也因开平煤矿事累次弹劾张翼。袁对张的威胁,可见1903年1月15日威英(Wynne, T. R. 开平公司天津局总办)致开平公司董事部函:"德璀琳先生几天前把这种情况描绘成'张正骑在一只想要吃掉他的老虎(袁世凯)身上'。据我看,这种情况一定不会维持长久。"③英方

---

① 开平矿务有限公司督办张翼、总办严复、梁诚:《开平矿务有限公司广告》,见《中外日报》(1901年7月16~25日),孙应祥、皮后锋编:《〈严复集〉补编》,福州:福建人民出版社,2004年,第8页。

② 开平矿务有限公司督办张翼、总办严复、梁诚:《开平矿务有限公司广告》,见《中外日报》(1901年7月16~25日),孙应祥、皮后锋编:《〈严复集〉补编》,福州:福建人民出版社,2004年,第8页。

③ 熊性美、阎光华主编:《开滦煤矿矿权史料》,天津:南开大学出版社,2004年,第233页。

在袁、张之争中迅疾地调整策略。

1. 张、袁之争与英方代表威英等交涉策略

在袁氏利益集团报刊舆论的抨击下,张翼仍能正常履行官场职责,并通过代言人严复等人的反击,有效地维护官场面子。首先,张翼官场上的人脉及资源颇丰盈,光绪二十九年(1903年)七月十六日,那桐日记载,"派拣选广西知府等缺,同派者戴鸿慈、张翼、成章也,已刻到吏部拣选毕"①,能委以选官之责,可见张翼在清廷之地位。张翼的重要靠山那桐系慈禧死党荣禄之子,后经上谕着调补外务部尚书,授为会办大臣。鉴于开平矿权中外纠葛,张翼曾到外务部官署向那桐求助,诸如是年十月初二日,那桐日记载"张燕谋侍郎来谭开平事"②。其次,张翼得到严复等舆论精英的帮助,有效地维持了官场体面与尊严。为了帮助张翼挽回面子,严复有《为张燕谋草奏》(即替张翼草奏章),"窃开平煤矿前经有人奏参,仰蒙天恩,着臣明白回奏,业将前后事势(实)及臣不得已苦衷,据实陈列"。严复代张翼以事后追忆及既定事实形成的当事人身份称:"嗣复经直隶督臣袁世凯奏称:英商依据私约,侵占产地,请旨饬部切实声明。复荷圣慈,着臣赶紧设法收回,如有违误,惟臣是问,并着外务部切实磋商妥办等因。"③是为回应袁世凯的弹劾之作。

面对政敌,袁世凯有选择地呈现事实,即"直隶总督袁世凯,于陈奏开平矿事折中,仅将塘沽卖约等三件呈渎圣明,而于臣最关紧要全案枢纽之副约,则隐匿不呈,实令人不知该督所怀为何意也"④。据此怀疑并指责张翼人品,张翼颇不满。反过来,张翼指斥袁世凯明知英商墨林(C. A. Moreing)等伪行,却对自己"有意督过之故,偏取洋人一面之辞,据以入告"⑤。张翼从官品

---

① 北京市档案馆编:《北京档案史料》,2002年第1辑,北京:新华出版社,2002年,第194页。
② 北京市档案馆编:《北京档案史料》,北京:新华出版社,2002年,第202页。
③ 严复:《为张燕谋草奏》,王栻主编:《严复集》(一),北京:中华书局,1986年,第137页。
④ 严复:《为张燕谋草奏》,王栻主编:《严复集》(一),北京:中华书局,1986年,第140页。
⑤ 严复:《为张燕谋草奏》,王栻主编:《严复集》(一),北京:中华书局,1986年,第140页。

层面指责袁世凯"掩抑事实,混淆是非,上以诖误圣朝,下以助洋人张目也"①。张翼与袁世凯论争多相机而动,且与各自官场浮游相关。正如英方在开平煤矿的代理威英所称:"目前,朝廷的政治情势颇为动荡不定。"主要是"大学士荣禄上周病逝,他是张(翼)的有势力的支持者。袁世凯已随銮驾前往保定府,(慈禧)太后对他似甚尊重。我认为,现在正是对张实行反击的时候,不应让他有喘息的机会"②。威英与英国公使馆代办汤雷磋商,主张在张翼与袁世凯官场势力彼消此长的情景下,打击张翼。5月4日,威英称,汤雷将照会外务部,意在中英开平矿权纠葛中为英人开矿争得更多权利③。

鉴于英方在开平矿权问题上交涉人员的主动示好,袁世凯于光绪二十九年十月廿三日(1903年12月14日)再次弹劾张翼,称张翼拖延9个月之久,"仍属毫无眉目,该侍郎掩耳盗铃,任意欺罔"④。指责张翼人品有问题,彻底地撕开了张翼"虚伪"的面子。清廷下谕将张翼先行革职,仍着袁世凯严饬张翼勒限收回⑤。是年十月三十日(1903年12月21日),袁世凯有《奏饬张翼收回矿地等事折》,袁世凯除重申圣旨中"以二个月为限勒令张翼收回开平矿务利权"等条文外,建议清廷追缴张翼关防及没收张翼"私提煤斤税厘金银十万两"⑥。朱批:"着商部饬缴关防并严追公款。"⑦可见,清廷基本认可袁氏的处理意见。

英方对张翼若在开平矿权纠葛中丧失中方代理人身份将带来严重后果的认识亦有个过程,而袁世凯及清政府对张翼的打击力度引起了英方的高度重视。因为若失去张翼代表中方的正当性,中英双方鉴定的所谓移交约等将

---

① 严复:《为张燕谋草奏》,王栻主编:《严复集》(一),北京:中华书局,1986年,第140页。
② 熊性美、阎光华主编:《开滦煤矿矿权史料》,天津:南开大学出版社,2004年,第238页。
③ 熊性美、阎光华主编:《开滦煤矿矿权史料》,天津:南开大学出版社,2004年,第238页。
④ 袁世凯:《奏请收回英商私买煤矿折》,《袁世凯奏折专辑》,中国台北故宫博物院出版、广文书局有限公司,1970年,第1142页。
⑤ 《袁世凯奏折专辑》,中国台北故宫博物院出版、广文书局有限公司,1970年,第1157页。
⑥ 《袁世凯奏折专辑》,中国台北故宫博物院出版、广文书局有限公司,1970年,第1158页。
⑦ 《袁世凯奏折专辑》,中国台北故宫博物院出版、广文书局有限公司,1970年,第1158页。

失去合法性。可以说张翼签订的卖约及副约有英国某些实力派幕后的支持,张翼不但得以保全性命,而且始终被英国视作开平矿权中方合法的"傀儡"。随之而来,袁氏利益集团在开平矿权纠葛的处理上触犯了英方利益。1903年12月23日,开平公司秘书比雷致英方外交大臣兰斯道恩侯爵,希望英国外交部出面保护张翼权益①。因为袁世凯接管了轮船招商局,随之与开平公司冬季专用秦皇岛码头就轮船运载货物发生利益冲突,"总督最近接管了招商局。这是一家由中国人经营的轮船公司,他们大半都和这一公司有着利害关系"。"这就使他(袁世凯)注意到矿务公司在冬季专用码头的问题了"②。鉴于此,袁世凯随即向张翼展开舆论攻势。

2. 张、袁内讧与英方渔利

面对张、袁内讧,英方实行两边拉的政策,意在从中渔利。1903年3月13日,威英致函袁世凯,称开平矿权上,首先,明确既定事实,"现在的有限公司是一个英国公司,按照一九〇〇年七月三十日签订的卖约,双方明确同意组织一个英国公司,接收前矿务局的产业"③。其次,威英试图拉拢袁世凯并保证中方权益:"我向阁下保证,有限公司准备像前矿务局一样履行义务,向中国政府缴纳税款。"面对袁世凯与张翼的上下级关系,威英代表英方准备随时抛开张翼,直接与袁世凯交涉。威英称:"我要求阁下允许有限公司直接向您,而不通过张燕谋大人办理交涉。您答称,我所陈述的事实您并不知道,因为张大人未向您报告。"威英已近挑拨袁世凯、张翼的上下级关系,即张翼有欺上瞒下之前提,威英还迂回地怂恿作为上级的袁世凯对张翼及开平矿权纠葛采取切实而必要的措施,"我现在请求阁下,把本函作为提交给您的正式报告来考虑,并请求您采取您认为必要的措施"④。针对英方背后表态这一可遇不可求的良机,是日(光绪二十九年二月十五日),袁世凯有《奏陈英商私占

---

① 熊性美、阎光华主编:《开滦煤矿矿权史料》,天津:南开大学出版社,2004年,第251页。
② 熊性美、阎光华主编:《开滦煤矿矿权史料》,天津:南开大学出版社,2004年,第252页。
③ 熊性美、阎光华主编:《开滦煤矿矿权史料》,天津:南开大学出版社,2004年,第233页。
④ 熊性美、阎光华主编:《开滦煤矿矿权史料》,天津:南开大学出版社,2004年,第234页。

产地情形折》,称:"自光绪廿七年五月间,经侍郎臣张翼奏明将该局加招洋股,改为中外合办公司,原为保全中国矿产起见。乃上年十月间,开平局员候补道杨善庆及地方官认为中外合办,因在该局悬挂中国龙旗,与英旗相对并峙。"①袁世凯在该奏折中以充分的证据说明英方一再坚持张翼等已将该矿卖给英方,并有移交合同,事态极严重。是年3月16日,清政府下令外务部与英方切实磋商。18日,袁世凯致函威英重申:"该公司现在情形,本大臣断不能承认为英国公司。"②实为对张翼与英签约的整体否定。

袁、张及其背后的利益集团发生冲突,对英方有利。在威英看来,"由于总督向他进攻的结果,我们现在已使张居于这样一种处境:即只要能够挽救他自己的地位,他将不惜在任何条件下与公司达成协议"③。而英国外交部认为,张翼"地位"动摇不仅仅关系他的尊严与面子,一旦他权力全失,取而代之的袁世凯极有可能对英方采取强硬态度。诸如英方与袁世凯在开平煤矿运煤码头上交涉不冻港秦皇岛问题,这涉及不冻港归属及其使用权。1903年12月,袁世凯札津海关道唐绍仪,指示他与英方交涉,意在收回秦皇岛。1904年1月2日,英外务次官康拜尔(Campbell,F.A.)致函开平公司秘书,督促英政府驻北京公使与清政府交涉,断不能承认中国政府有权占据开平煤矿;要求英国掌控开平公司,在秦皇岛不冻港使用权上,"应与招商局在这个问题上达成某种协议"④。其时招商局刚由袁世凯接管,而"某种协议"表明英国外交部主张向袁世凯掌握下的招商局作适当妥协与让步,同时不希望张翼完全失势。此期间,英方在开平矿权上的利益代表威英等人可能没有很好领会英帝国外交部意图,主张对华及袁世凯主持下的北洋以强硬态度,"伦敦部以威英前在天津办理开平公司未能妥协"⑤,致使伦敦方面改派那森取代威英,这一人事变更,表明英方外交策略随着张、袁政治地位的变化而调整,

---

① 袁世凯提及杨善庆兼保甲局局长,是揭发张翼卖矿关键人物。
② 熊性美、阎光华主编:《开滦煤矿矿权史料》,天津:南开大学出版社,2004年,第235页。
③ 熊性美、阎光华主编:《开滦煤矿矿权史料》,天津:南开大学出版社,2004年,第253页。
④ 熊性美、阎光华主编:《开滦煤矿矿权史料》,天津:南开大学出版社,2004年,第253页。
⑤ 熊性美、阎光华主编:《开滦煤矿矿权史料》,天津:南开大学出版社,2004年,第255页。

意以"和平处理"取代一贯的强硬政策。

3. 英方继任者那森调整策略与张、袁内讧的持续

那森新任开平矿权英方代理人,随之而来的议题及其策略皆有调整。那森就职后,于 1904 年 1 月 20 日致函开平公司秘书,评判张翼、袁世凯内讧等局势:"我的前任的总方针是使他本人与张(翼)及其支持者疏远,并企图利用总督的权力来推翻张,希望当总督在公司中取得类似张过去的地位时,他将比较易于应付。但是,不幸的是,当采取这些步骤的时候,对于总督究竟会不会对公司采取友好一致的行动一事,并未设法弄清,同时也未作出努力去博取他的好感。"①

面对张、袁内讧,那森称最善之策"莫过于立即同中国人发展友好关系,以期从对抗的各派势力中,尽可能地获取最好的条件"②。为此,那森与张翼、唐绍仪两个方面皆有接触。那森致函开平秘书称,"张的势力决非消失,在我们的协助下,他还是能够东山再起的",维护张翼地位是必需的③。其次,那森主张英方对唐绍仪、袁世凯也作适当让步。谈及与唐绍仪的会晤,那森称,"他(指唐绍仪)给了我一些关于他对公司的看法的暗示。他曾由总督授权来处理有关公司的事务,因此他是我们应该与之和解的最重要人物"④。1904 年 2 月 1 日,那森致函开平公司秘书,表明唐绍仪向他保证:"总督的愿望是与公司达成一项友好协定,而不致打乱公司的业务经营。"⑤唐绍仪希望秦皇岛码头须对招商局开放。这一点上,那森认为让步是适宜的⑥。

那森与袁世凯、唐绍仪勾结时,张翼也有所动作。天津海关税务司兼张

---

① 熊性美、阎光华主编:《开滦煤矿矿权史料》,天津:南开大学出版社,2004 年,第 255 页。
② 熊性美、阎光华主编:《开滦煤矿矿权史料》,天津:南开大学出版社,2004 年,第 255 页。
③ 熊性美、阎光华主编:《开滦煤矿矿权史料》,天津:南开大学出版社,2004 年,第 256 页。
④ 熊性美、阎光华主编:《开滦煤矿矿权史料》,天津:南开大学出版社,2004 年,第 256 页。
⑤ 熊性美、阎光华主编:《开滦煤矿矿权史料》,天津:南开大学出版社,2004 年,第 257 页。
⑥ 熊性美、阎光华主编:《开滦煤矿矿权史料》,天津:南开大学出版社,2004 年,第 257 页。

翼外事顾问德璀琳上书外务部总理大臣奕劻、荣禄之子会办大臣那桐①、尚书瞿鸿禨，为张翼鸣冤②。而张翼政敌亦作了快速反应。1904年2月15日，袁世凯根据唐绍仪的禀报，就限期两个月收回开平煤矿一事照会张翼③。张翼在袁世凯等照会压力下，急与那森议定合同六条，就涉及开平有限公司及秦皇岛口岸地亩事达成协议。所谓合同，本是法理意义上的社会契约，但在那森看来，"这些条文的拟订，主要是为了顾全中国人的颜面"④，觉得挽回脸面的张翼就有了1904年3月22日的"上北洋大臣公牍并办法六条"⑤。没想到袁世凯没有给张翼什么面子，那森称，"张把条文呈上以后，总督立即给了他一个照会"⑥，要求将开平"有限公司挂号注销"⑦，此即袁世凯第二次照会。注销有限公司意味着英商势力退出开平煤矿，这显然超出了张翼运作的能力。

面对张翼、袁世凯在开平矿务纠葛中的利益角逐，1904年4月12日，那森致函开平公司董事部称："张的权力尚未被击溃，同时也使得总督和张之间的斗争情势仍和过去一样。这种情势使我们的交涉几乎不可能达成任何最后结果。"⑧即若张、袁一直胶着对峙，中英业务将难以开展。此事交涉的前因后果，中国报刊亦有分析，比照《外交报》第43册"路矿汇志"："自张燕谋侍郎奉令收回开平矿务之后，迭与该局总办英员威英君商办。威君允为购回，仍作为中英合股公司。惟英人大半皆系红股，实未交分文股本。张侍郎会同外务部与英人竭力磋磨，而红股一事，未能略为通融。其他各节，亦坚持不

---

① 见光绪廿九年九月十六日，内阁奉上谕：那桐着调补外务部尚书，授为会办大臣。《北京档案史料》，2002年第1辑，北京：新华出版社，第200页。
② 熊性美、阎光华主编：《开滦煤矿矿权史料》，天津：南开大学出版社，2004年，第257页。
③ 熊性美、阎光华主编：《开滦煤矿矿权史料》，天津：南开大学出版社，2004年，第259页。
④ "那森致开平公司董事部函"（1904年4月12日），熊性美、阎光华主编：《开滦煤矿矿权史料》，天津：南开大学出版社，2004年，第263页。
⑤ 熊性美、阎光华主编：《开滦煤矿矿权史料》，天津：南开大学出版社，2004年，第260页。
⑥ 熊性美、阎光华主编：《开滦煤矿矿权史料》，天津：南开大学出版社，2004年，第263页。
⑦ 熊性美、阎光华主编：《开滦煤矿矿权史料》，天津：南开大学出版社，2004年，第265页。
⑧ 熊性美、阎光华主编：《开滦煤矿矿权史料》，天津：南开大学出版社，2004年，第264页。

让。张侍郎拟即赴津，与德璀琳君商议，将以胡华等人欺骗之罪，控之于英政府，闻已先遣某西人至伦敦，坐探消息，并闻张侍郎拟令英人略出红股资本，即可议结，而北洋大臣袁宫保之意，则必以英人红股，一律作废云。"其中可见英方所谓红股，实际上资金并没有到位，亦可见张、袁在开平矿权上的利害关系及意见分歧所在。继威英之任的那森谈及所谓注销中英有限公司的前提，称："照法律说，只有股东们自己才能取消，而且必须在大多数的赞同下才能取消。任何强行撤回或者取消这一注册的企图都是办不到的。"①何况部分股权掌握在英、比等国商人手中。在那森看来，袁世凯是用政治而非商业观点来看待公司，才导致事情处理上的紊乱。面对产权的界定，那森回应张翼称最好成立一个地方事务部，推举有才干、有势力的中国人参与公司的事务②。

何谓"有才干、有势力的中国人"？1904年8月23日，那森致电开平公司秘书：袁世凯的代表唐绍仪提出由袁世凯"总督任公司总裁，并在伦敦董事部占一席位"，以促成开平矿务公司中英纠葛的完全解决。唐还提出款项要求，声称如被接受，讼事即可撤销，矿务公司亦能指望中国政府给予支持③。为此，袁世凯的代理人唐绍仪与那森有所接触。1904年9月，清廷任命唐绍仪往西藏处理英军侵藏事，唐绍仪与那森磋商中断。中英有限公司中英方股东、股权何去何从等问题仍未解决，为此，外报外电多有评骘，而中国报刊舆论对英国路透社的相关报道及其时评颇为在意，《外交报》第46期的"路矿杂志"云："西历四月三十日，即华历四月初四日，《文汇西报》路透电云：开平矿务局因改为有限公司，订立合同一事，如出售者能剖明索回公司之理，自可调处。惟此事大损英国公使名誉，有此纠葛，至为不平。今新旧公司股东彼此不能迁就，则于买主、卖主两造，均为无益，且将来必又增一国际之交涉云云。继闻此事，已在英国京城审理。"这大致反映了张翼赴英及伦敦诉讼的缘起。

---

① 熊性美、阎光华主编：《开滦煤矿矿权史料》，天津：南开大学出版社，2004年，第266页。
② 熊性美、阎光华主编：《开滦煤矿矿权史料》，天津：南开大学出版社，2004年，第267页。
③ 熊性美、阎光华主编：《开滦煤矿矿权史料》，天津：南开大学出版社，2004年，第269页。

三、张翼赴英诉讼获胜的限度及报道舆论议程

在袁世凯压力下,张翼不得不为开平矿权归属案赴英兴讼。《外交报》第47期称:"开平矿务,自中外股东龃龉,张燕谋侍郎曾延英国著名律师,至伦敦辨(辩)论。华股业已得直,拟由矿务局酌给胡华等人酬银,便可议结。闻律师电致张侍郎,略谓姑勿收还,必俟签约事竣,再行接办,始免意外之变,其酬银约须百万云。"张翼赴英诉讼实属被迫,所需经费也要禀告袁世凯,"我等赴英涉讼,动辄需款即可以此暂行押款济用。俟局定再行集议,并由威英呈交二十六七等年所见之厘税报效,先交银十万两,暂存银号。俟续交十万两,再行汇解,亦经杨道禀明前北洋大臣袁"①。此时的张翼与袁世凯角力,力量之悬殊显而易见,"有案至翼签订之移交约、副约,并华洋总办等签订之试办章程,委任德璀琳以善法保护开平之约。德璀琳与胡华私立之约等件(附录德璀琳私约,华洋文各一件)。业于收回天津后,面呈前北洋大臣袁鉴核,并将一切情形详细面陈。后经德璀琳将所办情形,据实禀陈(附录德璀琳上北洋大臣袁暨外务部禀稿一件),而置之不理。讵御史王祖同有大臣卖矿肥私之奏(附录王祖同原参折一件),迨翼遵旨将实在情形明白回奏(附录明白回奏折稿一件)。奉朱批'知道了'。嗣经前北洋大臣袁,未查明晰,公凭英人一面之词,执德璀琳与胡华之私立卖约奏参(附录原参奏稿一件),而最要之副约及试办章程,并委任德璀琳以善法保护开平之约,均未奏呈,不知是何居心"②。张翼对袁世凯的步步紧逼,也从人品方面加以评骘,以示反击。

面对即将到来的赴英诉讼,袁世凯很注意分寸的把握,"既据该革员请赴英京对质,可翼得有转圜,自应准其前往。惟张翼系革职大员,出洋对质应如

---

① 张翼:《谨将开平矿务全案始终情形择要开呈节略》,《开滦矿务资料》乙F37一函三册·第二册,中国社会科学院近代史所图书馆特藏室。
② 张翼:《谨将开平矿务全案始终情形择要开呈节略》,《开滦矿务资料》乙F37一函三册·第二册,中国社会科学院近代史所图书馆特藏室。

何前往之处,出自恩施逾格"①。中英这场官司涉及清帝国的体面问题。张翼官方身份乃至政治地位的表象调整亦在情理之中。而这一切系赴英兴诉的需要。

张翼虽在中英开平矿权之争上受到袁世凯的遏制,但并没有完全失势,其主要原因如英方继任代理人那森1904年8月2日致开平公司秘书函中所称:"张的整个政治生涯的特点就是阴谋诡计,在这方面很少中国人能超过他,所用的办法也是很少中国人会使用的,他在宫廷里面的势力,主要是由于裙带关系,一面是靠运用中国宫廷政治中最为隐蔽龌龊的势力来维持的。张本人曾向我极秘密地透露过,他的消息和势力,一部分是由于他和大太监李(莲英)的关系,后者与张之间,在银钱往来上显然是利害攸关的。"②张翼得到宫廷势力支持,这最为关键。针对袁世凯弹劾张翼的奏折及其中表述要对张翼赴英的官方身份有所体现,清廷表示同意,"张翼着赏给三品顶戴,准其前往,设法收回。如再迟误,定行严办"③。张翼以被革职官员在无功不受禄的情况下反而赏给三品顶戴,这无疑是清帝国为了自己的体面而进行的超常规举措。

与此对应,英方代理人那森对袁世凯官场前途有所判断:"许多征兆表明,总督的权力日见衰弱;即使在他的亲信之中,他也变得日益不得人心。"④面对即将到来的诉讼,那森建议在答辩中"多多强调其政治性的原因,而不要过于侧重其商业性的原因"⑤。在那森看来,张翼用于自卫的"副约的整个目标是政治性的,它的预定目的,实际上就是它曾被用来要达到的目的"⑥。比

---

① 袁世凯奏折,《开滦矿务资料》乙F37一函三册·第三册,中国社会科学院近代史所图书馆特藏室。说明:此与《养寿园奏议》略有文字差别。参见《袁世凯奏议》下,天津:天津古籍出版社,1987年,第1026~1027页。
② 熊性美、阎光华主编:《开滦煤矿矿权史料》,天津:南开大学出版社,2004年,第271页。
③ 袁世凯奏折,《开滦矿务资料》乙F37一函三册·第三册,中国社会科学院近代史所图书馆特藏室。
④ 熊性美、阎光华主编:《开滦煤矿矿权史料》,天津:南开大学出版社,2004年,第270页。
⑤ 熊性美、阎光华主编:《开滦煤矿矿权史料》,天津:南开大学出版社,2004年,第270页。
⑥ 熊性美、阎光华主编:《开滦煤矿矿权史料》,天津:南开大学出版社,2004年,第270页。

照 1901 年 2 月 19 日,律师顾勃尔作为张翼与墨林等代理人胡华签订"移交约"中法律意义上的见证人,实际上是代表张翼这一方利益的。1904 年 11 月 10 日,那森以英方开平矿权代理人的身份致函上海德鲁门——顾勃尔律师事务所,警告有着律师身份的顾勃尔不得在即将到来的诉讼中为张翼作证①,以免内幕被揭露。是月 26 日,德鲁门、顾勃尔致函那森,表示同意。张翼伦敦诉讼有太多的幕后操作的背景。11 月 29 日,那森致函开平秘书,称:"在这两年我所进行的交涉过程中,我一直没有忽略张在宫廷里纠集足够的势力来抵抗袁世凯的敌意这种可能性,但是我所得出的结论是,只要斗争尚在继续,只要朝廷对可能引起行动的复杂情势怀有戒心,张的任何势力都不足以干涉总督的权力。"②他就张翼等往伦敦讼事的利益背景发表评论,"给予中国人某些名义上的权力,在我们这里是容易办到的,而且对公司的事情不致发生损害"③。总之,开平矿权英方代理人那森基本上为张翼赴英诉讼定了个调子,即张翼往伦敦诉讼可能只是得到名誉上的胜利,实质上什么也得不到。

张翼于"三十年十月(实为 1904 年 12 月 3 日),带同严道复、陈升、同知荣贵,并税务司德璀琳等前往英京"④。至于庚子年间张翼等在中英开平矿务上的贪污腐化问题,严复等人到伦敦后才有了清楚认识。张翼伦敦起诉遭遇的面子问题及其与诉讼法理之关联,可详见 1905 年 1 月 24 日(十二月十九日)严复致好友夏曾佑(其时夏氏为《中外日报》主笔)的信函,"开平一案于腊月十二日开讯,两造所顾(雇)法家通十余人,皆王室参议,号皆名手"⑤。双方聘请诸多名律师,意在法理上有所决断,"通州供状经问三日,未了。中间少息。本日续讯。其前此所供,意在掩饰卸过,然往往为被告律师执据,指其不实。如十四日问,当庚子以前,张是否有意与洋本合办,张矢口不承。后

---

① 熊性美、阎光华主编:《开滦煤矿矿权史料》,天津:南开大学出版社,2004 年,第 272 页。
② 熊性美、阎光华主编:《开滦煤矿矿权史料》,天津:南开大学出版社,2004 年,第 273 页。
③ 熊性美、阎光华主编:《开滦煤矿矿权史料》,天津:南开大学出版社,2004 年,第 274 页。
④ 张翼:《谨将开平矿务全案始终情形择要开呈节略》,《开滦矿务资料》乙 F37 一函三册·第二册,中国社会科学院近代史所图书馆特藏室。
⑤ 卢美松主编:《严复墨迹》,福州:福建美术出版社,2004 年,第 57 页。

经律师取出渠亲押用印之两信与墨林者,满堂隅眙,目为诳子"①。在严复看来,作为原告的张翼在法庭上丢人现眼,面对被告的铁证,其面子扫地以尽,"呜乎!中国大官以欺饰为能事,积习不知几千百年,一旦欲其由衷,殆与性忤。仆一路滈诫,谓:'上堂万万不可撒谎,即使此矿于庚子年,真由卿卖出,只可据实言之,而责伦部有限公司之背约,则卖约即可作废。'乃渠另有用意,言仍不实。十四日所被人揭破者,尚是题前文字。本日所讯,乃入正文,若再犯欺诳,被其指出,直可束装归耳"②。严复颇熟悉英方司法系统,对英帝国形式上的司法独立有深刻的认识,其劝诫当为忠厚知言。严复评价张翼:"此子固市侩,在在以欺为术。遭逢因缘,遂得富贵。乃今以中国大员负西人所最不当者,与之同行,亦至辱也。"③可见,张翼丢掉的不仅仅是个人的脸面,也丢掉了"中国大员"乃至同行的脸面。尽管如此,严复希望包括《中外日报》在内的报界舆论对张翼卖矿之事,尽量不要报道,因为名为中英合办的有限公司,英方作为资本输出方,资金并没有完全到位,多以口头允诺的虚股冲抵中方的干股,而张翼等涉及接受英商贿赂等,其中有太多的殖民者与被殖民者的代理人合谋勾结的性质,故严复称:"日报于前事亦可不论,但于通州一节尚望为我催查,秘之。即杀一敌夫而国事亦无补耳。仆本可上堂听讯,而通州不欲有我在前。是其用意,殆可想见。终日为翻译供状外,闷坐一室,虽来名都,实无所睹。刻已属菊生电期期来,吾将去之。安能郁郁久居此耶?"④所谓"通州"指张翼。"日报"指夏曾佑主笔的《中外日报》。因阴谋及秘密太多,张翼连翻译严复都不让出庭旁听。严复变成玩偶,其郁闷是显然的。同日,严复致函好友张元济(即菊生,《外交报》筹办者)也表达类似意思⑤。严复对陪同张翼往伦敦助诉颇后悔:"夫巳氏来英,不携一钱,欲取偿于所讼,顾案情缪辀,而延误至今五年,赃款已散,复向何人收合余烬?察其

---

① 卢美松主编:《严复墨迹》,福州:福建美术出版社,2004年,第57页。
② 卢美松主编:《严复墨迹》,福州:福建美术出版社,2004年,第57~58页。
③ 卢美松主编:《严复墨迹》,福州:福建美术出版社,2004年,第58页。
④ 卢美松主编:《严复墨迹》,福州:福建美术出版社,2004年,第58页。
⑤ 严复:《与张元济书》(16),王栻主编:《严复集》(三),北京:中华书局,1986年,第553页。

来意,专取责认副约,然即此尚未可知,盖该矿所卖是实,昨有比人来此争论,乃知永平金矿亦经卖出。虽卸过德氏,而德氏有便宜的据;况此事议已经年,实不在拳匪债事之后,联军至津而后逼而出此。"①可见张翼赴英主要是争取副约条款的权利,但卖矿属事实,"前后函电、往返契约文书,今经公堂纤悉呈露,以复观之,此后虽欲粉饰事实、涂障国人,必不能矣"。法庭上张翼中饱私囊之情状毕现。严复从自己理解及法理层面得出结论:"此人必败。"②严复揭露的是中英开平矿权纠葛内幕,但诉讼结果张翼竟在法理层面取得名誉上的诉讼胜利。

为什么陪同张翼前往伦敦兴诉并精研西方《法意》的顾问严复都认为毫无胜诉希望却一度胜诉?主要依据和理由是什么?这一胜诉与中外报刊舆论评判有无关联?诸如此类,无疑要细读张翼诉墨林案的伦敦高等法院皇家法庭判决书。判决书原为英文本。因事关新政时局中的官场、市场等,沪上报刊舆论视其为舆论焦点,特别是关注中外关系的《外交报》对其进行跟踪性的报道与评论。1905年3月10日《外交报》(乙巳年第2号)"路矿汇志"载:"前张燕谋侍郎以对质开平煤矿讼事赴英,近知审问得直,矿产可冀收回。"后《外交报》有后续报道。5月30日,《外交报》(乙巳年第7号)文牍转录《中外日报》译自《上海捷报》的《开平矿务局控案伦敦按察使佐斯君堂断》,该文为英文的汉译本,也是张翼诉墨林案的伦敦高等法院皇家法庭判决书。张翼诉墨林案的伦敦高等法院皇家法庭判决书原为英文本,有多个中文译本。笔者考虑判决书译文时空上的接近性,故取此文言节译本,而非近人翻译的白话文。判决书涉及英商100万英镑及其资金不到位的虚股,在华人译报及其转载亦有呈现,但立场多偏向张翼。前文提及《中外日报》主笔夏曾佑及《外交报》筹办者张元济为严复至交,且严复招呼夏曾佑不宜在《中外日报》等报刊上揭露张翼卖矿丑行。因此,笔者也参考近人据英文的全译本。判词反映了英国司法制度执行中的偏好,也反映了为攫取更多的殖民利益,日不落帝国

---

① 严复:《与张元济书》(17),王栻主编:《严复集》(三),北京:中华书局,1986年,第554页。
② 严复:《与张元济书》(17),王栻主编:《严复集》(三),北京:中华书局,1986年,第554页。

伦敦高等法院皇家法庭一度把适用国际法的英比财团联手的开平矿务有限公司经济案件变成国内伦敦注册有限公司的涉外商务纠葛来处理，并没有充分考虑比利时财团的插手。英国皇家法庭因治理本国国民经济纠纷的司法系统非常完善，涉及中外开平矿权之争的诸多证据、证词一一呈现，此为后人了解真相保留了大量文献。原刊于夏曾佑主笔的《中外日报》文言节译本判决书以法官佐斯当场宣判的口吻，云："被告公司与模恩君，均已上堂辩驳一切，余不用将彼等之所言详细斥驳。今张燕谋君与德璀琳君前来本国，在余之前供陈一切。余料被告必甚有不乐之意，张燕谋君业已受审，德璀琳君与其余诸原告已由被告之律师详细询问。当审判之时，余曾言及被告公司并未将该约斥驳。以余之意，被告虽斥驳该约，恐亦未必有成，其后模恩之律师则又谓不能斥驳该约，此即系该约足以限制各被告也。"实际上，英方法官在法理层面上强调移交约与副约两者不可分割的关联性，"以余意观之，该约不能作为约稿。余又不能下谕使之照办。余又恐原告虽向被告索得赔偿，但余今已决意定夺：一千九百零一年二月十九号之约，必足以限制各被告。若被告公司不照原约办理，则不应把持移交产业之约中所载之产业；若被告不于合宜之期内照约办理，则本公堂定必将各矿与产业送回原告，以免被告公司与其代理人并执役之人把持产业。今此案之重要之处，即原告之得成功也"。即法官宣布名义上张翼胜诉。笔者再比照近人白话文译文，两者意思吻合。

　　论及张翼伦敦诉讼的是非曲直及1905年3月1日判决书上张翼胜诉等，严复至交张元济掌控下的《外交报》（乙巳三月二十五日）有按语："张燕谋侍郎以开平矿事，前赴伦敦上控。经英按察使佐斯君于光绪三十一年正月二十六日（即一千九百五年三月一日）堂讯，讼十五日，乃始定案。原告为张侍郎与开平矿务局，被告为模恩君与皮佛模恩公司及开平矿务局有限公司。原告欲令问官声明前约（即一千九百一年三月十九日所立者），而由苟华君、复脱士君、德璀琳君及张侍郎所签字者，足以阻制各被告，并请问官下谕，使之照办，前约曾言使张侍郎终身为被告公司之督办及设立华董也。"《外交报》至少在表象上被大英帝国所谓司法公正所麻痹，"中西合股经商，每以贷用西人赀本,致多疑虑。据此观之,可知欧人之办事,无稍偏袒。实以理之是非,判事之曲直也。自是而华人之于泰西资本家,坦然信之,则富商投资中国,自可畅行无阻。而我国法院之正直,亦能见信于华人矣"。这无疑是英帝国司法"公正"的自我标榜,也是名义上判张翼胜诉的重要原委。

所谓矿权纠纷涉及英商、比商等许诺重组公司的本金100万英镑有无到位,是否存在以虚股充本金等诸多问题,为判决的基础,判决书上交代了明细,但《外交报》转载《中外日报》节译本并未涉及这些。若联系严复向《中外日报》主笔夏曾佑叮嘱开平矿权诉讼案何者可报道,何者可守秘,可见其中端倪。《外交报》转译英国1905年3月2日《泰晤士报》,回溯案情,称:"张君为一千八百八十二年所创开平矿务局之督办,以开辟直隶热河之矿,乃设是局。嗣固欲增资本,整理矿事,故由海关税司德人德璀琳君筹之,遂与被告模恩公司商议,而立有一千九百一年二月十九日移交产业之约,使原告公司一切产业,悉交被告公司。原告之意,谓前约签字之故,以同日所订之约,言明除限制新公司一切外,一、张君终身督办其事;一、华洋股东须一律有公议权;一、公司须设董事两班,华人一员,英人一员;一、华董可理公司在华产业,后必照行。"然而英商对合约中诸多条款执行不到位,"今此等条款,被告悉未照办,新公司亦不明认此等款项。华董因以无权,所派总理,又不谙所立之约。总公司亦未设于天津,当日定约章程,概未遵办"。这一判决大致从法理层面说明移交约与副约的关联度,这一关联涉及有限公司中英各自的权重,"今原告所求:惟愿该约各款,是以限制被告公司;或将移交产业之约作废。而被告则未言该约必无所用,当模恩君被审时,曾谓公司董事,虽或蔑视该约,亦甚欲使之照办,鄙意实不谓然,云云。被告所辩,谓欲使张君终身督办其事,实不合于英例。问官判此案,乃以原告为直",明确宣告张翼胜诉,"若被告不于合宜之期内,照约办理,则问官必使一切产业交回原告也"。这大体上强调了维持张翼权益的副约是移交约(即正约)等诸多契约文本的前提。

实际上张翼所以胜诉,关键是原属开平矿务局的资产易为墨林、东方辛迪加再至中英矿务有限公司的过程中,英商、比商所谓注册100万英镑本金未到位,且通过多次转让,带有空手套白狼的洗钱性质。这一点在近人全译本判决书中很清楚,伦敦高等法院皇家法庭判决书中佐斯(即法官卓候士)称:"我已经说过,被告公司是一九〇〇年十二月二十一日成立的。它一向声称,现在仍声称,业已根据一九〇一年二月十九日的移交约取得了中国公司的全部产业,而移交约是与一九〇〇年七月三十日的卖约一脉相承的。但是,根据大约三个月以后,在一九〇一年五月二日,以东方辛迪加为一方、被告公司(其全部资本名义上定为一百万镑,每股一镑)为另一方所订的合同,东方辛迪加伪装将上述一九〇〇年七月三十日卖约的利益售与被告公司,售价为这一百万股中的九十九万九千九百九十三股,当作收足股金的股票分配给东方辛迪加或其指定人;此外另付现金二千多镑,作为东方辛迪加办理被告公司注册时垫付的注册费。一九〇一年五月二日的合同,我想是在同月二十五日在被告公司董事会上盖印签押的。在这次会议上,五万股分派给被告墨林,十五万股分配给东方辛迪加,均作为收足股金的股份。董事部并同意将三十七万五千股分配给中国公司(即原告)的指定人,这些自然是分配给中国公司的股东的。此外(这就离奇了)剩余的全部股票,除了减去七股作为对于公司设立章程的签署人的酬劳外,共计四十二万四千九百九十三股,全都分给了东方辛迪加的指定人。我想,如果我记忆不差的话,这四十二万四千多股在会议记录中并未叙明是收足股金的股票,但据我了解,它们一向都是当作这样的股票处理的。"这涉及墨林名义上以英国公司法注册100万英镑本金到开平矿务有限公司,再转手倒卖开平矿务局股份给东方辛迪加。多次转手倒卖实为以虚充实。对此,佐斯(即法官卓候士)云:"我觉得,现在原告自然要控诉这笔交易。假设我们承认五万股甚至十五万股(共计二十万股)是作为创业利润的——如果这是可以承认的话——那么,为什么要把公司的四十二万四千九百九十三股,作为收足股金的股票去分给东方辛迪加的指定人呢?原因何在,我还找不出来。"[1]

---

[1] 熊性美、阎光华主编:《开滦煤矿矿权史料》,天津:南开大学出版社,2004年,第280~281页。

法官作出结论:"总之,根据审理过程中所透露的事实,我觉得如果说被告公司被骗去了大约四十二万五千股,结果使正当地分得三十七万五千股的中国股东受到了损害,这种说法至少有可取的理由。据我了解,中国股东的股份并不是只具有名义上的价值,它们的售价高于面值;因为原告说(这我认为不无理由),为了购买中国公司股东的价值无疑甚巨的产业而发给他们的三十七万五千股,由于曾经无代价地把这一批(作为)收足股金的股票分给了(公司)各发起人或其指定人,其价值已大大降低——可能降低了一半。"①此大体可以判断辗转反侧而来的英、比商人以虚股充实股,是牺牲中方股东的实际利益为代价的。

当然,被告也对自己以虚充实的做法作了辩护,但法官认为:"被告企图为发起人辩解说,在这些股票之中,二十五万股是作为红股或额外报酬,用来酬谢那些认购了以债券作抵的五十万镑的人们。据我了解,这些债券的发行,中国股东并未同意,也不知晓。原告回答说,发行这样巨额的债券,筹集得来的款项约二十万镑始终未曾动用,现仍存在银行里被告公司的账上。此款即使需要,亦能筹得而不使股本受到损害。债券并未公开发行;据我了解,发起人分配了股票,并将债券分派给他们自己和他们的朋友,我想他们至今仍持有此项债券及四十二万四千九百九十三股(作为)收足股金的股票,而事实上并未付出分文。"②这实是以四两拨千斤的手法兼并中国矿产及矿权了。比照近人的白话全译本判决书,大体可明了判决的逻辑及依据的法理。

佐斯(即法官卓候士)交代此照案例法判决的法理及其适用性:"在本院,一个购买房地产的人,即使他已经持有这个产业,并且这个产业确实已经转让给他了,如果他不支付代价,这个产业是不能让他占有的。如果需要对这样一个自然而明显的公式原则提出引证,我只须提一下大法官霭尔敦对于麦克莱思控告西蒙斯这一成为判例的案件所作的判决。无论按法律或按公理,

---

① 熊性美、阎光华主编:《开滦煤矿矿权史料》,天津:南开大学出版社,2004年,第281页。
② 熊性美、阎光华主编:《开滦煤矿矿权史料》,天津:南开大学出版社,2004年,第281~282页。

一个人若根据一份契约提出要求,即使他未曾签署这份契约,他必须首先自己遵守此契约中的各项规定。为了把这个原则引用到本案上,我想在这种情况下,如有必要,我有权把移交约与副约事实上看作是一个文件。"①

除了"此时此地"的时空把握外,《外交报》刊载英国 1905 年 3 月 2 日《泰晤士报》的社论译文对张翼归国之后续影响有所预测,"他日张君言返中国,凡曾听审之英人,必当敬礼有加,谓非若人必不得直,其因此而见重于我英也若此。吾知张君既归,必告于守旧党曰:与英之财政家交涉,非必无所益也"。即此案判决涉及英国司法诚信及张翼在"天朝"的上流社会若继续作英国在开平矿权上有利的工具,须保全他的面子;而张翼在诉讼中若丧失社会体面将适得其反:"请观此案堂断,于我华上流人物,大有关系,而英人之可信,亦可见矣","此案之被告英国公司,乃与英为仇之人所设者。此案若不得直,则英之权利,固大有所损,而张君之名誉,亦遂扫地无存。今既赴质而直,心迹自可大明,彼华人亦无所用其谣诼矣。"比照《外交报》按语:"开平讼案得直,事诚可喜。自是而华人之信任外商,必更加甚。吾愿中西合股之贸易,益当慎订合约,而毋贻后悔也。"这一价值评判,则对中西有限公司的中方权限的界定有所告诫。实际上,以公正独立为标榜的英国司法审判张翼案的结果,所谓公正终为以英帝国为首的西方列强的海外殖民利益的攫取所牺牲;给足了中方代理人张翼面子,但经济利益上中方一无所获。因为英国国内司法审判并无在海外诸如对比利时财团的执行权,何况也没有具体谈及比利时财团的行径及其惩处。

乙巳七月二十五日《外交报》"路矿汇志"专栏云:"开平矿案,前经奉旨饬张燕谋侍郎全数收回,切实妥订,当即赴英涉讼,责认副约。英公司仍不认督办管理,经在英再三争辩(辩),判照副约办理,其公举总办入股理事各权,均应彼此平等。华官交涉,统归督办经理,作为官督商办在案。近闻张侍郎以英堂判认副约,无可再议,宜及早回华,以便料理。若日久迁延,必致贻误大

---

① 熊性美、阎光华主编:《开滦煤矿矿权史料》,天津:南开大学出版社,2004 年,第 279 页。

局,因电请直督袁慰帅,转电外务部,核示办法。"实际上此为前台表演,属司法审判中表象,而幕后涉及私下交易,张翼及其代理律师赫克斯莱等与英方暗中既相互扯皮又相互勾结,他们还派希立尔爵士代表张翼"前往中国去和袁世凯交涉"①。正如 1905 年 5 月 5 日中英开平有限公司英方董事特纳(Turner,W. F.)致总代理人那森函称:"这次判决并没有打乱公司的现行组织机构,也永远没有造成这种状况的可能性。除了使董事们作出决定,着手委派一个地方董事部以外,这次判决不曾产生任何结果。"②"迄今为止,张所得到的实际上等于零","公司丝毫没有蒙受损失"③。即便如此,英商作为被告方仍未满足。

1906 年 1 月 24 日,被告查礼士·阿尔几能·墨林及毕威克墨林公司的律师针对佐斯(即法官卓候士)的判决上诉,要求变更判决并获得部分成功。这次判决被称为"第二上诉法院谕单"。首先是有关判决对象:"本院宣告,诉状中所提及的一九〇一年二月十九日的副约,对于被告查礼士·阿尔几能·墨林及被告毕威克墨林公司及被告开平矿务有限公司均具有约束力。"论及《副约》,"本院认为(原告法律顾问亦承认),按照该副约的真实解释,并未赋予或有意赋予原告张燕谋以督办之权,张燕谋亦不能据此职位,行使超过被告公司之公司设立章程及公司章程所能有效地赋予该公司的一名执行董事之权"。"本院谕令原告向被告查礼士·阿尔几能·墨林及被告毕威克墨林公司所提出的关于违背该副约第二条的损失赔偿要求,应不照准"。其次,"本院谕令本案中原告对于被告查礼士·阿尔几能·墨林、被告毕威克墨林公司的一切上诉,应即中止"④。这无疑类似终审。而从诉讼费的承担也可以看出这次判决的态度与立场,"本院认为,此次上诉的费用应由各方自行负担"⑤。由此而来,张翼在伦敦诉讼结果表明,他只是在司法上取得名誉性的

---

① 熊性美、阎光华主编:《开滦煤矿矿权史料》,天津:南开大学出版社,2004 年,第 296 页。
② 熊性美、阎光华主编:《开滦煤矿矿权史料》,天津:南开大学出版社,2004 年,第 287 页。
③ 熊性美、阎光华主编:《开滦煤矿矿权史料》,天津:南开大学出版社,2004 年,第 287 页。
④ 熊性美、阎光华主编:《开滦煤矿矿权史料》,天津:南开大学出版社,2004 年,第 307 页。
⑤ 熊性美、阎光华主编:《开滦煤矿矿权史料》,天津:南开大学出版社,2004 年,第 308 页。

"胜利",无实质性的利益,终有反复且修正,张翼依仗副约获取权益企图在"第二上诉法院谕单"中大打折扣。

四、法理内外与赴英诉讼结局的思考

近代跨国或跨区域的托拉斯或辛迪加等经济垄断组织,以公司制度为企业形式向外输出资本,以便利用亚非拉殖民地、半殖民地国家廉价的劳动力及其煤矿等资源。其中尤以行政兼商业为旨趣的东印度公司较为成功,在亚洲推行英中合营有限责任公司则遭遇中国军政利益集团强有力的抵制,以求富为目的的开平矿务局是中国北方乃至有清一代洋务企业的代表,其由官督商办的产权走向问题,则在近代东亚另有一番历史运行的轨迹及经验。

英帝国对华资本输出并推行有限公司的企业重组政策,对官督商办的洋务企业意味着法理意义上的产权重组与改造。洋务运动中诸多民用企业推行官督商办模式,意味着官场与市场联姻。官场规则一旦进入市场,则意味着由西方引入的有限公司制度伴有政治化的色彩。由此观照开平矿权争夺,令人深省。中外开平矿权纠葛,不同的利益集团斗争方法也不同,袁世凯依靠官场权力,表面上维护国家权益,私下却与奕劻等沆瀣一气,结成利益群体。张翼在李鸿章死后重建人际关系网络,甚至不惜血本援结皇权,积极利用政治手腕及背后靠山向袁世凯军政利益集团发起反击,以维护社会地位。为了维护自己的"面子",张翼甚至转向英方求和,正如那森所述:"自从革职以后,张曾把他的全部精力和一大部分私人财产,用来恢复他已失去的地位,或者至少是设法避免比已经遭到的更坏的命运。由于他的拖延政策,他已不知不觉地使自己落到这样一种地步:他不但不能对公司使用可能损害公司利益的威胁手段,来迫使公司和他妥协,而且被迫在无力反抗的情况下向公司求援,以期摆脱困难。"①英帝国当事者在张翼与袁世凯较量的过程中暂处于

---

① 熊性美、阎光华主编:《开滦煤矿矿权史料》,天津:南开大学出版社,2004年,第273页。

弱势。针对袁世凯以国家身份积极插手中英开平矿权纠葛，英帝国相关部门迅速作出反应，即派那森取代威英，积极扶持张翼，以应对袁世凯日趋强硬的态度。这其中有着更深刻的殖民利益背景。张翼一旦在与袁世凯较量中彻底倒台，就意味着英、比等国与之签订的条约正当性将受质疑，英方在开平矿权上的合法性主张将化为乌有。

张翼赴英诉讼的成败彰显了中英开平有限公司运作引发的多重矛盾。作为世界工厂，英帝国由主张自由贸易进入垄断帝国时代，其食利性的资本输出已成为拓展海外殖民地并攫取高额利润的重要手段。具体到开平矿务局的利润掠夺，则涉及英方以虚股充干股（允诺入股的资金不到位）等，有跨国欺骗的性质。张翼作为致开平矿权丧失的嫌疑人，仍被朝廷赏给三品顶戴，无疑为了对外交涉的政治需要，变相地维护大清帝国的面子。张翼赴英兴诉涉及开平矿权上的多国利益。就法理而言，张翼之伦敦诉讼除涉及英国财团外，还涉及比利时财团，适用的是国际法，但英国司法评判侧重在伦敦注册的有限责任公司，使用国内公司法。英国法律侧重不成文的案例法，商业方面的法律注重实际问题现实解决。诉讼结果是张翼取得名义上的胜利，而在开平商业利润分割上，英方既得利益却秋毫无损。法院只是宣判却不执行，近一年后，墨林及其公司上诉，结果"第二上诉法院谕单"中将张翼获得的权益大打折扣，诸如此类，绝非偶然。凭借佐斯（即法官卓候士）所谓胜诉判决，归国后张翼在道义上向清廷及报刊舆论等民意代表有个交代。由此而论，作为洋务运动四大代表之一的官督商办企业开平矿务局，却在清末新政的语境中被以英方为首的东方辛迪加及其后开平矿务有限公司英方渐次吞并，张翼伦敦诉讼结果超出政敌袁世凯及"西学第一人"严复的预料，在法理与面子上皆获胜，这得益于100万英镑本金没有全部到位而产生的以虚充实的诈骗，佐斯（即法官卓候士）关于副约的合法性判决后又被"第二上诉法院谕单"修正。英、比财团以虚股充实股进而鲸吞开平矿务局的做法，在所谓终审的"第二上诉法院谕单"中毫无提及，张翼的伦敦诉讼可谓面子上有所挽回，而法理上初审有所获益，终审又归为泡影。张翼在报刊舆论上维护的面子,多与严复等舆论精英被张翼允以重金而成为开平矿务局"总办"密切相关;讼案发生后,严复又被诳以重金赴英。严复及其至交主笔或主编的《中外日报》及《外交报》,因主导清季涉外舆论产生了广泛社会影响。严复等诸多辩护文稿及建议属舆论议程设置。这是在矿权丧失的情况下,张翼仍能维持官场尊严与体面之重要原委。

简言之,张翼为开平矿权纠葛赴英诉讼,反映了中国已卷入以重商主义为背景的世界市场,反映了东亚国别意义上的矿业经营有了世界资本输入的血腥背景。官督商办的开平矿务局被改组成开平矿务有限公司,100万英镑的注册本金及其以虚充实等后续矛盾与纠葛,关联清末市场与官场,涉及外交与政治。诉讼得失涉及面子,关联法理,且更大程度上取决于舆论议程设置。由此而来的企业制度上跨国有限公司的政治经济学分析,有了近代中国乃至东亚历史的场景。

官场与市场:庚子政潮及对中外开平矿权纠葛的影响

中外开平矿权纠葛涉及晚清官场各派利益的角逐。开平矿权的中外纠葛中,张翼与袁世凯利益集团的矛盾及张、袁进退,与丁未政潮前后官场权力重组密切关联。后期的中英开平矿权纠葛涉及开、滦合并。论及开平煤矿与滦州煤矿的合并,魏子初称袁世凯之所以批准两者"联合",缘于"军阀政权向帝国主义献媚,寻求庇护,这是主要的"。此外,开、滦煤矿之"联合""对开滦的资本家有很大的诱惑性"①。在熊性美看来,"英人之所以能侵占开滦煤矿,最根本的原因是他们在中国享有帝国主义特权。英帝国主义者享有特权并和当权统治者相勾结,是他们能够控制开滦煤矿的先决条件"②。他认为开滦矿权问题从经济方面来说,在于企业所有权和经营管理权相对独立、相互制约,又找到了实现的条件③。实际上,所谓市场与官场角力兼相互渗透,竟致开平矿权再回故辙,滦州煤矿矿权沦于英人手中。清季国贫民弱意义上的市场竞争,实为殖民者攫利正当性之自我赋权。笔者根据一些新史料,觉

---

① 魏子初:《〈帝国主义与开滦煤矿〉导言》,参见熊性美、阎光华主编:《开滦煤矿矿权史料》,天津:南开大学出版社,2004年,第844页。
② 熊性美:《论英国资本对开滦煤矿经营的控制——开滦矿权丧失的原因分析之一》,熊性美、阎光华主编:《开滦煤矿矿权史料》,天津:南开大学出版社,2004年,第845页。
③ 熊性美:《论英国资本对开滦煤矿经营的控制——开滦矿权丧失的原因分析之一》,熊性美、阎光华主编:《开滦煤矿矿权史料》,天津:南开大学出版社,2004年,第846页。

得有必要再度检视开平矿权纠葛之历史动因。

一、官场冲击

晚清官督商办模式的开平煤矿矿权为一块肥肉,以张翼为代表的宫廷、以袁世凯为代表的北洋及以英帝国为代表的东方辛迪加对其进行三重利益分割。围绕偏重求利或求权,张翼与袁世凯凭借晚清官场规则或潜规则展开了较量。而晚清官场规则有其自身的运作轨迹,张翼或袁世凯在权力场角逐的浮沉,导致双方在开平矿权的影响上此消彼长。这种态势背后,有着复杂的政治动因,甚至关联着丁未政潮。

1. 张翼及其政治靠山

针对张翼在英一审所谓"胜讼"并取得副约的承诺,敌手袁世凯另有应对。1905年4月1日(光绪三十一年二月廿七日),袁世凯有《奏陈核办开平矿案讼事折》,称"张翼赴英质讼,仅争到照副约办事,他无办法,遂牵强含混,自谓全(权)已收回"[①],认为张翼远未做到收回开平矿权,应严饬张翼继续留伦敦争权。清廷赞同袁世凯的处理意见。"仍着袁世凯严饬张翼全数收回,切实妥订,不准含糊牵混,致贻后患。"[②]弱国无外交,中外开平矿权纠葛的处理也如此,张翼赴英诉讼不可能再争到更多权益。张翼应对的策略是"径行回华"[③]。据称张氏"到津后,将涉讼得直各节禀蒙前北洋大臣袁。奏奉恩旨以道员用发往北洋差遣委用,仍由袁世凯督饬妥筹办理"[④]。张翼并未受到

---

① 袁世凯:《奏陈核办开平矿案讼事折》,《袁世凯奏折专辑》第七册,中国台北故宫博物院出版、广文书局有限公司,1970年,第1821页。
② 袁世凯:《奏陈核办开平矿案讼事折》,《袁世凯奏折专辑》第七册,中国台北故宫博物院出版、广文书局有限公司,1970年,第1821页。
③ 袁世凯:《附陈矿案对质人员回华后》(光绪三十一年七月十一日),《袁世凯奏折专辑》第七册,中国台北故宫博物院出版、广文书局有限公司,1970年,第1960页。
④ 张翼:《谨将开平矿务全案始终情形择要开呈节略》,《开滦矿务资料》乙F37一函三册·第二册,中国社会科学院近代史研究所图书馆特藏室。

实质性惩罚。这与张翼党附两代醇亲王密切相关,正如郑观应所云:"开平矿务局自总办唐景星故后,接办者为张燕谋(即张翼)……张恃有护符,营私舞弊,不一而足。闻曾将公司所购之香港栈房、马(码)头改为私产售与别人,攫为囊中物。办建平金矿私弊尤多,其最著者:一、以局款十数万起造大洋楼,备欢迎醇邸到津阅操之用;一、不集股商会议,私招英人入股合办,得洋人酬劳费五万磅。"①所谓"醇邸"即其政治靠山。翻阅《醇亲王载沣日记》,多处可见载沣与张翼的亲缘关系。

张翼与醇亲王的联系以往学界涉及不够。随着相关文献的公开,可见就八国联军侵华期间及其善后,两者联系有多个方面:第一,张翼往醇亲王官邸传旨或送信②,充当李鸿章军政利益集团与皇室信息沟通的角色;第二,张翼或差使往醇亲王官邸送书报,报刊涉及《时报》《直报》《中外报》《新闻报》等③;第三,张翼与醇亲王等常有往来联络④;第四,张翼参与外交接待,特别是辛丑条约达成,张翼得以陪伴醇亲王载沣专使往德国谢罪等⑤。总之,张翼身兼开平矿务局督办的同时,又能伴随载沣赴欧洲参与外事活动,可见其时他依附皇亲国戚能在政坛呼风唤雨并如鱼得水。这亦是袁世凯多次上折,致张翼等被迫往伦敦兴诉讼,归国后虽落魄但政坛上仍属不倒翁的原因。

张翼赴英诉讼并未取得实质性成果,作为上司的袁世凯对张翼并未穷究责任,主要慑于张翼与载沣乃至慈禧太后的关系。胡思敬在《国闻备乘》卷四中撰"张翼倚醇府势盗卖官矿"一条,谓:"张翼旧在醇府饲马,官至内阁侍读学士。庚子乱时,盗卖开平矿产,为袁世凯所参,入英涉讼经年,久之始议赎

---

① 夏东元:《郑观应集》下册,上海:上海人民出版社,1988年,第621页。
② 可参见爱新觉罗·载沣《醇亲王载沣日记》(北京:群众出版社,2014年)庚子年十月初十、二十一日、二十二日、二十四日所载;是年十一月十九日,《醇亲王载沣日记》载:"张翼来府送全权大臣李中堂信",第15、16~17、17、17、19页。
③ 爱新觉罗·载沣:《醇亲王载沣日记》,北京:群众出版社,2014年,第18、19页。
④ 爱新觉罗·载沣:《醇亲王载沣日记》,北京:群众出版社,2014年,第19、20、21页。
⑤ 爱新觉罗·载沣:《醇亲王载沣日记》,北京:群众出版社,2014年,第20~23、28、29、33、36~37页。

回。"①入职开平煤矿多年的王冠东著《英帝统治下的开滦煤矿》,亦称张翼的继室和慈禧太后有瓜葛之亲②。但总的来看,在与袁世凯利益集团的争权夺利中,张翼等在开平煤矿事上处于劣势,"世凯参其(张翼)私鬻开平矿产解职,涉讼英廷二年,怏怏归,遂一蹶不起……其锋芒亦可畏矣。"③在此背景下,张翼集团有树倒猢狲散的威胁。1905 年,随张翼伦敦诉讼后自行归国的严复,对自己英国之行颇为后悔。他不仅在经济上有亏损,更重要的是得罪了袁世凯利益集团。之后友朋向袁世凯推荐严复,果然受到拖延,正如严复在其家书中袒露:"天津信来,言陈玉苍、严范孙皆在项城处极力荐我,项城则姑徐徐之;至吾之意,将一切听其自然。"④虽然袁世凯看重严复的才华,但并没有马上接受并启用严复,当与开平矿权纠葛中严复的所作所为有密切关系。

2. 袁世凯与丁未政潮

张翼赴英伦诉讼无实质性收获但归国后未受处罚的另一个重要原因,即清廷官场倾轧日益激烈。中外开平煤矿纠葛引发的张翼与袁世凯的利益冲突,背后涉及晚清政局中官场权利纠纷。在此前后,政坛权力斗争已发生变化。

就外缘意义的社会关系网络而言,袁世凯集团与清廷权力中枢关系非同一般。袁世凯以贿赂奥援奕劻,正如胡思敬在《大盗窃国记》中称:"奕劻初入政府,方窘乏不能自舒,世凯近贿动辄三四十万。又与其子载振结盟为兄弟,倾赀以媚宫闱。"⑤刘体智亦称袁记新军扩展至六镇,"隶于练兵处,庆邸领之,一切贿赂之妙用,悉具于此"⑥。刘体智为清季四川总督刘秉璋第四子,1896 年入京娶孙家鼐之女,亦入李鸿章家私塾与李氏子弟学英文。他对晚清政局多有所闻,或亲历其中,其"亲闻庆亲王佞幸董遇春言庆府事,故能披

---

① 胡思敬:《国闻备乘》卷四,北京:中华书局,2007 年,第 129~130 页。
② 王冠东于 1919 年入开滦煤矿任职,曾任机要秘书,所言当属实。见王冠东:《英帝统治下的开滦煤矿》,《文史资料精选》第 1 册,北京:中国文史出版社,1990 年,第 410 页。
③ 胡思敬:《国闻备乘》卷一,北京:中华书局,2007 年,第 22 页。
④ 严复:《与长子严璩书》,王栻主编:《严复集》(三),北京:中华书局,1986 年,第 781 页。
⑤ 胡思敬:《大盗窃国记》,胡思敬著:《退庐全集》,台北:文海出版社,1970 年,第 1350 页。
⑥ 刘体智著,刘笃龄点校:《异辞录》卷四,北京:中华书局,1988 年,第 203 页。

露此项开支之实况"①,其言当可信。不仅袁世凯、奕劻等拉帮结派,其对立面瞿鸿机、岑春煊等亦互通声气,两派争权夺利,酿成丁未政潮。简言之,丁未政潮源于瞿鸿机联合岑春煊等人,与奕劻、袁世凯等进行派系斗争。《凌霄一士随笔》云:"瞿鸿机以勤敏见赏于西后,军机大臣中力能与奕劻抗者,惟鸿机一人,而尤与世凯不洽。"刘体智则称:"庆邸当国,项城遥执朝权,与政府沆瀣一气,所不能达者,惟善化瞿相一人。"②慈禧太后所以器重瞿鸿机等人,有其原委。八国联军侵华,瞿鸿机西安护驾,受清廷器重。清末新政也意味着政治资源的重新配置,围绕争权夺利,瞿鸿机、岑春煊等人与奕劻、袁世凯等人的倾轧日趋严重。瞿鸿机授意汪康年办报做该利益集团的喉舌,《凌霄一士随笔》称汪康年系"鸿机门生,且有姻亲关系,时办一《京报》为鸿机机关,与祖庆之《北京日报》各张一帜,旗鼓相当。"汪康年于 1906 年在京师创办《京报》,"《京报》出版,对于庆亲王父子及其私人,讥刺备至"③。

慈禧对袁派势力过于嚣张有警惕,遂以抑制,而袁世凯势力能在丁未政潮中获胜,与列强(特别是英国)的态度有关。日俄战争中日胜俄败,多被国人理解为俄国为西方列强之一,而日本人与中国人同属于东亚儒家文化圈,日本所以胜利在于其推行的君主立宪政体,提升了包括军事在内的综合国力。这正是清末新政所要效法的对象。从目前英国《泰晤士报》关于清末新政的新闻报道及其时事评论来看,英方对所谓新政改革了如指掌。1906 年 2 月 12 日《泰晤士报》刊发该报记者 1905 年 12 月 28 日发自上海的时政评论,题为"中国人的中国",称:"照目前的情形看,旧政权制度里的老学究们正沾沾自喜地进行着自我催眠,他们认为,日本是从中华帝国那里接受了它最早的启蒙教育,而改革派的学生们则高声谈论着要坚持他们国家的君主权利,并即刻组建起军队来。"④对青年学生所代表的"少年中国"派倡导的君主立

---

① 刘笃龄:《〈异辞录〉前言》,刘体智:《异辞录》,北京:中华书局,1988 年,第 3 页。
② 刘体智著,刘笃龄点校:《异辞录》卷四,北京:中华书局,1988 年,第 194 页。
③ 戈公振:《中国报学史》,北京:中国新闻出版社,1985 年,第 117 页。
④ 《泰晤士报》著,方激编译:《帝国的回忆:〈泰晤士报〉晚清改革观察记》,重庆:重庆出版社,2014 年,第 122 页。

宪，"让清国自己去造它的铁路，开它的矿山，要抹掉一切外国人的影响力"①，也即清除西方势力影响，甚至提出国货运动等政治改革，《泰晤士报》不以为然，认为"除了袁世凯，这个国家中大概找不出另一个政治家，能具备足够的勇气与智慧，来反对这种一面倒的危险态势"②。大英帝国朝野正是基于这一局势评判，调整驻华使节外交努力的方向。1906年，新任驻华公使朱尔典站在袁世凯一边，将瞿鸿机视作"心胸狭窄的迂夫子"。朱尔典对袁世凯调任外务部尚书、军机大臣，表示欢迎③。

英国《泰晤士报》等报刊舆论一致看好的袁世凯因在新政语境中公开争权夺利而引起慈禧等高度警惕。以袁世凯为核心的军政利益集团遂受慈禧等皇权的遏制。当然，新政语境中分权与控权，离不开中外报刊舆论的鼓噪。1906年8月27日发自北京"清廷大臣出洋考察"的消息称："皇太后已经任命了一个包括醇亲王、直隶总督袁世凯、军机大臣、首辅、国务大臣在内的委员会，来考虑最近自国外回京的'出洋考察团'所呈交的报告和向朝廷提出的有关建议。"④此消息无疑具有高度政治敏感性，次日《泰晤士报》即予以刊发。1906年8月，清廷就五大臣国外考察宪政举行大臣会议，瞿鸿机等主张预备立宪，奕劻、袁世凯主张从速立宪。奕、袁之意，由自己的人出任内阁总理。这一意图在袁世凯等官制改革方案中可见一斑。当然，清末新政搞立宪也是以慈禧为首的皇权自救的重要举措。经历庚子事变后，"盖至此太后始知旧法之弊，为国家衰弱之原也。太后此后之政策，实即1898年即光绪二十四年，光绪帝所奋兴以欲施行之事也。所不同者，太后于外面从不肯背其前此

---

① 《泰晤士报》著，方激编译：《帝国的回忆：〈泰晤士报〉晚清改革观察记》，重庆：重庆出版社，2014年，第124页。
② 《泰晤士报》著，方激编译：《帝国的回忆：〈泰晤士报〉晚清改革观察记》，重庆：重庆出版社，2014年，第125页。
③ 崔志海：《关于晚清政治权利结构的另一种解释：〈晚清权利与政治：袁世凯在北京和天津〉述评》，《清史译丛》第3辑，北京：中国人民大学出版社，2005年，第260页。
④ 《泰晤士报》著，方激编译：《帝国的回忆：〈泰晤士报〉晚清改革观察记》，重庆：重庆出版社，2014年，第130页。

之言，而内面则极其谨慎，似执中为主义，不使趋于极端，调和新旧而行之。且同时又集权于中央，不使各省呈离披之状"①。1906年9月1日，慈禧下诏"仿行宪政"。9月3日，英国《泰晤士报》刊发《进展之中的清国改革运动》，称"在改革方案中，倡导立刻以管制与财政上的改革为首要措施"②。该报评论称"袁世凯视诏书所宣告的新政为国家运转中的一项必要因素"③。是月11日，清廷宣布中央官制改革。瞿鸿机仍为军机大臣；慈禧对袁世凯等提出的官员任职方案予以否决，袁世凯利益集团受到沉重打击。针对官制改革中袁世凯的受挫，张謇致信袁世凯，称："亿万宗社之福，四百兆人民之命，系公是赖。小小挫折，乃事理所应有。"④10月，袁世凯复函称："此次朝廷宣布立宪，厘定官制，俱由两宫圣明，毅然独断。某不敏，岂敢贪天之力以为己功。"⑤实际上，袁世凯对此颇不平。

1906年11月，清政府将袁世凯等控制的兵部与掌握马政的太仆寺合并，成立陆军部，铁良为尚书，荫昌与寿勋为侍郎。这一权力变动涉及满洲贵族打击袁世凯为首的北洋派系，意在控制军权。预备立宪后，梁鼎芬暨诸台谏皆交章劾袁世凯⑥，袁氏被迫自请开去会办练兵大臣、路政、会议政务处等八项兼差，交出陆军第一、三、五、六镇的军权。袁世凯虽为自己留有后路，但其仍有失落情绪："两宫圣明，毅然改制。乃群言蜂起，荧惑万端。出都以来，

---

① 濮兰德、白克好司著，陈冷汰译：《慈禧外纪》，北京：紫禁城出版社，2010年，第256页。
② 《泰晤士报》著，方激编译：《帝国的回忆：〈泰晤士报〉晚清改革观察记》，重庆：重庆出版社，2014年，第131页。
③ 《泰晤士报》著，方激编译：《帝国的回忆：〈泰晤士报〉晚清改革观察记》，重庆：重庆出版社，2014年，第132页。
④ 袁世凯原著，骆宝善评点：《骆宝善评点袁世凯函牍》，长沙：岳麓书院，2005年，第169页。
⑤ 袁世凯原著，骆宝善评点：《骆宝善评点袁世凯函牍》，长沙：岳麓书院，2005年，第168页。
⑥ 佐藤铁治郎著，孔祥吉、村田雄二郎整理：《一个日本记者笔下的袁世凯》，天津：天津古籍出版社，2005年，第99页。

心灰意沮,加以贱躯多疾,未老先衰,蒿目时艰,靡知所措。"①袁世凯利益集团失势,却是张翼及其背后岑春煊、瞿鸿机等为代表利益集团的势力抬头。

3. 开平矿权纠葛中袁、张斗法与丁未政潮

因开平矿权丧失而臭名昭著的张翼相机而动。英方驻开平代理那森于1906年12月3日致开平公司电称:张翼向英人索赔60万镑,"言不拟再打官司"②。1907年1月12日,那森称自己观察到晚清政局中"总督权势日衰,张燕谋与中国官员又急于获得款项,因此我们也许能促使事情告一结束"③。至于以后能否有更好的结果,那森称还要"看机遇"④。

那森所谓"看机遇"主要针对此时政坛权力斗争的逆变,也包括袁世凯为了打压开平煤矿的所谓中英有限公司,另外筹办滦州煤矿。袁世凯试图以此与英方掌控的开平煤矿展开竞争,旨在以滦州煤矿兼并开平煤矿,至少做到取而代之。但袁世凯的如意算盘遭遇了政坛权力之争中的"滑铁卢"。袁世凯利益集团中段芝贵以歌伶杨翠喜献载振(庆亲王奕劻之子),为新闻报纸获悉,成舆论界丑闻,以汪康年等代表的报界对此不遗余力地揭发。载振纳妓,其父受贿,正如严复所称,庆邸"真是行尸走肉,其所甄识,皆极天下之鄙秽"⑤。"振大爷何等人物,足下将自知之,无待仆论"⑥。时人另有记载,"北洋军阀段芝贵在当时所以大阔特阔和声名狼藉,就由于常走奕劻的门路惯纳苞苴之所致。例如有一次曾送奕劻两颗重达几百两——千两的黄金印"⑦。

---

① 《袁世凯致岑春煊函》(1907年5月上旬),袁世凯原著,骆宝善评点:《骆宝善评点袁世凯函牍》,第178页。
② 熊性美、阎光华主编:《开滦煤矿矿权史料》,天津:南开大学出版社,2004年,第312页。
③ 熊性美、阎光华主编:《开滦煤矿矿权史料》,天津:南开大学出版社,2004年,第313页。
④ 熊性美、阎光华主编:《开滦煤矿矿权史料》,天津:南开大学出版社,2004年,第313页。
⑤ 严复:《与张元济书(十三)》,王栻主编:《严复集》(三),北京:中华书局,1986年,第548页。
⑥ 严复:《与张元济书(十三)》,王栻主编:《严复集》(三),北京:中华书局,1986年,第548页。
⑦ 溥学斋著,溥杰记:《晚清见闻琐记》,《文史资料精选》第1册,北京:中国文史出版社,1990年,第70页。

段芝贵因贿赂奕劻，1907年得以出任黑龙江巡抚，被弹劾，其腐败事件被追查，段芝贵罢去。此事在醇亲王载沣日记中有所记载，"光绪三十三年三月二十五日的内阁上谕"，即"御史赵启霖奏'新设疆臣寅缘亲贵，物议沸腾，据实纠参'一折。据称，段芝贵寅缘迎合，有以歌妓献于载振，并从天津商会王竹林措十万金，为庆亲王寿礼等语。有无其事，均应彻查。着派醇亲王载沣、大学士孙家鼐确切查明，务期水落石出，据实复奏"①。可见参与此事调查的为载沣、孙家鼐。次日（二十六日）"孙相国来会议，拟先委恩志、润昌查访，候覆再议。由此因差，除廿七日外，不克听讲，共七日"②。而此时的载沣年仅25岁，虽然孙家鼐多次上醇亲王府商议，但主要是孙拿主意。孙氏女婿刘体智撰写专条"载振纳妓杨翠喜案"，表明孙氏早已明了"袁、岑争权，群矢集于劻、振父子，至揭其狎亵之罪"③。孙氏精于世故，怕卷入两派纠纷中，没有细究。此实为两派斗争的导火线而已，孙氏乃从中弥缝。处理的结果竟然是赵启霖被革职。

1907年5月28日（光绪三十三年四月十七日）电传，"上谕两广总督周馥开缺，另候简用"④。开平矿权纠葛中重要人物周学熙之父周馥开缺，是丁未政潮袁世凯等有策略退让的牺牲品。为了驱逐所谓清流派重要人物岑春煊（时任邮传部尚书）出京，奕劻、袁世凯等便以周馥年迈为借口，让岑春煊去广州重任旧职。在周馥看来，"朝臣党争互相水火，枢臣疆吏有因之去位者，遂波及于余。传闻某枢奏广东匪多，周某年衰，恐筋力不及，可以某某代之，实挤某某出京也。其中情事复杂，不便叙述，余以屡次乞退之身，得以蒙恩开缺，感激无地。时岑春煊寓沪请假养病，不即来粤，因电奏请派员署护"⑤。

---

① 爱新觉罗·载沣著：《醇亲王载沣日记》，北京：群众出版社，2014年，第246页。
② 爱新觉罗·载沣著：《醇亲王载沣日记》，北京：群众出版社，2014年，第246页。
③ 刘体智：《异辞录》卷四，北京：中华书局，1988年，第202页。
④ 周馥编：《秋浦周尚书（馥）自订年谱》全集十之二，台北：文海出版社，1966年，第5762页。
⑤ 周馥编：《秋浦周尚书（馥）自订年谱》全集十之二，台北：文海出版社，1966年，第5762页。

瞿鸿禨借机面禀慈禧，诋毁奕劻。慈禧私下表示将处置奕劻。但事态有逆转：瞿鸿禨将慈禧处置奕劻的想法泄于门生汪康年，汪氏泄密，消息被外报刊载，1907年6月17日，瞿鸿禨遭到奕劻心腹恽毓鼎的弹劾，恽氏暗中接受奕劻与袁世凯的贿赂，遂上折称瞿鸿禨暗通报馆，授意言官，阴结外援，分布党羽①。同日，恽氏尚有"候补五品京堂曾广铨内阁中书汪康年勾结路透电洋员泄漏机密请饬民政部迅予处置片"，曾广铨早年曾任职李鸿章幕府，后与张之洞幕宾汪康年在上海筹办蒙学会等，并参与《时务报》《昌言报》等，两人交谊深厚。瞿鸿禨被罢免，慈禧对袁世凯及其军政利益集团亦不放心。遭瞿鸿禨打击后，奕劻、袁世凯等实力反而得以巩固。6月29日（五月十九日）奉电："旨两广总督着胡湘林暂行护理。"6月30日（五月二十日）周馥交卸，折内奏明回籍就医②。但这并不影响袁世凯在开平矿权交涉及其滦州煤矿的筹办中对周馥之子周学熙的高度信任，其时曾任长芦盐运使的南方财阀周学熙正担任关内外铁路总局的工艺总局局长兼天津官银号总理③。

张翼在政坛悄无声息，但在开平煤矿仍兼名义上的中方负责人。对此格局，袁世凯利益集团操控下的滦州煤矿加速了筹办进程。1906年12月17日，袁世凯下令北洋滦州煤矿由天津官银号会办周学熙等办理召集商股事宜④。即在袁世凯倡议下，袁世凯利益集团中皖籍重要人物周学熙具体负责筹办北洋滦州煤矿有限公司。有开平煤矿丧失矿权的前车之鉴，滦州煤矿筹办定位如下："为振兴中国商务，并接济北洋官用煤斤起见，所招股份均系华股，概不附搭洋股。"⑤筹办中的滦州煤矿与开平煤矿创始及其经营并无二致，皆属官督商办。滦州煤矿在矿界上虽临近开平煤矿，但周学熙等称该地

---

① 恽毓鼎著，史晓风整理：《恽毓鼎澄斋奏稿》，杭州：浙江古籍出版社，2007年，第77页。
② 周馥编：《秋浦周尚书（馥）自订年谱》全集十之二，台北：文海出版社，1966年，第5762页。
③ 王冠东：《英帝统治下的开滦煤矿》，《文史资料精选》第1册，北京：中国文史出版社，1990年，第410～412页。
④ 熊性美、阎光华主编：《开滦煤矿矿权史料》，天津：南开大学出版社，2004年，第318页。
⑤ 熊性美、阎光华主编：《开滦煤矿矿权史料》，天津：南开大学出版社，2004年，第321页。

亩"至今并未税契,亦未在滦州地方官衙门过割立案。张道翼前在英公堂即以此辩论,英官颇直之"①。袁世凯表示承认。经官方程序,报批农工商部。1907年6月21日,滦州煤矿获准先行立案。当然,这些皆离不开袁世凯及其皖籍助手的操办。1907年6月27日,开平公司秘书比雷致英外务次官函称:"去年七月十九日,我曾写信报告阁下,本公司董事获悉,华北谣传总督袁世凯企图对本公司的权益采取敌对行动,也许是直接施用暴力,也许是准许他人在本公司占有的区域内进行采矿。""承蒙外交大臣将上项情况通知了驻北京英国代办,八月四日阁下来信通知我说,据英国代办说,按照可靠消息,谣传并无根据,总督虽含有敌意,但不至采取非法行动或施用暴力。"②为此,英籍犹太人那森少校"已经亲自与驻北京(英国)公使接触,公使已派天津英国领事去见总督"③。7月5日,那森致开平公司秘书函,称其7月3日早晨去见张燕谋,"在和他商谈以后,我们决定请海关道梁孟亭来吃晚饭,看看有什么办法。那天晚上,张燕谋、梁孟亭和我详细讨论了这个问题。结果,梁孟亭答应在总督、张燕谋与公司之间做调解工作"④。实际上其时袁世凯的态度较强硬,所谓协调的结果可想而知。于是英国领事按照英国外交部授意,向袁世凯总督递交了一份照会,"说明英国政府虽然愿意中国政府和公司之间获得和解,但对于总督干涉我们的权利或产业的行为,不能置之不理"⑤。与此同时,张燕谋试图运动署理外务部右侍郎的梁敦彦从中斡旋,"他(张燕谋)在这方面的努力部分地成功了……据张说,梁已说服了总督:鉴于英国公使所采取的态度,拟暂不采取进一步的积极行动(在开平煤田地区开发新矿)"⑥。那森与张燕谋谈了好几次,那森称张燕谋对于达成协议似乎仍抱乐

---

① 熊性美、阎光华主编:《开滦煤矿矿权史料》,天津:南开大学出版社,2004年,第319页。
② 熊性美、阎光华主编:《开滦煤矿矿权史料》,天津:南开大学出版社,2004年,第348页。
③ 熊性美、阎光华主编:《开滦煤矿矿权史料》,天津:南开大学出版社,2004年,第349页。
④ 熊性美、阎光华主编:《开滦煤矿矿权史料》,天津:南开大学出版社,2004年,第353页。
⑤ 熊性美、阎光华主编:《开滦煤矿矿权史料》,天津:南开大学出版社,2004年,第359页。
⑥ 熊性美、阎光华主编:《开滦煤矿矿权史料》,天津:南开大学出版社,2004年,第359页。

观态度①。问题是慈禧太后掌控下的政坛复杂多变,开平矿权交涉随着官场变动而充满了变数。

二、收复中的市场角力

晚清政坛涉及皇权与封疆大吏之间的权利调适与平衡。1907年9月,袁世凯、张之洞被夺军权并同时调入京师,慈禧意在让两人相互牵制。调袁世凯入京,无形中为奕劻、袁世凯深层次的接触提供了地缘条件。袁世凯入京后,补授外务部尚书兼军机大臣。1907年9月10日,那森致开平公司秘书函称自己直接或间接地与总督袁世凯进行谈判②,然"中国的政局突然起了很大的变化,这可能会相当地影响到我们的谈判途径。九月六日颁发了一道谕旨,派袁世凯为大学士和外务部尚书。这个任命的影响如何,目前尚无法逆料,即使很熟悉中国政治的人们也是如此。这个任命,就其实权来说,无疑地是较袁现在保持的总督职位为逊,不过整个局面如何,实际上还要看袁在皇上面前有多大的势力才能决定。惟一可以说明袁有什么势力的,是山东巡抚杨士骧被任命为署理直隶总督。杨虽然是一个势力颇大的人物,但他的地位和前程完全是靠袁得来的,而袁能够把他的一员亲信弄来补他刚刚空出的那个位置,这就证明,至少在目前,他的势力还是很强大的"③。英方之所以关注袁的变动,部分缘于开平煤矿与新建滦州煤矿纠葛谈判的中方负责人问题。实际上,新上任的杨士骧继续袁世凯在开平矿权上的立场。1908年5月6日,那森致开平公司秘书电称:"总督已答复驻天津英国领事说,张燕谋无权出让矿山,更无权将在开平盆地采矿的独占权利出让。"④英公使要挟外务部停止滦州煤矿的开工,但袁世凯表示:"停开滦矿之议,万做不到。"⑤此

---

① 熊性美、阎光华主编:《开滦煤矿矿权史料》,天津:南开大学出版社,2004年,第359页。
② 熊性美、阎光华主编:《开滦煤矿矿权史料》,天津:南开大学出版社,2004年,第359页。
③ 熊性美、阎光华主编:《开滦煤矿矿权史料》,天津:南开大学出版社,2004年,第360页。
④ 熊性美、阎光华主编:《开滦煤矿矿权史料》,天津:南开大学出版社,2004年,第367页。
⑤ 熊性美、阎光华主编:《开滦煤矿矿权史料》,天津:南开大学出版社,2004年,第373页。

时开平董事部指示那森应"尽力争取张(翼)的权势,使其始终居于我们这方面"①。那森称:"张燕谋在交涉中所处的地位并不十分重要,我想他不过是担任一个沉默的旁观者而已,除非中国政府代表,在有关公司过去的历史以及事情发展到目前地步等问题上,有时需要他的协助。"②1908年7月1日,比雷致那森函称:"董事们所希望于你的,并且他们也十分相信你会同意的,就是你应当与张燕谋继续维持最友好的关系,并应尽量利用他的权势,姑不论其权势能有多大的作用。"③这些呈现了那森等在英国开平矿务的代理人与地处伦敦的股家为主体的董事会就张翼的利用价值及如何利用颇有矛盾。而前文多有述及张翼的重要靠山无疑就是两代醇亲王所代表的皇亲国戚及其背后的慈禧太后。

1. 后慈禧时代政坛及其对开平矿权纠葛中权力重组之影响

1908年11月14、15日,光绪帝、慈禧太后先后去世,对清政权无疑有巨大的摇撼作用。其后,清廷的权力面临重新洗牌。1908—1910年,载沣因戊戌政变后光绪帝被禁闭事,与袁世凯势不两立。派系纷争中载沣令袁世凯去职。此涉及载沣、善耆、瞿鸿禨、岑春煊等与奕劻、袁世凯等互为政坛劲敌,又涉及封疆大吏权力之争,亦有皇亲国戚内部的利益制约。善耆任奕劻内阁中民政、理藩大臣。善耆与奕劻、袁世凯有矛盾,"闻袁氏戊申之罢斥,善耆与其谋"④,袁世凯去职。袁世凯不但遭贬斥,且有性命之忧,意与心腹杨士骧密谋出路,结果杨氏对落魄的袁世凯避之若瘟神。胡思敬称:"袁世凯既内用,亏公帑过多,密保士骧继北洋任。与之约,有过相护,有急难相援。士骧奉命唯谨,虽例行小事,必请命而行。及世凯解职,微服至天津,招士骧密语,士骧匿不敢见。"⑤"杨士骧倚袁世凯以治事,世凯既罢,惧甚,阴贿张翼求解于醇

---

① 熊性美、阎光华主编:《开滦煤矿矿权史料》,天津:南开大学出版社,2004年,第371页。
② 熊性美、阎光华主编:《开滦煤矿矿权史料》,天津:南开大学出版社,2004年,第371页。
③ 熊性美、阎光华主编:《开滦煤矿矿权史料》,天津:南开大学出版社,2004年,第375页。
④ 徐一士:《庚午炸弹案》(1942年),《一士类稿·一士谈荟》,北京:书目文献出版社,1984年,第432页。
⑤ 胡思敬:《国闻备乘》卷四,北京:中华书局,2007年,第113页。

府。后数日,北洋折上,大得褒奖,张翼力也。"①是开平矿权对手张翼救了杨士骧,张翼成功主要是依靠醇亲王的发力,其时醇亲王载沣之子溥仪已登皇位,自己是全国主宰——摄政王。光绪及慈禧死后,为了防止兵变,清廷加强了宫廷出入门禁、密集发布军令旨在加强军队的控制。是年"十二月初一日"即改元颁朔。"十一日"下谕旨,以足疾为由将袁世凯解职②。

袁世凯去职,对开平煤矿与滦州煤矿处境的影响,有清方的自我审视,也有旁观者的目光,日本记者评之极当,"今者,袁世凯因党派之趋势,与满汉潮流而开缺矣。继之者,为大学士那桐。那之贤否,国人当有以灼见,记者不敢赘一辞"③。那桐正是此后张翼在官场及开平矿务纠葛处理中的靠山,张翼势力复固。袁世凯去职,对其利益集团是个沉重的打击,诸如唐绍仪,唐绍仪是袁世凯在开平煤矿的利益代表者,"袁世凯的倒台挫伤了唐绍仪的热情"④。

光绪、慈禧去世后,清廷再度宣布推进新政,主要包括路矿等实业。早已进入议程的开滦煤矿,于1908年5月8日由直隶总督杨士骧札文成立。尔后颁布的《北洋滦州官矿有限公司招股章程》等,基本上是袁世凯政策的遗产。杨士骧接替袁世凯任直隶总督后,随即招贤纳士。3月26日严复在《与熊季贞书》中称:"适昨者北洋莲府(指杨士骧)尚书有信相招,则电请南洋派员接理。"⑤1901年曾任开平矿务局华部总办的严复应杨士骧邀请,前往天津就任新政顾问⑥,杨士骧系袁世凯入军机处推荐就任直隶总督兼北洋大臣,

---

① 胡思敬:爱新觉罗·载沣:《国闻备乘》卷四,北京:中华书局,2007年,第125页。
② 爱新觉罗·载沣:《醇亲王载沣日记》,北京:群众出版社,2014年,第310页。
③ 佐藤铁治郎著,孔祥吉、村田雄二郎整理:《一个日本记者笔下的袁世凯》,天津:天津古籍出版社,2005年,第175页。
④ 吉尔伯特·里德:《留美学子归国受重用》(1910年10月16日),郑曦原编,李方惠、郑曦原、胡书源译:《帝国的回忆:〈纽约时报〉晚清观察记》,北京:生活·读书·新知三联书店,2001年,第169页。
⑤ 《严复未刊书信选》,中国社会科学院近代史研究所近代史资料编辑部编:《近代史资料》(总104号),北京:中国社会科学出版社,2002年,第83页。
⑥ 杨士骧、杨士琦为兄弟,皆安徽泗县人,原为李鸿章幕府幕僚,于光绪二十五年辅佐李鸿章前往日本议和。

其兄弟二人是袁世凯的嫡系,也是庆亲王宠幸之人,"光绪三十三年,西林(岑春煊)驰入京觐见,弹劾庆邸。邸郁郁不得志,有慰之者,辄叹曰:'今关情于余者,惟杨杏城、董柳庄(董遇春)耳'"①。其时袁世凯遭到载沣打击,杨士骧受重用;袁世凯、杨士骧关系亦疏远。严复成为杨士骧利益集团的幕宾,曾助杨士骧起草《奏请兴办海军折》。而开平煤矿、滦州煤矿权益介于袁世凯幕府、杨士骧幕府之间。摄政王载沣对于杨士骧等为官为人颇有好感。1909年杨士骧去世时,载沣极表遗憾,"杨总督士骧溘逝,悼惜殊深也,旋谥'文敬'"②。杨氏受此高誉,有多重缘由,而袁世凯倒台及杨受牵连时张翼在醇亲王面前为其充当说客显然发挥了重要作用。

丁未政潮后,官场斗争及其政治资源分配逆转,政客与知识分子的阵营迅速重组。开平煤矿收复重议也在这一背景下展开。1908年3月20日夜,严复、岑春煊、郑孝胥等相聚,是日《郑孝胥日记》载:"应云帅(岑春煊)之约,座有又陵、庄思缄"③。1909年1月21日,"午后,过岑云帅、严又陵"④。可见严复、岑春煊等往来密切。1908年9月24日严复日记有:"晤张燕谋,其意欲吾动笔。"⑤1909年"学部新设,荣尚书庆聘府君(严复)为审定名词馆总纂"⑥。1909年6月1日,"见南皮(张之洞)、定兴(鹿传霖)。程雪帅(程德全)……来"⑦,6月2日,"见过庆邸(奕劻)、泽公(载泽)"⑧。是日,严复致夫人朱明丽信称:"日来因宪政编查馆派作咨议官,此馆堂官系各位军机大臣,而宝熙、刘若曾为正副提调,故不免有拜谒之劳。如庆王、张、鹿两中堂,他如泽公、肃王,皆经见过,诸阔老意思都好,而泽公、宝熙两人相与尤厚,致足感也。大约

---

① 刘体智:《异辞录》卷四,北京:中华书局,1988年,第204页。
② 爱新觉罗·载沣:《醇亲王载沣日记》,北京:群众出版社,2014年,第329页。
③ 劳祖德整理:《郑孝胥日记》,北京:中华书局,1993年,第1133~1134页。
④ 劳祖德整理:《郑孝胥日记》,北京:中华书局,1993年,第1173页。
⑤ 王栻主编:《严复集》(五),北京:中华书局,1986年,第1481页。
⑥ 严璩:《侯官先生年谱》,王栻主编:《严复集》(五),北京:中华书局,1986年,第1550页。
⑦ 王栻主编:《严复集》(五),北京:中华书局,1986年,第1492页。
⑧ 王栻主编:《严复集》(五),北京:中华书局,1986年,第1492页。

做官一事正恐不免耳。"①1908年7月,直隶同乡京官大理院少卿刘若曾等曾联名奏争滦矿事宜折,强调"拟请饬下督臣总督一面速开滦矿,一面遵照前次谕旨,督饬张翼将开平矿产克日收回"②。而此时的严复与刘若曾攀上关系。可见,袁世凯背后的靠山庆邸(奕劻)、泽公(载泽)等皇亲国戚,对开平矿务局旧人严复,态度还是有差别的。1908年9月24日,严复以同考官身份参加学部新建公署的出国留学第一场考试工作,是日,张燕谋意欲严复动笔阐释有关开平矿务局诸多纠葛及其原委。10月3日,严复离京返津,并致信夫人朱明丽,称:"在京见过张燕谋,须发皆白,目亦一边不明,人甚羸瘦,开平事尚未定局。"③可见开平矿权纠葛中张翼的日子难挨。张翼试图劝说严复继续为开平矿权中外纠葛撰文说项。

滦州煤矿的运作也在直隶总督杨士骧的关照下正常开展,诸如公司注册、发给采矿执照及减免照费等。"一九〇八年至一九一〇年期间,完成了开凿矿井和安装机器的筹备工作。有四个大矿井在马家沟,两个在赵各庄。一九〇八年,公司派了一位高级职员李希明到欧洲去购买机器。大批的机器是向德国商行订购的,并在第二年进行安装。办公用房、修理厂、堆栈、车房和其他房屋都修建起来了"④。1908年年末,滦州煤矿已出煤,次年运销天津。滦州煤矿的筹办意以达到"以滦收开"的目的。

2. 北洋大臣陈夔龙倡导"以滦收开"与张翼辩难

1909年11月24日,陈夔龙接替杨士骧任直隶总督兼北洋大臣。陈夔龙属奕劻、袁世凯一派,"庆王奕劻继荣禄而为枢臣领袖,以贪庸为清议所鄙,庚戌(宣统二年)正月御史江春霖以'老奸窃位,多用匪人'劾之"。江春霖先后两次折子,第二次折子中有:"陈夔龙继妻为前军机大臣许庚身庶妹,称四姑奶,曾拜奕劻福晋为义母。许宅寓苏州娄门内,王府致馈,皆用黄匣,苏人言

---

① 王栻主编:《严复集》(五),北京:中华书局,1986年,第747页。
② 熊性美、阎光华主编:《开滦煤矿矿权史料》,天津:南开大学出版社,2004年,第376页。
③ 王栻主编:《严复集》(三),北京:中华书局,1986年,第745页。
④ 熊性美、阎光华主编:《开滦煤矿矿权史料》,天津:南开大学出版社,2004年,第341页。

之凿凿。夔龙赴川督任,妻畏道难逗留汉口,旋调两湖,实奕助力。"①1909 年冬,直隶总督兼北洋大臣陈夔龙负责开平矿案的交涉。1910 年清政府命张翼、周学熙为陈夔龙的助手,协办解决开平煤矿矿权的中外纠葛。陈夔龙、周学熙属同一派,张翼、周学熙此时属对立派。开平矿权的收复愈加复杂。

  开平矿权纠葛除涉及派系利益之争外,还涉及民族利益。1910 年,"大理院少卿刘若曾,翰林院侍读学士恽毓鼎,翰林院侍讲学士李士钰,学部右丞孟庆荣,前民政部右丞刘彭年,邮传部左丞李焜瀛,四品京堂张权,给事中王金镕,掌辽沈道监察御史史履晋,掌陕西道监察御史路士桓,翰林院修撰刘春霖,翰林院编修李榘、吴德镇,翰林院检讨蒋式瑆,法部郎中袁廷彦、李士钰,陆军部郎中张志潭,学部员外郎陈宝泉、张志潜、陈清震,外务部小京官赵宪曾,学部小京官王双歧、张书诏,分省补用道刘坦,分省试用道李士鑑,分省补用同知韩德铭,候选通判张锡光、王宗佑,分省试用州同孙凤藻,分省补用知县赵元礼、李长生,分省试用知县胡家祺,山东即用知县刘登瀛,补用知县步以庄,县丞衔程克昌,举人赵缵曾、仝宝廉、藉忠寅、齐树楷、步以韶、陶善璐,拔贡陈树楷、陈升之,优贡刘培极,岁贡于邦华,廪生李擂荣、李金藻,生员于长懋"等士绅联名上奏②,称:"张久办矿务不洞悉底蕴,而为此明知故昧,颠倒是非者,无非欲荧惑上听,以遂其从中攘利之私而掩其前此欺朦之罪,且此案为中外所注目。张以办理矿务之人因受欺骗而私卖国家疆土产业。所幸朝廷始终并未承认其事,此次与英外部据理力争,即本此为根据,彼始就我范围。"③开平矿务纠纷一个重要焦点即财务账目不清,缘利益纷争,两派皆欲查张翼的账目。

  1910 年 10 月 10 日,清廷命度支部尚书载泽、邮传部侍郎盛宣怀为查办

---

  ① 徐一士:《谈陈夔龙》(1937 年),《一士类稿·一士谈荟》,北京:书目文献出版社,1984 年,第 192 页。

  ② 题名见《为呈请事,窃以开平矿产自经外人骗占于兹十年,权利坐失》奏折(《开滦矿务资料》乙 F37 一函三册·第二册,中国社会科学院近代史研究所图书馆特藏室)。

  ③ 《开滦矿务资料》乙 F37 一函三册·第二册,中国社会科学院近代史研究所图书馆特藏室。

开平矿案事务大臣①。就清季官场而言,张翼与盛宣怀等站在同一条战线上,可见清廷调和及制衡政策是十分明显的。针对所谓出资购回矿权,是年12月4日,张翼上书载泽,称:"北洋大臣陈暨前长芦运司周学熙均曾面议及此,因将与英公司商定办法,均屡向翼索开账目。翼以赔偿各款有德璀琳暨各律师款项在内,故向陈督等陈明须向各处细查,应赔各种数目,统须若干,并须令原请律师接续旧案,声明索偿,方能由两造议定准数。故曾三次去电,皆陈督所知,并因公款可由北洋定数,故翼有分开算之说。"②即陈、周要查张翼的账目,张有托词。"北洋大臣陈到任,翼禀明开平矿案始末大概情形,亦经声明有案"③,张还表白:"翼所争者,上顾国家之利益,下为股友及翼公堂判定之损失,并非专为私利,事事皆有证据,非空言可以诬赖。若为私利,自当事事迁就英公司以求速成,岂有反对现实办法之理,其为不顾私利亦可概见。"④即张翼立足所谓国家利益立场及公司股民利益立场而做申辩。

尽管张翼百般辩解,庆汾于"十月二十日奉接宪台札",即奉载泽命令前往调查,"宣统贰年拾壹月回禀":"光绪二十五年,张京堂翼奏请由开平矿局借款修筑码头,亦复声叙北洋水师无险可据。阳为建设商埠,即阴以树立异日军港之基。朝论韪之"⑤。庆汾经过仔细查账,论证了承平、建平、永平等处金银矿与开平公司的关系。从两派查账及张翼辩解可见,张翼账目确实存在中饱私囊问题。

因为张翼搅局,所谓"收复"反而变成"丢弃",胡思敬撰"张翼倚醇府势盗卖官矿",称:"至是恃监国宠,与英商勾结为奸,力护前非,主中外合办。直隶

---

① 郭廷以:《近代中国史实日志》下册,北京:中华书局,1987年,第1370页。
② 《请收回开滦公函》,《开滦矿务资料》乙F37一函三册·第三册,中国社会科学院近代史研究所图书馆特藏室。
③ 《请收回开滦公函》,《开滦矿务资料》乙F37一函三册·第三册,中国社会科学院近代史研究所图书馆特藏室。
④ 《请收回开滦公函》,《开滦矿务资料》乙F37一函三册·第三册,中国社会科学院近代史研究所图书馆特藏室。
⑤ 《请收回开滦公函》,《开滦矿务资料》乙F37一函三册·第三册,中国社会科学院近代史研究所图书馆特藏室。

士绅联名力争，监国不能诘，卒从老福晋言，徇翼谋，悉依前约。凡开平附近之唐山、西山、半壁店、马家沟、无水庄、赵各庄、林西等处地脉相接数十里之矿产，以及秦皇岛通商口岸地亩，与承平、建平金银等矿，悉归英公司掌握。中国自办矿务以来，唯开平获利。至是竟不能保，闻者恨之。"①监国指摄政王载沣，老福晋系载沣之母叶赫那拉氏，是慈禧之妹。所谓彻查开平煤矿的载泽幕后则意味着载沣的插手，1910年《醇亲王载沣日记》载，"泽兄来谈开平事务"②。而其时载沣为监国摄政王，是清廷实际控制者。联系张翼与两代醇亲王的关系，载沣不可能让自己在开平煤矿上的利益代言人张翼倒台。

诸如此类，围绕开平矿权的收复及兴办滦州煤矿试图遏制开平煤矿的业务经营等，清官场意见分歧，涉及诸多利益集团及其精英人物的操纵，背后反映了官场与市场的缠绕及博弈。

3.《请收回开滦公函》与"以滦收开"之后续

实际上，清廷在如此复杂的新政语境中布控权力，徒增收回开平矿权的难度，正如张世培、（邮传部左丞）李焜瀛、（大理院少卿）刘若曾、（前民政部右丞）刘彭年、（翰林院检讨）蒋式瑆、（掌辽沈道监察御史）史履晋等于是年11月28日上载泽的《请收回开滦公函》中所称："窃若曾等以直隶开平矿产自庚子之乱，经张京堂翼与英商私立契约，被人骗占廖轇至今，忽已十年。不但美富之煤矿大利为英商所攘夺，即秦王岛、天津、上海、苏、杭、广州各口岸码头计九处，以及轮船、地亩各项疆土主权利益，至今均在英商掌握之中。"③载泽时为度支部尚书。该公函称："自上年十月，朝旨责成北洋大臣陈夔龙设法收回磋议经年，渐有成约。就矿赎矿无须另筹巨款。除每年矿厂开销及筹还英商本息外，尚有余利。且各项产业、口岸、码头全数收回，于国家疆土、主权利

---

① 胡思敬：《国闻备乘》卷四，北京：中华书局，2007年，第129～130页。
② 爱新觉罗·载沣：《醇亲王载沣日记》，北京：群众出版社，2014年，第381页。
③ 《请收回开滦公函》，《开滦矿务资料》乙F37一函三册·第三册，中国社会科学院近代史研究所图书馆特藏室。

益概行恢复。绅民额庆,企足观成。"①但陈夔龙之议遭张翼反对:"张京堂翼回护前非,迭上封奏,以致垂成之局枝节忽生。所有北洋奏疏及张京堂翼之封章,以及资政院折、官绅公呈,历经奉旨发交爵前及盛宫保查核复奏。"②盛宫保系盛宣怀。比照"度支部尚书泽公以武进盛侍郎为谋臣,袁、盛之仇固结不解,泽公亦不悦于项城所为"③,两者派系斗争显见。时袁世凯解职还乡,袁派势力在开平矿权中外纠葛处置上的影响削弱。

刘若曾等联名的《请收回开滦公函》云,开平煤矿并未像谣言所称亏本,并枚举英方报刊所载账目:"光绪三十三年余利二十二万三千二百余镑,三十四年二十四万四千镑,宣统元年二十四万三千余镑。刊在英报,共见共闻。"④所据英报,可见论据切中要害。

针对"或谓北洋大臣与英商拟订条约全数收回之后,发给债票由国家担保,并以七厘行息,为数过巨,万一矿业不利,国家须认亏赔。故毋宁慎之于始,仍主中外合办较有把握"这一说法,《请收回开滦公函》云:"此亦谬说也。"如何筹资收回开平矿权?在刘若曾等看来,"除该矿不动产业二千余万元不计外,每年以平均余利二十二万镑计之,除付英商本息十六七万镑之数,尚余有六七万镑之数。将来本息扫数清还以后,则此项余利全数均归我有,实无须另筹一款。而已失之矿产、疆土可以收回,且也直隶全省官绅士商无不注重。此矿是以上月滦州煤矿股东开会,情愿以滦矿股本五百万两作抵。全体认可,呈由直隶总督咨行在案。"另外,"上年奏准筹抵津浦路款之长芦盐斤加价计五百余万两,现拟移缓就急。已由四省公司与长芦盐商公所议定,将此项盐斤加价银两逐年存储,全数作为收矿抵债之用。以此计算,是国家担任

---

① 《请收回开滦公函》,《开滦矿务资料》乙 F37 一函三册·第三册,中国社会科学院近代史研究所图书馆特藏室。
② 《请收回开滦公函》,《开滦矿务资料》乙 F37 一函三册·第三册,中国社会科学院近代史研究所图书馆特藏室。
③ 刘体智:《异辞录》卷四,北京:中华书局,1988 年,第 219 页。
④ 《请收回开滦公函》,《开滦矿务资料》乙 F37 一函三册·第三册,中国社会科学院近代史研究所图书馆特藏室。

赎矿债票一千七百余万两之数,准有滦矿股本及盐斤加价两项共一千万两抵保,已占全数三分之二。诚以见闻较确,关系最深,故毅然为此全力保全之举,绝非孟浪一掷不顾其后者可比也。况以英商历年经营该矿而论,就其全产计之,每年实有余利一分三四厘之数。而我收回以后,只付七厘,是出七厘之息,而收回每年得利一分三四厘之产不待智者而知其可行矣。"《请收回开滦公函》所谓长芦运司,系指周学熙。这涉及周学熙及其背后的袁世凯利益集团。而滦州煤矿正是在皖籍建德县周学熙及寿州孙多森的"禀请"下开采的①。

  针对开平、滦州煤矿在煤炭市场上的角力,及其各自的条件,《请收回开滦公函》附上开平、滦州煤矿界略图及滦矿预算出煤略图各一纸,"可验滦矿出煤不在开平以下。倘一牵动,后患何堪?且矿产富饶,足任担负。此由国家担保,债票有后援之可恃,而七厘之息为数实非过巨,是一切亏赔损失难于担保之说之不足信者"②,此系强调"以滦收开"。开、滦煤矿营销涉及运输码头,此又关系渤海湾不冻港,涉及军事战略等,"各项口岸、码头计有五处,胥在英商管辖之中,而尤以秦王岛为最要。大连、旅顺已非我有。北方不冻之港,天然形胜,实以秦王岛为第一,且为我自辟口岸。现在国家兴办海军根据重地无逾于此。而年来英国布置经营不遗余力。我国船只之停泊有费,货物之起卸有费,几乎与外人占有无异。一旦海上有事,其显受牵制,定可决言。此项隐患较之煤矿尤为重大"。《请收回开滦公函》"绘呈秦王岛通商口岸地界图及商埠海塘形势图各一纸"③。以图呈现矿产及秦皇岛的码头及其军事价值,其国防用意不言而喻。

  《请收回开滦公函》还从官场意义上的皇亲国戚利益层面阐发,称:"爵前

---

  ① 熊性美、阎光华主编:《开滦煤矿矿权史料》,天津:南开大学出版社,2004年,第327～328页。

  ② 《请收回开滦公函》,《开滦矿务资料》乙F37—函三册·第三册,中国社会科学院近代史研究所图书馆特藏室。

  ③ 《请收回开滦公函》,《开滦矿务资料》乙F37—函三册·第三册,中国社会科学院近代史研究所图书馆特藏室。

谊属懿亲,与国家实同休戚,坐视此大好河山竟被张翼一人断送于外人之手,毋亦有怵目而惊心者乎!是不待若曾等之再三讼言而迅速收回之谋,实有不可须臾或缓者矣。此若曾等之鳃鳃过虑四次晋谒,欲贡其愚忱者此也。"可见开滦之矿权不仅仅是皇亲国戚之家事,而道统意义上"家国一体",决定了此更是政事、国事。

总之,"此事之关键或得或失,均在爵前。朝野所仰望、中外所注目者,亦在爵前。万一定议偶疏,实有稍纵即逝之虑。彼英商虎视狼贪,幻诈万状。甚愿我之失策即遂其因利乘便之谋,倘误机缘虽悔何及?"①为此,刘若曾等劝说载泽支持北洋大臣陈夔龙等筹资买回矿权,"伏冀统筹全局,俯顺舆情,早定全胜之谋,采用北洋大臣所定收回办法。迅赐复奏,则不但直隶全省及天下各省绅民仰颂贤明,而万祀千秋载诸简策,见我爵前之有大功于我国家者,实非寻常可比矣"②。此函支持北洋大臣陈夔龙等所倡导的"以滦收开"之运作。

三、"以开并滦"

袁世凯集团之所以支持开办滦州煤矿,意在"以滦收开",而3岁溥仪登基及载沣摄政后政局逆转,袁世凯名以足疾休养,实被罢黜,此时开平煤矿与滦州煤矿开始恶性竞争。辛亥革命爆发,袁世凯待价而沽并重新上台控制了军政大权,开平矿权作为整个政坛变迁中一枚重要的能源棋子,当然也格外引人瞩目。

通过市场恶性竞争,滦州煤矿利用北洋控制的京奉铁路运煤的降价,对开平煤价产生威胁,但此前后经英商及其买办的策划,英方那森通过驻华使

---

① 《请收回开滦公函》,《开滦矿务资料》乙 F37 一函三册·第三册,中国社会科学院近代史研究所图书馆特藏室。
② 《请收回开滦公函》,《开滦矿务资料》乙 F37 一函三册·第三册,中国社会科学院近代史研究所图书馆特藏室。

节向中方施压,并扬言要采取军事行动,清方终在恐吓下让步。另外,列强联手在中国开拓殖民市场,面对滦州煤矿试图通过西方银行进行融资以增强自身实力时,英方一经抗议,相关外商银行即停止磋商,致使滦州煤矿借力外资的算盘落空。

  与此同时,那森利用开平煤矿的资本贴钱筹办《北方日报》,宗旨就是鼓吹"以开兼滦"。曾就读美国的王冠东的父亲王绅于1905年经德璀琳介绍,与那森相识,后担任开平矿务公司的总文案。英方主导下的开平相关利益集团决定由王绅出面联络天津报界,在天津河东奥租界设立《北方日报》,开办费用由开平出资5000元[1],明了内情的王冠东称该报"日出对开一大张,满纸荒唐的媚外崇洋言论,一贯鼓吹滦州应与开平合办,这是《北方日报》惟一的使命和特色"[2]。《北方日报》的议程设置及其舆论指向有其一贯的框架:"这张报纸的评论,往往先骂一通办矿的官僚作风,引起读者的共鸣;接着就提到请洋人办矿才是'出路'。"[3]"这张报纸几乎天天刊载这种奇谈怪论,而当它出版了27个月,等到开平达到并吞滦州的目的后,它也就跟着寿终正寝了"[4]。这期间,"英国人在天津办的《京津泰晤士报》,在上海办的《字林西报》和美国人在上海办的《密勒氏评论报》,也是经常鼓吹开平、滦州合并,认为中国无办矿的才能与经验,必然失败,只有依靠洋人洋法,才能发展云云。它们都同《北方日报》一个调调儿,因为它们也是拿开平的津贴的"[5]。基于报刊意义上的那森等主导的舆论可以说在支持"以开并滦"声浪中发挥了重

---

[1] 王冠东:《英帝统治下的开滦煤矿》,《文史资料精选》第1册,北京:中国文史出版社,1990年,第414页。

[2] 王冠东:《英帝统治下的开滦煤矿》,《文史资料精选》第1册,北京:中国文史出版社,1990年,第414页。

[3] 王冠东:《英帝统治下的开滦煤矿》,《文史资料精选》第1册,北京:中国文史出版社,1990年,第414页。

[4] 王冠东:《英帝统治下的开滦煤矿》,《文史资料精选》第1册,北京:中国文史出版社,1990年,第415页。

[5] 王冠东:《英帝统治下的开滦煤矿》,《文史资料精选》第1册,北京:中国文史出版社,1990年,第415页。

要作用。中国报界舆论精英严复等面对开、滦合并,也多有谋划。

张翼与袁世凯及其利益集团在开平矿权上的诸多纠葛,往往与两者在政坛上的浮沉密切相关。由此而及市场与官场意义上的联动。1908年11月14、15日,光绪皇帝、慈禧太后先后去世,此后载沣摄政,袁世凯势力受到沉重打击,唐绍仪也受牵连。《纽约时报》称,"作为袁世凯的门徒,他倾向于与西方建立更紧密的联盟,这种联盟如果不是在政治路线上,至少也应表现在经济联系上。袁世凯的倒台挫伤了唐绍仪的热情"①。而张翼派舆论精英严复,对中国路矿等实业发展也较为关注。正是在官场与市场缠绕及博弈等诸多复杂镜像中,张翼及严复再度联手,对开平、滦州煤矿有关煤价之争发声。开平煤矿、滦州煤矿的官督商办,实际就是官场与市场的联姻。官场办企业当然要讲政治,具体到开平煤矿、滦州煤矿涉及煤炭等能源政治。而煤炭本身的经营运作涉及市场。由此而论,分析近代开平矿权之纠葛,离不开政治经济学的学理框架。滦州煤矿的筹办尤意味着其与开平煤价的市场竞争。这当中所谓中英开平有限公司涉及中外企业的合伙或股份经营,当然更有主权归属的问题。在开平矿权纠葛的处理中,既有精明能干却昧于世界市场及外交关系发展大势的张翼,也有一心译著古典经济学论著的严复。严复任职开平中方总办虽有养家糊口的意图,但更有试图投身实业寻求中国富强之道。这一点与官督商办的洋务企业开平矿务局旨趣可谓异曲同工。1901年前后,严复任职开平时,开始译著亚当·斯密的 *An Inquiry Into the Nature and Causes of the Wealth of Nations*(《国民财富的性质和原因的研究》,严复译著《原富》)。亚当·斯密书中揭示了东印度公司运行轨迹及其盛衰成败的经验,探讨重商主义意义上的政治经济学。而就官场与市场之中外的交涉中苦苦挣扎的开平矿权纠葛的张翼集团而言,严复属于其要员。以下将通过新公布的一些珍稀信笺对此进行探讨。

---

① 《纽约时报》新闻专稿《留美学生归国受重用》(1910年10月16日)对唐绍仪的情况作了重点介绍。见郑曦原编,李方惠、郑曦原、胡书源译:《帝国的回忆:〈纽约时报〉晚清观察记》,北京:生活·读书·新知三联书店,2001年,第169页。

严复曾致张翼信函信封:"借呈内稿二件(八月初二日到)。张大人钧启。复手肃。"比照上下文当为辛亥年的"八月初二",故以下书信当为"七月",而信笺中提及的关键人物庆世理即 Kinsley,英国人。庆世理系 1904 年张翼等往伦敦诉讼前,被张翼派往伦敦兴诉的洋员。1903 年 4 月 22 日前后,张翼上外务部禀稿中"派令洋员庆世理赴英京逐细搜察底蕴,延请状师以备兴讼"①,后兼有律师身份的庆世理希望张翼直接到伦敦诉讼;他在开平矿务局中一度担任稽查。可见他是张翼在开平矿权中外纠葛案中信得过的洋员,也参与德璀琳诸多秘密的函电往来。面对中外舆论,1909 年 11 月 24 日,清政府命直隶总督陈夔龙稽查开平矿权之中外纠葛,陈夔龙等发起第二次收回矿权运动。陈夔龙受命后即与熟悉情况的周学熙、张翼及庆世理等联合调查。可见庆世理系开平矿权中外纠葛案中的核心知情者。

严复致张翼信函:

> 大人阁下敬肃者:承示洋职缄系庆世理所寄中并封呈四件:
>
> ……
>
> 查庆世理来函中示道云,墨林覆词经我们律师批驳后,渠亦有呈语,并论派员来华之事应否准行。大概此事在有限公司自施沮(阻)力,然律师以碍于事势,法官拟亦能不准等语。至庆世理与德之函中言墨林覆词称,德璀琳所以能立卖约,而卖约必亦可翻者,因无得有代理权凭之故。代理权照西名包尔阿埵尼。此件果有(有圈点),最关紧要。而庆与郝律师等等,从前全不知之。今问德呈出此凭为要。至与复之信,亦通属常通械,并云公司之事愈出愈奇。前若深知底里,必不干此无谓官司。但事已至此,又不能不观其后效等语……
>
> 夕安
>
> 复顿首　十六

---

① 熊性美、阎光华主编:《开滦煤矿矿权史料》,天津:南开大学出版社,2004 年,第 239 页。

此函日期为辛亥年"七月十六日",即1911年9月8日。是年,严复在京师海军部、学部、币制局等处任事,比照1909年11月17日严复日记记载,他会晤宋发祥,谈及磁州矿事①。袁世凯等在筹办滦州煤矿期间,曾一度将处封存状态的磁州煤矿机器提交天津银号,运往滦州一带试开煤矿应用②。以后宋发祥到化验所,在盛宣怀主持下的化验所担任会办,而严复任化验所提调,两者系同事关系。很快,严复向盛宣怀提出辞去该职,但未蒙允许。从中大致可见严复与盛宣怀系上下级关系③。而盛宣怀与开平矿务局中任事的张翼、严复系同一战线的故交,关系可溯至李鸿章幕府。

此时,严复再次充当张翼所谓开平矿权收复的高参及笔杆子,为张翼出力,因其家庭30多口人在京生活,开支拮据,有为稻粱谋之用意。时值开平煤矿与滦州煤矿合并之议,并有实际谋划。严复致张翼信函:"燕老督办赐鉴:别来倏忽数月。数次前往尊寓拜访,皆值大驾前往津门,废然而返。伏想兴居安平,诸如歌颂。昨睹报章,知开滦合办业已成议。前此赔偿问题当亦解决。沧桑易代,朝野人事,举目都非。丈于开平矿事,竭数十年之精力,罄一家之所有。窃计此时结束,必不能如分偿补。惟是慰情,胜无得早一日清了,为门户计,亦未始非善荣耳。"对开、滦合并之议,严复劝张翼见好就收。

严复致张翼函中称:"兹有恳者,自政体改革之后,复之境遇大有江河日下之势。政界既不堪涉足,即学界亦是跼蹐不安。十口之家,浮寄都邑。米珠薪桂,典贷俱穷。若长此终古,恐必有不可收拾之一日。再四筹思,以为仕宦既无可为,或且实业商界可以谋一枝栖之地。"可见在政界、学界严复无所寄托,希望在商界有所作为,"刻下开滦既已合办,窃计用人必多不识,旧人如复,能托鼎力于其中求一位置否?切盼!便中与那森、德璀琳辈商之,千万",想借助张翼打招呼,从合并后的开滦煤矿公司中谋求一席之地,"复自庚子以

---

① 王栻主编:《严复集》(五),北京:中华书局,1986年,第1497页。
② 熊性美、阎光华主编:《开滦煤矿矿权史料》,天津:南开大学出版社,2004年,第333~334页。
③ 王栻主编:《严复集》(五),北京:中华书局,1986年,第1497页。

后自谓于公司不无微劳。当项城绝对龃龉之时,复以稍悉局中真情,据实持论,登刊报章,与之相迕,由是大为所衔。而京津官场无复之迹。十年来,仕官不进,未必非此之由。凡此皆公所亲见,有以知不佞之非妄发耳。今者局事既行改组,旧人劳勋当有报酬。复之所恃,惟公望于订议之顷。为留余地,不敢奢求,但得五百元月薪。自壬寅以来照旧支发,则无受赐亦既多耳"。壬寅大致为1902年。即严复希望能补发自己的薪酬。是信严复署有日期"七月廿八日"。严复重申自己曾在报刊舆论中以袁世凯及其利益集团为敌手,为所谓中方"督办"张翼效力①。严复索求如此直白,一个重要原委是载泽、盛宣怀与张翼等算是自己人,载泽正是兼任度支部清理财政处咨议官的严复之上级领导。故有理由推测张翼这一方可能胜算。而开滦合办则涉及清理以往账目并对开平故人分红,严复为此出力也在情理之中,此从严复书信中可见。严复谈及自己在开平矿权纠葛中为张翼在报界舆论中辩护,由此得罪袁世凯致仕途无望,希望张翼念旧情助其在开平煤矿公司再谋职务或支薪水。在此语境下严复应张翼之邀,将与开平矿权等相关的英文函件回译成中文,内容为回应德璀琳。因这些文件及其信函被张翼等视作可以凭借收回矿权的重要依据,故具体呈录如下:

德税司阁下敬启者:

前礼拜闻阁下有来京之意,甚为欣盼。嗣阁下未践此约,想因地面初行交还关税诸公事纷繁之故。而弟亦适遇内人弃世,一时自难赴津。但开平煤局自与英、比各股友立约合办以来,至今瞬将二载。若照原议正是更约整顿之期。又去今两年,伦敦部所为种种背约。此事所关极钜,京外啧有烦言。即现在外务部遇承领矿务之人,凡称华洋合股合办者无不批驳。揆其所由,未必非以开平洋股东之涛(铸)张而引为前车之鉴也。

弟忝为督办,责任匪轻。而此事于阁下声名亦所关非浅。即今

---

① 王天根:《面子与法理:中英开平矿权纠纷及赴英诉讼》,载《史学月刊》,2014年第12期。

试办期满,乃是忍无可忍之时。所以极盼阁下一来面罄种切(种)。又闻英、比股东所派新总办已到,谅阁下当与晤言,但不知此君具有何等权力,能否尽革杜庚等诸人所为,恪守己诺成约。即我们与之议办一切能否作准,望即查明示知。至为紧要。假若此新总办无甚权力,而其宗旨主义又与前人相同,则弟自无须与彼相见矣。英七月间"前日"所发之信屈指此时当有回音,如前途竟付不答,弟则惟有声明背约,一面奏明办理而已。手此布达,即盼回音。顺颂

勋安　不宣

愚弟□□顿首

由内容可知,上函当张翼所写。张翼称:"弟亦适遇内人弃世",比照载沣日记,"光绪二十八年壬寅八月十九日,上朝毕,唁张翼夫人之丧"①,可知时在1902年。从信笺内容可见,这是中外开平矿权纠葛中张翼与所谓同一阵线的德璀琳进行交涉。

另一封:

再密启者:

前承示,由台端所与古柏律师缄稿,诘问墨林措借五十万镑一节,甚为钦佩,未稔古柏如何回。当目下伦敦部所为背约是实,画押之十万镑并未交付,一也;毁华部之权,二也;所招股分若干并未呈验,三也;自为办事章程亦未知照,四也;私行借款,五也;一千八百九十九年所许股利、花红、厘金报效皆未照付,六也;华洋总办未与平权,七也;两年出入账目均未呈核,八也。据此等八端,知当试办期满更议章程之时,自应向伦敦部澈(彻)底理论。

弟身在京师,为职守所限,不能奔走津沪之间。查章程有督办自举代表一条。鄙意拟派矿路局提调沈道台敦和作为代表,以与阁下及严又翁共事。再,此外须由阁下处雇请高明律师一人以便商

---

① 爱新觉罗·载沣:《醇亲王载沣日记》,北京:群众出版社,2014年,第106页。

权。是为至要。如果伦敦诸人无理相欺,不图改辙,则涉讼公庭势恐不免。弟意一面将前途背约情节登报;一面除由我们认明英国挂号及所有新添来股外,招集在华之港、沪、津、京中外各股东会同定议,另派洋总办、总账、矿师诸种脚色,另章办理,不知卓见以为何如?总之,伦敦部既已背约,渠侬所为,我们自可不认,况有在华诸股东之权利,揆之事势,当属可行。即使当日所画诸约中间,我们有些小漏洞之处,然兵乱之顷约本仓猝,闻公法例许更张,大意不差。当不急,遂以败事也。总之,事务重大,时日已逼,不可更与委蛇。即新来之人,若宗旨与吾约不合,阁下与之谈言,亦祈谨慎。弟处所欲面商事多,如公事稍可拨冗,尚祈命驾一来,是为至盼。

弟张□再顿首

这大体上可见中英开平矿权纠葛之内情。另有律师林文德发表的声明:

径启者:

近日鄙人愈将开平事势细思,愈觉旧公司股友利益与有限新公司后添股友利益迥不相同,其中只有一事。若使新旧股友合力同心后,此年例会议时,得用其过半大众之权力,庶几公推办事之人。今照一千九百一年二月十九之副约办理。除此,无所谓公同利益也。

敝律师前函,谓此种后添股友购买虚股,其情形与旧公司股友不同,亦是有所希望于心,乃由襄立新公司之人得此新股。明知所谓添招股分,并非真实母本,乃有名无实。除却代公司借债五十万两外,绝无所付者也。所以他们得此股分,其值甚廉。既无被欺情节,自不应更有后言,明矣。即此事至于法司公堂,在律在情,彼辈皆无可说。且彼辈于此争执之事,可谓有利无害。何以言之?假使阁下讼后,收回数十万镑之实银,归入有限公司。此种虚股,前经十两八两购置者,立即倍徙腾贵。彼诚何修,可以得此?就令不然,彼亦无失。故无论公司所受何损,损者并非购置新股之家。盖彼购置之时,公司业已受害。而真实受损,系属旧公司与旧股之家。惟旧公司、旧股友既经受害,自然理得取偿。其取偿之法,即是告发受托添招新股之人,以其违背塘沽合同及辛丑正月诓骗勒约过付等情。但阁下为此,系纯用旧公司名色,所得偿还利益,亦应统归旧公司与其股友。与新者丝毫无涉。若阁下不依前法,亦收回应得之权利,且事事为新公司一切股友起见,此固是阁下洪量,但恐与阁下现在所共事一辈人,彼于此事,既然有得无失,可劝阁下及早了事,少得即止,致阁下失此极好收回利权之机会也。更有进者,敝律师近知外国有人,于此事有关涉,而不知阁下为受骗之人。此项人极可以法,令其出头,助理此事。彼设知此事与彼有益,而肯出头理事。颇望阁下授敝律师事权,令得与此项人商议。无论后事何如,总望得一合式收场而已。

律师林文德谨启
西十二月初十

这大致是发给张翼的英文译本。从严复拟名"系律师代请派员前来录集供谬",可见林文德当为张翼所谓收回矿权的律师。以上文件署有"严幼陵译",可见严复也属于知情者。

针对开平煤矿事,1911 年 10 月,严复以度支部清理财政处咨议官身份从法学、计学(即经济学)的角度提出自己的解决方法①。严复关于开平煤矿有说帖,称:"此案之误,首误于北洋大臣袁世凯徒知参劾前督办张翼,而不知以正式诉讼直向有限公司交涉也。"②"有限公司"本应是市场化的结果,但对开平矿权而言则涉及所谓移交约、副约等纠缠,"自必以全权之手据为胚胎,而手据则总办周学熙在见,唐绍仪与督办张翼所公同签付者也。而袁世凯弹章独严于张翼,至周、唐二人不独萧然于事外,且为无假之傻人,而袁世凯未

---

① 严复:《论收回开平煤矿说帖》,孙应祥、皮后锋编:《〈严复集〉补编》,福州:福建人民出版社,2004 年,第 108~109 页。

② 严复:《论收回开平煤矿说帖》,孙应祥、皮后锋编:《〈严复集〉补编》,福州:福建人民出版社,2004 年,第 101 页。

尝一过问。章京前所谓水火门户之私者,亦谓此耳,且袁世凯之过也。"①后成当事者的严复认为袁世凯拘泥于派系权力斗争,侧重打击张翼,安插亲信以取而代之,导致收复无望。"张翼赴英起诉,则其极大效果止于责守副约而不能直接求废卖约、移交约以收回全矿也"②。张翼在伦敦的诉讼"下公堂判词有移交、副约二者不得区分,有限公司不遵副约,即不得享有移交利益之语。此在张翼求仁得仁,至矣、尽矣"③。可见严复曾随张翼伦敦兴讼并在致至交函中称自己基本上看清张翼拆烂污的为人本质,由此取道巴黎考察,后径行回国。但"此时此刻"区别"彼时彼刻",严复此刻站在张翼的立场上说话。"直督所请以一百七十八万镑债票由度支部担保,赎回开平全矿产业,将使外人再得最优之胜利,度支将有无穷支负担,而其策乃必不可行也"④。"查直督之听周学熙之言而为此议也"⑤。周学熙"则以必欲坐实袁世凯参案,与必遂目下所图之故,乃不惜自毁权利,设谣辞而助之攻,私之害事有如此哉"⑥! 平心而论,严复揭示袁氏势力在开平矿权纠葛中的企图,较为客观。总之,严复分析中外开平矿权纠葛的语境,与丁未政潮后袁世凯失势,盛宣怀崛起的官场形势逆变等时局变迁,密切相关。辛亥革命的爆发,中国政治分裂,官场可谓处于失序状态。而开平矿权的收复就在官场规则、潜规则反复的折腾中变得遥遥无期。

即使面对革命风雨欲来,身在困境中的严复,仍不忘与开平煤矿掌权者

---

① 严复:《论收回开平煤矿说帖》,孙应祥、皮后锋编:《〈严复集〉补编》,福州:福建人民出版社,2004年,第102~103页。
② 严复:《论收回开平煤矿说帖》,孙应祥、皮后锋编:《〈严复集〉补编》,福州:福建人民出版社,2004年,第103页。
③ 严复:《论收回开平煤矿说帖》,孙应祥、皮后锋编:《〈严复集〉补编》,福州:福建人民出版社,2004年,第105页。
④ 严复:《论收回开平煤矿说帖》,孙应祥、皮后锋编:《〈严复集〉补编》,福州:福建人民出版社,2004年,第105页。
⑤ 严复:《论收回开平煤矿说帖》,孙应祥、皮后锋编:《〈严复集〉补编》,福州:福建人民出版社,2004年,第106页。
⑥ 严复:《论收回开平煤矿说帖》,孙应祥、皮后锋编:《〈严复集〉补编》,福州:福建人民出版社,2004年,第107~108页。

所接触,据1911年严复日记:10月9日,"夜九点,瑞澂拿革党三十五人"①。10月10日,"武昌失守"②。10月14日,"京师颇骚乱,南下者多"③。10月15日,"起袁世凯督鄂,用岑西林督蜀"④。11月8日,"家轸来电话,催出京"⑤。11月9日,"下午由京赴津。后知津郡此夕最危。租界避兵,人极众,至无借宿地。不得已,乃寓裕中洋客店"⑥。11月10日,"住裕中。晤孙仲英。德璀琳来见"⑦。联系严复1911年9月20日致张翼信,希望他能向德璀琳、那森打招呼,在合并后的开滦煤矿谋一饭碗或自1902年以来支每月五百元的薪水。严复此时与德璀琳等接触,当与张翼有所动作密切相关。据严复日记:11月11日,"住裕中饭店。午前见德璀琳。午后见那森,许以秦皇岛房屋借住"⑧。那森是英方所谓开平有限公司的在华代言人,其许严复以房屋借住,绝不会平白无故,而秦皇岛正是开平煤矿所属的重要码头。

辛亥革命语境中南北权力纷争,涉及以袁世凯为首的民国政府是否要定都南京。袁世凯有意营造北方政局不稳的氛围。这对严复的日常生活颇有影响。随着袁世凯窃取中华民国政权,严复与北洋军政利益集团的关系也已修复,此时的严复已经成为袁世凯集团的重要政治顾问。与此对应的是中华民国政权面临的空间分裂。在教育上,南北围绕执掌学界重镇的北京大学展开了角力。1912年7月16日,范源廉继蔡元培辞职后接任教育总长,7月教育部一度动议停办北京大学,但在严复等人坚持下得以继续,严复不得不多方筹款办学。1912年10月6日严复致信夫人朱明丽,称"北方战乱"不便即行接眷,"真是苦极,只好再等几天,察看如何,再作道理。果是无望,则决意

---

① 王栻主编:《严复集》(五),北京:中华书局,1986年,第1511页。
② 王栻主编:《严复集》(五),北京:中华书局,1986年,第1511页。
③ 王栻主编:《严复集》(五),北京:中华书局,1986年,第1511页。
④ 王栻主编:《严复集》(五),北京:中华书局,1986年,第1511页。
⑤ 王栻主编:《严复集》(五),北京:中华书局,1986年,第1511页。
⑥ 王栻主编:《严复集》(五),北京:中华书局,1986年,第1512页。
⑦ 王栻主编:《严复集》(五),北京:中华书局,1986年,第1512页。
⑧ 王栻主编:《严复集》(五),北京:中华书局,1986年,第1512页。

挈眷往秦皇岛居住也。颇闻袁世凯借债已成，或言五千万，或说二千万，如实，则京中局面尚挨得下去，吾可得些薪水，为避乱之资。"①前文已述严复所以筹划往秦皇岛定居，当与开滦矿务合办公司，可以依靠等情密切相关。当然，严复与张翼在开滦合并的情况下再度联手，引发了外界关注，诸如1912年12月28日严复致熊纯如信称："丙午，同张燕谋赴英，因议论不合，不终事先归，故亦未有记载。"②丙午，是为1906年，此当严复记忆有误，严复实为甲辰赴英，乙巳春归国。根据书信往来推测，熊纯如当在致严复信笺中提及开平煤矿等情。其时严复已辞去北京大学校长，但仍兼海军部编译处总纂及总统府顾问。开平煤矿与滦州煤矿所涉合并，已超越严复自身利益之外，何况严复已为袁大总统的政治顾问。而张翼及袁世凯有关开平矿权纠葛因涉及政、商两界的秩序重构而另有天地。

四、官场与市场

开平矿务局属于官督商办企业。在中外开平矿权纠葛中，袁世凯尤强调其官办色彩，"查光绪二十九年英公司恳求英署使窦纳乐，请另指地段别开新井，袁宫保驳以开平煤矿由中国公家筹款创办，虽有商股，实同官股，无论何人不得擅卖"③，由此而论，官权决定了张翼以私利相售的合法性丧失。中外开平矿权纠葛涉及"权"与"利"。而涉及开平矿权纠葛的晚清官场内部亦有"权"与"利"之争，袁世凯、张翼无疑是官场人物且有上下级关系。在开平煤矿的利益纠葛中，袁世凯强调"权"，张翼更多的是争"利"。

开平煤矿与滦州煤矿的合并，涉及合股制意义上的有限公司架构。开、滦合并的前提关系开平煤矿、滦州煤矿各自产权及其经营的合法性，尤其是

---

① 王栻主编：《严复集》（三），北京：中华书局，1986年，第778～779页。
② 王栻主编：《严复集》（三），北京：中华书局，1986年，第608页。
③ 《直隶绅民上那桐的禀帖》（宣统元年八九月间），熊性美、阎光华主编：《开滦煤矿矿权史料》，天津：南开大学出版社，2004年，第399页。

开平矿权的中外纠葛。从张翼与英方签订的移交约及其副约的相互制约可见开平矿权之争议。从移交约运作来看,开平矿权经英国有限公司多次转手而逐步漂白,并由伦敦董事会实际控股;从副约来看,开平矿权仍掌控在天津所谓中方督办的张翼手中。移交约与副约在中外纠葛中相互牵制。开平矿权纠葛的复杂性从张翼赴英诉讼及其判决结果的反复也可见一斑。

就中英开平有限公司而言,有限公司强调市场意义,并在经营上设立伦敦董事部进行远程操控,而天津管理层上董事部无疑又有中外之别。虽然伦敦董事部及天津董事部代理人都为英人控制,但两者对待张翼的态度显然不同,1908年5月12日比雷致那森函称,"董事部仍然认为,重要的是你应与张保持紧密联系,尽力设法争取他的权势,使其在整个交涉中始终居于我们这方面"①,所谓交涉,关系开、滦合并问题。比雷代表的是伦敦董事部,而英方那森代表的是在华操控者。是年6月2日,那森致开平公司董事部函云:"张燕谋在交涉中所处的地位并不十分重要,我想他不过是担任一个沉默的旁观者而已,除非中国政府代表,在有关公司过去的历史以及事情发展到目前地步等问题上,有时需要他的协助。"②此可见两者分歧。那森属"有限公司"在华代理人,而伦敦董事会代表的是英方股东。据知情人称,伦敦的董事部始终仍称开平矿务有限公司董事部,它才是实际的权力机构;天津的董事部只是表面的装潢,拿他们的话说,不过是为中国人留点面子③。相比较而言,世界工厂意义上的英帝国工业化有其高效文官制度及完善的公司制度作支撑,其官场与市场合作及协调较为和谐。而晚清皇权专制下的官场、市场规则或潜规则表现得极其复杂、微妙,总体上应对社会危机的灵活性与西方高效的行政经验相比相差甚远。在这一背景下,伦敦、天津董事部对开、滦煤矿的控制力度乃至英方在华管理人员管控力度显然亦有差距,"以天津开滦总局职

---

① 熊性美、阎光华主编:《开滦煤矿矿权史料》,天津:南开大学出版社,2004年,第370页。
② 熊性美、阎光华主编:《开滦煤矿矿权史料》,天津:南开大学出版社,2004年,第371页。
③ 王冠东:《英帝统治下的开滦煤矿》,《文史资料精选》第1册,北京:中国文史出版社,1990年,第417页。

员统计,共有 220 多人,连同河东煤厂 80 多人,天津共有 300 多人,其中英国人(也有几个比国人)31 个,约占职员总数的十分之一"①。而外籍员工处于管理层的塔尖,其薪水也是华人的数倍。更何况当时英帝国与清帝国尚有殖民者与被殖民者的关系。由此而言,无论是张翼或袁世凯所代表的利益集团哪一方得势,开平煤矿、滦州煤矿中方的主权都在逐步丧失之中。即洋务运动中奠定的官督商办开平矿务局企业运营模式遭遇西方垄断资本在世界范围内因追逐高额利润而进行的殖民扩展,其命运必然会以悲剧告终。无论从官场道义还是从纯粹的商业利润来看,开平矿务局等代表的洋务企业背后封建性的官场运作,决定了它们面对西方掠夺性资本输出及其高效企业管理时,会显得软弱无力。再加上八国联军侵华后深陷半殖民地化深渊的清政权属"弱国无外交",丧失与西方平等对话的政治资本。《辛丑条约》之后清帝国半封建性官场买办或洋买办等习气渗透到企业生活的方方面面。开平煤矿的"官督商办"中所谓"官督",就是半封建家长制及资本主义化买办的管理移至企业的商业化运作。反思历史,封建专制本身就是抑制近代中国企业求富的规范。更何况所谓"以滦收开""以开并滦"而致开、滦离合,实置身于世界性的托拉斯、辛迪加等垄断资本重重包围中,张翼与袁世凯及其背后的利益集团政治性内讧只是加速开、滦煤矿矿权丧失的进程。这一进程与晚清政局的整体性变动有惊人的联动关系,官场与市场联动过程中充满了变数。

开、滦煤矿所谓合并,时值中国社会面临改朝换代,且由封建专制转向资产阶级意义上的民主共和。清季官场玩弄权术造成的变数对开平矿权名义上的收复造成多重障碍,终致主权真正丧失。而袁世凯从直隶总督数经周折到中华民国大总统的华丽转身,其利益集团对开平矿权的插手并未停止,其子袁克定竟成中方督办,原中方督办张翼在被迫接受所谓一百万两白银后,开平煤矿以英方控权的姿态与滦州煤矿再次重组合并。由此而论,袁克定的任职实属袁世凯集团对张翼集团的取而代之。只不过,此时的国体由农耕文

---

① 王冠东:《英帝统治下的开滦煤矿》,《文史资料精选》第 1 册,北京:中国文史出版社,1990 年,第 419 页。

明下的封建专制转变成所谓工业化趋向的资产阶级意义上的中华民国。开、滦两矿的合并过程,渗透着官场与市场之间的多重博弈。就国家与社会关系而言,官吏及其官僚系统属国家机器的一部分。他们属于管理者或曰社会游戏规则的制定者。市场属于商品或资本构成的商贸平台。商人可谓市场运转中的主角。市场存在主要满足社会交易的需要,也属流通场域。近代中国市场有半殖民地半封建社会语境,也涉及农耕文明向工业文明的过渡。官场逐利涉及官场的市场化,洋务运动意义上的官督商办可谓典型的官商结合的产物。市场运作中的官督商办企业主持者,多有官场身份或本身就是官员,此导致市场不完全按照商品或资本的运作方式进行,常有市场中商人到官场中弄权。此有市场运作官僚化趋向。部分洋务企业如开平矿务局主持人张翼等,属商人兼官员的身份。官场讲求的是权,而市场追逐的是利。所谓官商勾结,涉及钱权交易。清季官场与市场的离合往往决定张翼们为官、为商等多重身份认同,而同一时空意义上的英国所代表的世界性资本主义市场,相对封建衙门性质的晚清官场而言,无疑具有诸多优势。

总之,近代开平矿权中外纠葛后期涉及"以滦收开"或"以开并滦",关联清末民初官场与市场两者之间的纠缠。作为洋务企业的先驱,开平矿务局涉足西方资本主义市场的中国化,而所谓官督商办的经营模式则意味着中国官场的市场化趋向。晚清官场与市场的离合涉及"权"与"利"的交融、对峙。官员是官僚系统的构成要素,也是主体。就正当性而言,前文述及官僚所以存在,属国家机器运转的需要。由此而论,官僚及其系统是国家机器的运转者,也是诸多行政、市场的立法与执法等规则的制定者。这就导致官场与市场往往权责不分。官场规则与市场规则是两套系统,面对不同的对象。官场因治理包括市场在内的社会需要,有社会治理权,要面对市场,官吏薪水本应由国家赋税支付,而市场核心是交易与逐利,市场因为运行规则的需要,离不开国家有序的管辖,征收赋税特别是关税,属国家行为。问题是官场与市场的交涉往往出现钱权交易,或权与利的交换意义上的官商勾结。1907—1912年前后,开平矿权及其所涉税赋或盈利亦有新的境遇,"1912年,当袁世凯批准这个所谓联合办理合同时,他已做了大总统,滦州的总理周学熙已当上了财政总长。合并后的开滦设有两个董事部,一在伦敦,一在天津"。开平煤矿与滦州煤矿的合并,一个重要障碍就是处置张翼拥有开平煤矿股份及其代理人身份的问题。而开平煤矿英方所属公司在伦敦总部,如何处置张翼所持副约的合法性,是十分棘手的问题,英方意图补偿张翼一百万两银子,从而联合滦州公司并将张翼剔除出开平矿权之纠葛①。开平煤矿与滦州煤矿合并的谈判,张翼转而不接受一百万两的补偿。在开、滦合并中,所谓英国伦敦总部,竟运动与滦州煤矿相牵连的诸多有中国政坛、商界背景的股东对张翼施加压力,迫其在开平矿权的处置中接受一百万两补偿;早年所谓以国家利益正当性检举张翼私卖矿权的杨善庆,也趁机以长期管辖开平矿所涉及"巡警的薪水和其他各种未经指明的用项"②的名义,勒索35万两银子。在那森看来,杨善庆基本上"听了张燕谋的指使"③。可见,晚清官场权力之争中开平矿权纠葛背后,是利益的妥协甚至共谋。袁世凯成为总统后,袁的长子袁克定被委任为开滦督办,月支3000两银子的干薪、200两银子房贴,每月还有15吨煤④。此导致国家治理被市场交易意义上的逐利潜规则,近代公司代理制意义上的市场又被官场弄权潜规则,钱权交易语境中的所谓民族企业其命途悲怆可以预见。

---

① 《那森致特纳函》(1912年1月30日),熊性美、阎光华主编:《开滦煤矿矿权史料》,天津:南开大学出版社,2004年,第517页。

② 《那森致特纳函》(1912年2月23日),熊性美、阎光华主编:《开滦煤矿矿权史料》,天津:南开大学出版社,2004年,第525页。

③ 《那森致特纳函》(1912年2月23日),熊性美、阎光华主编:《开滦煤矿矿权史料》,天津:南开大学出版社,2004年,第525页。

④ 王冠东:《英帝统治下的开滦煤矿》,《文史资料精选》第1册,北京:中国文史出版社,1990年,第416页。

中

编

开滦矿务资料

中国社会科学院近代史图书馆特藏室

乙 F37 一函三册(第二册)

奏为查明秦王岛（秦皇岛）①详细情形，拟先由开平矿局借款试办马头（码头）②，以期次第得手，谨密陈大略。恭折仰祈圣鉴事，窃臣于上年十二月间，曾将秦王岛建设马头一节，附片奏明。旋于叠次召对时面为陈奏。仰蒙圣慈训诲、指示周详，莫名钦感。

溯自光绪二十三年，总税务司赫德议行邮政，因向来隆冬封河后商轮停驶，各省及外洋文报不通，禀经总理各国事务衙门，咨行北洋大臣文韶，转饬臣开平局设法维持。臣会同赫德札委之天津税司贺璧理察看海滨地势，详慎妥筹，勘得秦王岛地方可为停泊轮船之所。即用矿局运煤轮舶，由该岛至烟台为度往返试行。当此之时，胶旅已租给他人，北洋水师无险可据。臣屡洋员德璀琳等留心考究，均以秦王岛形胜较庙岛等处为独优，臣率该洋员亲往履勘，回环审视，见其襟山带海，形势天然，心焉喜之。臣一面密派干员将处一带地基并接连沿海之金山嘴，北带河（北戴河）无论平地荒滩，筹资购买十得七八。适奉论谕旨作为通商口岸。各国购地者纷纷而来，幸臣已占先着，复缄商赫德约请该总税司所用之工程司哈定，又派曾办旅顺工程司之贾里得先后详加相度，均无异辞。旋大学士臣荣禄莅任北洋，以无处屯扎兵轮及建造船邬各情，与臣密商，臣以该岛情事言之所见相符，即属臣速为筹画。臣以事关重大，虽递经华洋员司考，求必再得一外洋头等工程司考核精详，始有把握。其时有英国矿务公司著名之富商墨林偕噶大立游历来津，因德璀琳介绍与臣晤谈，臣以该岛开工借款等事相商，当经慨允。及冬间，臣奉督办矿务之命，函催定议，墨林等即代订英之巴礼工程司派洋员秀士到华。业经周历细勘测量推算，所有淤泥之厚薄，海底之深浅，水流之疾徐，冰凌之大小，及如何修造堤坝，及马头船邬等工，莫不缕析条分，绘图贴说，悉得了然纸上。工程用款亦经洋员估定。其图分为两式，即估作两节办法。马头为运煤而设，不过一百万元。若大举动工，约计六百万元，购炮筑台尚不在内。臣默观大局，此事个中机要与用兵相为维系，又隐关中外之利。若出自国家，固滋唇舌，且遽行和盘托出，亦恐机关显露，难望其事之必成。臣与现任北洋大臣裕禄将

---

① 本书中所收录的史料，"秦王岛"均应作"秦皇岛"，后文不再以括号方式提示。
② 本书中所收录的史料，"马头"均应作"码头"，后文不再以括号方式提示。

此件始末详细推求拟定，计先由矿局试办马头，借资利运。现经裕禄派员勘丈地亩，迅筹开办矣。此项工程告竣，如果风涛沙线实无疵病，再与北洋从长计议，因势扩充或立秦王岛商务公司，集华洋商股为之，以商家居名，以外人合力，庶几得步进步，可收规划全局之功。但刻当开办之时，商力艰难，公款亦无从借领，臣三年之内，自购地以及查工垫款已属不资，现在罗掘已穷，非借款实难济事。臣曾与墨林议借英金二十万镑，约估银一百四十万两有奇。商借商还于公无干。近由德璀琳往还电商，将有成说。臣到津后，与裕禄面商定局。届时再分别奏咨立案以符定章。臣伏思时局之变迁，非人事所能逆，料要惟在因时以应变。近自大沽海口淤深水浅，拦江沙愈涨愈高，故商轮进口维艰。即塘沽亦有淤高之势，营口则封河较早，开冻又迟，于商贾更虞窒碍。俄人经营旅顺全力注焉。该处入冬不冰，水又最深，即三四千吨之重载可停，铁路一通旅顺，为商船之所极便，懋迁繁盛我之天津。营口受损已多，而津海与山海两关巨万税金，久之将销归于无有。我惟以秦王岛补救之，设立马头，则地情与水势均宜，不至如大沽各处之受病。且与旅顺比较，该岛实甚便而甚近，设关征税，使水路转输之货物，皆可以滴滴归源。然则欲济商务之穷而塞，饷源之漏，固非此不足以制胜，不独全省矿务于该岛关系匪轻也。至各国船邬船澳自然者少，大都由工作而成，该岛形势本佳，复加之以人力于兵轮之修理，停泊在相宜，况乎密迩。

神京咫尺，铁道一旦有事，匪特兵丁之征调，军火之转运，朝发夕至，呼应灵通，而且水陆相依，有一气盘旋之妙。若以后自行筹款，于该岛以北，内地接修铁路，由永平、遵化一带直达京师，此则妙用无方，又胜于他处万万矣。臣受恩深重，勉膺艰钜，倘何。

圣主福庇，事机顺手，自是补益匪轻。所虑者，事处万难，动形掣肘，于我有利即不免见忌他人。加以机括甚微，既不克收效于目前，又不能遽白于天下。惟仰恳鸿慈逾格委曲保全，臣或可于危疑震撼之交，不至遽形颠蹶。私衷感奋，实无涯涘。臣愚昧之见，是否有当，谨恭折密陈，伏乞皇太后、皇上训示，遵行。谨奏。

光绪二十五年七月十二日奉

上谕张翼奏开办直隶全省及热河矿务公司，并查明秦王岛详细情形，拟先由开平矿局借款试办马头各一折，览奏，均悉直隶为首善之区，开平一事，宜争先着。秦王岛地方关系海疆形势，着即责成该京卿督同在事人等，分别妥筹，次第兴办，务须确有把握，渐收成效，方为不负委任。将此谕令知之。钦此。

再近来洋务日繁，往往兼用西人办事，商人则尤资娴习，久无畛域之分。臣设立矿务公司，一切步武泰西。西人从事者，亦多必得一切实可靠之洋员经理各端，方资以资臂助。查有德人德璀琳，才具开展，熟悉各国情形，在中国三十年充当税务司兼北洋随员，为时甚久，办理交涉海防事务劳瘁不辞，出使大臣许景澄、吕海寰曾依任之。其为人公正，不肯惟利是趋，且办事朴诚，是以中国官商知之者多相嘉许，在洋员中尤为难得。臣于开平局扩充矿务，秦王岛筹办马头，其中紧要机宜，颇资匡划。今公司正当创始，拟即由臣札委随办洋务工程事件，俾得随时襄助得力必多，附片具陈。伏乞圣鉴。谨奏。

光绪二十五年七月十二日奉
旨，知道了。钦此。

奏为开平矿局加招洋股,改为中外合办有限公司,以保利权而维商本,谨将办理情形恭折具陈,仰祈圣鉴事。

窃臣溯查开平矿局,前于光绪四年间,据前福建试用道员唐廷枢禀请仿照西例公司办法,招集商股在于唐山地方开采烟煤接济北洋冰轮机器等项,公用以塞漏卮而开利源等情。当经臣鸿章前在北洋大臣任内查核批准试办,并经奏请援照湖北、台湾成案完交出口正税及复进口半税银两。

奉旨依议,钦此。转饬钦遵各在案。迨至光绪十八年间,该唐道物故。臣以江苏补用道员奉委接办该局事务。当查该局以开办已久,资本不敷,一切措施周转竭蹶,惟有殚竭心力,设法经营。查开办矿务,以采取、销场、转运三宗为要义,乃先行加修矿井以期采取不致缺乏,继则疏通各处销路俾利源得以流转,加以添置轮船,起筑码头以济转运存储不致贻误。数年以来,诸物渐有头绪,除林西地方距唐山五十余里另开矿井之外,复于滦州属下之无水庄、白道等处勘与唐山煤线一脉贯通处,所禀明购地开井以备接济唐山等矿之不逮,又准总理各国事务衙门奏。

奉俞允准在秦王岛海口地方自开通商口岸等因,行知钦遵到局,所有该局应行设立之码头,建筑之厂栈,亦经价购地亩,预备应用亦在案。惟以上购地等项经费既钜,该局历年存款已经随时垫置码头机器等项运动用无余,时际库藏支绌又不便,请借官款,再四筹计,俱不咎延缓之需,惟有或借洋债,或加商股,方足以资摒挡。正在筹办间,适值上年五月匪徒肇衅,各国联军到津,其塘沽、天津各码头厂栈均被联军占踞。该局之轮船在津者,亦为联军截留。缘开平一矿,久为各国垂涎窥视之机,蓄志已非一日,是以一值衅开中外,即将该局紧要之地均行占踞无遗,是该局全体已失其半矣。当其变起,仓卒(仓促)危险已极,挽救之机,势已无从措手。优(忧)念此矿为中国收有成效之局,上则国家之赋税,下则各商之血本,若一旦荡然告尽,实于北洋全局大有攸关,焦灼万分。禀承无自当查有前税务司德璀琳适在天津该税司驻华有年,办事颇为公允可靠,因思仍借资洋员经理或能万一保全。即由臣札委该税司暂行代理总办开平矿局事务,该税司奉委之后,办事亦颇认真,如无联军势众力有难支,讵于八月间联军东发,由北塘、芦台一带直达胥庄河头以至唐山、林西等处。凡该局厂栈处所一律被占,唐山局地遍插各国旗号。查唐山矿井,为该局根本之地,时被占据。幸各员司工匠人等,尚未尽行逃散。惟思该局系属商务,自与官产不同。查欧洲西例,虽有战事,商产皆不得充公。如与外洋商务联络一气,办法或能以资保全。总查路矿总局前发章程内载有准招洋股合办之条,当此危急之际,别无拯救之方。既不敢听其倾危委诸气数,又不敢拘泥物论坐失机宜。再四踌躇而出此加添洋股合办之议,实亦万不得已之举也。

　　臣当即会商该税司德璀琳及英国富商墨林等妥为商订,拟将开平矿局加入各国商股,连同原有旧股,共合成资本银一百万镑,计中国旧股及加续中国新股,共占五十万磅(镑)①,其余五十万镑由各国洋商分认,改为中外合办有限公司。所谓有限者,一切措置即以此一百万镑资本为度,此外无所加责也。随即定立(订立)合同,电达英京挂号。自二十七年正月起办,其向来禀定章程及应完国家税款,均议定照旧办理。至办事各员司人等,亦中外平等。事权核定、办事章程,以凭信守,各无争执。计自议定之后,即一面饬令该局司事赶为结算以前帐目(账目)②,一面派令洋矿司前赴唐山等处整顿一切事宜,将各国所插占旗帜全行撤去,改树中外合办旗号。唐山、林西各井,照旧集工开采,出煤仍由火车运赴津沽,以备各轮到埠应用其各厂栈原存煤斤,亦概行收回。外洋不得充公。该局轮般被联军截留者,亦皆收回自理,应完商煤税厘。现已议定先行登记数目,俟联军退后照数补交,并无亏短。此该局议定合办后之大概情形也。惟正在扰攘之间,遽收转圜之效,实由我国家深仁厚泽,无远弗周,德化所及有以感格,故能使该局以成倾覆,终获完全。实非臣愚浅之见初料所及者也。除将未尽事宜妥为商订,随时咨请路矿总局暨总理各国事务衙门查照备案外,所有议定中外合办开平矿局事务缘由,谨会同北洋商务大臣直隶督臣李鸿章恭折具陈。伏乞皇太后、皇上圣鉴。谨奏。

　　　　　　　　　　　　　　　　光绪二十七年五月二十六日奉朱批知道了。该大臣责无旁贷,着即认真妥为经理,以保利源。钦此。

---

　　① 本书中所收录的史料,凡是货币意思的"磅"均应作"镑",后文不再以括号方式提示。
　　② 本书中所收录的史料,"帐目"均应作"账目","总帐"均应作"总账","帐房"均应作"账房",后文不再以括号方式提示。

九月十三日到

呈

具呈大理院少卿刘若曾,翰林院侍读学士恽毓鼎,翰林院侍讲学士李士鉁,学部右丞孟庆荣,前民政部右丞刘彭年,邮传部左丞李焜瀛,四品京堂张权,给事中王金镕,掌辽沈道监察御史史履晋,掌陕西道监察御使路士桓,翰林院修撰刘春霖,翰林院编修李榘、吴德镇,翰林院检讨蒋式瑆,法部郎中袁廷彦、李士钰,陆军部郎中张志潭,学部员外郎陈宝泉、张志潜、陈清震,外务部小京官赵宪曾,学部小京官王双歧、张书诏,分省补用道刘坦,分省试用道李士鑑,分省补用同知韩德铭,候选通判张锡光、王宗祐,分省试用州同孙凤藻,分省补用知县赵元礼、李长生,分省试用知县胡家祺,山东即用知县刘登瀛,补用知县步以庄,县丞衔程克昌,举人赵缵曾、仝宝廉、藉忠寅、齐树楷、步以韶、陶善璐,拔贡陈树楷、陈升之,优贡刘培极,岁贡于邦华,廪生李搢荣、李金藻,生员于长懋。

为呈请事,窃以开平矿产自经外人骗占于兹十年,权利坐失。

幸荷朝廷主持饬令外务部、北洋大臣妥筹办理。一年以来,竭力交涉,闻渐有收回之议。所以仰副先朝谕旨而挽回国家主权者,至重且巨。凡士民无不额手称庆,亟愿早日观成。乃昨见报章张京堂翼委任德璀琳与英商私立卖约,继复自立移交约、副约,举数十里之矿产并秦王岛口岸以及各项权利,悉数移交外人掌管。其约中载明,按照英律注册,是不特地利尽失,即国家主权亦因以多所放弃,事后入奏冒称中外合办,并不提卖约一字,迨赴英控诉。

朝旨责令收回,而张竟责认副约。核其副约文义,系承接移交约,移交约又系承接卖约而成。故英公堂判词声明副约应与移交约作一件,看名虽得直而实,则为卖约加一层。案据其去收回之义更远,况副约中所谓张翼,仍充该矿督办,有管理一切之权者。英上公堂亦并此而驳之。是其谓,中外合办者,不过为掩饰卖约之空文。如此而言,副约之利其将谁欺。再查开平苗线,据辛丑年英公司矿师胡华刊本报告书内载,就现在所开唐山、西山、林西三井口估计,已确见可采之煤一万万吨,按每年出煤一百二十万吨计,足供八十余年之采取。而在此三井口之外，尚有煤二万二千五百万吨等语。现即以已有井口煤数一万万吨论，每吨按极少获净利一元，已可收一万万元之余利。此外如添开井口，更有可采之煤二万二千五百万吨，其利更增。二万万元以外，是其煤苗孕蓄之丰富，固无可疑义者。且其机器力量，英公司近年添换电力机系一千五百马力者四副，比现在需用之力尚二倍有余，是采煤工作又无可顾虑者。至论销路，以煤之成色及运道交通二者为主。开平煤质块煤以九槽为最，末煤以西井一号为最，十二槽、八槽次之。经化学师平均考验，末煤百分中仅有土质十五六分，块煤仅有十分上下，且火坚焰长堪炼上等焦炭，足供镕铁炼钢之用。日本所产煤尚较逊之，即中国沿江沿海，如胶州、抚顺等煤质亦无足与相埒者。故开平煤久为火车、轮船机厂所欢迎。而其运道出海最近，东至秦王岛仅二百六十余里，西至塘沽仅一百六十余里，且自有码头。凡天津新河、塘沽、秦王岛、上海、烟台、营口、香港、广州共计九处，又自有轮船数艘，故能指挥如意。其入内地，则天津为五大河汇归之处，由天津分达内地，航路四通八达尤为利便。是以成色论，日本煤、抚顺煤不能与之敌；以交通论，井陉临城福公司、保晋公司、峄县等矿，均不能与之争，如此则销路又无可虑者。故开平所占天然优胜，在五大洲可称巨擘。西人之游历中国著作论说，多艳称之。此犹就煤之一件而论，若其附属之产业，如轮船、如码头、如地亩、如金矿等，股分总计所值又达四五百万两，尚不在此内。故开平股票在未交涉以前，每镑涨至十九两零，共合股票值价银一千九百余万两。现虽因有信交回，股价稍落至十四两零，仍合值一千四百余万两。以此美产委弃外人而日事忧贫殊为可惜。如能乘机收回，将来无论归官办或交商办，皆有百利而无一害。至其办法，若宗保守主义，照英公司每年出一百二三十万吨，余利少者一百数十万元，多者二百万元，以外备偿本息外，每年可坐获赢余三五十万元。若宗扩张主义，以开平为基础，联合滦矿集大公司开相连一带之矿产，则更为富国远图。秦王岛为北方不冻口岸，运输利便，尤为兴办海军重要之地。倘使权不我属，坐失形胜，噬脐何追，是其所言给款收回之害，又将谁欺。公理所在，事实可征，此乃人人所共见。

张久办矿务不洞悉底蕴，而为此明知故昧，颠倒是非者，无非欲荧惑上听，以遂其从中攘利之私而掩其前此欺朦之罪，且此案为中外所注目。张以办理矿务之人因受欺骗而私卖国家疆土产业。所幸朝廷始终并未承认其事，此次与英外部据理力争，即本此为根据，彼始就我范围。

兹当交涉吃紧之时，外人变幻多端，稍纵即逝。正宜上下内外合力同心以资抵抗而冀成功。夙稔宫保公忠体国，经犹宏远，为薄海士所同深仰戴，用是疾痛，迫切合词吁恳鼎力主持，据实奏，闻立辟奸谋以伸正义，则主权可挽，大利可回，直隶幸甚，天下幸甚。为此谨呈。

开平矿务有限公司新订试办章程

第一款：开平矿务有限公司所有在华公事均归华局办理。所谓华局者，即系于天津设立督总领袖诸人，专以会议裁决公司所有应行事宜者也。人数、职任详第四款。

第二款：以下所载各条系为试办章程，大约其行用以十八个月为期，期内无大更动，但办法须益求精密，总期察酌本矿情形求一最善办法，然后可以永守。

第三款：开平矿务公司，现因添招新股议加有限二字，惟此矿仍为中国土地，务须恪守钦设矿路章程。至公司办法，则用英律。其督办全省矿务大臣系中国国家代表有官督商办之权，其管辖矿工与英国国家所有管辖民矿者一律。

公司账目，于年终造册缮呈。督办察核，其股东会定出入诸账，亦按章造册呈凭察核。

督办或督办所派自代之人，得以细察新股东于旧股东利益是否公平无欺，并公司所用华洋诸员司是否和衷共济。

第四款：其第一款所指华局以资试办者，通共六人，由中外各股东公举督办准派：

一、领袖股友一员（华、洋人均可充），亦云议事首领。

二、华总办兼总帐房一员。

三、华总办兼文案处一员。

四、洋总办一员。

五、开平矿有限公司代表一员。

六、洋总办兼文案帐房一员。

第五款：领袖股友有监察局所及华洋员司之权，又即为督办之代表人，其薪俸若干，由华局议给，使无办公竭蹶之虞。如有外出疾病等事，准于华局六人中举人暂行代理。

第六款：洋总办有综理公司大小诸事之权，局所员司均归节制，每月公司经费若干，须由该总办预核呈经华局公同议准后即交该员支发，如有糜滥，惟该员是问。遇有外出疾病等事，准其于华局六人中举人暂行代理。

第七款：洋总帐兼文案，有管理公司款项之责，并将应报事件报明股友。凡洋总办所划支票银条交其支发者，该洋员与华总帐公同会押分支。

第八款：华总帐于公司帐目有稽核之权，并于年终造册报明，督办布告。股友一切支发核算之事，与洋总帐公同办理。洋总办所划支票银条，该员与洋总帐公司署押。如有异同，得以传单会集华局诸总办公同裁夺。

第九款：开平矿务有限公司代表人，于华局会议时公同在座详议裁决。

第十款：华总办兼总文案综理一切华文函禀及公司契券刊布、翻译诸事。其约束华洋各员司工役等事，与洋总办和同办理洋文案事件，该总办得以随时稽察其华文案事件，洋文案亦可随时稽察。

第十一款：于西历一千九百二年九月杪之前，开平矿务有限公司得与督办商议重订章程期与律法，并各股友利益相合。此章定后，即可传集股友宣示一切。其定章即于一千九百三年一月一号行用无改。

第十二款：今年期内，中外合办一切章程定准后，督办意欲集在华诸股友告以开平矿务局经注英册归其保护，并添招中外新股，议加有限二字，定章试办各情形，听从督办之便。

第十三款：凡本公司重要契约，均存储银号中以昭慎重，俟本公司置有保险之处，即行收回存储。

第十四款：凡本公司前缴煤斤焦炭税项，历年均有成案可稽，新有限公司应行遵照抽缴。假如中国国家另须报效之处，由督办商议公司量力输，将总期于股友利益无亏。

第十五款：查旧章，本公司于北洋大臣热河都统矿路总局总理衙门皆有节次文报，嗣后仍行照章办理。

第十六款：本公司所雇匠役人等，如有斗殴情事，华人归地方官办理，洋人归各该管领事官办理,其有赔款等事,归本公司自理,与国家无涉。

第十七款:本公司售卖北洋官用煤斤,如海军诸船制造厂、船坞这类,向系减成收价,此节今仍照旧办理。

如遇兵事,本公司恪遵国家功令,并依各国通用公法而行。

第十八款:督办张京堂权责经于第三款叙明,今若张京堂荣膺升秩于矿政,不能兼顾其后任督办直隶全省及热河等处矿务大臣,权责与张京堂无异。

第十九款:本公司原系官督商办,今经改为有限公司,其中一切事宜仍应华洋共济,以期于股友利益无穷。

另款:再者,以上各条,会议后即行照办,华洋公认,并无异词,如有细节小目一时未经议及者,可于后来细章再行重订。

议事首领　德璀琳
中国华部总办　严幼陵　梁镇东
伦敦部总办　吴德斯
光绪二十七年四月十八日

西历一千九百零一年二月十九号，因督办直隶全省及热河矿务开平矿务局（帮办关内外铁路大臣前内阁侍读学士）张京卿燕谋于光绪二十六年五月二十八日，札饬津关税务司德君璀琳招集股本英金壹百万镑中外合办，凡开平矿务局之矿地等各产业（后有细单详载）均移交听凭管理，且招集续股整顿开办一切。复因德君璀琳于西一千九百年七月三十号，因奉此札特与墨林代理人胡华订立合同设立公司名开平矿务有限公司。股本英金壹百万镑，将所云之产业归该公司管业办理。又因该公司缘所订合同，现已设立。即此合同内以后所云之开平矿务有限公司也。今开平矿务局其总局设在中国天津。张京卿燕谋该局之督办、德税司璀琳该局之总办与开平矿务有限公司订立合同，将开平矿务局之产业交与开平矿务有限公司，其以下所订各条均已允可。计开：

一、开平矿务局暨张京卿燕谋、德君璀琳，该局之督办、总办也。（胡华君允可）允准移交而督办直隶全省及热河矿务大臣张大人燕谋今将以下所开交与开平矿务有限公司。

（一）所有直隶省开平煤山地亩、各矿矿质、煤槽，凡与唐山、西山、半壁店、马家沟、无水庄、赵各庄、林西，地脉相接者，皆在其内。此外，凡界内开矿、寻矿，均可自由。暨凡利权与此相关者，及开平矿务局在该处所有一切利益。

（二）所有自胥各庄至芦台之运煤河暨河地及开平矿务局他处之运河，并开平矿务局所在通商口岸，或他处之地亩院宇等等（详载细单之内）以及利权与此相关者，暨开平矿务局所有在彼此一切利益，自此日起开平矿务有限公司即永远执守。

二、今因订立合同，开平矿务局暨张京卿燕谋、德君璀琳（胡华君允可），兹将以下所开尽归开平矿务有限公司接管。

（一）所有房屋、器具、机器、码头、货厂，凡一切不能移动之物，或在移交开平矿务有限公司地亩之上，或与其产业有关用者。

（二）所有开平矿务局之承平银矿，建平、永平金矿，唐山左近之洋灰厂，暨天津、唐山铁路各处股本，及开平矿务局所有他人欠彼帐目，以及该局一切订约,并全产之利益。

三、开平矿务局暨张京卿燕谋、德君璀琳,今允开平矿务有限公司,凡于移交全产与开平矿务有限公司所需文件及须行之事,均必树名签押。

四、开平矿务有限公司允为开平矿务局将其至此日为止之可信之帐目代还,至其款项若干,开平矿务局张京卿燕谋、德君璀琳即不理问矣。

因订此约,开平矿务局暨开平矿务有限公司,兹特盖印于此。张京卿燕谋、德君璀琳及胡华君,今于西历一千九百零一年二月十九号树押印于上以昭信守。

细单附录于左。计开:

天津:河东地亩码头约三十英亩,河西地亩码头约二十英亩,并英新租界傍海大道赛马路及密多斯路地基约壹拾英亩。

塘沽:地亩码头约四十英亩。

烟台:口岸前讨回地亩约一英亩半。

牛庄:地亩码头。

上海:蒲东(浦东)地亩码头约九英亩,吴淞地亩约十一英亩。

广州:地亩码头约七英亩。

新河:地亩。

杭州:地亩约二英亩。

苏州:地亩约五英亩。

秦王岛:地亩码头产业约一万三千五百英亩。

胥各庄:煤山及地亩。

光绪二十七年正月初一日
西一千九百零一年二月十九号
张燕谋
德璀琳
墨林代理人　胡华
见证人　丁嘉立
顾勃尔

开平矿务局整顿始末

窃因去夏之乱，中外失和，开平矿务局甚属可危。一则因该局系官督商办，深恐他国占而有之，竟将全产充公。一则恐他国要索也，故是为国家暨保全股东之利益起见，意将该局改为中英公司，按英例注册，以便得其保护也。复因该局以兵端之故，甚形拮据，非添招洋股不足以济其难，前已以该局全产作抵挪借英款矣。督办张大人翼故特派德君璀琳设法为之，德君因即为开平局与英京墨林之代理人胡华君订立合同，以便墨林君在欧招集股本按英例存案。当即言明移交之后，该局仍用原名，将按定章办理。华洋股东利益均沾盈绌同享限于西二月杪之前。先集招股本英金壹拾万镑，此中紧要各节，已由胡华君办妥，禀知督办张大人矣。自今决定之后，该局日后即按以下办理矣。

计开：

一、该局股本英金壹百万镑整〔新旧股分（股份）①在内〕。

二、凡老股每股值银壹百两者，将得新股贰拾伍股，每股英金壹镑者。

三、开平矿务局之实在可信之帐目及员司应得之花红股之余利，以及官商欠款，至西二月十九号，即华二十七年正月一日，新公司均皆认还。凡章程合同所订之条，均皆允从照办。

四、于还所借北洋官款，先还贰拾万两，下余设法早还。

五、无论华洋股东于股东会议之时，议事之权一般无异。本局员司与议而公同定夺也。

六、该局各事，将由两部办理之人定夺，一在中国，一在伦敦。

七、张大人翼，仍为该公司住华督办，管理该公司各事宜，并派中国人充总办，与该公司中外总办之权一般无异。

---

① 本书中所收录的史料，"股分"均应作"股份"，后文不再以括号方式提示。

八、该公司在华产业办理之事将归华部。

九、英部办理之人将由中外股东公举。

十、有限二字，其义盖谓股东，除股分之外，别无多责。

十一、凡该局所应付中国国家之税则，新公司应允付给。

十二、凡该局与中国官场有所交涉，均由督办理问。

十三、该局办理务使华洋平沾利益，互相保护，使民国俱富也。

十四、凡该局出入帐目，以至地亩各件，及及未尽各项事宜，有不清之处，均应查明，公平商办。

督办开平局：张燕谋

代理开平局总办：德璀琳

墨林代理人：胡华

伦敦部总办：吴德斯

见证人：丁嘉立　顾勃尔

光绪二十七年正月初一日

西一千九百零一年二月十九日

敬禀者，昨蒙宪札委派，将开平矿务局添招洋股作为中外合办公司等因，蒙此税司遵即略拟大要办法章程如左，禀呈宪鉴，伏乞裁夺。如事属可行，应请札饬税司办理，畀以全权作为开平总局代理，一切产业综理，一切事宜之员，庶于大局，并有股诸公有所补益。所议办法如左：

一、该公司应照旧工作，开采所有依律承受矿山应如前经营办理，毋须改贯。

二、张大臣仍为该矿督办，并为中国各股东之代表人，所有与中国国家交涉之事，均系归其管理。

三、公司之大小章程，须依西国最新开矿之法参酌更改以期矿利日有起色，并将该矿向英国挂号，以得其法律之保护，维持四公司母本应渐添招至一百万镑，俟势稍平，即宜发售股票，俾财力渐充用以维持改良扩充矿业。

四、老股计一百五十万两，系作一万五千股，股各百两。今应以三十七万五千股作算，股如一镑。有旧股一股者，拟以二十五股更调新票付执。

五、此后股东无论新旧，其应享利权，应得利益，一切平等无殊。

六、各股东，应会举两部之总办议员，一在中国，一在伦敦，以资合力咨商相助为理。俟新股一兆镑招齐时，此两部即为管理措公司产业事权之人。

七、公司产业公积现略计五百万两，债欠官私各款，现略估在四百一十万左右，事势稍定，即应饬具细单以凭办理以上各条。

统希

宪台酌夺示遵！

税务司德璀琳谨禀

为札委事照得本督办以唐山开平矿局年来井下屡被水淹,开办十有余年,行道既多,煤槽渐远,井深已有壹百余丈。机器等件年久,多半旧式,必须更换新法,在在需款,所费不赀,又有秦皇岛设立码头,无水庄开办新井,虽已借有洋款,而码头工程与无水庄新矿需用不数尚多。本督办屡向总会办暨商董并股友筹商,势非再行续招股本不可,而股友诸多观望,款项艰难,设措非易,甚费踌躇。因念前奉路矿总局章程,准令招集外国股本合办,是以前委该税务司德璀琳广集洋股,并开具招集洋股中外合办公司章程所拟各条尚属周妥。业经照准,即如开平局老股壹百五十万两,以壹百两为一股计,一万五千股,现议以英金一镑作一股计,二十五镑以抵壹百两壹股之老股尚属有余,于各股东亦均合算在老股东,如欲买股,仍可照买其新股即与洋股一律办理。将唐山矿局作为中外合办公司,为此札仰该税务司德璀琳,即便遵照将唐山开平局暨林西、承平、赛门、德土公司轮船码头,以及新开各矿各分局,俟招集十万镑交齐。接办后,凡各员应留应减薪水若何,均听裁夺。帐目各节,均当逐一结算,仿照海关帐目章程办理。该税务司在华有年,情形熟悉,中外员司定能和衷共济,不负委任。每岁筹给薪水银壹千二百镑以资办公务,当实心任事,大加整顿,以期日有起色,是所厚望,毋违。切切!特札。

右札仰税务司德璀琳准此

为札委事,照得唐山开平矿务局开办十有余年,并无官款,均系商股商办。凡在矿局管理局务者,自本督办以下多系有股之人。由唐山至林西一带煤苗之脉本属相连,前经本督办将该处均已买妥以备开采,又秦王岛设立码头,并添无水庄新井,已(按:疑作以)各借款兴办。而近年唐山井下连被水淹,现欲扩充矿务,非大为整顿,广集钜款不可。前接路矿总局行知章程,内开:准令中外合股办理。查该税务司德璀琳在华有年,熟悉中外情形,且昔曾奉前北洋大臣李　札委会办矿局事务。凡于矿务尤出力,洵属实心任事,老成可靠。此札仰该税务司立即遵照或借洋款,或集外国股本,将唐山开平矿局作为中外矿务公司应否如何办理于矿务有补,仰即妥拟章程具报本督办查核,饬遵毋违。切切特札。

右札仰税务司德璀琳准此

照译侍郎张翼发给德璀琳代理移交矿务洋文凭单

开平矿务局督办张京卿燕谋、总办德君璀琳，无论此据入于何人之手，均认为可。今因西历一千九百零一年二月十九号，开平矿务局暨张京卿燕谋、德君璀琳与胡华君，暨开平矿务有限公司订立合同内载，所有开平矿务局地亩，各矿暨其全产均交与开平矿务有限公司。因欲移交全美张京卿燕谋，兹特派德君璀琳，为开平矿务局暨张京卿燕谋之合例经理代理之人，用印签名移交一切契纸、文凭、合同等件，并代张京卿赴各领事衙署办理一切。用印、签名所有存案案卷、契纸以及各项字样。凡于开平矿务局移交全产与开平矿务有限公司或其代理人所有应行各事俱可举办，且于办理此事，并可转派经理代理之人。凡按此据合例所行所作各事，开平矿务局暨张京卿燕谋，均皆认允，而此据亦属永远不能毁废者。恐后无凭，开平矿务局兹特盖印于上，而张京卿燕谋亦特于西一千九百零一年二月十九号盖印树押于此，以昭信守。

光绪二十七年正月初一日

张燕谋（此处画押之外，并用督办直隶全省及热河矿务总局关防）

德璀琳（又用开平矿局关防）

见证人：丁家立

顾勃尔

右开之据与原底实属相符（代理驻津英总领事施密士具）

一千九百零一年二月二十七号

督办直隶全省及热河矿务、开平矿务局张札伦敦局德璀琳,今奉张大人之命,传谕伦敦局。

一、自开平矿局改为合办,并将副约及办事章程签押之后,以至于今已逾十五个月矣,副约章程并附。

二、自是之后,该局及其所派之办事人,并不遵照副约及章程办理,责以违约,当亦无辞置办。

三、若论该局之无理,原可乘机尽翻前约,本督办不忍出此,特饬该局务于西历十月之前,一切事体凛遵副约章程各条款办理。

四、并饬该局于十月前,务将下开各件送呈核办。

  甲、公司规条。查该局订有限公司规条闻已刊布,而未送交华局,亦未呈报本督办。

  乙、详细款目。查该局按照辛丑移交之约,加招股本,其已出之股票若干,招集股本实得若干,其可以拨归秦王岛码头工程及扩充矿产之用者,计有若干,逐细详报。

五、该局应选派代表人授以全权,按照第三合同第十一款订立公司规条,从一千九百零三年正月一号起,以后公司体制及办理事务,即遵照新定规条办理。其代表人一节,查有上海担文或顾柏尔律师佥称合宜可用,奉命传谕。各条开列如右。

开平有限公司华局总办德璀琳代白。自天津发。

光绪二十八年　月　日

西历一千九百零二年六月二十八日

致上海律师杜鲁门暨怀枯甫等

启者：

开平煤矿公司，现在办理情形，弟有不明者数事，诚与该公司关系甚重者，贵律师等，为该公司经理请留意焉。西一千九百年七月间，因遭变故，不得不更换洋名，增添股本，于是弟代旧公司订立合同，遣胡华前赴英国招集股份，于一千九百零一年二月底之前，先将十万磅交天津查特银行。旋胡华由英回华，言合同均已照行，该公司更换英国商名一节，亦已妥订合同，于一千九百零一年二月签押矣。弟代旧公司暂订之合同，亦一并载入。当新旧交替之时，又有合同并由吴得士拟有条款，声叙新旧公司交代缘由以后如何办理。总期和睦，有利均沾。有怀枯甫与田聂作证。乃现在交替之约，概不遵守，复经另拟条款，专与前约相背，似此办法，殊令人生疑。即现在执事诸君，管理银钱帐目，余实不敢遽信无弊。盖以余再三询问，毫无头绪也。余已隐忍多日，想其中必有暗昧之事，不得不力言之。西一千九百年七月所定之约，派胡华代理至英国设一英公司股本一百万磅，又由新股提十万磅交查特银行。据胡华云，均已照办。此事是否属实，余不得而知。如果系实，该十万磅究于何日交付。而所发此十万磅股票，究竟几张填写，何日由谁签名。而开平煤矿公司帐内，有无收到此十万磅一款，现在此十万磅是否仍在公司存贮，抑或用尽。如果用尽，究系因何而用。此外，余尚有言传闻，开平煤矿公司借到五十万磅，出给利息二十五万磅。查新旧公司更代签押，在一千九百零一年二月。是年六月即收新股银一半，其余一半至十二月收讫。又查一千九百年七月三十号，所订约章，大凡股友权利，均平此次。借此巨款，又出重息二十五万磅，各股友自应与闻。惟是借此巨款之时，旧股友均未换有新公司股票。虽知其事无可如何，此系有心使旧股友不得与闻其事也。当时，股票价值甚大，每百多值七十五至一百，而公司尚存股票甚多，因何借此巨款，二也。此五十万磅，用去若干，尚存若干，因何用去，三也。按公司现在资本，应有旧股三十七万五千磅,新股二十五万磅,拨存银行十万磅,另存公司二十七万五千磅,合共一百万磅。此数是否相符。又胡华到英,闻雇用书手七名,用去七磅,另住栈刻字用去若干,不知究竟费用几何？以上各节,系余与张大人燕谋暨旧公司众股友所问,如无明白,详细复音。余等亦不遵守新公司之约。而现在新公司所拟条款,专与旧约相背者,余等均不遵照。其现在经理银钱以及一切事务,若有不合,余等即向新公司之股友执事人等是问。余已尽所欲言,望贵律师等转达新公司执事、股友等。但得公司兴隆,中外股友均获其利,则余等无所求焉。惟是新公司诸友,似有诸多秘密之事,余与张燕谋等则毫无不可对人言者。余等再不能久忍,如果新公司股友仍旧固执,余等只有将始末全盘托出布告中外,由公堂听断,不必远赴伦敦,即在中国自可理论。此后公司之事,即在中国设局料理,不能由伦敦遥制也。

德璀琳　自天京发
光绪二十八年　月　日
西历一千九百零二年七月二十五号

译抄红皮帐本

开平矿务兴办以来，上则利国，下则便民。用西法参酌中国情形办理。自唐景星及本督办经理垂二十年，日见发达。迨庚子年五月，适北方有拳匪之乱，本督办当危险万分之际，以英文公牍交德璀琳，授以全权。令其以善法保全煤矿时，德璀琳在塘沽求给札文倒填年月，并称与墨林商酌八条办法，意在添招洋股中外合办，赴英挂号等语，当照给札。是年十二月，胡华由伦敦回华，据称招股合办，业经筹妥。惟挂号六个月期满，须改立新约，本督办以该约与原给札文训条不符，故未签押。随经胡华等另立副约，公同签字。当又经总办等订立试办章程，随将中外合办招添洋股情形奏明在案。本督办承乏开平，其时股本约二十二万镑，得利二万二千镑，已可摊派一分官利矣。除股利厘税报效及官利外，历年公积余利添置房产、地亩、码头及轮船、机器，计原值约华银五六百万两，所有产业无论万元卖理。若云卖也，岂特值千余万两而已哉。夫添招股本，中外合办，原以保护矿产推广商业。不料墨林等竟颠倒是非，违背副约，全不照办。试就今昔情形论之，昔日矿局所用木料、马料、草料及麻油、牛油、绳索、煤筐、水桶大小各等件，皆取给于近邻。凡唐山附近挑负运载而来者，随到随收，使彼等乐为运送，为价既廉，公司便用。今则不然，办事人等，不悉华情，限定收货之时，以致数十百里来送货者有早晚，不时不及归家之苦。因此亏本，遂裹足不前，公司所需物件，皆须贵买矣。矿中所出之煤，煤块既往外销，而煤末须望土人行销。本督办前定相宜之价，远近畅销。前者北方水旱偏灾，柴草缺乏，本督办因减定最相宜之价，发卖于民。彼等因之改灶，知烧末煤之利更便于用柴草。此后，末煤大为流行，公司获利不少。今公司每礼拜限卖一二次，每日限定某时，各村庄畏其耽搁，车船窒碍，均不愿买。因之滞销，于是又出一法，使人代为包卖煤末，与公司定准值。于是包卖之人将末煤任便长价，居民烧用贵煤。是以唐山左近百姓，怨声载道。公司吃亏，他人得利。前者公司所用洋人，择其要者矿司、煤司、机器司、总监工等，不过数人而已。至天津、上海、塘沽、林西售煤各埠，每处不过一二人，所用华司事多系开办旧人，其中股友居多实心任事。今伦敦部所用在华之总办一，威英系铁路工程师一，那森系武系武员。夫总办不晓华情，不明矿务，姑不具论。但必须所用系在行之煤矿师及洞悉华情之人，无如前用之威孙系金矿专门，忽用作煤矿师，是如用牙医治眼，何能得力？因用人不当，至井下各行道坍塌或透水或透火，而下层槽洞不可收拾，时虞出险。有比矿司查报可证，其所用西人之数，唐山有四十名，天津十余名，上海五六名，林西六七名，统共用六七十名之多。翻译亦因之大增，华人司事滥用过倍。不但生手，且于公事全不熟悉。不但浪费金钱，而且弊端百出。若此工程败坏，可想而知。又苛待工人，以致工人不和，常有争斗。怨声载道，无处不知。全局败坏，非力行查明整顿，无从下手。墨林行骗背约已逾四年，至今尚无出入之帐册交与本督办查核以符副约。中外股友全然不知，其所预计，几年可派利五厘或七厘半，并股票大涨，矿业兴旺，各节不实不尽，不过欲以此遮蔽众目盼望股票涨价耳。不但中国股友为其所欺，即伦敦股友亦受骗也。大概而论，所有帐册由伦敦公司公布者，原属可靠，但彼等人所造之帐册，难以令人相信，其所登报之帐目，难免有不实不尽之弊。若要真数，非由中外公举明白查帐之人不可。彼等之所为，实早串同作弊，有意朦蔽大众。本局向系官督商办，已垂二十余年，偕依最精之西法办理。今彼等置诸不理，只有竭力钻营肥己耳。彼等方且顾私利之不遑，焉能为公司计公益？若果不从长计，及中外股友受亏，何可胜言。在拳匪未乱之前，每年可出煤八十万吨。今者不然，不过六十万吨。自背约管理该矿数年以来，各处用煤最盛，此时彼等如办理得法，每年可出百万吨之数，用费更省而销路逾广，比现时可加派四五倍之利，则股票自然大涨。若任由彼等妄为，不思整顿，不但七厘半之利不能派，即股票亦将落价矣。

中外合办，招添洋股一百万镑，除给老股友作三十七万五千镑外，尚余六十二万五千镑。其中三十七万五千镑，墨林、胡华等全行分配，并无分文交到公司。徒然增此虚股，有派利之亏，无资本之益。试问公司受损与否，不待智者而知矣。墨林等又私借六厘行息五十万镑之债,更送给该债家二十五万镑股份票,以补足一百万虚股之数。当时开平并非急于用款,彼等私行擅借,令人不解。

兹将开平原欠各款情形详陈如下:

一、查二十六年五月二十一日,拳匪肇乱,天津、塘沽备存之煤均由柏理稳代理嗣联军用煤,并商民买煤之款汇交德华银行存帐。又本局轮船由庆世理代理,租与德国、美国,所得租银亦交存德华银行。因与该银行素有来往,前开平用款借到该行银六十万两,所立合同十年,分期归还。至庚子年已还三十余万两,下欠之数分年不过还六七万两,庚子年所得煤价及轮船租银足抵还款之用,何须借债。此不可理解者一也。

二、二十五年冬间,与墨林借款二十万镑,订明十五年归还,并载明五年前不还款,后十年分次交还。自立合同借款至起乱时,仅交到六万四千镑而已,借款尚未交齐,亦未到还帐之期,岂有预行还帐之理,又何必酬送开平股票以换债票。此又不可解者一也。

三、开平所欠官款三十余万两,而北洋兵轮及制造局用煤尚有欠开平之煤款,彼此均有数目交涉,每岁年底结算。嗣因招洋股中外合办,照副约应先交到十万镑。原拟将从此款提出华银二十万两先还官款。此十万镑应交之款,究竟交到与否,不得而知。二十六年内生意所得之利息,除开支一切费用外,尚余四十一万余两,均存开平局帐内,而老股友应得是年利息,均未按派其还。北洋之二十万两,究竟由何款而还不得而知,或系藉还北洋官款之名,亦在五十万镑之内。又送以开平股份票,殊难悬揣。此项还期与彼等更换债票之期,应详细查明者一也。

四、按二十六年,开平局外欠之款,共计一百三十三万余两。如墨林之六万四千两,德华银行、庆善银号、麦加利银行等,以及各项欠款,均在其内。此中有系未到还期者,有系往来向有帐目者,皆有帐可查。

五、外欠开平局之款一百三十七万余两,煤款及铁路、船邬股份票在内,以与外欠相抵,本属有赢无绌。

六、况历年公积轮船、公积局船保险以及备用余款，共计此几项二百九十余万两。

七、二十六年，唐山、林西、胥庄、天津、塘沽、上海、烟台、牛庄、广东各埠存煤二十余万吨，估值银五十二万余两。唐山、林西及码头产业原值五百余万两，所有各产业溢出之利，估价四百五十余万两。

以上所有开平产业价值不过举其大略，并未详细分列，然皆有帐可查。

开平公司所有应付之款，自侵占以来，迄未照办。逐款开列于下：

甲、自二十六年至二十八年，应付之厘税，又自二十六年至三十三年（按：此处有误）应付报效之款（奏明在案），共计三十八万余两。经北洋大臣叠次催索，威英于二十九年八八（按：抄件如此）曾缴十万两，余款催令从速交清。及那森接办后，所欠官厘税报效二十八万余两，至今未交。

乙、二十六年，开平公司余利四十一万余两，应派股友之官利二十余万两，尚未派给。股友股利应如何派给，员司花红应如何派给。

丙、一滦州、丰润两州县，自二十七年起，应交之官规，至今分文未交；一古冶汛应付津沽（贴），自二十七年起，至今未付；一唐山巡警营原议由铁路及开平公司分给委员兵勇，各公费铁路已经照付，而开平公司自二十七年起，至今未付；一督办公费唐山总办杨道台薪水公费随同办事员司工薪及各项应支费用，自二十七年正月起一概未付。

以上除国家厘税报效外，旧股友二十六年应派之官利、员司用钱，滦丰两州县之官规，古冶汛之津贴，唐山巡警之饷银，随同办事之员司，均系文案翻译等，必须任用之员，经本督办留用者，所支薪水，均因彼等未付，经本督办垫付，共计二十三万余两，均有帐可稽。

应索之款开列：

一、墨林等骗招入已未交公司之股票，除已交德璀琳五万镑股票外，下欠三十二万五千镑股票，应如何责认缴结。

二、墨林等私借之利债五十万镑，又送给债家二十五万镑股票，应如何责令追赔。

三、自墨林等侵占开平公司，办理不善因而亏损之处，应如何责令赔偿。

四、自墨林行骗以来，本督办被参革职，并受亏二百余万元，应照数赔偿。

五、德璀琳吃亏，原札应给之薪水，每年一千二百镑，如何赔出，及其应得余利之每百两抽五之花红如何办理。

总之，彼等行骗情形，不但中国国家及商民种种受亏本，督办因此种种吃亏、身败名裂，几乎身家不保，而且于贵国东方商务大有妨害。何也？胡华系本督办查矿矿师，而墨林于庚子春间，因货款之故，到华至唐山，下井查看，故该二人深知该公司产业之富，已有垂涎之意。不数月而北方兵乱，胡华当此之时，行其骗诈之计。德璀琳明知开平系官督商办，又系公司公司（按：疑衍公司二字），本督办万无卖理。因至危极险之际，不得已给德璀琳以善法保护全权之据。德璀琳因保护矿产以至受胡华愚弄。胡华亦明知本督办之札委德璀琳之训条，乃与律师伊美士造成骗局。利令智昏，全行不顾，至英匿藏本督办札文训条，仅将与德璀琳私立之合同，按英律挂号，是欺蒙贵国国家也。闻当日在伦敦招股时，其中似有不合英律之处，是墨林又欺骗伦敦股友也。从前外人之买开平老股票者，其中以英人为最多，是以从前开平办理之得法。此后办理之不善及伊等违背合同，以致兴讼各情由，在华之英人及其他国人多有知之者。尚若墨林、胡华等所作之事，他人从而效尤，虽可获利，然而英商东方之声名，能不大受损害耶？

本督办不习法律，但以公理推之，人同此心，心同此理，中外无二致也。直者应得直，曲者应受罚，总期水落石出。

贵律司经理此案二年，余竭尽心力据理直争，更有诸位律司相助，使彼骗诈者，无所施其技（伎）俩。本督办冤抑得伸，至为感佩。况有贵公堂明镜高悬，真伪立辨以警（儆）效尤。本督办幸甚，旧公司幸甚，中英通商大局幸甚。前此供状于开平帐目及亏失各节未能详述，难免遗漏，是以不辞烦渎具此节略。愚昧之见，有无可采，恳祈。

张翼具

谨将开平矿务全案始终情形择要开呈节略，伏祈
钧鉴：

伏查开平矿务，自光绪四年，唐道廷枢禀准创办，陆续筹集股本银一百五十余万两。七年开井，试办前后十余年，工费浩繁，出煤无多，运销亦滞，局务困难。唐道因忧致疾，以翼为开平股东，函召到局时，与筹商贷款各事，力疾来津面禀。

前爵阁宪李　檄委翼充会办，彼时徐道润奉委承办口外金矿，吴守炽昌请假旋粤。翼辞不获，已入局办事，筹贷官商各款二十余万两，将应还之中外商款、欠付员司薪工次第清付，并整顿出煤运销等事。越月，唐道物故，当奉委翼接充督办，经营数年，获利颇巨，筹集款项，扩充添轮，购地开井，并办建平、永平金矿。整顿承平银矿、洋灰公司各要务，比因局事殷繁，需员佐助，先后禀委陈道善言，杨道善庆，周升道学熙充任会办。迨翼奉督办直隶全省矿务，并帮办津榆铁路、津镇铁路之命咨呈前北洋大臣裕　札，委周升道充开平局总办。先是二十三年总税务司赫德议行邮政，因向来隆冬封河后，商轮停驶，各省及外洋文报不通。禀经总理各国事务衙门咨行，前北洋大臣王　转饬开平局设法维持。翼会同赫德所委之天津税务司贺璧理察看海滨地势，详慎妥筹，勘得秦王岛地方可为停泊轮船之所，即用矿局运煤轮舶，由该岛至烟台往返试行，并派员广购地亩。有为矿局购置者，有为公家垫款购置者。适奉谕旨以该岛作为自行通商口岸，遂函商赫德拨派该税司所用之工程司哈定，又派旅顺之贾里德详加相度，均无异词。先后商明前北洋大臣荣　暨前北洋大臣裕　借款建筑码头以利轮船停泊，为他年商务水师根据之地。并奉前北洋大臣裕札，委洪道恩广会同周升道办理清丈秦王岛地亩事宜。是时商力困难，公款亦无从借领。翼三年以来，自购地以及勘工垫款不赀，爰饬洋员德璀琳与英商墨林商借英金二十万镑，商借商还，于公家豪（毫）无干涉。并经代订英工程司巴礼派洋工师秀士经理工程，以期大举节经奏明有案（附录开办秦王岛奏稿一件）。讵码头甫经开办，仅收借款数万镑。而庚子乱作，变起仓猝，不可收拾。此庚子以前办理之实在情形也。

庚子正月，翼丁内艰，呈请终制。蒙前北洋大臣裕　奏奉谕旨，赏假百日

治丧后,仍供原差,以资熟手。四月,拳匪肇衅,路政岌岌,矿务亦复待理。遵于四月二十三日驰回天津差次整理一切。未几而中外失和,联军纷集,翼等坐困于天津租界,道路梗阻,声息不通。五月二十一日,拳匪攻击紫竹林。前北洋大臣杨暨杨升道士琦、唐升守绍怡、周升道学熙兄弟,并受炮伤之眷属等,及电报学生招商铁路各局员司相率偕来,男妇老幼三百余口,均藏匿于翼宅地窖之内。二十八九等日,驻津英贾领事,以翼宅人数众多,迹近埋伏,疑与拳匪相通,饲鸽传达消息。竟带英兵四十名搜索翼宅,将翼及唐升守拘入太古洋行,几遭不测。当经德璀琳前来省视,谓现在危险已极。天津等处煤栈被焚,司事人等均已逃散,唐山、林西不通消息,存亡莫卜。欲保全矿产,须委伊为代理总办,以为暂时抵制外人侵占地步等语。该洋员并以时会逼处,迫不及待,自拟委任字据,呈请签字,畀以全权保护矿产。翼以事关重大,未可草率,定议允俟回寓再商。翌日回寓,与该总办周升道再四筹商,均以事势危迫,舍此别无他法。旋据德璀琳持字据,面称与周升道商允签字。并经唐升守洋员法拉士税司有年,办事颇有热诚,尚属可靠。甲午之役,曾奉前爵阁宪李　委允开平及津榆会办,以备保护路矿。矧值军务倥偬,稍纵即逝。且其委任字据大意亦仅谓委伊为开平矿局代理,并予以筹画善法保全矿产之全权,自系一时权宜之计,当即签字定议(附录委任德璀琳代理总办,并予全权字据,华洋文各一件)。六月初间,津地炮弹如雨,火警四起,矿局文券紧要,恐遭焚毁。当经德璀琳及直隶查矿矿师胡华等代存麦加利银行,不过为目前保险之意。嗣因联军麕集,促令中国官商一律出境。是月十四日,翼前赴塘沽。德璀琳又复前来,面称十八日天津业已失守,禀请加札,附呈办法八条(附录札委德璀琳招添洋股,开平局作为中外合办。德璀琳禀复办法八条,并照准。华洋文各一件)。声明大局日危,开平非中外合办仍将不保。查向来股票市面流通,多系认票不认人,是以开平开办之后,已有洋股不少。饬令胡华速往伦敦添招洋股,改归中外合办,藉资保护。成否尚不可必。翼以路矿总局前发矿章,原有准招洋股合办之条,因即照准。旋因虑及大局危险条议维持办法,派人绕道赴京禀陈总理衙门暨前大学士荣　鉴核。七月初七日,接奉函,饬禀商前爵阁宪李　速来京商定和局。翼因即赴沪面禀一切。八月二十日,随同北渡到塘沽时,联军攻击北塘、唐山、林西矿井,均为俄军所强据。德璀琳持私约与俄国武官争执,至再,该武官始函饬俄军将井让出。联军又相争持,卒以中英公司未敢强取。是年冬,胡华偕德璀琳、吴德斯来京,面称胡华在英与墨林商妥招添洋股,中外合办已在英国挂号,于次年正月初一日期满,应即订立合办合同,胡华亦墨林代表等语。翼因禀知前爵阁宪李　,赴津商订一切。于十二月二十四日到津,与德璀琳、胡华、吴德斯及律师顾勃尔等立一移交约,呈请签字。翼以该约虽有中外合办字样,而查照历年分送股东帐略胪列产业,语多不合,核与前商各节,大为不符驳难,四日之久未允签押。旋据德璀琳等解说移交之约,系由开平矿务局移交开平矿务中外合办有限公司,并非价卖不过,如法越之役,招商局移交旗昌洋行。甲午之役,招商开平之轮船悬挂他国旗号事暂资保护,事平再行妥订章程。若不照此订约,联军现驻唐山,仍难保全万一等语。胡华、吴德斯等又复多方恫吓,谓联军统帅华德西正在派兵西发,若不签订此约,将由联军夺据开平,则国家之赋税,股东之血本,仍不能保。翼坚持己意,屹不为动,仍饬妥订,方允签字。德璀琳等乃饬律师顾勃尔增订副约,一并呈请签字。并邀洋员丁嘉立翻译解说,凭着见证。声明中英公司督办管理该公司一切事宜,并由督办派一总办与中外股东公举总办平权,无异移交。约不过表面上防御他国强占之,具文局中办事,仍以副约为主。一切查照开平旧章办理。翼当时以为,副约既立,证据确凿,移交约不废自废。既无卖字,又无售价,又在争战危迫之时,又在停办交涉之际,且值和议未定,变幻百出,不得不稍事权宜,冀免延误,此后仍须妥订章程,似无大碍。爰将副约酌改,至再证明中英公司及办法十四条,并无卖字。于二十七年正月元日,两约一同签字(附录移交约、副约华洋文各二件,又凭据华文一件)。将开平矿务局改为开平矿务有限公司,中外合办。先期到津议约之时,电召总办周升道学熙、会办杨道善庆、帮办吴仰曾、董事陈荣贵,均已前来。惟周升道因感冒未到,先期函请周升藩司馥将商办条约情形代禀前爵阁宪李　鉴核,调派严道复、梁升道诚为华总办,与德璀琳、吴德斯等妥为办理,遇事会同签字,随时禀商。翼核办并饬华洋总办拟订试办章程十九条(附录试办章程十九条,华洋文各一件)实行十八个月,如有不妥再行酌改,并即查照副约,先行筹还官款银二十万两,批解前爵阁宪李　行辕核收。并续筹还官款银十一万两,批解前北洋大臣袁　行辕核收。各在案。此庚子乱时,设法保护之实在情形也。

是年五月二十六日,将中外合办情形会同前爵阁宪李　奏明有案(附录会奏稿一件,查会奏稿原经面呈李大臣核定后即行缮发,并即缮稿咨呈迨由德华备文索取。袁大臣竟以李大臣意见不合,未能书奏,将原稿咨回,不知是何意见)。旋即随使赴德。是年冬,事毕旋津,得悉该公司于翼出使后,所派洋总办未能与华总办和衷,致有不照约办事之处。因即谕令德璀琳传札伦敦部,函诘担文公司律师顾勃尔(附录传札一件,又诘函华洋文各一件)。旋据顾勃尔、比公使姚尔登函称,业经派员查办饬立华部必当遵约办理等语。旋闻胡华等在英设局诈骗侵吞添招股本,朦借债票等事。当经邀集开平中外股东在津会议。由翼督同德璀琳将前后本末缘由当场报告。各股东均知底蕴,毫无异议。延律师马格尼与中外股东再四访查,佥谓该公司是有不合,但事关重大,须访查明确,方可按律办理。爰派洋员庆世理前往伦敦,将前项各情彻底搜查,以凭核办。并经阻止钻地开井。越年承准外务部咨准英国焘署使照奉该政府命令商准陈开新尚。旋即查明,非于矿内添开新尚,仍为无水庄钻地起见,据理议驳,咨呈核转。该政府亦无异言(附录咨呈稿一件)。是年冬,德璀琳赴京面禀,墨林来津力求免讼,并交红股五万镑,由德璀琳经收。翼责以不应收此红股。当据德璀琳面称,现正追伊侵吞股本之时,呈交若干即收,若干已与董事商明,并告英领事并非私受。且我等赴英涉讼,动辄需款即可以此暂行押款济用。俟局定再行集议,并由威英呈交二十六七等年所欠之厘税报效,先交银十万两,暂存银号。俟续交十万两,再行汇解。亦经杨道禀明前北洋大臣袁　有案。至翼签订之移交约、副约,并华洋总办等签订之试办章程,委任德璀琳以善法保护开平之约,德璀琳与胡华私立之约等件(附录德璀琳私约,华洋文各一件),业于收回天津后,面呈前北洋大臣袁　鉴核,并将一切情形详细面陈。后经德璀琳将所办情形,据实禀陈(附录德璀琳上北洋大臣袁暨外务部禀稿一件),而置之不理。讵御史王祖同有大臣卖矿肥私之奏(附录王祖同原参折一件),迨翼遵旨将实在情形明白回奏(附录明白回奏折稿一件）。奉朱批"知道了"。嗣经前北洋大臣袁　，未查明晰，公凭英人一面之词，执德璀琳与胡华之私立卖约奏参（附录原参奏稿一件），而最要之副约及试办章程，并委任德璀琳以善法保护开平之约，均未奏呈，不知是何居心。奉旨并着外务部切实磋商妥办（附录上外务部禀稿一件），正在磋商。又以擅卖疆土等词奏参（附录原参奏稿一件）。仰蒙严谴，又以厘税报效，禀明交存汇解之十万两，指为擅用关防，私提公款。奏请饬下商部派员守提款项，并追缴督办直隶全省及热河矿务关防（附录原参奏稿一件）。自是翼权力顿失，平日经营之商业欠内者延不归还，欠外者立逼清偿。重息贷款，减价变产，次第清厘，并息借商款垫付，该公司应支之各款计，因此案所受之亏损为数綦巨。并经前北洋大臣袁　札派唐升道绍怡充督办，周升守长龄充帮办（帮同唐升道办理一切）。日久竟无办法。唐升道仍请责成翼办理与英人那森磋商六条（附录磋商六条一件）。呈请前北洋大臣袁　鉴核，已蒙许可而加删改。满谓此案可期了结，讵奉檄而又奏驳。旋接洋员庆世理来函报告，谓胡华等设计诈骗已为英人所深疾，该公司甚愿设法了结，故派那森接替威英来华开议。那森行至榆关，忽闻参处以为华员自相残害，已中英人之计。该公司更无忌惮，贻误大局莫此为甚。现在理处（处理？）匪易，遵饬延请有名律师抱告（报告？）在英公堂呈控等语。并经庆世理回华面禀各情检约前往，以便交律师呈堂核验。旋接电请赴英，翼呈请赴英对质。蒙前北洋大臣袁　奏奉恩旨尝给三品顶戴（附录原奏稿一件）。于三十年十月，带同严道复、陈升、同知荣贵，并税务司德璀琳等前往英京。翼在英公堂对质十五次，据理力争。当经英公堂判断原告得直，并云判得一千九百零一年二月十九日之副约应当遵守奉行，又判得被告公司，若不按照副约奉行，所载各节则自今以前及当今之时，俱不得享受移交约所说之产业及其利益。又云如副约所载各节不能于近情之限期内奉行勿违，则本法堂当尽力而行，将矿及产业收回交与原告等语。即中公堂亦判令承认副约，并查明追偿翼之亏损，但不能令墨林一人赔偿等语（附录下公堂判词谕单华洋文各一件）。经英公堂定断后，伦敦士民及各报馆论说此案之曲直，公堂判断之明允（仅择著名之《太晤士报》论说附录华洋文各一件）。此背约诈骗无端诬卖涉讼得直之实在情形也。

翼得直后，往来电报意见更不可鲜（附录与北洋并呈外务部电报一件）。电请回华执约接收。又经一再驳阻，势不获已，径自回华。又经奏参，奉旨外务部，知道翼回华行至上海，接英人那森函呈前北洋大臣袁　，交由铁路总办梁如浩与伦部直接之训条未能允准（附录训条一件，又那森与伦敦部往来电报一件）。到津后，将涉讼得直各节禀蒙前北洋大臣袁　。奏奉恩旨以道员用发往北洋差遣委用，仍由袁世凯督饬妥筹办理。钦此（附录原奏稿一件）。钦遵节次磋商，舍副约仍无办法，并以权力不足未足启其敬惮之心，贻误到今计又数年之久。上年，前北洋大臣袁聘用洋员禧，在明条陈间见四十余篇，于此案不无失实之处，遵饬签注未蒙更易一字（附录签注禧在明节略一件）。当将此案本末缘由禀请前北洋大臣杨咨明外务部以资参考（附录原禀稿一件）。

总之，此案由于庚子之役事机紧迫，五月二十七日与周升道学熙签给德璀琳代理总办，予以全权设法保护该矿之凭据而起，旋由周升道函致唐山员司遵认德璀琳为代理总办。德璀琳因大局岌岌，遂与胡华私立卖约。在德璀琳藉以抵拒联军，在胡华因即生心行骗。并经德璀琳于六月下旬即七月三十号，呈请札饬招股，禀呈办法八条。并称此件公事，必须倒填月日在拳乱之先，以备抵拒联军之用，即予照准。德璀琳旋令胡华赴英京招股，以六个月为期。胡华腊月回华，声称在英招股合办，均已办妥，拟移交约，并凭据呈请签字。因其与前商不符，再三不允。又增订副约，又邀丁嘉立翻译解说作证，当面删改副约，各约一同签字。不意胡华回英，将私立卖约挂号，藏匿副约。在胡华、吴德斯等以为骗有各样字据已臻完备，又经北洋未审虚实，一再参劾胡华等骗诈背约肆无忌惮。迨翼赴英涉讼，经公堂判断得直，该公司已大失所望。又经北洋不以副约为然，另筹办法以致延误到今。论者犹谓责认副约即是责任各约，殊不知副约之性质足以限制各约。度德量力，如能不姑息，不回护，是非分明，办理得法，真正通力合作，而彼族行将退听，自不难将各约作废，收回自办矣。曷胜庆幸，须至节略者。

为立手据事，本督办现派天津縠士达甫德璀琳为开平煤矿公司经纪产业综理事宜之总办，并予以便宜行事之权，听凭用其所筹最善之法，以保全煤矿产业，股东利益。须至据者

　　　　　　　　　　　光绪二十六年五月二十七日立
　　　　　　　　　督办　　张燕谋　　押
　　　　　　　　　总办　　周缉之　　押
　　　　　　　　　在见　　唐筱川　　押
　　　　　　　　　　　　　法拉士　　押

中国社会科学院近代史图书馆特藏室

乙 F37　一函三册(第三册)

请收回开滦公函

公爷爵前：

敬肃者，窃若曾等以直隶开平矿产自庚子之乱，经张京堂翼与英商私立契约，被人骗占镠辖至今，忽已十年。不但美富之煤矿大利为英商所攘夺，即秦王岛、天津、上海、苏、杭、广州各口岸码头计九处，以及轮船、地亩各项疆土主权利益，至今均在英商掌握之中。言之痛心，笔不胜述。

自上年十月，朝旨责成北洋大臣陈夔龙设法收回，磋议经年，渐有成约。就矿赎矿，无须另筹巨款。除每年矿厂开销及筹还英商本息外，尚有余利。且各项产业、口岸、码头全数收回，于国家疆土、主权利益概行恢复。绅民额庆，企足观成。不料张京堂翼迥（回）护前非，迭上封奏，以致垂成之局枝节忽生。所有北洋奏疏及张京堂翼之封章，以及资政院折、官绅公呈，历经奉旨发交爵前及盛宫保查核复奏。

爵前公忠体国，中外同钦，必能挽欲倒之狂澜，慰绅民之呼吁。或者谓该开平矿，现已峒老山空，即使收回，不过二三年间，便已无煤可采。此谬说也。前就英国著名矿师报告，足可供八十余年之开采，若再能挖深，则佳煤尤无限量。且就近三年所获余利数目而论，光绪三十三年余利二十二万三千二百余镑，三十四年二十四万四千镑，宣统元年二十四万三千余镑。刊在英报，共见共闻。岂有历年出煤获利如许之厚而忽然山空无煤之理？况调查该矿矿井、矿厂、机器、房屋、轮船及秦王岛、天津、塘沽、苏、杭、广州、上海，以及丰润、滦州各项不动产业，以极廉之价估计，实值洋二千一百零六万五千余元。兹谨开具该矿产业估价细数清折一扣及矿井预算出煤数目略图两纸，请赐察阅。夫不动之产，其价如此，已获之利其数如彼。未出之煤又历历可考。天然美产丰富无涯，此峒老山空之说不足信者一也。

又者或谓北洋大臣与英商拟订条约全数收回之后，发给债票由国家担保，并以七厘行息，为数过巨，万一矿业不利，国家须认亏赔。故毋宁慎之于始,仍主中外合办较有把握。此亦谬说也。除该矿不动产业二千余万元不计外,每年以平均余利二十二万镑计之,除付英商本息十六七万镑之数,尚余有六七万镑之数。将来本息扫数清还以后,则此项余利全数均归我有。实无须另筹一款,而已失之矿产、疆土可以收回,且也直隶全省官绅士商无不注重。此矿是以上月滦州煤矿股东开会,情愿以滦矿股本五百万两作抵。全体认可,呈由直隶总督咨行在案。又上年奏准筹抵津浦路款之长芦盐斤加价计五百余万两,现拟移缓就急。已由四省公司与长芦盐商公所议定,将此项盐斤加价银两逐年存储,全数作为收矿抵债之用。以此计算,是国家担任赎矿债票一千七百余万两之数,准有滦矿股本及盐斤加价两项共一千万两抵保,已占全数三分之二。诚以见闻较确,关系最深,故毅然为此全力保全之举,绝非孟浪一掷不顾其后者可以。况以英商历年经营该矿而论,就其全产计之,每年实有余利一分三四厘之数。而我收回以后,只付七厘,是出七厘之息。而收回每年得利一分三四厘之产,不待智者而知其可行矣。附上开平、滦州煤矿界略图及滦矿预算出煤略图各一纸,可验滦矿出煤不在开平以下。倘一牵动,后患何堪?且矿产富饶,足任担员。此由国家担保。债票有后援之可恃,而七厘之息为数实非过巨,是一切亏赔损失难于担保之说之不足信者二也。

且也,各项口岸、码头计有九处,胥在英商管辖之中,而尤以秦王岛为最要,大连、旅顺已非我有。北方不冻之港,天然形胜,实以秦王岛为第一,且为我自辟口岸。现在国家兴办海军根据重地无逾于此。而年来英国布置经营不遗余力,我国船只之停泊有费,货物之起卸有费,几乎与外人占有无异。一旦海上有事,其显受牵制,定可决言。此项隐患较之煤矿尤为重大。谨绘呈秦王岛通商口岸地界图及商埠海塘形势图各一纸。

爵前谊属懿亲,与国家实同休戚,坐视此大好河山竟被张翼一人断送于外人之手,毋亦有怵目而惊心者乎!是不待若曾等之再三讼言而迅速收回之谋,实有不可须臾或缓者矣。此若曾等之鳃鳃过虑四次晋谒,欲贡其愚忱者此也。总之,此事之关键或得或失,均在爵前。朝野所仰望、中外所注目者,亦在爵前。万一定议偶疏，实有稍纵即逝之虑。彼英商虎视狼贪，幻诈万状。甚愿我之失策即遂其因利乘便之谋，倘误机缘虽悔何及。为此披沥奉函，并呈具各项清折图说，伏冀统筹全局，俯顺舆情，早定全胜之谋，采用北洋大臣所定收回办法。迅赐复奏，则不但直隶全省及天下各省绅民仰颂贤明，而万祀千秋载诸简策，见我爵前之有大功于我国家者，实非寻常可比矣。献曝献芹，本原忠爱。想爵前必能俯采刍荛而收此壤流之助也。言不尽意，仰候钧裁，临楮无任激切屏营之至。肃上敬叩爵绥。伏乞

　　慈鉴！

张世培
李焜瀛
刘若曾
刘彭年
蒋式瑆
史履晋
等谨肃　　　十一月二十八日

附呈开平局矿井机器、轮船、房屋、码头、地亩各产业细数清折一扣；

开平局唐山矿井煤槽立图一纸；

开平局林西矿井煤槽立图一纸；

开平矿滦州矿分界及煤苗全图一纸；

滦州矿马家沟总局矿井煤槽立图一纸；

秦王岛通商口岸地界全图一纸；

秦王岛商埠海塘形势图一纸。

贝子爷宫保钧鉴：

敬肃者接奉咨开案查北洋大臣咨送开平矿务卷内，附有本年九月二十七日致外务部函开，近据洋员由伦敦迭次禀称张京堂翼现派律师要索英公司给予赔偿三十万镑，又在英外部声言，此项赔偿未清以前，公司不得移交产业等语。又附译西历一千九百零一年正月二十号，胡华允给张京堂利益致德璀琳函中开列另陈新股五万股，备给足下与张大人，计值平价英金五万镑。如二人平分，张大人可得二万五十股等语。以上两事，北洋大臣并经据实列奏。谅非无因。案关重要，亟应彻底清查，不容含混。所有英公司，胡华另存备给之新股英金五万镑，以及此项股票历年历得之利息，现归何人？收执其票存放于何处？又此次所派律师要索英公司给予赔偿三十万镑是否确凿。如有其事，此项赔偿应归何用，伦敦律师如何答复，合亟片查。即希贵京堂克日据实声复，勿稍含糊为要等因。奉此遵查，现派律师要索英公司给予赔偿三十万镑，又在英外部声言此项赔偿未清以前，公司不得移交产业一节。闻之骇异。本年六月间，闻北洋代表在伦敦商议，买回开平矿产办法，翼曾三次致电律师鹤士厘查讯各项，判定应缴之赔偿如何。英公司若果不遵判缴出，须要控告。并嘱通告英外部。翼之赔偿是分开算，此项赔款公私各项，均在其内。为我国控告得直应得之权利。彼公司违约强据应出之赔偿，其中并无纤毫之私。

北洋大臣陈暨前长芦运司周学熙均曾面议及此，因将与英公司商定办法，均屡向翼索开帐目。翼以赔偿各款有德璀琳暨各律师款项在内，故向陈督等陈明须向各处细查，应赔各种数目，统须若干，并须令原请律师接续旧案，声明索偿，方能由两造议定准数。故曾三次去电，皆陈督所知，并因公款可由北洋定数，故翼有分开算之说。此款如该公司照赔，亦须与公款一并呈交。北洋，更非私相授受可比。旋于八月间，律师鹤士厘复电称，直督曾交一办法所商未决，并无赔偿在内等语。是当时并无总计已定之数目。一览可知，从前英公使暨有限公司等屡次调停此案，并商议赔款，并无成说，系涉讼后照判而行。前呈公堂索赔帐单，共约需五六十万镑。现在又隔数年，除在英律师鹤士厘及德璀琳等经手所用讼费等款，应俟案结全数开报，再行核计外，所有国家厘税项下，除交商部十万两外，尚欠八万余两，报效项下五十余万两，旧员司花红项下六十四万余两，旧股友余利项下二百五十八万余两。又二十七年，旧股友应得未派股利十八万余两，暨垫办唐山巡警地方规费，开平员司新（薪）水，丁役工食，并翼因此案损失之款，以及各项历年利息，更须增添若干。非查据帐目，秉公核算，不能遽定，然必不止三十余（万？）镑。据上所闻，已可概见庆世理之说，可证其诬。仅将三次去电及律师鹤士厘复电照译，缮单恭呈鉴察，并将印本洋文供词一册，华洋文帐单各一件，一并缴呈，以备查核。至赔偿未清以前，公司不得移交产业之语，尤为无此情理。且亦不应在矿产中有所要索。矿产本未由翼正式移交，亦无从限制其交出。缘欠款者，乃墨林等及有限公司诸人，与股友矿产无涉。无论退还矿产与否，墨林等及该公司均须由其私橐照例赔偿，并不应在矿产中有所取用。翼已由北洋撤去督办，何能有不准移交产业之权力？事理显然，其为捏造欺罔更为易见。现用律师英人林文德论公司赔款说帖一纸，并译呈鉴此。翼并无指定赔偿三十万镑及决无不准移交之实在情形也。

又查胡华另存备给之新股英金五万镑及此项股票应得之利息，现归何人收执，票存何处一节。光绪二十八年冬月间，据税务司德璀琳面称，墨林来津交到开平新股五万股之凭据。翼以公司背约，已经兴讼，不令接收。德璀琳谓，现正欲追还伊等吞蚀之红股、新股。今既交到若干，即可作为收回若干，兼可为其骗诈证据。业由伊手付给收条，并在驻津英领事处报明有案。二十八年，御史王祖同参劾。翼奉旨明白回奏。业将墨林公司自知理曲（屈），已先将五万红股退还等情奏明在案。二十九年十一月间，准前北洋大臣袁照会，据英人威英禀称，上年曾由墨林经手送给矿局英金五十镑，约计银五十万两上下。此款不应无着，饬令如数措缴等因，并经翼据实函复在案。

北洋大臣陈到任，翼禀明开平矿案始末大概情形，亦经声明有案。此项五万镑股票，前存德璀琳手。迨翼赴英涉讼藉作胡华等背约骗诈之证，嗣英律师鹤士厘因涉讼需款向德璀琳手取出四万镑，可向银行暂时抵银应用，俟结案清算。庆世理皆与闻其事。后因迭次期满，英公司赔款未缴，乃由翼回华后，在大清银行抵银四十五万两，八厘行息，归还前欠。至今四万镑股票尚存大清银行，其余一万镑暂归德璀琳垫款，均有帐可稽。其英公司历年所派股息，自五厘、七厘，至一分五厘不等，系随时付给。各银行抵押利息，暨翼息借商款垫各项利息，尚属不敷甚巨。至于胡华致德璀琳函中所云另存新股五万股备给足下与张大人，计值平价英金五万镑，如二人平分张大人可得二万五千股等语。此等私函，不过借以尝试。而不料翼等之逐处报明，并以证明其吞骗之罪。当时伊等往来私函私电，不知凡几。在公堂欲倚一二端以图赖，而英公堂已判定之有案可稽，无烦缕述。谨将北洋屡次查问原文，并屡次复函，暨与德璀琳往复函件缮呈钧鉴。此退出五万镑股票始末及历年利息用项之实在情形也。

　　总之，翼所争者，上顾国家之利益，下为股友。及翼公堂判定之损失，并非专为私利，事事皆有证据，非空言可以诬赖。若为私利，自当事事迁就英公司以求速成，岂有反对现实办法之理？其为不顾私利亦可概见。奉饬前因翼不敢一语一字含糊，理合附具照译电稿各件，并各种帐单，案据一并附呈。

　　台端：伏乞。

　　垂察实为公便专肃敬叩。

　　崇安！

张翼　谨肃　十一月初三日

计附抄译电稿、帐单、各案据共七件。外有清单。

奏为开平矿案在英兴讼,革员张翼拟请前往对质恭折。具陈仰祈圣鉴事,窃开平矿产前由已革侍郎张翼擅与英国公司订立私约卖给执业。迭经臣奏,奉谕旨责成张翼赶紧收回,不准稍有亏失等因。钦此。先后钦遵严饬该革员迅速收回。毋稍延宕。旋据该革员与英公司英人那森议订六条。臣以所议无切实办法,并非遵旨收回,续经奏明。奉旨严饬各在案。乃屡经催办,迄未收回。昨据该革员函称,开平矿务,因英人不认副约,业经遣报告洋员庆世理兴讼伦敦。嗣经该公司派来洋员那森,当与商订六条呈请核奏。旋奉奏驳复,与那森磋商,那森辞以无比权力。近据报告,洋员电称,副约原件已呈公堂,速同德璀琳来英京对质,以期断结等语。现拟与德璀琳定于十月内前往力争责认副约收回一切权利。以期恪遵严旨谆谆之至意等情,呈复前来。臣查此案,迭奉谕旨,重在收回。去春及今,仍无就绪。既据该革员请赴英京对质,可冀得有转圜,自应准其前往。惟张翼系革职大员,出洋对质应如何前往之处,出自恩施逾格理。合恭折。具奏伏乞皇太后、皇上圣鉴训示。谨奏。

光绪三十年十月初五日奉

朱批:张翼着赏给三品顶戴,准其前往,设法收回。如再迟误,定行严办。钦此。

再开平矿务一案，张翼在英涉讼经年，现已由英返国。臣昨据张翼函称，到英后历经公堂，连次质讯。翼据理争辩，力挽利权，旋得公堂判断，责令被告仍遵原订副约办理。翼因此案迭奉严旨责令全数收回，无少亏失，当在英公堂反复辩论。惟讼事虽已得直，责令被告等遵认副约，势已无能再争。因即由美（英）回华。现该被告虽经上控，然已声明仍系遵认副约。但以争执督办权限为词，藉延宕时日。再中国尚有追缴应赔款项，已由翼所延律师在英经理上控等事，自能一并妥办。至该公司以后应办之事，已非翼权力所能及，惟赖贵督妥筹布置，另订新章，以期该公司应有利权得以永远遵守。昨承发下唐侍郎接准驻京英萨使来函所议调停各节，尚属持论和平。惟其中应行详细磋商之处，尚须贵督硕画宏谋，妥为筹策。翼为有仰承指示有所遵依，所有开平讼案，断定责令被告遵守副约情形，请鉴核奏咨等情前来。臣查此案，迭次钦奉严旨饬臣责令张翼全数收回，不准稍有亏失。如再迟误，定行严办。节经钦遵转饬在案。嗣张翼赴英质讼，只能争到照副约办理，势已无能再争。而英公司复藉词上控，意图延宕，尚难结束。且副约所载，按英例注册等语，仍系为英人公司，在中国政府断无承认之理。英使萨道义以两造相持已久，彼此均无利益，托署侍郎臣唐绍怡向臣伸说，意在和平调停，自须另行设法。而张翼业经回国，可否仰恳量予加恩，仍由臣督饬张翼妥筹商办，纵未必能全数收回，或翼不致受亏太巨。瑾附片具陈。伏乞圣鉴训示。谨奏。

光绪三十一年十二月二十二日

朱批：张翼着以道员用，发往北洋差遣委用，仍着袁世凯督饬妥筹办理。钦此。

禀

公爷、宫保钧座：

敬禀者，窃职道于十月二十日奉接宪台札，开平公司者，一曰秦王岛码头产业约有田地一万三千五百英亩，暨秦王岛借款一百四十万两；二曰承平银矿，建平、永平金矿，开平公司执有股票若干。现今是否有人开办，合亟札、饬札，到该员迅速前往该处，切实查明分晰（析）、禀复，勿稍疏忽等因。奉此遵即前赴秦王岛、唐山等处，详细勘查，并调集各种档案以资考证。其档案所不及备载者，复访诸该处耆老，旬日以来，精研互证，始得端绪。谨逐项为我宪台觊缕陈之。伏读钧札，内开秦王岛码头是否专为冬令轮船停泊装煤及附搭货客之用，抑或公司有权专利，可以拒绝华洋各商不能到彼通商一节。窃查秦王岛为渤海不冻之港，光绪二十三年总税务司赫德议行邮政，因每年隆冬封河后，轮船停驶各省及外洋文报不通。禀经总理各国事务衙门，咨行前北洋大臣王转饬开平矿局，即用运煤轮船，由该岛至烟台为度往返试行代递邮件，嗣后该岛市面日见繁庶。于光绪二十四年，奉旨作为自开通商码头。当时，北洋滨海一带，如旅顺、大连、威海卫、胶州湾等处，胥已租与外人。惟该岛逢冬不冻，形势天然，足备军港之用。光绪二十五年，张京堂翼奏请由开平矿局借款修筑码头，亦复声叙北洋水师无险可据。阳为建设商埠，即阴以树立异日军港之基。朝论韪之。自是以来，遂跻北洋商埠之列。至其地面居民，则仍归临榆县管辖。近年并添设巡警以资保护。凡华洋货船，出入该口者，亦由中国海关照章征税。是该岛本中国国家自辟之商埠，并储为日后海军军港之需，不独登之奏牍，抑亦明见。

谕旨自与他处通商口岸毫无歧异，该公司焉能有权专利视为该局运煤专埠，拒绝华洋商贾到彼通商。即曰各国轮船到彼系缆，均须缴纳码头租费。然系各埠通例，不得据此一端，遂谓为专有产业。此查明秦王岛码头与该公司关系大概情形也。

又读钧札内开，自开平公司代办以来，其账内登明代还秦王岛借款一百四十万两，或即系昔年造马头购地亩之款一节。查光绪二十五年，张京堂翼奏请由开平矿局借款试办马头折内陈明，秦王岛马头工程估作两节办法，马头专为运煤而设，不过一百万元。若大举动工，约计六百万元。并奏称先向墨林借英金二十万磅，约估银一百四十万两有奇。其发端殆即由此。惟查开平矿局卷宗光绪二十六年五月十六日，张京堂翼与德璀琳照会则言，借款二十万磅，乃以十万磅办无水庄新矿，以十万磅办理秦王岛工程。是借款预定用于秦王岛工程者，仅十万磅而已。乃询之该局人员，则实收仅六万磅。焉而即此六万磅之数，当时用以购买秦王岛民灶各地及建筑马头基础者，止去银九万两，约计英金一万磅。未几拳匪乱起，工程中辍。德璀琳与胡华商订假卖约，竟虚将建筑马头费银一百四十万两开列在内。事后该公司遂公然以代还秦王岛借款银一百四十万两自居，不知借款二十万磅虽与百四十万两之数相符，而实收仅六万磅，实用又仅约一万磅。虽秦王岛马头乱后复行修筑，然访问全工告竣，该公司所用不出一百万元。其账内冒称代还秦王岛借款一百四十万两者，实照钞假卖约虚列之数，希图影射蒙混，非真代我还有如许银两。此查明该公司账开代还秦王岛借款银一百四十万两之大概情形也。

又读钧札，内开开平矿局曾在秦王岛置有田地一万三千五百英亩，内有清丈局，地亩是否仍归华人耕种。由该公司取租一节，查开平局曾于光绪二十四五年间，先后托清丈局在秦王岛圈留土地共四万一千三百零九亩，内除未买熟地二千一百零一亩八分九厘，未买民地二百四十九亩五分四厘，官荒一万一千一百六十六亩一分五厘，沙坨河沟洼地一万二千四百七十亩，实余地一万五千三百零七亩。其中又除去官买之地五千三百五十七亩零。开平矿局实购得山岛各地九千零七十亩，熟地八百七十二亩七分六厘。两项合计共中国九千九百四十二亩七分六厘。是即为该公司在秦王岛所置田地确数。其乏言一万三千五百英亩者，或即指最初所圈留之地而言，此项田地，现在仍归原业主耕种，由该公司收租。至以上各项地亩界址，当时虽立有各色标识，惟事隔多年，颜色大都剥落不易辨识。故何处为官买之地，何处为公司所置之地，询之居民皆莫能指认。闻其地红契、粮串，现悉存张京堂处。每年系由张宅完纳钱粮。至官买之地五千三百五十七亩，当时系开平矿局垫付地价共去束钱二万二千一百四十余文。彼时市价约银两换钱六千文，共应作银三千六百九十两有奇。现公家若将垫款还清，此项地亩即可收回自用。此查明开平公司在秦王岛所置地亩之大概情形也。

又读钧札，内开承平银矿，建平、永平金矿各处股票，并全产之利益，系属载明移交假约之内。惟承平、建平、永平等处金银矿，皆不过开平局附有股份，并不得即为开平公司之完全产业。究竟承平、建平、永平三矿，开平公司执有若干股票，现今是否有人开办各节，查承平、建平、永平三矿，本与开平产业不相连，属其关系之深浅，各有不同。承平一矿，由道员朱其诏创办，因拖欠北洋官款三十余万两无力归偿，乃由前直隶爵阁部堂李派归开平局承办，代还官款。所有该矿产业，即由开平局永远执管。该矿系用机器锅炉提水，成本浩大。改归开平后，仍属出银无多，赔累益巨，不敷之款，悉由开平接济。迨至开平为英占据后，遂置承平于不问。现仍由张京堂派员经理建平一矿。初因光绪十七年，朝阳县金丹道匪之乱，凶荒兵燹，民不聊生，于是议开此矿，为以工代赈之计。经前直隶爵阁督部堂李札委开平矿局督办张升任京堂。翼暨该局总会办徐道润、唐道廷枢会同倡办，而以徐道润驻局经理一切。光绪十八年五月开办，先后招集商股行平银十五万两，每股银一百两，开平矿局当时亦附入三百股，计银三万两。至光绪二十四年七月，徐道辞差，复由前北洋大臣荣委升任京堂张翼一人经理其事。访闻该矿开办之初，设总局于金厂沟梁，设分局于撰子山、热水、长皋、霍家地、各力、各五家子、黑大山、柏杖子等八处开办以来，时有方折。迨庚子拳匪之乱，各局益见亏累，停办热水、柏杖子两局，其金厂沟梁总局，系用机器锅炉提水，需煤甚多，亏折尤巨。近年已停撤机器，仅派司事一名看守房屋。现所余者，只撰子山一处，仍在开采，每日出金六七两或八九两不等。金工约三百人，淘出沙金由建局发价收买，以顾穷民生计，至该局共亏若干。非细核其历年账目不得其详。至永平一矿，初由建平局提出成本银一万两作为开办之资，当时并未另招商股，设总局于峪尔岩，设分局于牛心山、兴隆沟、湾杖子、何杖子四处，光绪二十二年开办。禀蒙前北洋大臣王批准奏明在案，仍由徐道润经理其事。光绪二十四年徐道撤差，经前北洋大臣荣札委奭道良袁升道大化接办经理数月毫无起色。禀请前北洋大臣荣委张升任京堂翼兼理，作为官督商办。当由张京堂翼札委徐牧福立为该局总办，庚子拳乱大受亏损。光绪三十年冬，前北洋大臣袁遂将徐牧撤参，而以长芦盐运使张镇芳继其事。宣统六年，张镇芳复以接办数年金苗日稀，出金益少，亏耗不堪，无力再办等情，详请归矿政调查局派员接管。当经前北洋大臣杨仍札委张升道翼接收办理。是年二月，张升道翼派员前往该局看守间，遇零星洒金之人，仍复发价收买以支局用而济贫民，至该局先后方累若干。亦非查核帐目，无从知其确数。要之，开平公司之于三矿关系，虽各不同，而非该公司隶属之产。则一其于建平不过曾附股三万两，所得者一般股东之地位耳。其于永平关系尤浅，查永平一矿，仅用建平局银一万两。该公司在建平所入股本不过值全股五分之一，则所蚀之数亦仅二千两而已。其于承平一矿，虽照副约代还官款，该公司明知无利可图，遂尔任其废弃置诸不问不闻，至今仍在张京堂之手。此查明该公司对于承平、建平、永平三矿之大概情形也。

  所有职道遵饬密查各节理合，据实缕晰禀复。敬请
钧安伏乞
垂鉴！

职道庆汾　谨禀

附呈秦王岛地图一纸

宣统贰年拾壹月　日　呈

秦王岛矿务局创设码头地界图

（文字部分一）

查秦王岛有大小码头两座。大者为开平公司所建，长一千八百英尺，宽五十英尺，计可系船四艘。小者为联军所建，长八百英尺，宽五十英尺，计可系船两艘。该处水深二十四英尺，两码头相距约百余丈。

查秦王岛田地标识黄色者，为未买之地。惟事隔多年，风雨浸蚀，大都模糊莫辨。若调查原卷，并诘问原经手员司人等，仍可得其详。

查秦王岛田地段数分为三十六段，均竖有界石。各段亩数如左：

第一段，八百八十六亩零六分。

第二段，九百十二亩。

第三段，八百十七亩一分四厘五毫。

第四段，七百七十亩零九厘。

第五段，七百十一亩。

第六段，一千四百零一亩一分二厘五毫。

第七段，一千二百四十一亩。

第八段，一千零十七亩五分七厘五毫。

第九段，九百六十二亩六分二厘五毫。

第十段，九百五十一亩八分五厘四毫。

第十一段，九百八十六亩八分五厘。

第十二段，一千零十五亩六分六厘。

第十三段，二千三百四十一亩九分。

第十四段，一千零十九亩一分二厘二毫。

第十五段，七百九十四亩三分二厘五毫。

第十六段,七百六十三亩八分。

第十七段,七百六十三亩八分。

第十八段,七百六十二亩四分五厘。

第十九段,七百零八亩九分。

第二十段,六百六十九亩三分七厘五毫。

第二十一段,六百五十一亩五分二厘五毫。

第二十二段,六百三十一亩四分。

第二十三段,六百三十七亩二厘五毫。

第二十四段,六百八十九亩七分七厘五毫。

第二十五段,八百四十三亩六分。

第二十六段,一千零二十亩。

第二十七段,一千一百六十亩五分五厘。

第二十八段,一千三百八十二亩一分。

第二十九段,一千六百三十七亩五分三厘二毫。

第三十段,一千八百七十亩八分六厘。

第三十一段,二千一百六十三亩六分七厘五毫。

第三十二段,二千三百九十四亩五分二厘二毫。

第三十三段,二千七百零九亩四分。

第三十四段,二千五百九十七亩二分。

第三十五段,一千七百二十八亩九分五厘。

第三十六段,一千五百四十八亩三分。

以上各段亩数多寡不一,统计四万一千三百零九亩,乃开办时圈留之地尚有未买民地若干,官荒若干,沙坨沟河洼地若干,官买之地及开平局买之地各若干,均详禀内,毋庸再赘。

（文字部分二）

　　谨查秦王岛矿务局创设通商码头地界，现按工部尺丈量，每方百丈，拟分三十六段，东至南里庄，西至赤土山，南至海边，北至新设界石，周围总计合地四万一千二百二十七亩零。秦王岛下潮河面宽三十四丈至八十余丈，以下岔河地势低洼。汤河面宽五十一丈至六十丈，小汤河面宽二十三丈至六十余丈。道西庄河面宽四五丈。归提寨河面宽四五丈至七八丈。寺上庄南潮河面宽三四丈，又南潮沟二道面宽三四丈，潮退河干。赤土山庄河面宽四五丈。鸽子洞北一带沙滩潮大，汪洋数里，海边沙滩鸽子洞东北计宽四五十丈。归提寨河口南北计宽五六丈至十丈。汤河口东西计宽七八丈至二十余丈。秦王岛东西计宽四五丈至七八丈不等。是图幅圆窄小，各段地亩细数，另册登记。

下编

《申报》开平煤矿史料

论开平矿务

1878年1月2日,第一版

前阅李伯相批开平矿务禀,云:据呈拟定开平矿务设局、招商、凑股章程,大致均尚妥协。此事应以订请矿师为第一义,其地学高下,必应访查明确,重价延聘。大约炫玉求售者未必佳品。其高手,则西国彼此争募,非重价不能罗致东来。若但从洋商咨访,恐仍得其下乘。果能矿师得人,则订购机器、开厂兴办诸事,皆可从容就理云。观此数语,可谓要言不烦,探骊得珠矣。夫开办矿务,所以必欲延聘西国高手矿师者,因欲采访至美至多之矿中物耳。若仅延得其下乘,仍然毫无把握,则中国岂无能识矿务之人?不过不能如西国之高手可以确有把握,不至空费财力耳。前年湖北武穴之事,岂非明证乎?故与其延用西国下乘矿师,耗费必多。不如仍用中国向曾开矿之人,其费尚少,其徒劳无益,则一也。至于开采之法,中国亦常办理,亦非中国之人全无开矿之法。前有中西诸人,曾经往各处采访各矿者,告余曰:中国开采煤矿之法,当推江西乐平为第一。其法颇与西国相似,惟恐矿内灌入水耳。然仅有小水,乐平人亦尚能取吸。第有大水灌入,无法取出,必至废去。是非西国机器不能为功,但乐平仅藉人力,每日采取无多,不如用西国机器,可以日增数倍。其余他处开采之法，多有尽美、尚未尽善处矣。批又云：第三条设局后，拟先开一煤井，建生铁炉二座，熟铁炉二三十个。俟生意兴旺或需添购机器，另开煤井，自应再招新股。又云：第十条煤、铁两项，到津即照市价先尽机器、招商两局取用，余者或在津售卖，或用轮船运往别口销售等语。闻历年采访之煤、铁各矿当推此。次之，开平矿为第一，煤既为上等之物，铁亦为罕有之品，似可大兴鼓铸，制造铁轴、铁板、铁条等物，以供制造轮船、铁甲与铁皮炮台及枪炮等件之用，与其炼为生、熟各铁售卖与人，所得之利无多，何如购买机器制成各物，以供各局之用。从此诸物不必再购于外洋，则每年所省购买外洋铁物之银，当亦不少，较之仅卖生、熟各铁其所得之利，孰多孰少？不待知者而始知之矣。谅承办诸君亦必早见及此，不必他人代筹也。

通盘核算开平煤铁成本总论

1878年1月22日，第三、四版

夫煤之成本到处不同，缘煤藏之广狭、煤层之厚薄、井之浅深、路之远近、煤质之坚松、水石之多寡、凿取之难易、工食之贵贱，各有殊异。故各国有每墩成本银六钱、七钱者，有一两有零者，亦有一两四钱、五钱者。以英国而论，每日每人工食约银八钱，可凿煤五墩。中国每人每日工食银一钱有零，可挖煤千斤。若用内地工人引以西法，每人工食二钱，可取煤二顿(吨)半。是取煤工价已合英国一半，则司事、小工等经费更可概见矣。大约开平一处仿照西法开采，第一年扯计每日可出煤百墩，每墩需派钻孔开井经费一钱五分，机器、铁、木料耗费一钱五分，凿挖工力银八分，车堆工力银五分，煤栈耗费七分，洋匠辛工二钱五分，司事、小工杂用二钱五分，共银一两；第二年每日出煤二百墩，每墩派钻孔开井费七分半，机器、铁、木耗费一钱，凿挖工力银八分，车堆工力五分，煤栈耗费五分，洋匠辛工一钱五分，司事、小工杂用二钱，共银七钱五分；第三年及以后，扯计每日出煤三百墩，每墩派钻孔开井经费五分，机器、铁、木料耗费七分，凿挖工力八分，车堆工力五分，栈房耗费四分，洋匠辛工一钱，司事、小工杂用一钱五分，共每墩五钱四分。是煤愈多，成本愈轻。

使将来煤旺,多开一井,则洋匠、司事等经费又可省却数分矣。总而言之,开办只需资本十万两,其第一年所出之煤,仅足以供铁炉之用;第二年所出七万墩,照山价一两算,应余银二万一千两;其第三年及以后每年照十万墩算,每年可有余利四万余两。至于铁质,既与英国相仿,则我成本必比英国便宜。盖煤、铁、石灰均聚一处,而我国工力又比英国多省,虽洋匠、辛工略多,惟所用未有几人,其余司事、辛工及肩挑、堆放工力却不及英国之二三。我国向来所不能抵敌洋铁者,皆由未得其法,故提铁不净;未得其炉,故用炭浩繁。今我仿其法,用其炉,则成色定必相等,用炭不致费多,而我工价廉省却又比洋铁相宜也。况英国镕铁厂多有远处购石,或由别处运煤,石价连运费每墩银二两,煤价连车力每墩亦二两有零。计镕化生铁每墩需石二墩、煤二墩半、灰半墩,已合十两之成本。而近日英国生铁价每顿(吨)八九两,无怪生铁厂多有歇业。至生铁化熟铁,每墩用煤一墩半,计银三两,工食三两,共银十六两,得净熟铁一千二百斤,每百斤合银一两三钱。若运来中国,又需再加水脚银六钱,税、保险、行用等费三钱,已合二两二钱矣。今我自己有石可采,近者一二里,远者十里,每百斤车力百数十文。计镕化生铁一墩需车石工银一两零;用煤三墩,连车费计银三两六钱;石灰一千二百斤,计银一两八钱;工食银一两零。共计七两五钱之□。大约两炉每年可镕生铁一万二千墩。惟我国生铁用场无多,势必转化熟铁,每墩须加煤费一两八钱,工食二两,铁炉、机器等件虚耗二两,总连生铁成本合银十三两零,得净熟铁一千二百斤,合每百斤本银一两一钱之左右。以生铁一万二千墩除净火耗计之,可得熟铁十六万担,即接二两之价出售,除税厘、行用连费四钱,每百斤尚可余利五钱。以三千万资本计之,约有三分利息。此不过略举其大端而言。若铁、石、车力不至每百斤百文,加之自己就近烧灰,而铁之售价又可增一二钱,工食又加意撙节,则其利尤厚。然此就煤、铁两项共需资四十万而论,若股本招足,能造车路,其功效更非浅鲜。即使我铁与洋铁成本相若,而水脚、保险每百斤需银六七钱,省出此款。比较已得便宜。所以澈(彻)底陈明者,亦以事真,把握可凭,通筹有准,利实宽余,合算获益无穷。细核始终,诚可肇基悠久,布宣远迩,当知立业恢弘,已登缘起之由。于先详晰贸迁之道,于后庶有识者洞明原委,而同心者共赞经营矣。唐廷枢谨跋。

开平矿务近闻

1878年3月8日,第二版

唐景星观察前由李伯相奏准委办开平煤铁矿务,一切情形固已刊有章程,本报馆叠经登报。兹悉设局招商,本欲纠合股银八十万两,分作八千股,每股津平宝银一百两,不计股数多少,随人量力搭入。各巨商知此事名虽官办,而实由商办,兼悉开平矿产极多。日后用西国机器开挖,用力少而成功倍,当可大获其利。故刻下附股者,共有七千股。挖掘各机器并已从外洋运到,不日便可开办。尚余一千股,想利之所在,人必争之。彼善于操奇计,赢者应急起而购股分单也。

矿苗甚富

1878年8月3日,第二版

近来,唐景星观察在开平查勘矿煤一事。相传此地矿苗可称上好,计有六十方里平原之地,俱有好煤及铁皮等。铁与外洋所采之海姆滩相似。刻下已在该处之河边用钻钻地,以测量从何处开起矣。

议造铁路

1878年8月9日,第二版

《字林新闻》言,相传李中堂与招商轮船局议,从大沽至天津造一火轮车路。缘大沽至天津水道甚形狭隘,轮船进出维艰。此路一成,招商局之轮船可即在大沽停泊,而将客货由旱起运何便如之。按:此事本从去年议定,本欲用上海至吴淞之火车及铁路各料。现在此料既已运至台湾,故拟另购泰西新料,以冀速成。惟唐景星观察刻下在开平地方监督煤矿诸事,须俟不日回津后,便当妥办也。

开平矿务纪述

1878年8月31日,第二版

昨见柴君维振致其友人书云,弟自五月初十日随同唐景星观察由上海扬帆,十五日,安抵天津。二十八日,观察委弟前往开平先行布置一切。于六月二十日,观察偕洋人矿司等亦抵开平。二十二三四连日往勘煤、铁各矿。二十五日,开局名曰"开平矿务总局"。二十六七八九复往各矿查勘煤、铁成色。查得开平镇之西二十里乔家屯地方数处所产之煤比别矿更高,满地皆是,非煤即铁,气脉甚旺。虽二三百年采之不竭。昨日矿司巴尔将煤块化验,内中只有土灰二厘三毫。据矿司云,此煤与英国上等之媒(煤)相埒。查据土人称,二十六年之前,有刘姓开过此矿,其层极厚,均系大块高煤,后因泉水来源甚急,以致中止。迄今旧迹尚在,观察现拟于此处开办云。

开矿近闻

1878年11月6日,第二版

有一美国人自北京致书于《西字日报》馆,曰:中朝已议定于开平地方开矿采煤;又议定自开平筑一火轮车路直抵天津,又由天津而至大沽,计程共四百余里,并设电线路,亦如之而未已也;又延一美国人,名海鸽者,勘验吉林等省之金、银各矿,以便开采;现在海鸽已行抵天津,想不日即行往北云云。富国之机将于是乎在矣,不禁拭目俟之。

开平佳音

1878年12月11日,第二版

开平煤矿一事,刻已就绪,计钻地而勘验者,已有四百七十五尺之深,透煤已及六层。其最厚一层,计六尺余。刻下欲钻至五百五十尺为度云。

开矿续闻

1878年12月21日,第二版

开平煤矿已经开办,所有工匠去已多人。惟鼓铸、铁冶、平垫路途,非千数百人不能胜任。现在尚事浮于人,倘指臂相资,似属多多益善。及至来春,布置周密,煤铁俯拾即是。诚厚生利用之一大端也。又闻山东出有金矿,驻津美国毕领事乃德能别五金,直督李爵相倩(请)渠前往探验。现在毕君已轫辘东行矣。

铁路停筑

1879年2月8日,第二版

前闻开平煤矿业已开采总办唐景星观察欲自矿以至海口筑一火车路,以便运载煤斤。刻下屈计,该路约长百有余里,大半旗人之地。若欲尽行购买,事究不行;若再绕道筑填,费且益钜。又查得该处向有小河,离矿不过两里许。苟其浚深开阔,亦可直抵海边,铁路之议自此中止云。

探查矿苗

1879年5月29日,第二版

开平煤矿前拟铺垫铁路,由山运下,此已列报。现在铁板、铁条与一切杼轴,均经到津,日内装往开平,将即兴作矣。至开银矿一事,现亦亟欲兴办,李爵相饬从美国请到一矿师,每年薪水洋银六千元,刻寓紫竹林大昌和店,以备录用。去冬,爵相复请驻津美副领事毕君子明前往直隶之顺德府及山西之和顺县一带查取矿苗。濒行时,谆嘱毕君,日后□覆,有则言有,无则言无,万勿语涉模棱。效中国官场习气,以致徒劳无功。在后,毕君查得矿苗并不繁旺,所有前查之各路已作罢论。现闻遵化州属及口外地方均有银矿,遵化州之银苗旺否,不得知。若口外之矿,则人言藉藉、居人偷掘者,实有明验。兹拟派人分往两路将银沙取回,由矿师淘汰,分别成色,以定弃取。又有陈某者,顺德府人，据称善辨五金。去岁毕君经顺德时，曾与相识，现在到津谒见毕君，冀得一糊口地，寓居紫竹林瑞升栈，但房租、食用、动费不赀。津人以驴马赁人，已则执鞭相随，谓之赶脚。陈因旅费无出，将所乘之马脱付脚夫，议定得值瓜分，藉济眉急。乃甫三日，而马又被人骗去。骗马者名小李，宁晋县人，从前系看街者，是日皂靴红帽前来赁马，脚夫以熟人任其乘骑，初则徐行得得，继竟加鞭疾驰而去，不知所之矣。据陈云，马价十八两，刻在毕领事处指名控告，请移提究追云。

开煤近信

1881年1月14日，第一、二版

开平地方开掘煤矿一事，曾列诸报。现闻开煤机器尚未办到。前报曾言，托虹口某洋行承揽代办。数月前，业经制成，惟尚未送往该处。兹悉所办机器必须俟开春方能送去，然则该处矿务尚须宽以时日也。

开平煤矿情形

1881年1月25日，第二版

余昨游历冀北，闻开平矿务局在唐山之乔家屯，因往览焉。查唐山地属滦州，界于丰润，高耸五十丈，袤延十余里。山之南麓有石根一道，其下累累，有煤井状，曾经土人开采，因泉涌无法提干，停采已三十余年矣。自唐景星观察精求西法，购由英国大厂机器，爰于石根下数十丈之地，开一煤厂，洵创举也。余初游厂外之东，偏约半里许为总局办公之所。层层廊舍，宏敞可观。迤西至铁陂，山下有洋房五六楹，旋折而之厂外。北首又有洋匠及养病院，屋宇由是步入厂内。周围四百亩，垒石为墙，向北双扉，踪其出入。内有机器房四间，火锅房一所，置锅八座，东西则木作厂、锯木厂、生熟铁厂、煤灯厂、修造机器处、制造家具车房、材料房、画图房。另有缸砖窑六座，水灰窑一库，砖、灰石、焦炭等厂及司事、工匠住房，莫不星罗棋布，一无间地。厂内所开二井：一提煤，拟六十丈，其机器每日能提煤百万斤；一抽水贯风，拟三十丈，每分时辰可抽水千斤。井面至底,上下尽垒石级。每日工程只开尺许。其提煤之井开至二十丈,即开一横道直达各煤槽,又与抽水之井横道相通,俾各道可引风透气。其第二横道拟开三十丈;其第三横道拟开五十五丈。之间所开横道工程与开井相仿,每日亦只开尺许。因道之高宽七尺,只能容石工三五人。余下井周览,但见第一井内已开横道二,系一北一南。北首开至八丈五尺,见煤二槽,一厚二尺半,一厚七尺。其质坚硬,其色光泽。闻试烧,火势极旺。南首亦开至六丈有零,亦见煤一槽,厚二尺,质比北道稍松。统计北首有煤六槽,现只开二槽,以七尺厚而论,每日采万斤,可供三十年之久。若六槽一并开采,可供六七十年之用。如再将提煤之井开深,虽百年亦取之不竭。此专指已钻之北道言之。至南道一带钻不到者,尚有煤槽若干,均未算及也。窃以欧美各国钻地开井,往往年分阅五六年之久,资本经百余万之多。今开平局系光绪三年招商,次年钻地,去、今两年开井。仅及三年,煤槽已见。此事半功倍之举而又能经费从省者,可为有股人贺,亦可为唐观察贺。缘观察初办时,人皆视作畏途;既办后,人又揣生疑窦。独观察力任其艰,小心竞业,人言不恤,告厥成功,且赶筹运道以挑河,迅驰车行以筑路,明年三月便可竣工。水陆分程运煤较速,计其费用只需十余万金,二共资本约六十万两之间,可谓能担当大事者矣。并知轮船局亦系其整顿,而矿局之煤即为轮船所用。合而观之,均足以收回中国利权而杜洋人垄断居奇之念。且其所著章程,才大心细,非寻常人所能企及。余咨询既切,博览亦详,因叙其缘起,登诸日报,俾海内未到唐山者知其大略,而为有心世道人同深欣慰云尔。蓬莱樵客识。

书开平煤矿情形

1881年1月26日,第一版

昨录蓬莱樵客所述开平煤矿情形,足见中国藏货于地直将富甲诸洲,即一处所出可抵泰西一国之多。假令办有成效,逐处开挖,则以之供民间日用,资机器制造,备轮船往来,真觉取之不竭、用之不禁也。而惜乎中国,人情拘拘于古,每有兴作,辄相阻挠,至于议办十年之久,而仅得一处成功也。夫煤之所出与铁相间,西人必谓有煤之处即有铁者,非虚语也。盖彼泰西无国不兴矿务,固尝亲验其寔而言之矣。煤之为用,其火性较诸柴薪、草炭猛烈几至十倍。凡人家饮食有用煤者,非不喜其价廉火烈,而相传煤出于地,水石杂生,阴盛之地而发生之阳气上与冲突而不能发泄,故结而为毒。以煤火制饮食之物,食后必嚼海带以解其毒。敬慎者不敢用以烧煮,即此意也,顾民间日用犹可舍煤而取薪。若制造之事则非有坚韧、绝大块之煤不能供应,平日买自外洋,金银岁费巨万,当事者不以为縻费。以中国之煤质性松脆,火力不盛,不能供机轮之用故耳。中国现于制造一事,竭力经营,海口办防,船炮、枪械有增无减,煤之所需甚钜。若筹中俄交涉事件而计及于此,使必向外洋购买,则百十万银似须预备才能充用。观于所述开平情形,不禁为之色喜矣。盖有此一路产煤,据言,现在已用资本不过数十万,修筑运路又仅须十余万,而其所出即北道六槽,已足六七十年之用。然则以之供轮船制局,岂不可省巨费哉?惟事经商办,纠股出本,若以供国家之用,仍需给价,非若官本官采,费此六十万而用无穷期也。然出煤既如此之多,抛本又如此之省,则官用给价亦当极廉,其胜于买外洋之煤奚止倍蓗(蓰)乎?夫中国开矿一事,群议纷然,迄无成功。今开平行之三年,而其利已有成数可计,岂不大幸事也?从前议开乐平之煤,而绅士有未尽允,卒至空言而无实济。又试办安庆煤局,而所出煤质低坏,不能合用,无益于轮船制造。以视今日之开平,何其事理之相悬一至于此。盖官办不如商办之明效也。开平仅北边一县地唐山,袤延十余里,乃自唐观察悉心经办,而明效可以速收,且产煤之多不可以亿万计。然则尽直隶北境有山之处,而皆采之,其利当何如乎?若更于边外迤入东三省,皆择地而为矿,吾恐四洲之上所用之煤尽取于中国可也。凡议兴矿者辄恐民情不洽,而风水之说又从而惑之。此不过乡农见解浅陋,以为挖取山中所伤者地面,若用机器,则地脉必有损断之虞,故于地方有碍,而议终不成。开平亦犹是。中国民情观察自倡议以至于今而该处之人从未闻有阻挠诸事,然则办理得法,经营得人,亦安见有不能化之民情哉?高昌寒食生继《筹俄十策》而作余议,以此为殿,深知中国轮船、机器所需煤斤全赖外洋运济,内地出产均不合用,是宜预备以免临时之乏。今既有此佳煤,然则矿中既层出不穷,但得趱修运路,由出处以达于东海口岸,而军需有不能继者哉!前闻俄国运储珲春之煤,约值洋五十万元。大都俄人筹算所到中国兵船。设与中国交战,应需煤若干墩,然后储以待用者。今中国幸有开平之产,主客之势既分而多少之数又相悬绝,即此一端,已觉胜算可操矣。特恐所述情形略有不实焉耳。

矿务近闻

1881年4月6日,第二版

开平矿务日有生色,业经列报。现闻开深计数十尺,见煤甚多,大有取之不竭光景。若属华人开采,则煤斤入市者,已不知凡几。惟西人开法需深至若干丈,筑成隧道,能通车马,方始采取。盖入地愈深,则得煤愈美也。矿务局现添西人数名,相助为理,但煤须由陆路运至芦台,方得落船出口。迢迢数十里,马驮车载大为不便。早经该局禀李爵相,请开一铁路由矿直接芦台。闻已奏准,并闻日来有铁管、铁条由津运去。果尔则铁路之举办当在目前矣。

矿务近闻

1881年10月11日,第一版

《字林报》载有北京西人信息,言近来开采开平煤矿,大有生色,势必日新月盛,获利不难预。必现在该矿股分票不准西人购买。只许华人入股。想将来矿务愈旺,更必利市三倍。大约明年夏间,可以大加恢廓,其开出之煤用船运至芦台,再由芦台运至海舶,然后载往各处出售。该矿之北,拟将备机器。不少机器需用之煤,取携极便。上海又订定每年需用礁(焦)炭五千墩,其礁(焦)炭价值甚廉,而实与英国最好之礁(焦)炭无异云。

股分涨价

1881年11月1日,第一版

《字林报》言招商局每年皆开录清单,录以示人。今年开录清单之后,股分票竟已涨价,每百须加增二十之数,亦可见招商局兴旺之象焉。又云开平煤矿出煤甚旺,故该矿股分票亦加涨一分云。

论电线宜得相辅之道(节选)

1881年12月12日,第3096号

前得津沽传闻,言铁路将有开办之信,先自大沽至天津,直达开平煤矿,再拟由津至镇江为一总路,不禁为之色喜。盖开平煤矿出煤多而且好,惟运载不便,故未能畅销。苟得铁路,以便转运,则煤之用愈广而利更巨。由津达京口为一总路,则自南之北,实为便捷,将来必更旁通曲畅,四周八达,处处通行,更为中国成一大快人心之举。

留意矿务

1882年1月19日,第二版

开平煤矿业已大有成效,是以当道于五金之矿,近颇着意搜求。闻有地方可开取者,无论远近,必派熟悉洋务人员前往察看,估量沙色,分别土宜。前年李爵相曾派美国驻津副领事洋务委员毕君德格前在直隶顺德、河南彰德一带察看情形,只以矿苗不旺,得不偿失,中止。今年,又派朱观察带同曾君子木前往采探,亦如前说。夫事虽不行,而爵相之讲求矿务已可见矣。又闻吉林新设之机器局虽规模不大,然已盖成屋宇,购就机器,今冬由天津机器、制造两局派拨工匠、委员解送,前往动工云。

风气日开说(节选)

1882年2月23日,第3163号

开平煤矿出煤日繁,地不爱宝于此益倍。电线之局设于去冬,今则渐将推广南京一线,亦已通报矣。将来汉口一路,亦必推行。由是而浙江诸府,亦拟旁通曲畅。盖中国已知此事之实为利便,则行之必无窒碍而其事不难广行也。铁路一事,中国犹迟疑未决,然开平已成小铁路一道,以为运煤之用,其端倪已经呈露,津沽拟创铁路,前虽有中止之信,而近日传闻又有将次举办之说。倘创办一处而人知其益,则亦必急步后尘,吾知此事之兴亦必不难。此皆所以求富之道也。

开平近闻

1882年2月28日,第一版

开平矿务局经唐观察创办以来,目下已建有铁路,规模大廓,气象一新。运煤之车络绎于途,产煤之区开采不竭,且煤质既佳而价值又廉,销路极为繁盛。该处向本萧瑟,现已成为大市落矣。闻矿局股分单价亦步涨,是可喜也。以上系南友新自北旋者言之,盖是友曾一至开平扩眼界也。

劝开银行(节选)

1882年3月初3,第3171号

华人曾言欲在上海仿照西法开一大银行。然有此言无此事。其实亦非甚难,但须纠集股分,即可集事,即如招商局亦系股分,开平煤矿亦系股分,香港之安泰保险公司亦系股分,而皆有蒸蒸日上之势。如有创议兴办股分,必可集成,即西人亦愿入股,并肯襄助其事,倘能办理得法,股中人当无难大获其利也。

煤务近闻

1882年3月5日,第一版

开平煤矿日有生色,屡列于报。兹闻自该处至天津拟欲开一河路,三月之后,即可开浚成功。此河既开,则运至天津之煤,每日可得二百五十墩。盖无此河路,则转运不易,矿中之煤亦将少出。得此转运捷径,矿务益见出色矣。闻该矿煤苗甚旺,七路挖掘。因运路未便,故挖掘亦皆不甚上紧。若有运道,则七路用力攻挖,约每日可出煤一千墩,计可挖至六十年之久。其旁尚有一处,现在亦拟开掘。是处煤亦极旺,若运路便捷,每日亦可出煤千墩,计可挖至四十年之久。统计该处可开之矿，尚有五十处。煤均旺产。若有铁路载运，取不竭而用不穷；若不赶造铁路，煤无出路，则亦终藏于地，甚可惜也。

商股获利

1882年3月15日，第二版

前报开平煤矿股分，单价值步涨。兹悉该局创始，每股收本银一百两。分息后，现已贵至三百余两。轮船招商局当时亦每股百两，现亦增至二百卅两。回忆数年前招商股分曾跌至数十金，而尚无人顾问。今乃获利若此，足征公司气运大开。行见织布局、电报局将来招徕股分，不独易如反掌，而大利所在，亦堪操券，是可贺也。

矿务传闻说

1882年3月24日，第一版

昨阅《西字报》言及开平矿务，云有西人来信，称开平开矿之举恐有中阻之势，缘有言官陈奏以为恐于风水有碍云云。该报从而论之，言中国风水之说实为可畏。开平煤矿开掘亦既有年，其煤苗极旺，其股分亦涨。骎骎乎已有日进无疆之意，外邦人方且为中国贺，谓自此中国富强之道其在此乎？轮船、兵舶需煤若干，机器、制造需煤若干，中国若不自行开煤而购诸东西两洋，则不特价值必贵、水脚必多，而且殊形不便。一自开平开矿之后，其每日所出之煤运至津、沽以供轮船□之载运烧用者，其数甚巨。若再有铁路转运，则一日所出大有可观。前者日报所载其言实不诬也。近日又开河道一条，以资济运，往来既便，出煤愈易，而其他煤苗之可开者犹觉不少。中国之于煤矿大有蒸蒸日上之势。股分票每百两涨至二百八七十两，人人皆踊跃购买，欲思藉此以发财。薄海内外罔不耳而目之以为中国之富强，实基于此。而乃忽有以风水之说为言，恐此言一出，信之者又从而和之。矿务防有不能终竟之势。目下股分已见跌价，甚可惜也。西报所言如此，窃以为中国矿务实为最要之事。北方地气苦寒，居北方者每至冬日全赖火炕以御寒气，伐木为炭以供烧用。旦旦而伐之,虽有牛山之美,亦不免于濯濯。所恃者煤之产于地者,其用尤大,故北人一闻开采煤矿,无不欣然色喜。至于轮船、机器需煤实多,苟非有极大煤矿广行开采,恐有不给之处。倘必购于外洋,则中国之煤既归无用而听其弃于地,而外洋反得畅销。其煤使中国银钱流入外洋,而中国益贫,岂策之善者乎?况中国出煤之地正复不少,即如开平一处,其所出已足供各处之用。从此愈开愈广,可以其余转卖于外国各船,是不独中国之利不致流于外洋,而外洋之利转可收之中国,诚两得之计也。至于风水之说,中国向来相仍不已。近年以来,则见闻日扩,似乎稍有所悟,其寔则风水一说本属无稽。禹疏九河,随山刊木,彼时若拘牵风水,吾恐虽有庚辰竖亥等佐命之神,亦未必可以集事矣。青鸟之尝仿于郭璞,自是而后,风水之说大行于中国,而亦无复再有能继神禹之绩者。今以开煤之故,而又执风水以为言度,亦成见之未能悉化耳。夫近日中国言路宏开,朝臣陈奏无非为国为民,或以富国,或以强兵,或以治内,或以御外见于邸抄者,其奏疏往往可书可读,又岂有人焉拘于成见而以此为言哉?且凡治国者无论出治之君与佐治之臣,皆当以国计为重。今若开平煤矿已有成效,从此愈推愈广。凡各直省有矿苗等处,自必互相开采以获大利,岂非上下均得其益乎?设泥于风水之说,使已成之功隳于末路,在开平一矿即不足惜。而凡开平矿有股份之人势必因而短气,以致或欲纠一公司,营干立业,亦谁肯以有限之银而谋此无凭之事哉?抑风水果实有碍,则开平开矿计已有年,何不于初开时即行奏阻,必俟煤井挖成、机器齐备、煤已日有运出而始有此奏也?故吾以为西报所言恐非确音也。继而闻西报所述亦非无因。盖凡有煤之处往往有铁。煤、铁二物,若有相因相倚者。开平之煤既见繁多,而与开平相近处尚有铁苗,行将纠股开采。此处似与风水有关,是以京官陈奏是则请饬下停止者,实停止将开之铁矿,非停止已开之煤矿也。此说似觉近是,但本馆究未见有明文,特因《西字报》既有是言,而又得外间传述,姑先参以末议,冀效管窥蠡测之私耳。

论中国开煤之益(节选)

1882年3月28日,第一版

自开平之矿既开,而煤之出也甚旺,煤之开也渐广。台湾之鸡笼煤,久已出名。安徽池州亦经开掘。湖北亦有议开者。而于是纷纷皆以开煤为事。……夫无煤则轮船、兵舰悉成废物。他国自开煤矿,以本国之煤济本国之军,取之无禁,用之不竭。而中国以不自开煤之故,动辄借资于人,至于将伯无可呼,其势不且坐困耶。故当开平一矿初开之际,论者即为中国额手称庆,以为自此而后,中国可以有恃不恐,不受外国之挟制矣。煤之出于此也,或有尽时,然据闻开平煤矿可开者尚多。即如现开之地,倘能运转便易,每日可出煤千墩,可以开至六十年之久。设近处旁攻,则所开益广,所出愈多。不特藉以为各口轮船之用及机器制造之需,而且尚有盈余,可以转售于他国。

股分又涨

1882年3月29日,第一版

《字林报》言开平矿务之股分票,前数日价值跌落,约每百两仅得偿一百八十五两。近日则复见加涨,每百两可得价二百二三十两。然则中国开矿一节,仍有蒸蒸日上之势也。

津信摘录

1882年4月5日,第一版

天津西人来信云,开平铁路机器现经官宪收进,不准行用。该西人以为此事恐不能久停。盖铁路运煤较水道尤捷。运煤既速,则销售亦易。否则运煤过迟,销路亦必不畅也。但此言得诸传闻,未知确否。又云北河舟行不便,人言藉藉,不知北河水道每逢春令往往如此。缘冬令水少行迟,沙泥不能冲出,积渐淤塞。及春令一过,轮船驶行渐多,沙泥□轮浮动,则可渐渐冲出海口而舟行即无阻滞也。

煤矿消息

1882年4月7日,第二版

昨有津友来信云,开平煤矿刻下大有起色,每日有煤船陆续到津。闻再迟数日,俟坝工告竣,即可畅挖,行见出运多而销场广也。

矿务方兴

1882年4月11日,第二版

开平矿务日起有功,其煤斤几于俯拾即是,但西人采法不汲汲于目前,无见小欲速之弊,故必开深若干横阔称是、就矿筑成马路,然后采运煤斤。目下矿中诸事备齐,又拟就开平筑一铁路,直接芦台,为运煤之计。日前,《西字报》谓有奏止之说。兹悉并无其事用亟,据闻照述以释群疑。

论开平创开铁路事

1882年5月4日,第3233号,第一版

中国自开平煤矿开办以来,出煤日多,转运非易,于是开浚河道用船载运,以便销路。然水路尚不能十分快便,因复拟设铁路以便载运。刻下铁路业有成议,机器等物均已运赴津沽,可以兴工创办矣。此路若成,则矿中之煤运出极易,而销路亦必宽畅。从此,矿务益当蒸蒸日上。此固不待智者而后知也。吾因此而叹中国之于铁路实有不得不开之势,而以前之迟迟不行,殊为失计,其已成而复毁者,为尤可惜也。泰西各国处处有电线,处处有铁路,不啻如蛛之张网,纵横四布,无地不然。以铁路辅电线之用,故其运用货物、传递消息,捷于影响。路虽远而转瞬可达,货虽多而顷刻可到,其载运之费,亦皆甚廉,因而获利愈厚。观于前报所载,英国、印度铁路数目以及所获之利,可知仅就铁路一端,利源已为不薄,若再核算铁路运货之水脚,则更属不赀矣。中国惟无铁路,故虽有货物而转运之费过多,即亦不能得利。数丈之木,负者数人,工资若干;百钧之货,扛者数人,工资若干,竟有所负之货售作

运费而尚形不足者,则铁路之用,乌得谓之无益哉?本埠前曾试办铁路,自沪而至江湾,自江湾而至吴淞。彼时吴淞并无市面,坐客往来不过藉此以为游玩之地,每人收资三百余文,可以往而复来,而坐者颇不乏人。倘不拆毁而向西人购得此路,归中国人管理,俾往来行人得以快争捷足。吾知坐者必将日盛一日,将来吴淞亦必蔚成闹市。从此而扩充之,迤逦而达于苏州,则苏垣之元气可以早复。再推而至镇江、至金陵,联络一气,其利当不可胜言。愈推愈广,而浙省各府以及八闽三江,纵横旁达。中国地虽辽阔,局势不难团聚。加以近来电线一通,亦复推暨殆遍。中国之兴,何可限量?而遽无端拆而去之,中国之失计也。说者谓铁路之利,中国亦未尝不知,止以创造之费实属不赀,故人皆望而却步,不知此等事皆当逐渐而来,譬如上海一路为之,□矢立之根基,而以所得之费,计其开销,积其盈余而稍稍扩充。造得一里,即有一里之益;推得十里,即有十里之益。由十而百,由百而千,由千而万,皆循序渐进。所谓得寸则我之寸,得尺则我之尺。持之以渐,需之以久,当必有无难推广者。假如现在开平之铁路不过仅藉为运煤之用,其后稍推而广,而以一路至黑龙江,可以防东三省之变;又以一条至京师,可以资拱卫之用。将此路所余移创彼路,兵家所谓步步为营之法,虽旷日持久而必有成功之时。向使上海之铁路未拆,则此时当必有早经推广之处,不必迟至此时始以开平为先路之导也。盖举事者,惟创始为最难。上海之开设铁路事之创者也。既有所创,即不难于因乃于所创之举而截然顿止,则欲因而无可因。阅时既久,而始有开平之举,则事实与创始无异,成之更非易易。即开平既创之后,汲汲焉,以推暨为急而已迟之数年矣。夫中国之出产并不逊于泰西。泰西之贸易未必工于华人。而泰西以有铁路而载运便捷,遂日见其兴发不已。中国自安苟且而利权不能自主,反为西人所夺。此其故,盖可知矣。譬诸弈棋,起首最难,能者无端下一闲着,后来皆可得用;不善弈者,举棋不定,既下子,而后拈起,沉思良久而后下之,即使慎密有余而迟速之效不同矣。譬诸博者,先下手时,资不甚巨,其后就赢钱,而滚之盈千累百不难也;不善博者,刻刻防负,即已下注,而犹有所迟疑,幸而胜则于愿已足,而不复再图大举。一负则孤注立尽,翻本为难,即使有偶赢之时,而其多寡之数不同矣。即小以见大,创大业、举大事,何莫不然？上海之铁路亦棋中之闲着也。既已得用,何妨就赢钱以滚之？成而复毁,则已下子而复拈起,已下注而犹迟疑。如是而欲求其必胜也,乌乎可哉？虽然成事不必说矣,及今而为之犹未晚也。窃愿当轴者为之一决其计焉尔。

北地矿多（节选）

1882年5月13日,第一版

据云,直隶东北自山海关起,迤逦至京,有矿地甚多,煤、铁、铅、铜四者咸备,开平矿亦在其内。开平矿现在开办,其所出之煤有松有坚,而尚不及东洋之佳煤。至于西边之山,去京一百余里,则煤质最佳,其坚者胜于英国之煤。此处煤矿向有华人在彼开掘,照中国法子,从旁开进；在矿购买,则照西法核算,每墩计银一两二钱,运至京都,值银六两。转卖于西人,值银八两四钱。大约转运不便,故脚价辗转加大。倘以开平挖煤之法施之,亦用机器、西法,则佳煤日出不穷,加以铁路便运,则不但可供华人之用,而且可以售诸外国人以获厚利也。

开采煤铁急于金银说（节选）

1882年5月15日,第一版

开平之煤质性既佳,当适制器之用,是知中国非无佳煤也。如无佳煤,则西山一带所产,何以如彼？且西山未用机器,苟由开平而推广之,何尝不可充制器、驾船之用？煤既如此,铁亦云然。加以建筑铁路济其转运,由京师以达津沽,再由轮船以至上海、闽、广,其□洵无穷矣。

津信杂录（节选）

1882年5月15日,第一版

天津西人来信云……又言开平之煤现已运到津沽,各外国轮船多有购买。开平之煤先为试用者,据闻该煤可称最佳之品,烟少而火光白,甚为合宜。现在天津招商局之码头,已重新开拓,预备将来屯(囤)积煤块之地,其价则每墩银五两云。

开平近闻

1882年5月19日,第二版

闻得开平开煤之地,所开河道及起造桥梁,将次竣工。所出之煤甚多,每天可出二百墩云。

矿煤生色

1882年5月30日,第一版

开平所出之煤在天津出售,其价每墩银五两至五两二钱五分。各轮船颇有购用者。据云,极为合用,其煤火力甚猛,其烬余之灰不过三成,亦无成块之灰。然则该矿之煤不难与洋煤齐驱并驾,是真中国之大利也。故近日开平股分票已增价至二百四十五两矣。

船局煤矿琐闻

1882年5月31日,第二版

招商局与太古、怡和三家,近悉为整顿长江水脚议立合同,已于本月十一日签字。查招商局各口生意,以长江为最。今水脚议妥当,更日有起色也。至于开平之煤,每日所出,颇觉繁旺。各轮船在津闻皆争购此煤。是则招商局与开平矿俱见(现)蒸蒸日上。苟再扩而充之,中国之利亦溥矣哉。

矿煤大至

1882年6月6日,第三版

招商局之利运。轮船运到开平煤二百余墩,上在招商局虹口地方之中栈。开平煤到沪者已有数次,惟不若此次之多。煤质既佳,载运复旺,行见购买试用者,定不乏其人也。

劝华人集股说(节选)

1882年6月13日,第一版

近来自各国通商以后,风气渐开,亦有仿西人之法者,然犹不概见也。自招商局开之于先,招集商股,创成大业。各商人亦踊跃争先,竞投股份。自是而后,百废具(俱)兴。仁和保险公司即相继而起,获利亦颇不赀,投股益加众多。至今日而开平煤矿、平泉铜矿、济和保险、机器织布与夫纸作、牛乳、长乐之铜矿、津沪之电线、点铜矿,无不竟为举办,蒸蒸然有日上之势。……且不仅投股而已,又有以股分票相互买卖者。其行情时有涨跌。查招商局原价每股一百两,今则已涨至二百五十两矣。平泉铜矿原价每股一百两,今已涨至二百两及二百零五两矣。长乐铜矿原价每股一百两,今已涨至一百六十两矣。开平煤矿原价一百两,今已涨至二百三十七两五钱矣。仁和保险公司原价一百两,今涨至二百二十两矣。……今行纠股之法则,每股百金,集百股即可成事。分之不见其多,合之乃不觉其少。此法本属甚妙,而且最为便捷。特华人向来未行,故无人为之创耳。泰西以有此一法,而诸事易于开办,是以握致富之原。中国未知此法,因而无致富之术。此其所关甚大,非特为商局起见,即国家气运所系焉。今者风会渐开,咸知趋向,由招商、轮船、仁和保险开其先,而诸务为之继。招商、仁和阅时已久,其股分日见增涨,不必言矣。开平、平泉、电线等则皆近年始行创办,而一经举事,遂觉日有生色。不但投股者多,而且买卖股票者亦不胜踊跃。

津信摘登

1882年6月25日,第一版

《文汇报》载有天津西人来信,云:开平煤矿刻下每日可出煤九十墩至一百二十墩,皆系佳煤。所开新河,由开平通至北河者,目下尚未竣工。如河道浚通,则每日可出煤二百墩至二百五十墩。矿务之兴旺,亦可想见矣。该信又言：该处尚有铁矿，现在奉宪谕停止开采，殊不知其何故。采铁机器，前已购齐，所费已颇不赀，而竟徒费无益，良可惜也。

矿务近闻

1882年7月6日，第二版

有自北省来者谓开平煤矿极旺，惟久无雨泽。芦台津河水甚浅，只有小舟方能驳载，是以转运维艰。现在每日只出煤一百数十墩，缘多采实无处堆积也。幸闸工业已告竣，又因金钟河一带梗塞，于新河庄拟开一河，直达芦台，刻已兴工。河成后，大船即可由芦台至大沽之新河口。故须秋初，煤当旺出，大约一井可日出五百墩，两井并出，日可千墩，洵为利源之独擅也。至平泉州矿务中西参办，又与开煤不同。盖采煤务深，采铜就浅，只须看真宝峒，认明峒口，即遍地可采，铜砂虽不能抵煤之旺出，而成本不钜，其利即厚。此近日矿务之大略也。又闻江苏之徐州、安徽之池州、湖北之长乐，无不煤铁并饶。行见地不爱宝，中国致富之道于此已见一斑矣。

津门近信

1882年7月13日，第二版

天津内港装运开采煤之小艇往来，络绎不绝。该船两艘相接，钩合为一，每艇可载煤数顿（吨），如驶至浅滩转弯处可以放钩分行。开平出煤之旺，不卜可知。至运赴各埠，因招商局轮船运漕，孔亟不克，装煤致延时日。故拟先将海运回空沙船，定装煤斤，而水脚亦甚廉云。

津信杂录

1882年7月16日，第一、二版

天津西人来信……又言：开平煤矿之小工刻下有停工情事，皆赴恳于天津，官宪云，工价须与广东小工一律，始肯做工，云云。官亦无如之何。故唐总办前赴开平商办此事。目下，开平矿工不若从前之踊跃，至刻下，开平煤价则第一等每墩银八两,第二等每墩银七两五钱,第三等每墩银七两,其铁矿则业经停止矣。

矿煤畅销

1882年9月7日,第三版

昨过开平,历览矿局规模宏大,布置精详,于讲求西法之中寓参考中国之制,开四方风气,敌外国利源,富强之成效已收。创办之经营不易,叹为通商来中国所未有一大局也。并闻该局于煤务极究精微。除块煤烟盛,极合轮船之用外,其余煤油、焦炭、火砖,各色皆定画一价值,货美而价平,邕销可操左券。该矿每日已出有二百数十墩,在胥各庄屯煤如山,刻已运出,一千墩存大沽,数百墩存烟台,数百墩存天津招商局栈房。闻登州东渡水陆各军,现奉大宪行知,以开平煤好价廉,通饬水师统带各官皆于烟台、天津招商局两处领煤,毋庸外购。即照矿局定价核算,并札知招商局多备,源源续运,川济军需。先闻该局煤斤旺出,本拟秋间运至上海,刻有此举,则现虽不即出口而利用溥矣。值此边防多事,方知矿局之益处甚大。轮船招商局虽收回中国利权,然生意盈亏犹关人事,且有长落不时,仍有洋商时与争衡。若开平一局采天地自然之利,取之不竭,用之无穷。凡生意以销畅为难,而矿煤则北方兵轮各船、制造机器等局皆取用于斯。现今每月加工,年内总可出五百墩一日,虽运上海,亦陆续不穷,似较招商尤有把握。平泉之铜矿将来旺出固好,现今开井做地工,尚未出铜,亦犹之乎煤矿。前两年蹊径。与矿局已熟果实,已成金丹不同。吾于是艳羡领袖之人大有心计,立此大业,有关于国计民生,实非浅鲜。四方人能前事是师。天下名山殊多,宝藏曷不继美以踵兴焉。(京东过客有心人稿)

津事杂录

1882年10月15日,第一、二版

《晋源报》言:闻天津及开平矿拟用电气灯,迄今尚未能试燃。惟开平至津之德律风则颇为得法,一线传音,千里如面,殊觉其便也。又云开平近因大雨积水,故矿之左近颇有损坏之处,所幸田事无恙,亦可喜矣。

开平近信

1882年10月28日,第一版

天津西人来信,云:开平煤矿现已挖至十二层,其第十二层之煤计有两丈之厚,故目下该矿止在第五层及第十二层开挖。此二层内,每日已可出煤一百五十墩。该矿之兴旺,益见蒸蒸日上也。

津沽近信

1882年12月3日,第二版

开平煤矿颇为兴旺,有层出不穷之势。其运煤之法,先由陆路运至芦台,然后换船运至天津销售。闻矿务局恐船少,不敷所用,已在芦台造船二百只以待运煤。刻已鸠工庀材矣。

开矿宜兼筹运道论(节选)

1882年12月19日,第3462号,第一版

矿务之兴,以目前买卖股份之处为衡,已不下十五六处。其间惟开平煤矿为最早,外此则皆创自一二年间。

矿师赴工

1883年5月5日,第二版

闻平泉矿产金、银、铜、铁、铅及煤质硫磺,无一不旺。自创办以来,开采之法已得,而镕化之工未精。昨知延请精于镕化之西人五名,计正矿司开壳夫、副矿司哈子伯专司镕化,孛来福专造药水,末土活专司机器。士点均于本月二十七晚由海晏轮船北上赴矿,曾在上海订立合同。其合同所载,每日包镕铜斤及于铅中提金、提银,核其每年盈余,倍胜股本。是以日间股价飞涨,

大有起色。其硫磺乃造药水所用，可无庸购自外洋也。又闻开平大工已竣。今专于开采，每日可出煤五六百墩。是以股价亦涨，如每日出煤至千墩，约有五分之利，虽利逊平泉而功与平泉相将。盖开平股本较多平泉数倍，不免摊薄也。

矿务生色

1883年5月11日，第一版

天津海关税务司缮就去年西历一千八百八十二年内津关税务清单，内开：现因开平煤矿产煤合用，故东洋煤之来津者渐少，计一年之内开平煤之运赴天津以供各轮船之用者，共八千一百八十五墩，值海关秤银三万六千八百三十三两，另有礁（焦）炭三百十三墩运往上海、福州两处。此外，又有佳煤六万墩在天津售出。开平近已有路通于北河，离大沽二十七里，地名刘家庄，现已造煤厂以便囤积，并造码头两座，计长十三丈，轮船可就此停泊，发运煤斤尤为便捷。即此观之，开平矿务兴旺可知也。

论禁开矿事（节选）

1883年5月13日，第一版

即现在开平之矿蒸蒸日上，其煤质之佳而且多，西报屡言之。该处地方亦向来瘠苦。现因开矿之故，而民间颇有向荣之意。其余如长乐、鹤峰等处，凡开矿之地较之从前殊多生色。即此可见开矿之有益而无损矣。

再论禁开矿务（节选）

1883年5月28日，第一版

凡其国中有可开之矿，不顾风水，不论劳费，必欲遍开而后已。而于是国日以富，即因之兵日以强，此其理夫人而知之，不独西人自知之。即中国人何尝不知之？知之而不能效之，不亦可耻之甚乎？故中国近年以来，凡有禀请开采矿务之举，无不悉邀允准。自开平为之始，而此外纷纷开办者，日增月盛,不复从前之拘守成见,此正中国致富之大转机也。

津信摘录

1883年10月23日,第二版

津沽西人来信登诸《字林西字报》,言:开平煤矿股分近日忽又涨至九十两,购者争先恐后。问其所以涨价之故,则或云因今年所开之第五矿口出煤甚多;或云徐雨之观察至津与李傅相商办妥帖,其开平东北尚有铁矿,亦许其开取并入开平,故闻此信息者莫不纷纷向买也。

津信摘录

1883年11月1日,第一版

《字林西字报》载有天津西人来信……又言开平股分之往来卖买者,刻下已觉稍定,不若前时之纷繁。而有股求售者,则必须一百二十两始肯出售也。

西报译录

1883年11月18日,第二版

今年本埠庄号倒闭之事,层见叠出,本馆有闻辄录。前数日曾阅宝源祥栈有臬杌之势,因无确耗,不便率登。兹阅《字林西字报》言该号实不能支持,号主徐雨之已将各帐交于各债户,闻其该欠多系钱庄,大约有一百五十万至二百万之数。其抵押之件,则地皮、房屋以及各公司股票等类,其地皮上房屋有已造成者,有未造成者;有在租界中者,有在租界外者。股票各种,皆有大半不甚值钱,惟开平煤矿招商局股票或可抵冲,然亦当大打折头矣。

开平近信

1883年12月5日,第二版

天津传来信息,云:开平煤矿股分票现价每股一百四十两,而人犹未肯出售。然则该矿务尚有蒸蒸日上之势也。

津信摘录

1883年12月11日,第一版

《字林西字报》载有天津西人初四日来信……又言开平煤矿股票近日尚涨价不已,初四日涨至每股一百五十两,而尚无人出售,是该矿之好消息也。

汉矿佳音

1883年12月12日,第二版

闻招商局之富有轮船装载开平矿之煤驶行来沪,计装煤一百数十墩。该船司机器之西人,取煤试烧,则见该煤火头猛烈,灰屑极少,出烟亦佳,实为上品,不胜欣喜。现已将所载之煤留于本船烧用矣。观此,则开平矿股之价日增月盛,固其宜也。是可为该矿有股诸君贺。

续论矿务(节选)

1884年2月25日,第一版

迩来办理矿务不特利不能兴,而且害贻胡底,言开矿者盖几几相引为戒矣。虽有数处办理得法,矿苗果然上等,通风泄水,一切机器无不合宜。而经事之人又复实事求是,不以他人之资本轻于一掷,自此八年、十年,利源可以日见兴旺。然以各项股分有跌无涨,买股之人争思脱手,市面银根紧急异常,亦不暇问及何矿之佳,而转为购进。故如开平之煤矿办有成效,出煤多而且好者,无人探悉其实在情形。股分之价虽略胜,而终不满于原股之数,买者亦未必舍他矿而就此。

津信摘录

1884年3月9日,第二版

《字林西字报》载有天津西人来信……该信又言:闻有李傅相奏保招商局总办唐景星观察请以布政司用之信,因其远出外洋,勋劳懋著故也。并闻醇邸亦相助以请。盖唐观察在外洋代醇邸购办制造局所用机器约价二十万元,故醇邸嘉其功。唐观察请开某处煤矿,并由矿所置铁路以达于京都。闻亦获邀,允许唐观察自外洋言旋,于招商局、开平矿均有整顿,故宪者优隆若此。

封禁私矿

1884年3月31日,第二版

开平煤矿于上月中,有坍塌煤井压毙多人之说。市中有虎,几以为真,其实传闻之误也。按:该煤井一号者深六十丈,二号约四十丈,向用西法开采,可无意外之虞。而去矿七八十里而遥,该处土人有罔利偷开情事,局中尚未查禁。土人已互相斗殴,毙两人,伤数人。总办以其冥顽不灵,未便以理喻请遣,因禀傅相,派员查禁。讵委员既到,土人鼓噪,蜂拥而前,□舆亦为挤破。地方官恐干不便,赶紧弹压,并会营拿办,事始解散。现已将私开煤井发封矣。以讹传讹,或有造言生事者,遂谓开平井塌云。

利国佳音

1884年4月9日,第二版

顷接扬友来信,言该处接到徐州电报,知利国驿清山泉地方挖出煤层,深一丈二尺,煤质亦佳。查开平煤层,深不过八尺,今利国较彼厚至四尺,其佳可知。录之以为该矿各股友贺。

津信译录

1884年6月7日,第一版

《文汇报》登有本月初七日天津西人来信,云:津郡华人传言,谓李傅相命马眉叔观察总办上海招商局务,而令德君璀琳为之襄助。俟马观察办有就绪,德君始行调回。至唐景星观察,则傅相命其离局来津,专办开平矿务云。又言德君璀琳现拟一奏稿,欲请中朝开筑铁路。其奏折则由总理衙门转达大意,亦与前刘省三爵帅所陈仿佛而尤为切当,或者总理衙门当与准行。盖闻朝廷亦深喜铁路之成也，所虑者经费难筹，但德君殆必能设法以兴办此事也。该报所登信息如此，但未知其确否，姑录之以俟后闻。

查勘矿苗

1884年7月17日，第二版

津海关道盛观察查得，山东、直隶各处尚有矿苗甚旺、未经开采者。爰于月初，由开平调到中西矿师前往查勘矣。

矿务近闻

1884年8月17日，第三版

前醇邸拟派神机营兵丁，在京西西山开掘煤矿，以资制造军械之用。今春曾开厂试办，仿效开平成法，用机器开采。刻有人自京西来，云：新矿距门头沟三里之遥，目下苗不甚旺。缘山口有石骨横亘圹（矿）道，螺旋机器不甚得力，必俟秋后山水渐涸，别开矿道，方可大收功效云。

整顿矿务

1884年8月19日，第二版

开平煤矿局现在实力整顿，将冗人、縻费一概裁去。查该矿所出之煤有五槽、八槽之分。五槽煤质甚佳，现在天津东西两机器局、兵商各火轮船，概行烧用，既不拥滞又不缺销。至八槽则渣滓甚大，局、船两项概不买用。天津存货一千数百余墩，贬价招徕，尚无售主。矿中不便多采，以免积压。津价每墩只银二两八钱云。

西报照译

1885年10月17日，第一版

《西字报》云：刻下开平矿务局已以怡和洋行为总经理人矣。

铁路将兴

1885年12月30日,第4568号,第二版

大沽至天津开办铁路,刻已丈量,计东岸长一百零八里,西岸长一百十余里,共需工料银二十万有奇。兴工日期尚未定夺。其唐山至北塘一带,系开平矿务局运煤要道,现拟邀集股分,先行开工。是路长二百里有奇,原有铁路长二十里。照原筑与现筑工料参计,每里需银二千余两,并火车等物可售回银五万余两,每年运煤可以收贴运费银四万两。现已集得银三十万两,连售路并支取运费不下十万两,共计有四十万两之谱。开平矿务总办吴南皋太守遂回明李傅相,当可先着祖鞭矣。

论法人拟立煤埠事(节选)

1885年12月31日,第一版

中国诸矿如利国铁矿,以铁为主,闻近来已见煤斤,将来或不难日增月盛。而是矿既以铁为主,则所出之煤亦只能供炼铁之用,未必尚有余煤可以资轮船之取求。最所属望者,则为开平煤矿自开办以来,所出煤斤亦颇不少。目下津沽轮船来往,购用开平之煤,时有所闻。弟以该矿出煤虽旺,而苦于运载不便。倘不早成铁路,则终有不能尽善之处。

喜书本报铁路将兴事(节选)

1886年1月8号,第4577号,第一版

夫大沽至天津,计东岸长一百零八里,西岸长一百十余里。若以建铁路,则此两岸刻下均经丈量、估勘,核计工料需银二十万两有奇。其唐山至北塘一带为开平煤矿运煤之要道,计长二百里有奇。原有铁路长仅二十里,计原筑与现筑工料两相参较,约每里需银二千余两。现在唐山至北塘一带铁路,已集有银四十余万。该局总办已回明李傅相,行将先着祖鞭。而大沽至天津东西两岸,□兴工日期尚在未定,然以意揣之,兴办之期当亦不远。何则?据

所估之数以计之，东西两岸合得二百二十里左右，需银二十万有奇，则分计每里不过银一千两左右。有此以为之基，则后日不难因利乘便，再行扩充。中国地方虽大，倘照此计算，则每一里需银一千两，百里需银十万两，千里需银百万两，万里需银千万两。直路既成，然后旁通曲畅，俾脉络到处贯通，则非二三千万金不可，苟欲一时并举，夫固有所不能。然苟先建一路，而即以此一路所获之利，增筑彼一路。如此逐渐类推，则即以此次大沽至天津一路所需之二十万金为之根本，已无不足。纵推广各处之路，未必费无所增。然所增者，究亦无多矣。

论中国铁路有可兴之机（节选）

1886年4月16日，第4668号，第一版

前者闻开平有铁路之设，藉以运煤，取其运载便捷也。夫开平所置之铁路，想尚系前此旧法，未必可以移动。故开平之铁路止足供开平之用。他处采煤之地，不可以更仆数。往往以无铁路之故，出货不便，水脚过重，多致受亏。每皆艳羡开平之有铁路，而无可如何？今得此法，则他处凡在开矿之地，皆可置备此种铁路。

铁路将兴

1886年7月10日，第4753号，第一版

天津将开铁路，并有物料等件来自外洋，由沪运津，一切均登前报。兹有西人来信，登诸《西字报》，谓此事由前此醇邸莅津与李傅相谈及，傅相盛称铁路之善。醇邸奏知皇太后，亦蒙俞允。现已派伍秩庸、吴南皋两观察为总办，业经出示招承揽铁路工程之人。惟从何处造起则尚未定局。开平向有小铁路，故窥其意旨，大约欲就开平连络天津以达大沽，究未知其是否如此也。

煤色甚佳

1886年7月13日,第三版

昨日招商局之拱北轮船由天津抵沪,装有开平煤矿之煤。闻此煤系从新矿挖出,比前所出者为佳,即比东洋煤成色亦胜。观此而见矿务之日有生色矣。

津沽西信(节选)

1886年7月21日,第4764号,第一版

天津西人来信云,开平铁路现已订定归德国克虏伯炮厂承办。闻其价极廉,较之他国所拟之价,竟可省至万金。故英、美各国之欲承办此事者,闻之不胜睐眙。顾价廉,固中国之利,而其物料则尚须认真挑验,乃为全美也。

铁路议(节选)

1886年9月6日,第4811号,第一版

近闻泰西诸国有于海底成陆路,以避风涛,而利遄征者,似可踵而行之。岂知中外不能强同?外洋风俗,集赀分股,名曰公司,顷刻间便成巨款。中国虽曾仿效,而招商开矿,动辄无成,遂致啧有烦言,不复信从。踊跃数百万之费用,数十里之功程,安所得嗟立办耶?今有一说于此,曰小试其技,曰徐奏其功,若鸡笼,若开平,凡煤矿左近十里、数十里枝枝节节而为之,得寸则寸,得尺则尺,似专为运煤而设,使中国诸工匠亦知轨辙之如何勾搭,之如何不必购自外洋,延请外人,而熟能生巧,渐扩而渐充焉。

装运铁条

1886年10月7日,第4842号,第一版

外洋报言,德国克虏伯机器厂已将造铁路之铁条一千五百墩装入轮船,运至中国,以备开平矿务局创造铁路云。

铁路将兴

1886年11月30日,第4896号,第二版

开平矿欲将铁路接长一节,已列前报。兹悉向外洋购办之铁条等件业经运到,行将不日开工矣。

扩充铁路

1887年3月19日,第4998号,第二版

胥各庄原有铁路二十里,迳达唐山开平矿务局,用以转运煤斤,并□往来各客。去年经伍秩庸观察、吴南皋太守招股扩充,由胥各庄直接芦台,俾运煤益形便捷。此系商办,业已兴工。李傅相于十二日莅津,连日接见中西各员,筹商铁路之事。兹闻拟由芦台接至大沽,由大沽以达天津,已有成议。惟自行办理,不令西商包造云。

开平纪事

1887年4月1日,第二、三版

昨接开平友人手简,云:迩来该处煤矿日有起色,自去年铁路告竣后,转运益便,获利遂日见其多。近总办唐君景星、吴君南皋,实事实心,认真办理。除造至芦台之铁路外,复请矿师坚打君并熟谙筑路之两西人勘明地势,沿途丈量,拟由北塘西达大沽,东至山海关,推广而行,分投筑路。俾运煤日形便捷,可以独揽利权云云。本馆按:开矿固在乎认明地脉,而尤以铁路为必不可少之物。使无铁路,则出煤虽旺,何由运至海边堆积如山,徒成弃物耳。今铁路既渐推渐广,则搬运便易,利益自多,将来富国裕商何难计日而待乎?

开办铁路

1887年4月23日,第一版

开平铁路本从唐山起至胥各庄为止,去岁复加扩充,从胥各庄直至阎庄

蓟运河边为止，计新旧铁路共长九十里，工程已竣，著有成效。今经海军衙门具奏，复由阎庄接至芦台、北塘、大沽北岸及天津等处，计长一百八十里，以便调兵运械，益商便民。钦奉懿旨俞□仍由开平铁路公司经理奏派前福建藩司沈方伯品莲署长芦运司正任、津海关道周玉山观察为督办，旧日开平铁路公司总办伍秩庸观察为副办，吴南皋太守仍为该铁路正副总办，名之曰"中国铁路公司"，拟招股银一百万两作为资本，每股行平化宝银一百两，已由开平铁路公司布告大众，俾可从速集股也。

不办报销

1887年9月27日，第二版

户部因查直隶开平煤矿其委员、工役经费于何项开销。未据李傅相造册报部，乃咨傅相，转饬矿厂委员迅即报部，刻闻傅相咨覆到部。据称，开平煤矿自开办以来，系招集股分而成，其一切经费由该厂自行开销。至运往天津煤斤照税，则报税于洋关，亦不开销经费，以致未将开平煤矿动用经费报部耳。

铁路自利说（节选）

1887年9月29日，第一版

盖以货有粗细，故预备装运之车亦有不同。大都外洋货物往来莫不由火车而来。其火车所不及者，则以轮船辅之。中国若行火车未始不可照办，则又何忧货物之不能装运也哉。此一意也，先时中国之人竟未念及，故吴淞铁路一经购回即便拆卸，一似从此之后中国永不议及兴办铁路也者。至今日而重为议及，于台湾则由基隆推广，以联络乎台南、台北；在天津则从开平接长以达于大沽。此议已见明文，势在必行，则吴淞一路亦必有追思回忆而不胜叹息者。盖从新创始，固不若因其旧基之为易也。前者中国铁路之议，创自刘省三爵帅，厥后南北洋大臣会议覆奏各□其利，而卒以经费不易筹办，欲行而止者再，而其所言之利独不及此，而不知铁路之设，其所以收外人之利者，固有如此之大且易也。

论矿厂被毁(节选)

1887年10月13日,第一版

开矿之说自通商以来,盛行于时。六七年以前,诸矿并起,股票纷纷,错布于市。谈经营者相聚,惟以矿事为问,买入卖出,无非矿票,一时之间,几于非矿不谈。厥后除素有之滇矿外,惟存开平、利国两矿,其余皆有始无终。……开平铁路近将推广,闻其所拓之地有系民业者,每亩给以钱三十千,有坟墓者则另给以迁葬之资。其法如是,故众人未闻怨言。今某甲未尝出一钱,而欲迁人之墓。己则贪利,而先与人以不利,又何怪人之不平乎?夫成大事者不惜小费。西人开矿有具百万之资而无成者。苟矿苗果佳,则虽须资数百万,亦必集股开采,设有不成,亦终无所悔。是以矿务日益加盛,煤铁等物用之而不竭。盖彼不惜其资本,故能获无穷之利也。则为某甲计者,既遇旺苗之矿,而坟墓众多,例不能采,何不厚其资本,用开平铁路之法,凡有坟墓均给以迁资,与以地价,则有墓皆迁。墓既迁移,止可开采,必不致有今日之患。不然,则集众共商,与人同利。凡乡之有业于此山,皆令其从事开采有所得,则为股票之法,照股均分,则诸墓将不令其迁而自迁,亦必无今日之患矣。

拟开煤矿

1888年2月19日,第二版

汤山距京师东北七十余里,所产烟煤,苗旺质佳,矿脉深远。曾经禀知合肥相国,呈验煤色,准照开平煤矿章程招商、开办,并委员督理其事。惟是处距天津较远,所出之煤转运匪易,拟自汤山起安设铁路至通州,以便用火轮车装运。现已奏明勘妥,约于春间诹吉动工云。

论中国渐知铁路之利(节选)

1888年5月29日,第一版

自刘省三奉命抚台而始得行其志,遂于基隆煤矿议用铁路,以便载运。开平矿驯亦仿而行之,由开平接长铁路若干里,于是人人皆知铁路之有益于矿务,有便于载运。而由京至通州将为铁路之议,由此而起。惜乎!仅有此议而终不闻有开办之一日。前日闻已有西人在彼勘地,将次兴办,不禁为之色喜,而究竟开办与否,则犹未敢必也。昨读四月初七日邸抄,见有河南巡抚倪豹臣中丞奏议购外洋铁路土车夹片一件,而乃知中国之兴行铁路将有日矣。……夫外洋先有轮船,后有铁路,再后乃有电灯。电灯之入中国殊无多时,轮车、铁路则吴淞已先见其端。近日亦于基隆、开平等处见之。惟轮船之来为最早,即彼外洋制造亦以轮船为最先。盖有轮船以便于水路,即不可无铁路以便陆路,如仅恃水路之便,而置陆路于不顾,非策也。窃尝谓此三事者,小轮船以便内地小港之运载,铁路以便陆路之运载,相辅而行,缺一不可。惟电灯则不过以供玩具,诧奇观而已。而孰知郑工之速于告竣,竟亦赖电灯之照耀,始得昼夜并工,则其功效亦与轮船、铁路无异?吾今而知中国之举行铁路乃于倪中丞一片乎?基之矣?片中所言三者并重,而轮船则中国此时久已通行。惟内河不能行驶,将来知其有利无害,亦必有起而行之者。至于电灯,则需用夜工之时究属有限,未必遂相仿行。独有铁路一节,基隆、开平虽已创行,而人犹未见其利益,通州则仅有空言,未征实用,言铁路者尚未免信之不坚。今于郑州大工而必需此物,则见之者知有实济,闻之者亦深信不疑。人人心中皆有一铁路在,皆有一铁路之便利功用在。合众志以成城,又何患其不行耶?

铁路近闻

1888年7月26日,第二版

北通州□云,铁路一事传说不一。近闻拟由开平修起,经过宁河、宝坻、香河、武清，直至北通州河东。俟工竣后，再由北通州接至北京，以达张家口，以期生意畅旺。所需火轮车及坐客载货等车共十余辆，中国铁路公司已向美国某洋商购定矣。

论中国兴办矿务学堂事（节选）

1888年8月18日，第一版

中国近年以来，各处开矿，而除开平、基隆之煤矿，云南之铜矿、锡矿，徐州利国之铁矿，此数处尚有把握。其余则非徒无益，而又害之。不特由于察验之不精，办理之不善，亦以无人焉以为之用故也。然则欲为持久之道，长远之计，非亟于储材不可；欲亟于储材，非设立学堂不可。

津沽寒讯

1888年11月21日，第二版

铁路由□东旺道庄起，迤逦至唐山，运载之物以煤、盐两项为大宗。开平矿务局所有煤斤已立合同，悉归铁路公司转运。盐斤亦有成议，惟未开运耳。查该公司费用浩繁。已成之路固期经久，未成之路犹冀扩充，挹彼注兹，方垂不朽。若只区区二百余里地，非孔道势异冲□，商贾之出于其途者，恐仍有限。闻督办沈品莲、方伯等已具禀北洋大臣，吁乞转奏，接至通州傅相咨会海军衙门，奏候施行，当蒙俞允。秋间总办严筱舫观察已回沪上招股矣。

开平煤矿开采煤斤已有明效。总办唐景星观察禀明大宪，续开陵西煤矿。矿苗既旺，煤质复佳无论。开平八槽煤望尘弗及。即较之五槽煤，亦且驾而上之。现经集款鸠工，并奉李傅相谕饬观察，由唐山起，开筑铁路接至煤窑，计长十五六里，于本年冬令开工，明春当可告竣云。

火车述闻

1888年12月29日，第二版

天津《西报》云，天津开平铁路之火车与西国火车连法不同，西国有专载客之车,有专载货之车。载客车者,若经过市镇或停时十分或停时一刻;而载货车则每水汽机器一副,拖带车二三十乘,如到市镇起卸货物,即需一日、半日之久方能蒇事。今天津开平铁路之火车并载客、载货之车,同时用一机器拖带,甚为坚固,计其车式系水汽机器,在前二等客车,在后车身颇长,中央以板直分两边,每边置以坐(座)位,系做工作、买卖等人所乘者。至三等客车又在其后。此车四面以板作成长房式,惟无上盖。车内两旁布置长板,坐(座)位中央备贮搭客行李、货物,如生果、瓜菜、海鲜及各种货物等类。若遇下雨即以油布盖之,不致为雨所湿。惟头等客车更在其后。此车内装修格式系仿美国头等客车制造,内有盥脸盆、厕所等件。乘此车者殊觉舒展自如。闻此头等客车系专往来天津、唐(塘)沽①者。若由唐沽至开平,则头等客车现未有此等器用也。或异日添造亦未可知。又行李车附于最后,专载头等搭客行李等件,例于每日上午九点钟火车由天津动轮,阅四十分时即到良昌,再行四十分时即到唐沽,由唐沽停车半点钟久。盖彼处火车站虽建有客□一所,为款接李伯相所用。然所有头等搭客亦无坐立之处,为候车之需,故搭客中遇有拥挤时,左右推移,殊不称意也。比十一点钟时,则由唐沽开行,阅一点钟久,即抵北塘河;又行一点钟,即到汉沽;再行一刻,则至芦台。统计此火车路站以芦台为最多,人货附搭,且彼处有火车公司大房屋及有料理火车西人居住。火车由芦台启轮,一点钟久即抵唐坊。彼处又有一小站在路旁;再行半点钟,至苏葛庄,火车公司建有修整机器厂、贮机器厂;又行一点钟,即望见两大山,名为唐山者;逾一点钟时,可抵开平矿。计由天津至开平共八十六英里,半途中在唐沽停车半点钟,实需四点半钟,扯计每点钟行二十英里。若俟异日铁路踏实时,每点钟可行三十英里。闻车费甚便宜,由天津至开平头等客车每位收银一元三角。现时搭客甚夥,运入内地货物日盛。每日载煤斤、磁(瓷)器、缸瓦、青砖出唐沽者源源不绝。火车公司必然获利甚钜。料中国各省大宪不日仿筑铁路,以利国利民也。

---

① 本书中所收录的史料,"唐沽"均应作"塘沽",后文不再以括号方式提示。

筑路开煤

1889年2月9日,第三版

直隶开平煤矿开采多年,其煤层出不穷,裕国便民,获益无算。所有官款年来除国子监存款若干万外,余俱次第拔还。而八槽煤仍取之不穷,用之不竭。惟五槽颇费人力耳。目下共开至一百四五十次,煤井深至一百一二十丈。工钜则成本较重。本重则获利稍难。因复至距开平二十里之陵西地方勘得煤苗,势平而阔,掘地不过二十丈即见煤斤,几于在坑满坑,在谷满谷,且煤块多而末少,□既结实,火复坚光。以视开平煤,益觉驾乎其上。总办唐景星观察禀明李傅相奉谕开采,且筑铁路二十里径达开平。现已洒成灰线,并购地基。一俟今岁春融,即拟经始,其采法先用人工,后用机器。所需工本即由开平局酌拨,不另集股签银云。

铁路兴而后矿务旺论(节选)

1889年2月16日,第一版

铁路之举,前者南北洋大臣议覆之时,北洋李傅相曾有七利之说,固不仅矿务之受其益而已也。然矿务之所赖乎铁路,则尤要。今者中国专心于地利,凡有以富国为强兵之地者,莫不竭力为之,故于矿务往往有举无废。其所废者,则皆毫无把握者也。其余稍有把握者,即处处认真开采而著名者,惟以开平、基隆两处为最。基隆之煤,前者至为法人所觊觎,欲据之以供兵轮之用,则其煤产之佳可知。开平之煤,兵商各轮皆取给于此。闻日内愈加兴旺。此二处皆有铁路者也。有铁路以资转运,则其取也多,其出也速,而无穷之利乃有所据。

铁路不宜中止说(节选)

1889年2月23日,第一版

见前此吴淞铁路,西人甫经创造,获利已属不赀,厥后华官买而拆去,殊为可惜。又见前□刘省三爵抚所上条陈，颇能深切著明，嗣经南北洋大臣议覆，李傅相有七利之说，众心之疑固已尽释。况中国各处矿务核计，惟有铁路之数处稍有生色，如台湾之基隆、北路之开平皆出产畅旺，运路便捷、销场广阔、获利丰厚，其余皆不足深恃。因此而益信铁路之有益于中国，无不延颈跂足以盼其成。前议自津沽以达通州，闻者尚有不满其欲之意。盖自通至京，道路颇极难行。倘能将铁路直接至京，尤为快事。仅接至通，人心犹以为本足也，乃忽焉于将成之功而隳于一旦，讵不大可惜哉。

咨询矿政

1889年3月13日，第二版

粤督张香涛制军讲求矿务，惟日孜孜，以为欲致富强，其要莫先于开矿。粤东五金之矿触处皆然，惟苦无明眼矿师，不免空费资本。遂遴委某大令前到北洋禀见李傅相，乞示开平矿务章程以便是则，是效傅相。据情札饬开平总办唐景星观察，一面令该员到开平博访周咨，并将煤井绘图贴说，以便回粤禀覆制军。

铁路考略（节选）

1889年7月8日，第一版

我中国讲求铁路已十余年，初时创设于开平，借以运煤出矿，所筑只此数十里。事经创始，亦惟粗具规模而已。法事既平，大吏俱以讲求西法为急务。于是刘省三爵保帅复举行于台北，凿山开道，行驶火车。极数年之惨淡经营，始能大功告成，南北联为一气。而北洋亦有公司之设，自天津接至开平，后又议直达通州，以便流通无滞，意至美，法至良也。

综记中国去年购用洋煤价值之数

1890年3月19日，第一版

煤铁二项为军国所必需，而煤尤为日用不可少之物。中国自通商以来，垂五十年，风气渐开，亦知破除成见，讲明西法而切究之，故交涉之事虽繁，办理较有把握。谋国者知其然也，于西法视为当务之急，汲汲孳孳，惟日不足。船政机厂各省林立，实握自强之基，而煤铁之用亟焉。轮船招商局为收回利权之计，日用煤斤，厥数甚钜，近复有开办铁路之议，虽未立见施行，然天津开平业经小试其端，颇著成效。数年之后，安知不毅然决然有举办之一日乎？是则将来需用煤铁之处，正未可以数计也。然以此时机厂、商局需用煤铁计之，实岌岌有不可终日之势。窃查光绪十五年一年内，英吉利、奥斯的呀、日本三国之煤售至中国者，共二十六万八千趸，价共二百余万元，而办用铁机枪炮之价数，尚不止于此。嗟乎，银钱之流出域外者，亦甚多矣。即以煤铁二项之价值而论，曷怪富强之遽难收效乎？外洋各国咸以矿务为急，如比利时国，壤地最小，与中国立约通商亦最后，其国中已开之矿共一百三十三处，野世城设有矿务学堂讲求，不遗余力建立矿部。各官勘办矿务，通计比利时全国中每年共出煤二千万趸，海罗城可出一千四百万趸，聂司城可出五百万趸，其余各城出煤多少不等，以此两城为最夥，所出之煤共值英金二千三百万余元。以煤二分供本国之用，以一分售与法兰西、德意志两国。矿务工作之人共十万三千人，付工价计英金二千二百四十七万余元，每人一年内得工价二百十四元。君民上下悉受开矿之益，故国虽小而不忧贫，得与英法诸大邦齐驱并驾也。中国开矿一事为前明弊政之尤，矿使税阉专流海内，著之史册，系为鉴戒。迨通商日久，习知开矿利益，渐毕开采，而又坏于纠集股份之辈，绅富至今引为口实。噫嘻！然则矿务终不可行乎？特办理未得要领耳。夫以各省机厂、船局需用煤铁之多，矿务未能畅兴，诚不能不取资于购办。然太平无事，常守和局，原可有无相通，交易而退。设遇一国偶有争战之事，则各国遵守局外之例，又将从何处取办。且兵轮无煤，立成废器，不可不重虑也。谋国者长顾却虑，莫不以矿务为要图。基隆、开平后先开采，成效昭然，于是各省竞相仿办，而两湖自张香涛制军移节以来，殷殷然尤着意于开矿。属员之奉檄查勘矿务者，时有所闻。前由李傅相委招商局盛观察等，不惜重资与比利时驻沪总领事古贝尔订立合同，延请比国矿部矿师白乃富来华勘办矿务。兹闻白乃富已至湖北办理开矿之事。张制军又另请德国矿师数人,俸钱较廉,但未知本领与白乃富何如耳。白乃富乃比国有名矿师,历办矿务,得有给奖凭据,于查勘矿苗地脉各条确有见地,非粗具皮毛者可比。比领事古贝尔,向充野世城矿务总办,于矿务知之甚悉,尝云中国此时既以开矿为要,宜不惜重聘延请有名矿师,以襄矿务;不宜存欲速见小之心,转致勘办无成,贻误矿务全局也。耕当问奴,织当问婢,举荐矿师之人须取深悉矿务之人,斯举荐得当,勘办亦得有成矣。不然者采用虚声,徒縻重聘,甚且意存惜资,仅取滥竽,于矿务毫无实济,反令拘迂之辈得议其后,而矿遂终不可开,则购洋煤之费,亦岁岁无已。又岂谋国之良策耶?

矿务新论(节选)

1890年4月7日,第一版

所有利可图者,惟开平、基隆之煤,漠河之金,云南之铜、锡,此外皆一败涂地,股分不值一交钱,致民间视入股为畏途,莫肯倾囊以欤。

铁路续闻

1890年5月10日,第一版

铁路公司之创唐山铁路也,缘胥各庄原有铁路二十里,因利乘便,小试其端,虽代开平煤矿运煤为生意之大宗,然地非孔道,货不流通,非将支路开通,势难获利,所以请开通州铁路,挹彼注兹,为刻不容缓之举也。嗣因当道深谋远虑,未准开行,铁路公司遂年复一年殊无起色,而股本之利息积而弥多,铁路之工程渐须修理。关心时事者默计,该公司可暂而不可常。幸海军与译署□持全局,准将铁路开至关东之没沟营,咨会北洋大臣李傅相委员查勘。傅相委会办开平矿务局之吴南皋太守往勘地兴舆,□委统领奉天练军左军门宝贵以为向导。太守捧檄登程未久,而北洋大臣复于日间奉到部颁钜款两次,计银七十万两,发交公司总办收领,以资经费。公司原有欠项现已清偿,从此利源不至外溢。长袖善舞,多财善贾,蒸蒸日上之机自可操券而待矣。又闻铁路公司总办伍秩庸观察于去冬请假回粤,现经数月尚未来津。该公司总办虽不止观察一人,而观察于洋务朗若列眉,了如指掌,实为开创公司之鼻祖。现以开办没沟营铁路,仍须借重长材,以便众擎易举。闻由公司函请,观察当于首夏之时,从五羊城束装北上云。

论中国矿务宜及时兴办(节选)

1890年5月21日,第一版

近来于矿务,讲求亦不遗余力,如天津开平、台湾基隆之煤矿,黑龙江漠河、山东宁海州之金矿,云南之铜、锡、铅各矿,徐州利国之铁矿,贵州青溪之炼铁矿局,皆开采之确有把握、得成效者也。昨有西友谈及,戊子秋间李傅相尝委盛杏荪观察为矿务学堂督办,适比利时驻沪之总领事古贝尔君在津愿襄助其事,并荐其国中之头等矿帅(师)子爵名撒端者于傅相,以为教习。后又荐其国头等矿师白乃富来华勘办矿务。嗣经李傅相送往湖北,为张香涛制军延之,勘办开矿事宜。张制军移节两湖,原为铁路之事,故于矿务尤所注意。铃(钤)下之奉檄察矿者已有多员,复又延请德国矿师数人以襄矿务。

论开矿购地之善法(节选)

1890年6月28日,第一版

中国之言富强者无不以开矿为言,顾中国之兴办矿务亦既有年。其间,除开平一矿办理最为得法,煤质既佳,又有铁路以资转运,近来即由此处推广,铁路势将渐推渐远。此处矿产实为中国各矿产中首屈一指,而云南之铜、锡诸矿继之。云南之矿本开在先,人工所出,圜法所必需,云铜之名播诸久远。近来不过以人工易而为机器,其取之也愈速,其出之也愈多,其利愈厚,其事愈繁,其弊亦愈深,故特简派大员以督办其事。然以刘晏领盐铁转运诸使而饷需不竭者,刘晏一去而各弊皆丛生矣。

铁路近闻

1891年2月20日,第二版

北洋大臣李傅相据粤督李制军咨称,香港至东粤省城天字码头计程三百八十里,拟开铁路以为民便,经过数十村庄、庐墓、田园,并无窒碍,资本业经集就,不准西人附□,其例与北洋铁路同。合行咨请会奏,候旨施行。傅相以铁路为富强之基,不日即当请旨定夺云。

林西铁路现已落成,今岁春融,即须接至山海关没沟营以符奏案。计林西距开平数十里,曾在是处新开煤矿,现在火车载人、运货络绎如梭,将来通至没沟营,不特运饷征兵朝发夕至,即开平所出煤火又当通行于东三省,其利益属无穷矣。

铁路客谈(节选)

1891年11月12日,第一版

开平亦有煤矿,亦建铁路,而矿利亦厚。昨有道子后人为金兰之会,招饮于其寓斋。一尊一曲,相得甚欢。临庄子方由津返沪,亦在坐(座),纵谈津事,告余曰:津地今岁大稔,可以补去年之歉而有余。此北地人民之庆也。而北河轮舟往来终嫌水浅,不能到码头。恐将来码头将移于唐沽,则紫竹林之码头必将寥寂矣。今年雨水调匀,收成竟至十二分,柴薪价亦甚廉,不若去年柴草昂贵,价至十文一斤。倘无开平之煤以接济,则民间无所措手。故煤之为用实大有益于居民。说者谓中国不可开矿者,因噎废食者也。前数年中国大兴开矿,而卒无一成。此非矿之不可开,实则未尝一开。竟有并无所谓矿者,黄金掷于虚牝,招股为之不灵,是皆人谋之不臧,不得归咎于矿。中国之矿其已有成效者如开平、基隆,其卓卓者也。云南铜、锡屡有解京,其功效亦已显然。此外如利国、漠河、潍县、青溪诸矿皆有实据可凭,断不容中道而废。惟矿务苟非铁路以通运道,则虽美而弗彰。他姑弗论,即就开平言之,苟无铁路,则一墩、两墩之煤由矿地运至津、沽应需费用若干,应延时日若干,民间又何能待此接济？去岁柴价之贵，津人几有析骸而爨之势，幸而铁路便捷，煤车源源而来，取之不竭，薪桂之年不至有米而无炊。以故津人莫不知铁路之有裨于民生国计。李傅相前此定议欲逐段接做，及此时大可举行。盖民间知其为利，则群欲望其成功，所谓因民之所利而利之，惠而不费，亦且劳而不怨者也。今年柴价极贱，故又有烧柴者，而煤之销场则亦不甚大减。因煤之用甚便，民间多乐用之，惟极贫之家虑装置煤炉另须费钱或仍称薪而爨，此外则用煤者已多。且自去岁以煤易薪，用之一年，已成习惯，且取之便而来路广，用之宜而价亦廉，故今岁煤之销场并不减于去年。若紫竹林之码头改至唐沽，则煤之销运必又加广。盖开平铁路直接唐沽，其势易也。唐沽离大沽口仅八里，去紫竹林二百余里，陆路亦有百余里。现在北河水势日见其浅，又有沙埂以阻之。目前沙埂虽已无碍，而轮船之吃水稍深者已不能直抵码头，恐将来并吃水浅者亦不免于搁陷，则不便之甚矣。以故近来唐沽之地价渐昂，有识之士往往购置地皮以作居奇之计，逆料将来码头之必将移置此地，则近日所购得之地，日后获利岂止倍蓰。人心如此，天意可知。但码头而不迁则已，果其迁至唐沽，则铁路之利必益加厚，煤运之销亦必加盛。何则？由铁路载煤而出，即可下之轮船，相去既近，水陆俱便，煤之销路有不日见其旺者哉？即他处米石以及洋货等物运入内地亦为便利。窃以为唐沽之码头告成，而铁路之用乃愈广，当必有起而扩充之者矣。谈未终，主人劝酒，解语花亦联翩毕集，豪竹哀丝一时并作，度曲侑觞更唱迭和，不得复谈。余未及终席而归。因录临庄子所述语以为异日之券。

论中国开矿之效（节选）

1891年12月24日，第一版

开平之煤闻有九层可开，现在止开五层，而其煤质之佳甲于诸处，南北洋兵轮所用之煤大半取给于此，以视外洋之煤有过之无不及。此则所谓自然之利所共见者也。近日又闻，于矿内开出佳泥一种，可以为涂修锅炉之用，向来必须购自外洋者，此后可以取资于中国，则该矿之日新月盛正未有艾也。基隆煤矿与开平相伯仲,其所出煤斤火力甚猛,可中轮船之用。前者,法人内扰,首先袭取基隆,盖欲取其煤以资兵轮之用。此矿之为西人觊觎若此,其矿产之美可想见矣。此二处皆有铁路,以便运出海口。运路既便则销路自然畅旺。

矿煤兴旺

1892年7月12日,第二版

开平矿务局所出煤斤于去岁自置轮船运粤销售,货高而价省。粤中制造局厂咸乐用之。两粤土产煤斤因是滞销,而东洋煤又大为贬价以期争胜。奈民销有限而官用不穷。开平五槽、八槽运粤,各煤依然踊跃,销路既广,出煤又多,获利当愈无涯涘矣。

论中国宜认真洋务(节选)

1892年7月28日,第6920号,第一版

楚督张香涛制军深知近日之中国不能不讲求洋务,而讲求洋务必以分其利权为第一要义。于是为铁路之议,通盘筹算,精深博大,藻密虑周。顾以铁路之创,非铁不办。于是又先求开矿之法,相度矿苗,聘请矿师,以裕煤铁之利。煤铁之利既裕,而后旁及于制造。盖西人以中国所产之物重行制造,运至中国,仍以售之华人,因而大获其利。而华人独不能自造,且欲造一物非求之西人不可。此中国之大耻也。香帅其知之矣,故其于此等事务极认真,因讲求开矿也。派人至开平,细加咨访,必使详询博考,巨细靡遗,因欲制造也。又派人至沪,昼夜研求,务得其精蕴而后已。因欲织布也,亦派人至沪,悉心考究,必得其法以归。以是知香帅之于洋务,可谓认真焉尔矣。中国矿务以开平为已成之局,而且最为著名,自唐景星观察经理以来,加意勤求,无毫发憾,故开矿之事必取法乎开平。

论致富首在开矿（节选）

1892年9月23日，第一版

中国自互市以后，孜孜焉以舍短从长为务，设轮船以通商货，建电线以传消息，造枪炮以整戎备，兴纺织以辟利源，固已一意讲求，百废具（俱）举。而独于开矿一事尚未锐意兴办。现所已办者惟云南之铜矿，每年运铜赴京见于奏报者有案可稽；开平之煤矿出煤甚旺，运赴别口销售者源源相继。而此外矿产繁盛之区，从事开采者尚寥寥无闻焉，岂不大可惜哉？然风气以历练而愈开，精华以积久而愈辟，又安知将来竟无具大智慧、大力量者，施五丁开山之手，贻万世永赖之利哉？则请以余言为左券也可。

书唐景星观察事略后（节选）

1892年11月13日，第一版

盖公之事业昭昭在人耳目而足垂不朽者，则为办理招商局与开平之煤矿局。方互市之初，华人于通商一道诸未谙悉，江海利权尽为洋商所夺。于是李傅相始命创设轮船招商局，集股招商。公实董理之，规画（划）措置秩然不紊，一时官民咸称利便。迄于今二十余年，转输之利得挽一二于千万者，招商局之功也。然商局之设，尚有今津海关道盛杏荪观察、浙江补用道徐雨之观察暨前候补道朱云甫、朱翼甫数观察协谋共济，尚不足以尽公之长。独开平煤矿则系公一人手创。通商之道以有易无，善为之，则足以致利；不善为之，则足以致弊。自海禁大开之后，中国金钱日流注于外洋，在上者挽得一分利权即保得一分元气。乃自汽机盛行，凡商轮兵舰以及机器制造各局无不需煤。苟在在仰给于外洋，漏卮伊于何底？公独有鉴于此，不辞劳瘁，亲至开平勘视矿苗，延聘矿师，禀请开办。公之志遂一意于矿务，凿河道、开铁路，经营布置不遗余力。凡所以利益开矿者，靡不急起而立行，竭十余年之心思才力，然后规模焕然大备，而四方赖其利用者称道勿绝口。方其试办之初，未始无耗折之虑，惟公负坚忍不拔之志，存至公无我之心，不畏难，不贪利，用能再蹶再振,卒告成功。而天不假年,甫周花甲,遽行长逝。凡在中外人士莫不同深悼惜。而公身后囊橐萧然,无储蓄以遗子孙,尤见两袖清风,深符古人之亮节。盖公于开平矿局非独无一毫自私自利之见存于胸中,且不惜毁家以成就其事,此其高谊尤为人所难能。

铁路纪闻

1893年6月1日,第一版

铁路现分官商两轨,其由天津而军粮城,而塘沽、北塘、汉沽、庐(芦)台、唐坊、胥各庄、开平、古冶一带铁道系由公司集款而成,谓之商路;由古冶至雷庄、由雷庄至滦州,业□工竣开车,复由滦州接至山海关,其已成、未成各路一切经费概由官款发给,谓之官路。官路同由李少卿观察,商路由杨谷山观察为总办。去秋,傅相委伍秩庸观察兼司两路事宜,以资臂助。但官、商两路事仍繁重,□恐□画难问,且会办西人毕德格君业已辞差,总办杨谷山观察亦以心力交瘁,禀请辞差,未蒙俯允。傅相当委张燕谋观察、吴南皋太守各充总会办,冀收得人之效。南皋太守已到差视事,燕谋观察系于去秋接充开平矿务局总办者,现在兼充铁路总办。殆所谓能者多劳欤。又公司去岁费用浩繁,较之前年奚止钜万。现在总办通盘筹划可省者省,可裁者裁,以节经费。近已裁去司事五六十人,连茶房约及百人,从此款不虚糜,事归实济,公司当日有起色矣。

广育矿务人才论(节选)

1894年5月21日,第一版

近日,粤东温君秉仁,少负奇气,有志于泰西器艺、格致之学,慨然远游欧西,在伦敦矿艺大书院学习开矿之法已历多年。客岁六月中,在该书院考试得列高等,荣膺头等矿师之选。既而至欧美各国游历,巡阅各矿后,遂言旋来华。西人谓东方之人精通矿务、深识地利者,当于温君首屈一指焉。夫中国之人其于西学不过语言文字、律例、天算、医术、电理已耳。潜心矿务、精究地学、能考察地中层累者,当以温君为创始。迩悉温君奉领执照,由香港束装北上,游览京华,藉探开平各矿。闻之不禁窃喜,幸中国矿务之有人。凡中国有志于此者,皆可以温君为先路之导,而中国数十年以来矿政罕著成效者,从此可望改观,而有推广振兴之一日也。夫金、银、煤、铁无不各产于地,惟西国深明其法,故能悉数开采,然取多用宏,势将告罄,几难恃造物者之无尽藏而取之无穷、用之不竭也。中国则自黄、农以来,未尝穷搜遍索,地宝皆蕴而不宣,故所藏充足,高出欧洲列国之上。设于此时讲求开采,交易流通,以我之有余补彼之不足,则利权独擅,实为中国商务之大源,是矿政一端实于今日为时务之要,不可不筹所以整顿之方。惟自兴办矿政,至今多历年所,而自开平以外未闻有开采宏富、获利丰饶、独著明效大验者,何也?则大抵以矿师之未得其人也。历来所延矿师多借材于异地,必先隆其礼貌,优其廪禄,立合同三年以为要约,至于所得之赢绌,则与彼无预焉。赢则彼居其功,绌则彼不任其咎。一切置办机器,彼已先获其利,一旦事或无成,半途中撤,则彼反得逍遥于局外。或谓中国今日襄办矿务之人,其由聘请而来者,类皆阘茸之流,头等矿师未必肯至,故往往有此弊端。然则居今日而论矿政,所以为整顿之方而握要以图者,实莫先于造就矿务人才。我中国人民心思材力初不在西人下,特为上者未尝鼓舞而振作之,斯在下者无由闻风而兴起。诚能开设矿务学堂,延聘西人之精于矿务者为教习,详订规条,妥立课程,招集聪颖子弟,畀以资斧,使之游学泰西,则数年之后,继温君而成名者必不乏人。上以此求,下以此应,感发之机捷于桴鼓。

矿问(节选)

1894年5月30日,第一版

故弛其禁以听人之开办,所谓顺人心以出治道也。前此开而未成之矿或系查察之不精,或系凿空而无据,是皆不必言矣。即今现开各矿,迩来亦久无人提及。开平、基隆之煤,现在轮船分销,制局收用,固已不胫而走矣。……由是观之,云南之矿务可称实有把握,与他处绝不相同,可与开平、基隆成鼎足之势者也。

矿局纪闻

1894年6月9日,第九版

开平矿务局所出之煤源源不绝,开天地自然之利,发山川无尽之藏,不特其货独出冠时,即利息亦于各矿中首屈一指。然自井口至井底,高可百余丈。由机器上下,危险殊常,兼之矿中泉眼星罗,稍一疏虞,易蹈不测。至于山惊石破,伤毙工人,亦为数见不鲜之事。四月二十六日,矿中挖出尸身一具,有筋骨无皮肉,生不知年,死不知日,姑藁葬之。是晚,忽伤毙小工两人,至二十七日晨,用机器升起,一折断一臂,一则自肩以下毫无损伤,惟好头颅已不知归于何处矣。又闻上月亦有三人堕落泉眼而死云。

购煤宜禁

1894年7月25日,第二版

开平煤矿出产虽丰,而日本煤斤向仍运至中国,与我争利。今中日两国兵端将启,日煤不复运津,开平煤矿赶出煤斤,每一日夜几至二千吨,而又八槽煤末每斛售价增银一分,九槽煤末增银二分,九槽煤块增银六分,所增价值均以斛计,每斛八槽煤末计重八十四斤,九槽八十斤,煤愈佳者质愈轻、价愈昂,而增长亦钜。开平煤矿自当利市三倍。惟闻日本商轮之到津者,亦向该局购取煤斤,则有出于情理之外者。按煤为行军之要需,中国调兵赴高丽,兵商各轮非煤不能行驶。日本已禁煤出口,而中国反任彼购煤,有□理乎?况闻南洋大臣已札饬基隆矿局,不准售煤与日本船只,以杜接济,不知南北何以办理不同,岂大宪尚无所闻耶?

严防汉奸接济敌军说(节选)

1894年7月29日,第一版

煤火亦军中必需之物,铁舰、钢舰无煤即胶滞海中,即运送兵士之船,亦须借煤火以冲波涉浪。日人之禁止售煤与中国，诚可谓虑远思深。我中国既于开平及基隆皆有佳煤可挖，日商虽无煤肯售，亦毫不能窘我华兵，而奈何当轴者不先事预防，任令日人将开平煤购去，岂以我堂堂大国智虑尚不及日人耶？廿三日报登天津访事人来书，谓开平煤矿出产虽丰，而日本煤斤向仍运至中国。今中日两国兵端已启，日煤不复运津。开平矿赶出煤斤，每一日夜可挖二千吨，又有八槽、九槽煤末可以按斛出售。日本商轮船之到津者，亦向局中购取。闻南洋大臣已饬基隆矿局，不准售煤与日本船。何以南北竟办理不同若此？夫曰售与日本商船，似与兵船有间，然安见商船购得后不转而运至兵船？岂执事者故示大度宽宏乎？奈何纵令敌人之取携良便也。鄙意米石出口，各米行星罗棋布，不能一一严查，故除严禁运出吴淞，仍须置戍各海滩，以杜奸匪之私运。若煤矿则只有分局数处，不难责令局中执事者出具甘结，虽一斤之细、数两之微，断不敢售与敌人，有违禁令。是禁煤较易于禁米，而其禁之不可稍缓，则二者皆同也。

论有铁路必先求有养路之法（节选）

1896年1月3日，第一版

且子不闻津沽开平之铁路乎？就二者而较之，津路官与商画疆而治，其赢亏非局外所能知，若商则每年需费三十一二万，而所得脚价仅二十七八万，故每年折阅至四五万。开平则有盈无绌，推原其故，一则先有煤而后有路，故坐享其利；一则并无大宗货物运载，专恃落成后揽载搭客与小商贩，焉得不频年折阅。为今之计宜先于未安铁执（轨）之先，一面通饬各省，振兴商务；一面派人查勘舆地，估计工程。令精于测量者率聪颖子弟，自南而北，或自北而南，或南者南、北者北，分别远近，绘图贴说。一路山川险要，道里广狭，靡不详尽无遗。计至速亦须一二年方得明晰，及至安轨行车，则已三年光景。

论开矿之利（节选）

1896年7月2日，第一版

开平煤矿已著成效，不特往来轮船之煤皆可取给于此，而津地民间所用大半皆用该矿之焦炭,购买较近则其价自廉。现在缫丝、纺织、机器、轮船用煤更繁,将来愈推愈广,需用尤多,若不广兴矿务,势必购自外洋,漏卮不更大耶。开平之煤虽旺,然以二十万英方里存煤之地计之,犹九牛之一毛耳。可知所在皆有,是宜各处开挖,不特免运载而皆足于用,余则售之洋人,以收其利,不已一举而两得哉。

宜广开煤矿说(节选)

1896年10月9日,第一版

　　近日汽机盛行,人人知汽机之利全恃乎煤,因而煤遂有专门之学。尝闻其人云,煤质之高下与夫烟之浓薄、火之缓急皆大有关系,且产煤有石山、有土山、有土石夹杂之山,而又有东洋煤、欧洲煤、开平北地之煤、长江以内之煤,何处为何用相宜,何价与何地相等,皆须一一分辨于胸臆之中。总之,中国之煤所产极广,在地球上可称独步,故佛经有中国名山到处皆金银宫阙之说。特以前无销煤之路,故煤可略而勿论。今既轮船出入无分界限,则中国宜以煤矿为诸务之先,不可置为缓图,让他人以利权独擅也。且中国从前如云南之铜厂往往侵蚀帑本,不但毫无余利,而且铜斤转运至京非常之贵,人皆以为后言,不知此乃工费而货少使然。今煤既与铜苗、锡、汞大相悬殊,则一难一易其间不能以寸。他如或疑内地之煤不敌洋煤,惟恐轮船汽机未必合用,而或相阻挠,则又不然。以现在计之,开平煤为第一。昨有人云,洞庭以南已据精于煤事之矿师验过,不减开平,将来倘能大开巨井,如湖北大冶县马鞍山之井,既广且深,则用煤者又何必舍近而求远乎?(未完)

接录宜广开煤矿说(节选)

1896年10月16日,第一版

　　盖自上年明降谕旨令,各省督抚一体晓谕民间准兴矿务。事由宸断,一时泥于风水妄谈者已不禁而自戢。近来各疆臣覆奏之章,几于无一省不有。此天地自然之利,而煤与铁为最盛。如九月初四日,本报天津访事来函,谓近日由芦通汉干路道出山西。曾派山西接筑铁路四百里。因此山西派员到津讲求平道安轨之法,并详核每里需木、石料若干,人工费用若干,又称由芦通汉一路虽有□旨饬各富商,能集资至千万两以上者,准其设立公司开办。中国事大抵一经圣谟指画,无论难易总可收通力合作之效。故说者谓此事虽系创举,就其规模而论,大工固可计日而待,但查勘道路,修造涵洞、桥梁,仍需雇用西人襄理。今日西法盛行,武备、水师各设学堂,故现在当路亦议设立铁路学堂,招募曾习洋文、聪颖子弟就堂肄业,异日学成专供铁路之指臂云云。是中国铁路可无中止之虞,而中国之铁与煤尤有不能不先为储备者矣。况现在沿海各省以及长江上起重庆、下迄吴淞,机器制造局次第林立,加以官商大小火轮船有加无已,每日需煤已不可以偻指数。设必依旧坐视漏卮,仍予外人以无穷之美利,不几大可惜乎?屈计中国已开之煤,除开平外,湖南之湘潭、湖北之大冶、江西之萍乡不但可备汽机之采择,而且质润力足,能炼焦煤。焦煤者,盖用上等生煤入火炼去其油,一如烧木炭之法,专供炼钢熔生铁之炉锤。此三项直与台湾之基隆相似,他如安徽池州之大山、江苏徐州之利国监(盐?),皆因采取不甚得法,等诸自郐以下。

论盛京卿宣怀奉命督办铁路总公司事(节选)

1896 年 10 月 24 日,第一版

乃溯光绪六年,刘省三爵帅上疏开办铁路,因刘云生副使抗言力争,议遂中止,论者惜之,以为未至其时也。厥后朝臣屡以为言,廷议决意举办,由北达南,分为四段,期以八年之工。而以南皮张尚书移督两湖兼办铁政,自炼铁轨,以免取诸外洋,利权外溢,计至善也。七八年来,鄂局所炼铁轨未知已足敷用与否,而由北达南之铁路卒未兴工,仅自天津北抵山海关暨唐山开平等处,小试其效,未始非中国兴办铁路之嚆矢也。

中国宜亟采煤说(节选)

1897 年 8 月 29 日,第一版

今日轮船及制造局所用之煤,类皆购自日东,如福井、如门司、如唐津、如

三池、如福母、如多久、如高岛、如北方。每年轮船所输不知其几千万石,即民间亦以开平煤为稍贵,大都喜用日煤,又何怪财用渐空,漏卮难塞乎?当轴者苟留心矿政,将诸矿次第开之,则数百千万之金钱不致时时溢出矣。书生无状敢献刍言。

煤价翔贵

1897年12月21日,第二版

开平矿所采之煤,不特轮船行驶、机器制造之所必需,即居民、铺户或亦用以代薪,而于冬令炉火其用尤夥。除五槽以供行船、制造外,居人日用之九槽煤块向来每墩售银不过四两,今年贵至五两三钱。查系日本禁煤出口,故开平价值从而飞涨也。关心时事者,见微知著,谓日本兵戈年来恐终难免云。

西报论矿(节选)

1898年2月4日,第一、二版

第就目下观之,金、银各矿之根苗丰旺者已占数省之多,其次则湖北、直隶、两广多产煤、铁,云南、四川铜矿最优,火油亦遍地皆有,所患无人开采耳。倘能聘请名师,专心致志,则富国利民不可预卜乎?夫矿之为利,人皆知之,乃中国官员视等石田,致令宝藏沉埋,无从发泄,□使偶一开采,而畚锸甫施便以为利源在握。抑知始勤终怠卒致经费不敷,难操胜券。大屿山、潭州银、铅之矿是明征也。当两矿开办伊始,所购机器既过于昂贵,而又不适于用,加以薪水等项种种糜(靡)费,卒以无利可得,将矿委而弃之,良为可惜。至台湾基隆之煤矿,昔当华官开办时,诸事未能认真,亦归无用。惟开平煤局稍有出息,而创办已越多年始见明效,所产之煤除供直隶各局需用外,为利亦□有限。

开矿必察矿说(节选)

1898年4月30日,第一版

户部议覆谓,前据漕运督松椿奏请开办各省矿产,已由臣部按照原奏开明省分咨行各省都抚将军都统大臣，详细查明各境内有可开采之处，确有把握，准其奏明开办。今御史王鹏运复奏请准民招商、集股开采，既于公帑无亏，尤与国库有益，自应照准。由是各省皆闻风兴起，亟求开矿，延请矿师察勘矿质。迄今已阅多时，虽各处皆有开采之事，而所产之美窳，得利之厚薄，均尚毫无消息，或人疑之。殊不知开矿不难，难在察矿。察之愈慎则审定去取弃者愈多，而取者所得必愈厚，将来绝大利益不难操券以待。前开平矿师米海利应□督刘□帅之聘，勘验金陵矿务，上书曰，西人矿利久盛，人人知开矿之益，人人明矿学之理，故平日察矿之事土民自为之，商人自为之，学会自为之。

论中国急宜整顿矿路以绝外人觊觎

1899年5月23日，第一版

处今之时势，权其最要者非开矿与筑路乎？中国开矿之事固不自西人来华始，惟向特稍稍挖取，而于地产之多寡，体质之纯杂，矿脉之厚薄，矿洞之浅深，人皆未尝考察。统全国之矿，不知者十居其五，封禁者十居其三，其知而开挖者不过十中之二，且开挖未得其法，故所出无多，相沿至今未之或变。非中国之人不知矿利也，大抵皆由前明矿税内监专权太重，借开采之名多方搜括，流毒海内，天下骚然，以致谈者色变，因噎废食。我朝鉴明覆辙，每多封禁，即有以开禁之说进者，或恐办理不善，激成众怒；或惑于风水之说，恐伤地脉。是以动多疑阻而风气不能大开。自各口通商，始知西人之富大半由矿务而来，于是靡靡从风以开矿为急务。禀知当道，设置公司，出售股票，以为中国矿务从此可以大兴矣。不料经手者但思中饱，所收股银供其挥霍，非但开之不得其法，徒费工资，甚且并不开采，假立公司，情同诓骗。一二年间，顿使士商数百万金钱无异掷诸虚牝，以致人闻开矿之说无有敢过而问者，即使有实心办事者，亟思整顿矿务，而人既以前车为鉴，谁肯出资入股。合股既不易，则虽知某地有某矿，某矿出金，某矿出银，无不可以利市三倍，而限于财力，亦只同望洋兴叹、束手无策而已。然即思整顿而于矿学未经讲求，查勘未能详尽,则浅尝辄止、半途而废亦所不免。然则中国矿务竟无振兴之日乎? 虽中国自古以来矿务未兴,未见贫弱,而以今日之时势论之,矿务一日不兴则一日不能富强。西人来华遍历崇山峻岭、鸟道羊肠,不辞跋涉,必穷其奥者,皆以勘察矿苗为急务,曾言中国矿产本为五大洲之冠,若一律开采其富当莫与京,惟弃而不取,坐守贫弱,无异积米而不知煮饭,织锦而不能成衣,深为可惜。惜之不已,遂生艳心,艳之不已,致成侵夺。如意人之索浙江三门湾,祸亦由矿务起。然尚不过为代办起见,则矿务之利可想而知矣。至于铁路,西人亦视为牟利之大端,且与矿务相辅而行,故西人之所要挟必以代筑铁路为□。揣西人之意,非欲得中国之地,实欲得中国之矿耳。然欲得中国之矿必先得中国之地,欲得中国之地必铁路四通八达、转运自如,方可逞其志而收其利。故西人于中国之开矿、筑路不肯放松一步。现在路、矿之利固已半为西人所得,若日后尽被侵夺,则中国其何以自立耶? 为今之计,已经议筑之路须赶紧建筑,未经议筑之路更须速为开拓。若忧帑项不足,则集商股以办之。夫而后西人即有欣羡、侵夺之心而中国已着先鞭,当亦无从下手。至矿、路两项利益无可希冀,则自无占地之举矣。说者谓,朝廷现方专派路矿大臣,铁路已次第举行,矿务若漠河、开平亦早有成效可睹。此外,推广之举务须由渐而来,况经费当支绌之时,安能欲速从事? 曰,事固宜由渐而推。然观今之时势已甚岌岌,则以从速为妙。从速云者非欲办事者之操切,实欲办事者之不因循耳。中国之弊在乎因循,因循之故在乎虚饰。苟在在刻实,自无因循之弊,而举事亦易,即筹款亦不致无从矣。管测之见,质之有识,以为当焉否耶?

开平矿政

1899 年 5 月 26 日,第一、二版

友人来信,云:开平矿务自设局开办以来,历十有五载,所开煤矿以唐山、林西两处为巨擘。每日约可出煤两千墩,所用机器,亚洲各矿中咸推无上上品。局中自置轮船六艘,载煤赴各省销售。北省火车、军舰、商船皆赖之,诚足以广浚利源,暗杜厄漏矣。前月唐山矿第八道忽然水发,势颇汹涌,以致煤

不能采。矿师急饬工匠日夜用机器吸之。今已水干,照常工作。至林西一矿,近来所出之煤,其数更多于往日。当矿局初兴时,资本只一百二十万两,□加三十余万两。现计天津、塘沽各埠屋产机器、轮船已照原本多至四倍。中国矿产甲于天下,历数千载,从未开挖。若尽能如唐景星观察之悉心办理,不将富冠瀛寰乎?跂而望之。

论中国矿务有振兴之机(节选)

1899年11月28日,第一版

迨夫各国通商,始知西人开矿之利,群思集股采取,而又未得其法,且不能实事求是,有徒费工资而仍归无益者,有工资不济而半途中止者,且有借开矿为名集股而全归中饱者,于是人咸视开矿为畏途,一闻开矿之言,几欲掩耳而走。惟开平之煤、漠河之金已著有成效。然当事者不知几费苦心,始得收其利益。他处安能有如是之资本,如是之心力乎?无怪乎中国矿务之不能起色也。然华人漠然置之,而西人则垂涎已久,故一有龃龉,无不以开矿为要挟。鄙意以为,与其将来尽入西人之手,不如现在和盘托出,与西人同沾其利。虽利为西人分去其半,而矿究仍为中国之物。

论采煤被阻事(节选)

1900年5月1日,第一版

外洋通商以来,中国购取西人之货已不可胜计,虽由西人之工于制造,然西人苟不广兴矿务,试问何来物料可以供制造之需乎?若是则制造与开矿固并行而不悖者也。中国不能讲求制造,由于不能讲求开矿之故。现虽风气渐开,如开平、漠河等矿已著有成效,然以中国所有矿产而论,已开者不过如九牛之一毛。西人每谓中国矿产之富冠于五大洲,惜皆无人往开,坐致贫弱。故西人一有交涉,无不以开矿为要挟,其垂涎中国矿产几于寝馈不忘。愚以为中国若不广行开采,终不能绝其觊觎之谋,不能绝其觊觎之谋则将来借端要挟之事恐即因此而迭起。由是以观,中国其可不广兴矿务乎?

煤矿被夺

1900年10月3日,第一版

昨日大沽来电云,拳匪作乱,顺、直震惊,唐山及开平各煤矿所雇洋工、师皆赴南中避难,惟留粤人四百余名在彼开采。迨德兵攻入芦台之后,旋复将矿占据。粤人无工可作,已于某日附新裕轮船返申江矣。

开平煤矿述闻

1901年3月14日,第二版

本馆前闻开平煤矿将改为各国公司,然犹将信将疑,未敢遽登于报。兹者《西字报》云:此矿刻不改归英国有限公司经理,矿中各项产业一并归入公司,已于西历正月中在伦敦挂号,所集股分计英金一百万磅,总局设在伦敦。除华人股分外,凡英、法、德、比各国之人皆得入股。矿师验得此矿以后每年可出各种煤六百万墩,历六十年之久始尽。然当华人开采时,每年只出七十五万墩。现须从速并力兴工,俾每年多出二百万墩之谱,并将秦皇岛新口岸设法葺治,使矿煤由此装船,免致遵陆运往大沽多所周折。至于拳匪扰乱之际,矿中器物并未毁伤。刻下重复鸠工颇为易易也。

论开平煤矿改归英国公司事

1901年3月15日,第一版

矿产为国家之大利,开矿而得煤,其利尤溥而其用尤繁。中国规摹西法数十年,识时之士咸谓欲谋强国非讲求制造不可,欲讲求制造非广开煤、铁之矿不可,而二者之中尤以煤为急务。自火轮舟车以及各局厂机器下逮民间炊爨之需,无不仰给于此。历年以来,各省所开煤矿如湖北之大冶、江西之萍乡、安徽之池州,无不成效昭然,利源独擅,而获利多而销数旺者,尤以直隶滦州所属之开平矿为首屈一指。考开平矿务,肇兴于光绪初年,维时合肥李少荃傅相方膺总督直隶之命,知开平西南十八里之唐山,素多煤穴,爰饬候选道唐观察廷枢驰往察勘,旋携回煤块,寄交英国化学师熔化试验,成色虽高低不齐,然已可与彼国上中等矿产相提并论,而探其所产之多寡,则第一层厚一尺八寸,第二层二尺,第三层七尺,第四层三尺,第五层六尺,第六层八尺,其第六层之下尚有一二层,但计所得之煤已足供六十年之用。于是延矿师、购机器、酌拟章程十二条,招集殷富绅商合力创办,又恐由唐山至天津陆路转运维艰,爰自芦台镇东起至胥各庄止,开河一道,约计七十里,为运煤之路,并由河头接筑马路十五里,直抵矿所,以利转输。通计购备机器、延订洋匠工司及购地筑路开河各项经费约共银七十余万两,嗣又改建铁路专备轮船,种种耗费,为数虽属不赀,而每日出煤竟多至六百墩,除运往各口分供各局及各轮船所需外,并可兼顾内地民间日用,获利之厚中外□称。至今海内外之谭矿务者犹啧啧然举以为重。夫耗资如是之巨,程功如此之难,幸而得告成功。利益之丰将见蒸蒸日上。当局者宜如何设法维持、藉谋开拓,俾中国得以长保利权,而外人亦不致或萌他念。乃兹阅《西字报》所载,谓此矿刻已改归英国有限公司经理,矿中各项产业一并归入公司,已于西历正月中在伦敦挂号,所集股分计英金一百万磅,总局设在伦敦。除华人股分外,凡英、法、德、比各国之人皆得入股。矿师验得此矿以后每年可出各种煤六百万墩,并拟将秦皇岛新口岸设法葺治,使矿煤由此装船,免致遵陆运往大沽多所周折。观其规画详尽,实已操必获巨利之权衡。噫!异哉。夫中国经营矿务数十年,名为取天地自然之利,以裕国而裕民,然徒耗巨赀者多,得收实效者少。惟此开平一矿居然源源采取,颇得赢余。乃今忽改归英国公司办理,其为政府因度支告绌,无可弥缝。姑将此矿抵押外人,以暂救目前耶?抑自津郡为洋兵占据,管理地方之魁柄既已授之他人,深恐利之所在或为各国所觊觎,遂变通办理。如从前中法之战,恐招商局轮船为法人劫夺,暂售与美国旗昌洋行,藉以保成本而免意外之虞耶。由前之说则现在因库款缺乏而抵之于他人,将来和议既成,出款益繁,岂能再有回赎之理;由后之说,从前只与法国构衅,故一经将局售归美国,法即无如之何。今则启衅遍于列邦,而英亦在失和之列,暂售之说势必难行。若皆不然,则是竟以已成之产业无端而让之外人。秉国者虽极昏愚,当亦不至若是。然则此一事也,岂非出于至变而为人情所大惑不解者哉。涉笔及此,请以质诸深知此事者。

开平矿务续闻

1901年3月17日,第一版

中国开平煤矿改为英国公司,本馆曾译登大略情形,且更著为论说。兹阅日本报云,此事实由张燕谋阁学主持,将开平、唐山煤矿及各轮船改为内外共同会社。其总理矿务之人除阁学外,尚有西人木矮利痕饿氏。此外,工程师数人雇自美国至伦敦所募英金一百万磅,以比国公家之股为最多。按:开平煤矿昔由中国官商醵集资本银二百万两,置有公平、北平等轮船,数号以次,运煤出口。迨去岁之秋,拳匪作乱,联军北上,竟将此矿据而有之,令得阁学设法索回,遂改作公司,以冀扩张事业云。

开平矿务

1901年5月11日,第二版

香港《循环日报》登本月初二日天津来信,云:前者开平左近唐山煤矿被水淹没,兹已渐次戽干。相离不远之某煤山,挖掘甚忙,每日约出煤四百墩之谱。

矿工已靖

1901年6月28日,第二版

开平煤矿工人停工肇事,前已列详报章。兹《西字报》登有电信,云:此刻矿务已经停妥,工人皆工作如常。矿中水泉以次戽尽,每日出煤少至五百墩,多至一千墩。

报纪韩售矿山感而书此(节选)

1901年8月19日,第一版

中外每遇交涉之事,外人往往以矿务归办为辞,可知其欲揽中国矿务利权已匪伊朝夕矣。中国自开矿以来,大半有初鲜终,惟漠河金矿、开平煤矿已见成效。然现在开平煤矿已归外人经理,漠河金矿恐尚不能自保。若不及早设法,将来矿务必皆为外人所侵,噬脐之悔,其何及乎？若以国库支绌经费难筹,则惟有准商人自为采办,而官为保护。薛叔耘星使曾言,独办不如合办,官办不如商办。可谓深得办矿之要。尝闻西人之游历中国者以中国各矿冠于五洲,一一开采,千万年用之不尽、取之不竭,乃弃而不取,无不深为叹惜。其所以生觊觎之心者,亦以中国之不能自办耳。苟能自办,非但外人无从侵夺,且必欣羡而有以助之。有谓中国之事,外人不宜入股,不知公司为众擎易举而设,但期集资,何分中外？惟权自我操,利自不虞外溢耳。质之当世之谈时务者以为如何？

矿师不必专延洋人说(节选)

1901年9月15日,第一版

言理财者习闻西人之所以致富亦皆能言开矿之利,而又咸畏开矿之难,谓相土石、辨三古、泄积水、凿石隔、灭地火,非洋矿师不能也；矿质之优劣、矿脉之斜直、矿层之多寡、非洋矿师不察也。其成效最著者如开平之煤矿、漠河观音山之金矿,其矿师皆西人为之。

矿政述闻

1901年9月16日,第一版

《西字报》云：西历九月六号即华历七月二十四日,英京伦敦电告沪上商家,略谓,迩来此间开平矿务总公司得矿中经理人来信,言：刻下出煤佳而且旺,历将浮费删汰后开销,亦较省于前。转瞬派利之期与股诸人当有欣然色喜者。盖以开平一矿,实为五洲之冠,宜乎? 一经整顿,大有蒸蒸日上情形也。

开平煤旺

1902年6月15日,第二版

天津《直报》云:开平矿务局所开各煤矿自西历五月十号至十七号共出煤一万八千墩。此七日内售出者多至一万八千五百墩,亦足见生涯之旺矣。

矿辨(节选)

1903年7月14日,第一版

乃今日中国虽路矿并举,而筑路之意重于开矿,其本末之理、先后之序未免有失。何以言之? 现在办成之矿,惟开平、漠河二处,二十年来未见推广。

英人获矿

1904年3月10日,第二版

日本大阪某日报登中国京师来电,云英国屯驻天津之陆军统领某君派出武弁三员、兵士八十名,由秦皇岛赴开平保护矿务总局。

开平获利

1905年1月28日,第二版

京师访事人云:开平矿务公司计至本年六月底止,盈余英金十五万一千六百八十五磅有奇。入秋以来,出煤甚旺,且因各国煤价陡贵,开平煤价因亦随之而昂。较之上半年,当可倍获其利,是皆办事者实心实力所致也。并闻公司所有房产、地基及秦皇岛码头,刻下价亦奇涨云。

纪开平矿案控理得直事（特别访函）

1905年2月18日，第三版

开平矿案在英京伦敦控告。日前张燕谋侍郎由伦敦电致上海沈仲礼观察，云开平矿案质审数次，原告理直，可望公断。供词印出，即寄沪。望告有股诸公为恳。

开平煤矿公司控案判词

1905年3月4日，第三版

《太晤士报》接正月二十七日伦敦来电，云华员张燕谋及中国天津开平煤矿旧公司控告英国勃惠客马恩公司及中国开平煤矿有限新公司一案，已由英公堂断定，以原告为是，并给以讼费。判词中谓，被告公司有违背一千九百零一年所订之合同，且与前经理之人用欺骗之法得原告产业。因此不准如被告公司不即遵断，则公堂必将被告公司煤矿归还原告。至于赔款一端，将来再行定夺。公堂又谓张燕谋并无违犯及失信之事。《文汇报》接正月二十八日伦敦来电，云华员张燕谋控告英人马恩等一案在英国公堂审讯甚久，现已断定其控词中紧要□款均以原告为是。英《太晤士报》论及此判词，谓张燕谋回华后，必为众人钦佩，至此事本足减华人信恃英人之意，但判词如此公允，必仍可以服中国人之心。

开平煤矿案判定原告得直（英京来电）

1905年3月10日，第三版

二月初四日午前十点四十分钟，接张燕谋京卿于初三日午后一点钟在英京伦敦所发电，开平煤矿一案廿六公堂定断原告得直，责令被告恪守副约办事，并赔偿讼费，其侵吞红股另案控索。

准张翼回京陛见(京师)

1905年8月30日,第三版

前侍郎张翼赏加三品衔赴英国质控开平矿务,英京判原告得直。外部得张侍郎自伦敦寄来奏□,历述开平讼案为难情形,并言英判仍归华洋合办,再难争执,恳请外部代奏,并请回京等情,已迭纪。本报闻,日前已由外部代奏,奉旨准张翼回京陛见矣。(闻)

开平矿局煤斤纪数

1905年10月17日,第四版

《益闻西报》云,开平矿局三处煤井自上月二十三至三十号,七日之内挖出之煤共计一万五千墩。(盈)

开平煤矿出产之富

1906年7月18日,第四版

《文汇报》云:开平煤矿局经理人通告本馆谓,至西七月七号止,一礼拜内该公司矿窑三处共出煤一万七千六百六十墩,同时发售煤一万五千四百零一墩。

改传为提

1909年3月23日,第三张第四版

英商开平矿务公司控叶云庭不付水脚银两一案,屡经公堂传讯,叶未到案。昨即改传为提。

英人干涉滦矿问题(北京)

1909年4月8日,第一张第四版

滦矿公司之设招股开工,人所共知乃英人希图大利,屡屡要挟外务部,执前开平矿务局总办张燕谋所订开平矿务条约内载"唐山一带"字样,谓"唐山一带"是即包括滦州各处在内。所有滦矿公司应即作废,归英人承办,云云。现闻外务部各堂宪对于此事异常棘手,津保、学、商各界屡开会议,几有苏杭甬铁路抗款之势。并闻直录同乡官议呈递说帖,恳请外部设法维持学、商各界。亦已有电致外务部。前日史侍御履晋所呈封,奏请饬外部据理力争以保□权即此事也。

京师近事

1909年5月1日,第一张第六版

闻今上自正月后每晨诣长春宫皇太后前请安时,必蒙慈宫亲询字义十余分钟。皇上对答娴熟。可见典学进境之一斑。

直人争矿一事屡志本报。日前由同乡京官呈递说帖于张鹿两相,说明原委及其理由并拟请张燕谋出与英人交涉。日昨鹿相国晤商杨莲帅,闻其主张颇以开平矿约久失效力,今日所争宜在开平矿,云云。又闻英人此次干涉滦矿,因粤汉借款不遂之故。先是粤汉铁路公司与英国有约:如借款须先尽英商,嗣因濮兰德要请另向德华银行商借,英人妒其权利为德人所夺。故起此次滦矿之交涉云。

直人争矿问题续闻(北京)

1909年5月6日,第一张第八版

直省争矿问题叠志前报。现闻外务部知照张燕谋,令其出与英人交涉一切。日昨张复陈大旨,谓开平矿务前既一手经理,此时责令出面,必不敢置身事外。惟滦矿开办之人系周学熙,此时若出与交涉非令其协同办理不可。闻周、张本属亲谊,又为朋好,亦肯出为臂助。并闻直隶学界对于此事最热心者为贾君恩绂。昨又往张南皮相国处条陈六则。南皮阅此条陈后极为动容。

英使对于开平滦矿之意见

1909年11月14日,第一张第四版

《文汇报》载三十日北京电,云开平煤矿及滦矿问题已由外务部与英使力争,谓滦矿仅由地方官与英商订约,政府并未承认。英使虽经当地绅士抗议,必欲政府与以该矿开采权。开平矿务,英人似欲承诺中政府之意,惟稍有异同,并要求有新公司股份之权。此后五十年须简英人为经理。

开平煤槽损伤铁路之补救法(北京)

1910年2月15日,第一张第五版

去年开平矿在唐山铁路轨道下挖煤,不意煤槽倾陷,致损伤铁路若干丈,旋经邮部派委邝观察荣光,会同京奉路局洋员摩拉前往勘查。现闻已与开平矿局工程司商定办法三条:(一)将前经冢陷处所用水沙罐(灌)入,填实至地面为止;(二)于图上甲、乙、丙三字所指之处须开钻汩孔直至第十二废煤槽内,以便灌入水沙,填塞空处;(三)如矿局嗣后在铁路轨道底挖煤,须预留坚固煤柱,以防将来再有冢陷之患,该煤柱须与铁路地面并行,北留三百英尺,南留二百英尺。闻此项办法业经矿局总办那森承前日由部咨请,直督札饬津海关道用正式公文移知矿局立案。至此项损失本应由矿局赔垫,因只须费百数十元,故遂作罢。至当时损伤三四十人,如何抚恤,亦未提及云。

董事会不允滦矿总理告退(天津)

1910年2月24日,第一张后幅第三版

滦州煤矿总理周学熙去腊禀直督文,云窃本司于光绪三十二年奉前督宪袁札饬筹办滦州煤矿,三十四年复奉前督宪杨札饬筹股扩充,委本司为总理。宣统元年四月间,因股本招齐,照章禀明前督宪杨于五月二十四日开正式股东会。本司当以京师自来水工程吃紧,具禀辞任,乃众股东投票仍举本司为总理,并□(议?)定任期三年。论票公选,未便以一人而紊定章,只得暂允充任。历经详禀前宪台在案。兹奉宪台札饬奏派本司随同筹办开平矿案,材(才)浅任重,时惧不胜。除已另行禀报外,窃念滦矿公司总理一职非特事务殷繁,势难兼顾,且对外对内均应及时辞退以清界限。爰于本年十二月十三日提立议案,辞退职任,开董事会公议,讵意众董事议称总理。自创办滦矿以来,两年于兹,基础渐固,成效可期,遽行辞职,实于进行上大有妨碍。如谓既办开平矿案,未便兼充滦矿总理。董事等以为开平交涉,总理系以昔年开平矿局总办资格,奏请派充,非以总理滦矿始行派办,是开案与滦矿绝然两事,不得强为牵混。况总理一职但有综理营业之责,如遇重要事件,皆须开股东会议决定施行,是则资格权限本极分明,何容过虑?此对外之不必辞职也。如谓公司事务纷繁,不能兼顾。董事等以为查照定章,总理有事他出,协理可以暂代。遇有应行会商事件,仍随时有董事会议决。其公司中琐繁事务复有经理及专任各员司禀承办理。总理但综揽大纲并无虑不能兼顾。此对内之不必辞职也。董事等既为众股东代表,用敢公同决议总理提议辞职一案,均不赞成并签字备案等因。本司难违公议,固辞不获,理合将拟辞滦矿总理责任,专办开案。董事会议决未允情形禀呈帅座,伏乞鉴核,旋奉陈制军批云,该司拟辞滦矿总理,专办开案,既经董事会议决,均谓不可,自应毋庸固辞,希即查照。

研究开平矿务交涉(北京)

1910年3月27日,第一张第六版

外部各堂近议,以现在皖省铜官山矿务已经办理完结,其开平中英矿务交涉,亦应即行设法筹办,以免久延。惟此项交涉较之皖矿办理稍易。议先行由部公同会议研究此事,或由部与英使开议,或仍派张燕谋京堂赴英京交涉。预为参□妥当,以便核定办法。

外交谈

1910年3月28日,第一张后幅第四版

自皖矿交涉议结后,外部又拟开议开平交涉,开议澳界交涉。其意盖谓此二者较皖矿易结。开平则或与英使开议，或仍派张燕谋赴英开议；澳界则或与葡使开议，或仍提回广东开议。一若可以随处议结者。呜呼！外部以办理皖矿之手段办理他交涉，则何事不易议结。

京师近事

1910年7月9日，第一张第五、六版

外务部王大臣因广西、越南交界近年迭有匪党匿迹，总未能净绝根株。现已调查桂越界图，与法公使会议按照界线妥筹互相防剿之策，各饬遵守。

英国定期开议开平、滦州两矿交涉，前已迭次照会外部。现外部正在检查关于两矿之一切合同、公牍。昨并派出专员前往滦开一带查察实情，以备开议时有所依据。

直督密陈赎回开平煤矿办法（北京）

1910年9月19日，第一张第二版

直督陈夔龙日昨呈递密奏一件。探其内容，系筹议举办公债，预备赎回开平煤矿，洋洋千余言，大致谓，该矿自庚子年兵燹后，不幸被英国用诡约购去，于今十年。秦王岛左右，中国几不能顾问，所失以亿万计。前朝廷派三品京堂张翼、前运使周学熙来津筹议收回该矿办法。昼夜筹商。现已略有端倪。惟英人所索甚巨，要求偿还英金二百四十万磅。经臣再三磋商，又请洋员到英国详述当年诡诈情形，不合公理，英政府亦自知理屈，稍肯俯就。目前已暂议偿一百七十五万磅，五年以后、二十年以前将债票尽数赎回，赎回后准附洋股。英政府定欲一百八十万磅，已将此意告知驻京使臣，谓一百八十五万磅已属和平办理，每年利息不及十二万五千磅，而此矿一年获利甚夥，即以去年而论，已得二十四万七千磅，并云此事若因细数败于垂成，殊属可惜等语。复经外务部据理驳回。惟以中英友谊素敦，总宜互相退让、期于了结为要义。准外务部知照前来，臣当电饬洋员等谨守此意，相机磋商，固不得因此微数致令要案久悬，又不得过示退让，更令别生枝节，并经臣函商度支部公债票一项,将来拟由大清银行发行以昭大信。此案镠辖多年,中外注视,如能仰托朝廷威福,全数收回,虽国家暂时担任百数十万磅之债票,而全矿产业皆为国家所有,每年进利足抵本息而有余,且此矿界范围极广,将来逐渐开采,洵为莫大利源。况秦王岛关系国家疆土,尤非寻常可比。现一面由臣竭力磋商,俾早日了结,一面速筹善后事宜,以作赎路之准备云云。折上当交外务、度支、农、工、商各部妥议速奏。

开平矿务有限公司分销处迁移广告

1910年10月10日,第二张后幅第六版

本公司分销处前设在河南路三茅阁桥北堍。现因煤灶推广,该处房屋太窄,不敷办事,于西六月一号迁至仁记路一号洋房本公司写字楼内。倘各行号欲建煤灶,买煤、焦炭、火砖、火泥及修改煤灶者,请移玉总公司二层楼上分销处接洽可也。

家用块煤每吨(八罗计重两千二百四十磅)洋十元五角,一号碎煤每吨(八罗计重二千二百四十磅)洋八元一角。(以上价目连送力在内)(德津风一千一百念一号)

电一(北京)

1910年10月11日,第一张第三版

监国于今日(初八日)召见军机时谕商收赎开平矿务办法及缩短国会年限两事,讨论至午,始行散值。

电五(北京)

1910年10月12日,第一张第三版

三品京堂张翼奏开平煤矿关系重要,请饬部妥订公债办法及收赎约章,迟恐生变,寄谕度支、邮传两部妥速筹办。

电四(北京)

1910年10月20日,第一张第三版

直隶官绅刘若曾等公呈都察院代奏《请速收回开平煤矿》,并力诋张翼折怀挟私意,掩饰前罪,破坏成局,奉密谕交直督核办。

电四(北京)

1910年10月21日,第一张第三版

都察院代递直隶官绅,奏请收回开平煤矿,折奉旨留中。按:此则与昨电略异,系另一访员所发。

沈仲礼观察上商务总会总协理书(节选)

1910年10月21日,第二张后幅第三版

……观于汉阳铁厂订定合同,及闻此次至津复与开平煤矿新订至大合同,均可引证。(未完)

京师近事

1910年10月24日,第一张第六版

日前由军机处发交邮传部侍郎盛杏荪宫保谕旨一道,探系饬令报告开平矿案事宜。所有开平矿案原奏各节,暨历年出入款目、华洋股分若干,一并造册详报。闻因开平矿自开办以来,从未详细奏报,故廷寄盛宫保奏陈一切云。

京师近事

1910年10月26日,第一张第五版

开平矿案日前廷寄盛杏荪宫保,按照原奏各节详细查覆,已志本报。该部嗣又电致张燕谋,将历年出入合同详细报告,以便入奏。该总办接电后,即派该矿局会办赵元礼来京。昨已抵邮传部谒见各堂,请示办法。

电五(北京)

1910年10月27日,第一张第三版

张翼又奏收赎开平煤矿办法,仍坚认移交之约,力破刘若曾折。寄谕直督陈夔龙与邮传部尚书侍郎妥速筹议。

直省官绅奏参张翼之痛快(北京)

1910年10月28日,第一张

十六日直隶同乡京官刘若曾等为开平矿案特上封奏一件,已纪前报。今闻该折列衔者直隶官绅共四十七人,领衔为大理院少卿刘若曾,次则官有恽毓鼎、李士珍、刘春霖、李榘、吴德镇、蒋式惺(瑆)、孟庆荣、李焜瀛、张权、王金镕、史履晋等,绅有刘登瀛、步以庄、藉(籍)忠寅、仝宝廉、齐树楷、于邦华、李擂荣等。内容略谓开平矿产由英人骗占十年,幸荷朝廷主持,饬令相机筹办。一年以来,竭力交涉,已有收回之议。乃初八日,张京堂翼固执私见,回护前失,以认副约为有利,反以给款收回为害。查开平一矿实为军国要需。庚子年间,张翼委德璀琳与英商私立卖约,复立移交副约,致使数十里矿产及秦王岛口岸全落外人之手。事后朦混中外合办。迨赴英廷控诉,责令收回,张乃束手无策。今直督既已交涉收回,而张翼又复颠倒是非,荧惑上听,以为文过之地,云云。并将开平矿产之丰富、交通之便利及获利、扩充各节一一详陈,极为痛切。(按:此折上后,张翼又上一奏,力破刘说,已见昨报专电。)

京师近事

1910年10月28日,第一张第六版,《时评》

开平矿务局会办赵元礼来京,已志本报。闻该会办禀陈,历年出入事宜向无底册,尚难详细造报。惟将华洋股分若干及近年与外洋交涉各案件一并呈部察核。昨已事毕出京矣。

开平矿案之公呈

1910年10月30日,第二张后幅第二、三版

具呈大理院少卿刘若曾,翰林院侍读学士恽毓鼎,翰林院侍讲学士李士珍,学部右丞孟庆荣,前民政部右丞李焜瀛,四品京堂张权,给事中王金镕,掌辽沈道监察御史史履晋,掌陕西道监察御史路士桓,翰林院修撰刘春霖,翰林院编修李榘、吴德镇,翰林院检讨蒋式瑆,法部郎中袁廷彦、李士钰,陆军部郎中张志潭,学部员外郎陈宝泉、张志潜、陈清震,外务部小京官赵宪曾,学部小京官王双岐、张书诏,分省补用道刘坦,分省试用道李士鑑,分省补用同知韩德铭,候选通判张锡光、王宗祐,分省试用州同孙凤藻,分省补用知县赵元礼、李长生,分省试用知县胡家祺,山东即用知县刘登瀛,补用知县步以庄,县丞衔程克昌,举人赵缵曾、籍忠寅、仝宝廉、齐树楷、步以韶、陶善璐,拔贡陈树楷、陈升之,优贡刘培极,岁贡于邦华,廪生李撂荣、李金藻,生员于长懋为呈请事。窃以开平矿产自经外人骗占,于兹十年,权利坐失。幸荷朝廷主持,饬令相机筹办。一年以来,竭力交涉。闻渐有收回之议,所以仰副先朝谕旨而挽回国家主权者至重且钜。凡属士民无不额手称庆,亟愿早日观成。乃昨见报章,张京堂翼密上封奏,其内容仍系固执私见,回护前失,以责忍副约为有利,而以给款收回为受害。闻之曷胜诧异。伏查开平矿产,原为军国要需。庚子拳乱,张京堂翼委任德璀琳,与英商私立卖约。继复自立移交约、副约,举数十里之矿产,并秦王岛口岸以及各项权利悉数移交外人掌管。其约中载明,按照英律注册,是不特地利尽失,即国家主权亦因以多所放弃。事后入奏,冒称中外合办,并不提该约一字。迨赴英控诉,朝旨责令收回,而张竟责认副约。核其副约文义,系承接移交约,移交约又系承接卖约而成。故英公堂判词声明,副约应与移交约作一件看,名虽得直,而实则为卖约加一层案,据其去收回之义更远。况副约中所谓张翼仍充该矿督办,有管理一切之权者,英之公堂亦并此而驳之,是其谓中外合办者不过为掩饰卖约之空文。如此而言副约之利,其将谁欺?再查开平苗线,据辛丑年英公司矿师胡华刊本

报告书内载，就现在所开唐山、西山、林西三井口，估计已确见可采之煤一万万吨，按每年出煤一百二十万吨计，足供八十余年之采取，而在此三井口之外，尚有煤二万二千五百万吨等语，现即以已有井口煤数一万万吨，论每吨按极少获净利一元，已可收一万万元之余利。此外如添开井口，更有可采之煤二万二千五百万吨，其利更增二万万元以外。是其煤苗孕蓄之丰富，固无可疑议者。且其机器力量，英公司近年添换电力机，系一千五百匹马力者四副，比现在需用之力尚二倍有余。是采煤工作又无可顾虑者，至论销路以煤之成色及运道交通二者为主。查开平煤质，块煤以九槽为最，末煤以西井一号为最，十二槽、八槽次之。经化学师平均考验，末煤百分中仅有土质十五六分，块煤仅有十分上下，且火坚焰长，堪炼上等焦炭，足供熔铁炼钢之用。日本所产煤质尚较逊之，即中国沿江、沿海，如胶州、抚顺等煤质亦无足与相埒者。故开平煤久为火车、轮船、机厂所欢迎，而其运道出海最近，东至秦王岛仅二百六十余里，西至塘沽仅一百六十余里，且自有码头，凡天津、新河、塘沽、秦王岛、上海、烟台、营口、香港、广州共计九处，又自有轮船数艘，故能指挥如意。其入内地，则天津为五大河汇归之处，由天津分运内地，航路四通八达，尤为利便。是以成色论，日本煤、抚顺煤不能与之敌。以交通论，井陉临城福公司、保晋公司峄县等矿均不能与之争。如此则销路又无可虑者，故开平所占天然优胜，在五大洲可称巨擘。西人之游历中国，著作论说，多艳称之。此犹就煤之一件而论，若其附属之产业如轮船、如码头、如地亩、如金矿等股分，总计所值又达四五百万两，尚不在此内。故开平股票在未交涉以前，每镑涨至十九两零，共合股票值价银一千九百余万两。现虽因有信交回，股价稍落至十四两零，仍合值一千四百余万两。以此美产委弃外人而日事忧贫，殊为可惜。如能乘机收回，将来无论归官办或交商办，皆有百利而无一害。至其办法，若宗保守主义，照英公司每年出一百二三十万吨，余利少者一百数十万元，多至二百万元以外，除备偿本息外，每年可坐获赢余三、五、十万元。若宗扩张主义，以开平为基础，联合滦矿集大公司，开相连一带之矿产，则更为富国远图。况秦王岛为北方不冻口岸，运输利便，尤为兴办海军重要之地。倘使权不我属，坐失形胜，噬脐何追？是其所言给款收回之害，又将谁欺？公理所在，事实可征，此乃人人所共见。张久办矿务，又何尝不洞悉底蕴？而必为此明知故昧、颠倒是非者，无非欲荧惑上听，以遂其从中攘利之私而掩其前此欺朦（蒙）之罪。且此案为中外所注目。张以办理矿务之人因受欺骗而私卖国家疆土、产业，所幸朝廷始终并未承认其事。此次与英外部据理力争。即本此为根据正宜上下内外合力同心以资抵抗而冀成功。用是疾痛迫切，合词籲恳，鼎力主持，据实奏闻，立辟奸谋以伸正义，则主权可挽、大利可回，直隶幸甚，天下幸甚。为此谨呈。

直隶绅民争赎开平矿公呈（节选）

1910年11月3日，第一张第二版

窃以开平矿产自经外人骗占，于兹十年，权利坐失。……张久办矿务，又何尝不洞悉底蕴？而必为此明知故昧、颠倒是非者，无非欲荧惑上听，以遂其从中攘利之私而掩其前此欺朦（蒙）之罪。（本篇以上内容与《开平矿案之公呈》对应的内容重复，故中间部分省略）且此案为中外所注目，关系全国实业及内地利权甚大。张以经理股分营业之人而擅卖股东产业，若不据理挽回，则公司律悉归无效。全国实业何以维持？此全国人民所必争者一也。又，张以本省巨绅，受朝廷委任督办矿务，竟自私卖矿产、疆土，若国家因而承认其事，则主权何在？法律何在？将来各省绅商相率效尤，外人援以为例，更有何说以与之争？势必内地利权丧失殆尽，后患何堪设想？此又全国人民所必争者二也。兹当交涉吃紧之时，变幻多端，稍纵即逝，正宜上下内外合力同心，立辟奸谋，以伸正义。庶几主权可挽，大利可回，直隶幸甚，天下幸甚。

盛侍郎对于开平矿案之踌躇（北京）

1910年11月4日，第一张第四版

邮传部盛宣怀侍郎因开平矿案颇费踌躇，大有左右为难之势。若照张翼所奏议准，则直绅必大动公愤，群起攻击。若允直绅，又恐有拂张翼情面。不得已,昨特电召开平矿务总办赵元礼观察来京,详询一切,以凭核夺。

电六(北京)

1910年11月5日,第一张第三版

泽公因张翼于开平矿案两次欺蔽,大为愤懑。决计将原奏条驳,奏请仍照直督暨官绅所陈办法。

直人对于张翼之愤愤(北京)

1910年11月5日,第一张第四、五版

开平煤矿迭经直隶官绅筹议赎回之法,乃张翼一再奏请主张合办。日前,廷旨交盛侍郎陈小帅查办。在京直隶政、学各界闻之大动公愤,特开大会于石桥别业讨论对付之策,各界均有演说。惟刘若曾少卿言尤痛切,有云:吾辈当坚持原议到底,万不可使直隶全局一再败坏于一人之手。兹悉该省咨议局日前复电致泽公及盛侍郎云,开平矿产及秦王岛各处口岸,自经张翼擅订私约,移交外人掌管,主权利益丧失十年,疾首痛心莫此为甚。先朝严饬收回,士民合词请命,仰荷朝廷极力维持,特饬外务部北洋大臣妥筹办理,交涉经年。近闻已有由国家发给债票,将矿产及秦王岛各处口岸并他项利益实行收回之议。全省士绅同声相庆,亟盼本此进行,早日议结。乃阅报章,张翼密上封奏,妄称其在英控告得直,仍以合办为宜,而谓给款收回为害甚大。不知所控,系认副约。合办即非收回,荧惑上听,欺君误国,奸谋毕露,其将谁欺?伏查此案,关系国家疆土,数省利权。外部直督所订办法系凛遵先朝谕旨,实行收回。若不发给债票,即难取消英商股本,非赖国家担保,何能杜绝干涉矿务?且矿产丰富,足以担任本息,无须另筹他款。此中得失人所共知,岂张翼一人一己之私言所能淆乱我公?公忠体国,中外咸钦,伏乞力辟奸欺,坚持原议,早日据实奏覆,以维国家大局、以全中国外交信用,不胜哀迫待命之至。顺直咨议局叩。

开平赎矿问题尚难解决(北京)

1910年11月11日,第一张第四版

开平煤矿收赎一案,直省官绅与前总办张翼争持不下,屡纪前报。兹闻度支部尚书泽公办理此事,与侍郎盛宫保意见亦不甚合。泽公主持照直督及直绅所请筹办公债赎回,而盛侍郎意欲照张翼条陈办理。又闻英使现向外部要求,英人只认中国国家发行国债票筹款赎回,如欲举办公债票,取用人民之款,则本国断难允认等语。不知其意何在。故此事一时难望解决云。又闻顺直官绅对于争议开平矿务一案异常奋激。日前,咨议局开议此案,经议员贾君恩绂报告此案历史,并将所援呈请资政院,坚持原议收回开平矿产,以平公愤。案:书稿当场宣读,经众讨论裁决,日内即可缮呈。闻书中有痛诋张翼卖矿之语。

京师近事

1910年11月14日,第一张第六版

直隶绅士因赎回开平矿务事宜,大不以张翼所拟办法为然。日前,又联合全省绅士,公举翰林院修撰刘春霖在都察院递公呈,陈述办法以及利权之关系。闻该院张总宪已允为代奏。

滦矿公司会议对待开平情形(天津)

1910年11月18日,第一张第二、三版

初四、五、六日,滦州矿务公司众股东在李公祠开股东特别会议。到者日百余人。首由总理周廉访缉之报告开会宗旨,当举定孙子文刺史为议长,随提议收回开平矿办法及宣布张翼卖矿之罪状,咸动公债,决计设法收回以保我国主权。又公举王少泉大令为滦州矿务公司协理,其提议对待开平之件列左:

查本公司系奉北洋大臣拨附官款、饬集商股创办,先后注册并奏陈在案。

原为抵制开平、力保利权起见,讵开平涎我佳矿,屡向外务部要求,多方阻挠,并拟具合同,意图吞并。幸本省士绅大动公愤,合词峻拒。恭奉上谕饬北洋大臣妥筹办理,仰遵先朝收回开平之谕旨,俯顺全省保全矿产之舆情,历经协同外务部与英外部据理力争。英人知难而退,已有允受债票、交回矿产之议,正在磋商债票数目。讵意阻力横生,将来开平收回与否,原非本公司所能过问,但本公司营业方针必须预为研究,以为执行之准的。谨胪列问题,务祈赐教:(甲)国家收回开平后,于本公司营业如何关系?国家如果担任债票将开平完全收回,归为国有,是与本公司又有官办、商办之分,性质微有不同,应如何联合、互相维持,以期两益?傥(倘)国家收回开平后,仍招商承办,则与其另立公司,不如与本公司合为一事。惟本公司能否担任兼办,按年认还债票本息,并应如何续加股款,以备行本之用?须待公议。(乙)国家不收回开平,于本公司营业如何关系?国家万一对于开平不认收回办法,仍归英人掌握或成一有名无实之中英合办,则本公司与彼势不两立。宜如何实力抵制以守独立之性质?而保中国之利权,其大要不外两端:(一)为法律上之抵抗;(一)为营业上之竞争。此两层均须妥筹善法,使立于不败之地。

电一(北京)

1910年11月25日,第一张第四版

某邸力诋资政院伦总裁,不应将开平矿务、澳门划界两事付审查,恐启交涉。

电五(北京)

1910年11月25日,第一张第四版

开平矿,泽公决依直督议,收回自办。

十月十六日议事(节选)

1910年11月25日,第一张第二版,《资政院旁听录》

是日下午二时开会,议长入座报告,今日到会者一百三十五人,秘书官报告文件四种。(甲种)各议员质问政务处、度支部各说帖三件,均一一赞成通过。(乙种)股员长报告,胡家祺倡议,宜将开平矿务于下次开议。

电二(北京)

1910年11月27日,第一张第四版

张翼为开平煤矿又上封奏,仍主副约,反对赎回,奉旨着钞交外务部会同度支部并案核议。

京师近事

1910年11月29日,第一张第六版

开平矿案,泽公本力主北洋大臣原议,收回自办。盛宣怀亦表同情。迩来调核外部及北洋卷档,益复了然于主权之不可失、利源之不可弃,而保全疆土,兴办海军尤为重要。现正协议合词奏复,亟早收回,免致一误再误,并闻监国对于此事亦极不以张翼为然。前交泽公、盛侍郎查办时,曾谓此案关系极大,应以力保利权为主云云。大约此案月内可发报也。

电三(北京)

1910年12月1日,第一张第三版

资政院议员为开平矿事秘密会议,严复袒庇张翼及外务部,所议办法致遭众斥。

电四（北京）

1910年12月1日，第一张第三版

张翼为开平矿事三次上奏。摄政王意稍动。惟以关系甚巨，密谕外、邮两部派员与直督晤商，总期疆土交涉两无妨碍。

资政院通过弹劾军机奏稿

1910年12月2日，第一张第四版，《紧急要闻一》

《字林报》载二十九日北京电，云资政院于本日下午五时开秘密会议，通过弹劾军机处之奏折。折内陈述目下军机处之权并无确定之界限，如军机处对于国民能负责任，始可容之，否则组织内阁实不可缓。并讨论另一奏稿，请责成让失开平煤矿之张燕谋收回该矿。

时评·其一

1910年12月2日，第一张第六版

自张翼勾串外人，私卖开平矿后，英公司至有秦王岛不准停泊兵轮，胥各庄运河不准民船行驶之举。其盘踞吾国疆土、侵害主权，为患非浅细也。

比者经外部直督之艰难交涉，而英人始有交回之成议，何物张翼？乃一再反对，始终求达其破坏之目的？

张翼所坚持者，在责认副约。不知副约根于移交约，移交约根于卖约，一脉相承。责认副约，实不啻自认卖约。岂张翼一卖之未足而欲再卖耶？

张翼不足责。记者所不解者，以直督之反覆缕陈，顺、直绅民之再三申诉，而朝廷犹不能无惑于张翼之邪说，则何故？

论开平矿事

1910年12月3号，第一张第二、三版

慨自国势积弱、外患侵陵，二三大臣巽懦昏庸、颠顶从事，致一遇重要交涉，弃疆土如敝屣而不之惜。顾其所以损失主权、捐弃国土者，只以仳仳倪倪，无能为役耳。非视国土如囊中物，任意卖去以博私利也。若张翼者，以国有之矿产、公家之土地，私自立约售诸外人，此其丧心病狂，又岂仳仳倪倪者所可比拟？试问开平矿之沦诸外人，日言收回而未有效者，其罪魁祸首非张翼而谁乎？近闻张翼尚以中外合办欺惑朝廷。奸诈之说，闻者气愤，声其罪状以告。我国民义不容已，缘极论之，俾朝野上下，共图责令收回之策焉。

开平矿局开始于光绪元年。自开办以后，逐渐推广，在东亚各矿中实为首屈一指。至光绪十八年间，张翼始以道员督办此矿。庚子乱时，李文忠抵大沽，即托俄人遣兵护矿。幸得无恙。迨至大局粗定，张翼乘丧乱之余，作卖矿之计，与英商营谋以图大利，乃有移交约、副约、卖约之立。事既就绪，则诡言资本欠缺，托为中外合办，欺罔朝廷。比以局员及地方官，认为中外合办，在矿局悬挂中国龙旗与英旗相对并峙。英人饬将龙旗落下，且至外部诘责。于是开平矿务乃有交涉。而翼所为之狡谋乃以次而露矣。方袁世凯在北洋时，以龙旗升落与英使争论，得见张翼发给洋员德璀琳代理移交凭单暨德璀琳出卖矿局合同、张翼移交矿局合同。旋以诘之张翼，则仍称系中外合办公司，并未卖与英公司，已遣讼师赴英国控讼。既以控讼无效，翼请自赴伦敦争辩，乃径往。然纽讼多年，并无把握。近以绅民之公愤、直督之坚持，稍有头绪，可望收回。而张翼犹敢持中外合办无须费款收回之邪说，荧惑朝廷。试问，以中外合办之空名而受丧失主权、亡没土地之实祸，稍有人心何忍出此？吾不知政府诸公何以不严拒之，而尚令狂悖之说得以肆其口也。

以国家莫大之利源，一旦亡失，交涉多年、竭力争执乃有端绪。各省人士方冀指日收回，而又兢兢乎有不得收回之虑。而张翼必欲持责认副约之言中外合办之说者，以当日立约时，英人许翼以终身为新公司督办也，且许以宽给酬报也。翼为私计，自以不收回为利而收回为不利。然移交约所载，凡开平煤矿原定十里矿界以外之所有矿产，并推广及于与矿产相连之利益，全行包括在内。所以秦皇岛则不准中国兵轮停泊矣。唐山矿厂则不准升挂龙旗矣。胥各庄运河则不准民船行驶矣。滦州煤矿则要求禁阻开采矣。若使长此不收回,在开平矿界附近百数十里之地,尚何主权之能及?其所失之利源亦复何可计算?断送国家之地利,损失国家之主权,以填奸人之欲壑,尚何国之能为?不宁惟是,张翼既擅自卖之而朝廷不责翼收回,则此后奸人继起,将竟以国家之土地售诸外人以博厚利,朝廷不及觉,人民不及闻,而国土固已日蹙矣。岂非古今未有之奇闻乎?是故责令收回,自为不易之主义,亟宜严加督促,弗使奸欺之言尚得腾诸其口。然而奸人运动之术百出而不穷,政府诸公亦鲜有持严气而不动者。然则所可望其责令收回者,惟资政院议员耳。民选议员颇有以赣直闻于时者,开平矿事安可不竭全力以争之哉?安可不竭全力以争之哉?

审查开平矿案之报告(北京)

1910年12月6日,第一张第四版

开平赎矿一案经直省士绅具呈,资政院交付审查后,昨由审查员具书报告,略云:开平矿产于光绪初年由直隶总督奏请创办,为官督商办之局。庚子拳乱,张翼受人欺骗,以督办直隶全省矿务大臣资格,将开平全矿相连产业及秦王岛自开口岸与沿江、沿海九处码头并轮船六艘,悉数移交英人,藉词保护,私订卖约、移交约、副约,而以中外合办朦(蒙)奏朝廷,所订三约既未附奏,亦未咨部。嗣经直隶总督袁世凯三次专折奏参,叠奉严旨,责成张翼赶紧设法收回。是所订三约,国家绝未承认。光绪三十年张翼亲赴英京涉讼,仅以责认副约为得直,实则英公堂判词谓副约及移交约应作一件者,认副约即不能不认移交约。是名为得直,而实则为卖约添一证据,其所谓中外合办不过为欺饰之空文,较之实行收回利害相去霄壤。宣统元年十月,外务部奏奉特旨,饬令直隶总督陈夔龙妥为筹画,乃先与英外部力争张翼私售矿产之一切文件概归无效。始提出条件与英外部会议发给国家债票收回矿产之办法,屡次磋商,渐有成议。而张翼迭上封章,仍主持责认副约之谬说。此办理开平矿案以来之实在情形也。查开平煤田袤延数十里,秦王岛口岸计地九万四千余亩,沿江、沿海码头共九处,张翼以督办矿务大臣资格擅卖疆土。虽彼始终怙恶，国家断无受其欺罔之理。况该矿密迩海疆与九处码头之煤栈均可供海军游弋之需。而秦王岛形势天然、冬令不冻，又为停泊暨修理军船之良港。且京畿以北洋为咽喉，北洋即海军之重镇，威海、旅顺已非我有，若秦王岛亦归外人掌握，我国无收管之主权，海军前途何堪设想？该矿产关系既如此重要，即令给款收回。稍受亏损，犹当竭力办理，以保主权而巩要疆。况现在收回矿产办法系按开平矿务有限公司历年报告平均计算，每年可获净利至少在二十万磅以上。若分年摊筹本息切实预算，每年仅提款十五万一千余磅，尚可赢四万余磅之利。一俟债票期满，全数矿利悉为我有，实属国家莫大利源，绝无稍受亏损之虑。自应具奏请旨，仍饬下直隶总督会商外务部、度支部按照发给国家债票实行收回，原案迅速设法早日办结，至张翼为私售矿产、疆土之人，回护前失，甘冒不韪，应请旨饬令，无庸干预收回开平矿事，以专责成而免梗议。

京师近事

1910年12月9日，第一张第六版

御史路士桓昨日呈递封奏一件，留中未发。探闻系奏陈对于开平矿务案之意见，并参劾张翼误国，措辞极为严厉。

京师近事

1910年12月12日，第一张第六版

开平矿务一案，自前日张翼上第三次封奏后，监国颇为所动，惟以关系甚巨，未便遽定办法，因密谕外、邮两部赶派妥员与直督陈小帅妥筹切实办法，总期于疆土交涉两无妨碍。

京师近事

1911年1月5日，第一张第六版

开平矿产经北洋大臣派员向英外务部交涉，已有转圜之望。购回价额须一百数十万英磅(镑),已有成议。现因有人从中破坏,故至今未能定局。

电三(北京)

1911年1月6日,第一张第四版

泽公盛宣怀具折密覆开平矿务始末情形,力驳直督举办国债票,有三不可,朝廷不能担保。

电二(北京)

1911年1月7日,第一张第三版

廷寄外务部暨直督谓泽、盛两大臣奏:查明开平矿务始末情形及收回办法一折,着陈夔龙按照各节切筹,随时就商外部,妥慎办理。原折抄给阅看。

电三(北京)

1911年1月7日,第一张第三版

御史赵熙奏参邮传部于铁路用款巧立名目,请澈查。

时评·其二

1911年1月7日,第一张第六版

开平煤矿自直督主张收回后,张翼即连次上奏破坏;洎交泽、盛查办,而张复多方运动以冀达破坏之目的。其回护前失而置国家疆土、主权于不顾,昭然不可掩也。

今泽、盛两大臣覆奏矣。其措词之内容虽未详知,然既反举办国债票,则于此案之主张如何,要亦可知矣。

噫,吾不得不惊叹张翼运动之神通。

电六(北京)

1911年1月20日,第一张第四版

开平收回国债票,由滦矿发。

电三(北京)

1911年1月23日,第一张第四版

直督陈夔龙奏,赎回开平矿公债票,俟核清旧账再定数目。外人要求无厌,自当遵旨坚拒,不稍迁就。奉朱批着该督懔遵前旨,妥筹办理,毋稍迁延。

电四(北京)

1911年1月23日,第一张第四版

又奏,开平矿案关系国家疆土、主权,请敕外部详细研究。

京师近事

1911年1月24日,第一张第六版

北洋陈筱帅因赎回开平矿拟发行公债票,屡纪本报。兹闻政府以此项公债筱帅并未请旨允准,故度支部不能担认,且开平赎矿系直隶一省之事,不能用全国之钱,故度支部不能担此债务,仍饬该省自行筹款。

开平矿案张翼战胜矣(北京)

1911年1月26日,第一张第四版,《紧要新闻一》

日前,枢府因开平矿事曾发廷旨一函,电寄直督。探其大要,略云开平矿务一案,前经张翼赴英控诉得直,而袁世凯狃于成见,不肯极力襄助,至使功败垂成,未获完全收回。而此次陈夔龙未经请旨,遽议以国家重利债票赎回,殊属非是,著无庸议。惟中外合办公司其中款目不无纠葛,张翼既系原订合同之人,自难置身事外,仍着赶赴北洋,会同直督办理。如英公司要求无厌,该大臣等只可坚持定见,徐图抵制外人,亦断不至久假不归。着外务部北洋大臣及张翼等,按照载泽、盛宣怀所陈各节,妥商办理,勿得迁就。钦此。闻直隶京官探得此次廷寄消息,公议由直隶全体自行备价一百七十八万磅,完全赎回,不用国家担保,亦不发行公债票,不知能办到否?

京师近事

1911年2月27日,第一张第六版

开平矿务一事,据本馆调查所得知,仍照原议发卖债票,惟须由滦矿公司担承。故滦矿现须添招股本五百万元,至张大臣翼与英公司账目,则由彼自向英公司核算。

直绅争矿仍以上书了结(天津)

1911年3月20日,第一张第二版

顺直绅民为开平矿案于初八日下午,特假咨议局会场开大会议筹商办法。是日到者除咨议局全体议员及本埠绅、商各界二百数十人外,京保士绅来津与会者约数十人。盖以该矿案关系顺直全省人民之命脉也。开会后,公推咨议局议长阎凤阁为临时议长,报告开会宗旨。次由滦州官矿局协理王劭廉报告开平矿案始末。自庚子年张燕谋将该矿断送外人,经前督袁项城奏革饬其赴英国涉讼,及历任直督并本省京官士绅连年与英人力争挽救情形。报告约两点钟之久。复由咨议局议长阎君凤阁报告该局成立已(以)来即以全力挽救此案。又由滦州官矿顾问矿师李希明及滦州官矿总局经理黄阶平答述开平矿务获利之富厚及国权、土地之关系,并将收受各绅关于该矿各事之质问逐条解释答复。又由井陉煤矿总办李伯芝提议办法供大众讨论研究。至六点半钟尚有多事未毕。公决初九日再延会一日,遂闭会。次日下午三钟,仍在咨议局开会,由议长阎君凤阁登台与众讨论,大致谓该矿案经督宪与本省京官士绅派人去伦敦与英外部磋商,该国已许我国备款将该矿赎回。在我国官绅已属煞费经营,乃张燕谋为回护前过起见,竟尔(?)密奏,破坏全局,致直省官绅数年经营化归乌有。故全省绅民对张燕谋感情非常之恶,究应如何对付,当经大众研究良久决定办法,仍系上书政府,请向英国交涉由绅民集款备赎。惟闻此款已经各绅民筹,有把握云。是日议场上公推王劭廉、李士伟、王振垚、贾恩绂、苏镜韩、齐树楷为起草员,又推举阎瑞庭、高静清、韩缄古、刘润琴、李舫渔、籍亮侪、孙子久、李希明、李幼香九人为评议员,又举王劭廉、阎瑞庭、刘润琴、李舫渔、孙子久、赵幼梅、贾恩绂、李子久、李伯芝、王竹林、韩缄古等为上书代表,又公决以起草员全部、评议员全部、代表全部及咨议局长驻议员全部、督署会议厅士绅全部,同为筹议员,筹画此案进行方法,即假咨议局为事务所。闻该书共作三分(份):一呈请都察院代奏;一呈外务部;一呈直督云。

又有参张燕谋者(北京)

1911年3月24日,第一张第五版

开平矿务自去夏以来直绅与张燕谋相持不下,客服由北洋大臣出为调停。直绅主张中国收回自办,张燕谋主张中英合办。至今尚未解决。十六日已由直绅大理院少卿刘若曾等联名参劾,历陈其办理误谬,并力请照直绅议收回自办。

电三(北京)

1911年4月11日,第一张第三版

枢府密电张翼,速向英国开议收回开平矿,并详核账目,限四月了结。

开滦两矿合并办法

1912年2月12日,第六版

周缉之拟将滦矿让归开矿一节,已志各报。兹闻两方股东数次会议,已于日前议定合并草约,并已签押。其约中主要之条件如下:(一)开平矿务局与滦州矿务局各出资本金一百万磅共同组织开滦矿务总局;(一)开平矿务局负有限责任之总公司设于天津;(一)股东利益之分配法,一年之利益达三十万磅时,以六分归开平方面,以四分归滦州方面,若至三十万磅以上之时,则两方面平均分配之;(一)开滦矿务总公司另行募集新债五十万磅,以偿还旧债之原利。

专电

1912年3月27日,第一版

开平、滦州两公司并办之合同已于三月二十一日由中英两国批准。

开平、滦州合办公司将改名开滦矿务处。如有赢利,其数在三十万圆以内则开平公司得十之六,滦州公司得十之四。如过此数,由两公司均分。惟满十年以后,滦州公司有购买开平公司之权。(以上北京)

咄咄滦矿竟归并开平矣

1912年6月14日,第二版

又是一幅实业伤心史。

东京《朝日新闻》云,开平煤矿公司与滦州煤矿公司合并一举谈论已久,今卒告成。新公司管理权已为开平总理南桑恩所得。此举可为英国在华事业之大进步。考开平煤矿原由中国官商合办,李鸿章督直时发起,用费银一百二十万两。拳乱之际,该公司恐矿为联军所毁,乃用英国资本家郝浦氏出名,将该公司改为中英合办,招集资本洋一百万圆。当时公司中产业估值洋三十九万五千圆,其余六十二万五千圆则在英国售卖股票。于是公司营业大加扩充,由郝浦氏总揽管理之权。每年各矿出煤自八千吨,增至二十万吨。其矿地面积现占二十二万方英里之广。除已出之煤外,地下尚有二万二千五百万吨之多。每年出产不难自三百万吨增至四百万吨,该公司每年可获净利英金三十万磅有奇。华人因不能由英人之手赎回开平煤矿,乃发起组织滦州煤矿公司藉以抵制英国公司,招集资本银二百万两。天津德华银行因忌英人之获利,实助其成,初在马家口开工,地与开平相接,以滦河为界,工作轮运均称利便。滦州之煤虽稍劣于开平,但北方华人抱恢复利权之热心,咸乐用滦煤而不用开平之煤。滦煤每日仅出一千吨,惟能如开平之购备新机,则出数可以大增。开平公司,英国资本家颇以为虑,乃倡两公司合并之议。初议由华人购回开平煤矿,华人愿出英金一百五十万磅,英人索价二百四十万磅,卒经商定付款一百八十万磅。华人正在谋集此款。革命事起,清军与民军争持之际,英使朱迩典周旋于两方面间,颇得华人欢心。英国资本家乘此机会即谋购买滦矿之举。其合并合同,两公司资本各定英金一百万磅。新公司之赢利,开平股东得十成之六,滦矿股东得十成之四。新公司须在天津设立总事务所,董事部两公司各举三员,由六人中举定办事正副长员。公司营业之责,就表面观之,两公司显然平等。然此不过名目上之举,藉以平华人之情感耳,实则公司全权皆操之于开平公司总理南桑恩之手。故滦州公司实无异归并于开平公司也。

译电

1912年6月16日,第二版

开平煤矿公司与滦州煤矿公司合并一举,已经内阁认可,将全案送交英公使矣。

张翼报告建永两金矿情形

1912年9月27日,第六版

建平、永平两金矿业于八月二十五日开股东会决议,仿照汉冶平矿务公司及招商局办法组成董事会,公举周学渊等九人为董事,仍举张翼为总理,并拟定简章十五条暂时遵守,兹将张总理报告书录左:

建平、永平金矿公司张总理报告书云,敬启者:窃查建平金矿,于前清光绪十八年间,由前北洋大臣李文忠公提倡开办,仿照外洋公司之例。招集商股开采热河承德府属金厂、沟渠、撰山子等处金苗定章银五十两为一股,两次共招三千股,合银十五万两。首由唐景星观察廷枢经理,翼实继之,自认多股。举徐雨之观察润出关为总办，艰难创始，为北方辟一利源。当时中国实业未兴，商律尚未颁定，凡开矿等事虽属商业，亦例由本省大吏加札派委，方能与官绅接洽，不致遇事掣肘。建平一矿纯为商业性质，并无官股、官款在内，亦非官督商办，股票息折、章程文卷，班班可考。诸位股东俱知，无烦缕述。光绪二十四年，徐观察辞退，翼遂直接管辖此矿。本照西法开采，翼接手后，凡应扩充之事无不力任其难。惟股本无多，初次招集六万两，徐观察于建筑工程一项即已耗尽。翼始续招九万两为矿地一切之用，随时购置机件、添购骡马、酌修工程，一切应办事件均已就款兴办，不遗余力。股本不足则贷商款以继之，总期陆续扩充，以出金日多、足保本息为目的。二十年来，挪移、赔垫盖有由也。其永平一矿系于光绪二十二年，由徐观察勘明迁安县峪尔崖等处，苗线在建平股本项下，拨银一万两作为该矿股本照章开采，均亦办有成效。二十四年，亦归翼一手经理此矿。本用土法，继因井深水旺，遂将峪尔崖总局大井改用机器提水，各分局酌开平硐泄水工程等费，用款不资。翼一力支持，亦未敢稍事委懈，并由建平股本项下拨银一万两，与热河商人所集一万两合办临抚金矿。无米之炊，心力交瘁。光绪二十八九年以后，翼以开平矿局一案未了，牵率多端，又不克专心经理，且其间横生枝节，影响受亏已难计算。况年年开做大井、建置工程并增购牲口等事，为力谋进行起见，既难取资于股本，即不能不借力于贷款，历经与就近各股东筹商办法，佥以添股为难，必须借款兴办，以资扩充。节至目下，两矿积欠关内外各商号本息银不下百余万两，所有局中收支各项并工程器物大概数目另单开呈公鉴。乍闻欠款数目似属过多，而试问各矿地，一查布置已大致就绪，以后少加之意，即不难得利还亏。举成绩与股本欠款相权，当知承办之人决非有意抛洒。年年轮纳国课、收养穷民，正非易易。此翼历办建、永两矿之大概情形也。近年商务日兴，翼以年老颓唐，膺此艰巨，深恐为商战所排，不克胜任。本拟请各股东到场，另举贤能，照商律组织为完全公司，以图兴复。方与京津各股友筹议，适于本年旧历六月初九日，接奉直隶都督照会，内开案查前准开滦矿务督办袁咨送议结开平公司。俟开滦联合实行后，关于权利条件清单第五款内开旧开平局对于建平永平金矿、承平银矿所有股权、债权作为一律取消,由直隶都督收回,另招商办等语。业经咨会工商部复准在案。现在开滦营业实行联合,总局亦经成立,所有建平永平金矿、承平银矿自应照案收回,另招商办,以符原案而保权利。惟此项金银矿从前办理多年,久无成效,此次收回改组关系较重,非另委精明干练之员前往接收办理不足,以资整顿。查有周家鼎究心实业,堪以委为该矿总理。李士俊才具开展,堪以委为该矿协理。除分别委任并分行外,相应照会贵前京卿,请将该矿一切文卷、照据、产业款项等件克日移交清楚,以便接办,并请见覆施行等因。查本矿原股三千股,开平公司第一次入股银一万两,第二次入股银二万五千两,两次合为三万五千两,共为七百股,占全股分三十分之七。议股东自将股权取消,归让北洋,自系有别项关系,本矿无须过问,但退股、□股须□向本矿声明,方能承认。即使股东全体承认之后,亦不过有七百股之股权。该公司何得以三十分之七之股东擅将全矿呈请北洋招商另办,将旧有股东权一律取消。商律具在,未闻有此办法。全矿去留,为我全体股东血本攸关,断非翼一人私见所能主持。现值共和时代,注重商律之时,自应按照公司通例征请全体股东意见开会决议,妥筹对待方法方合公理。前项照会除由翼以个人名义暂用私函复答外,此事究应如何处置?诸位股东深明商律,自有权衡,断非翼个利人所敢妄为迎拒。诸位股东既经到场,翼即于本日当场辞职,所有一切文卷、账目俟举定职员后,即由翼移交接替。至对于此次都督照会内所开各节应如何按照商律办理,详为复答之处,翼退居股东之列只能随众发言,未便独持己见。即请诸位股东同负责任,妥筹办法,公议施行,并用全体名义具呈申复都督,以凭核办。事关两矿大局,用敢率臆直陈,伏祈诸位股东俯鉴下情,即予允准辞职,另举贤能接充斯任,以免贻误,实为公私两便。翼不胜惭悚、迫切待命之至。诸希亮鉴。张翼谨启。

《大公报》开平煤矿史料

译件

1902年7月10日,第24号,第六版

又云北清煤矿中可影响日本煤产者只开平一矿耳,目下该矿采额一日二千三百墩左右,其价殆与日本之产煤相若。余拟准于九月再游南清抵四川省,查察该地方煤矿云云。

时事要闻

1902年7月11日,第25号,第三版

旧时开平矿局之矿师宾士氏前曾禀于外务部,愿为承办曲阳县煤矿,当即外务部咨查曲阳县。兹据曲阳县知县禀复,该县矿苗甚佳,英商宾士已曾购得地亩云云。想俟外务部知会路矿总局后,该矿师即可往办矣。按:开平煤矿自与洋人合办之后,煤价倍增。今据宾士云,曲阳煤矿将来煤价可较开平减半云。

译件

1902年7月16日，第30号，第五版

又云某工师调查北清一带煤矿归来。据云，开平矿自归英人开办以来，渐加改善。刻下一月采额虽不过六七万墩，工事告成后，一月采掘十七八万墩，实非难事。

煤层最薄二尺，最厚二十五尺，层数十三。其质各层虽异，与日本筑前煤矿可以匹敌。

由开平经唐山到秦王岛铁路已经竣工，又秦王岛二大栈桥亦早已告成。刻下筑造防堤、浚深海底、埋筑沿岸等工极繁忙，而其设备完全亚东所罕观也。

德国官办张乐园矿距胶州一百五十英里，煤质可比开平煤，最上厚十二尺，以开办日尚浅，虽未甚旺，颇有可望。又博山矿距张乐矿一百英里，是亦系德国官办。目下因属试办。其质良否，未得先知。如其得有佳矿，则附近铁矿之处，必可创设制铁局。

正定附近煤矿并西山煤矿之品质，采额皆不足称云。

译件

1902年7月25日，第39号，第六版

《益闻西报》云，经理比国铁路之威恩君现已应聘为开平矿务局总办云。

开平矿局

1902年9月30日，第106号，《广告》

启者：本公司在秦皇岛建设车路、码头，经已一度岁。其铁路东通营口、锦州及沿途停站至东三省，西通滦州、唐山、津京等处。上年津河冻后，一切客货均由秦皇岛车路送运各处，咸皆称便。今冬本公司添建极大洋栈，在该车站、码头之间，均已告竣。无论冬夏，专备贵商转运货物及相近码头、车站，设有开平昌、祥发源两装船行及大昌兴装车行,经理一切,兼有大客栈,分号设在其间,专接仕商往来,无异津沪,且快便周妥。欲知详细客佣等情,请向祥发源等面议,特此奉布。

有限公司谨白

官商利便

1902年10月14日—11月28日,第120—165号,《广告》

启者:本公司在秦皇岛建设车路、码头,经已一岁。其铁路东通营口、锦州及沿途停站至东三省,西通滦州、唐山、津京等处。上年津河冻后,一切客货均由该岛车路送运各处,称便。今冬本公司添建极大洋栈,在该车站、码头之间,均已告竣。无论冬夏专备。

贵商转运货物及相近码头、车站,设有开平昌、祥发源两装船行及大昌兴装车行,经理一切,兼有大客栈,分号设在其间,专接仕商往来,无异津沪,且快便周妥。欲知详细客佣等情,请向祥发源等面议,特此奉布。

开平矿务有限公司谨白

开平矿务有限公司派利广告

1902年10月23—29日,第129—136号,第一版

启者:本公司自一千九百零一年二月十九号至一千九百零二年二月十八号,各股友历得股利系七厘五,每磅股者应得股利一先林(令)六便士。其代本公司付股利者为麦加利、道胜、德华等银行。凡持新股所粘之取利票第一号至该银行者,股利立即按金磅时价照付。其老股百两者,今已增至二十五磅。故此次股友诸君所得之官利,实较往年尤多,约在一分四五之间耳。特此布告。

开平矿务有限公司总办威英谨启

开平矿务有限公司广告

1902年10月23、25—31日、11月1—6日，第129、131—143号，第一、二版

敬启者：本公司查照前立合约，现届招集股友之期，为此布告各股东：本公司准于十月二十九日午前九点钟，在天津海大道议事房会议。务望有股诸公或所派代表人如期会集，事关大局，祈勿裹足自误。此布。会议宗旨如下：

一、稽察本公司庚子、辛丑、壬寅所有合股办理实在情形，并账目、工程诸要事。

一、详议嗣后公司章程办法。

光绪二十八年九月念日　　督办张、总办严谨启

开平矿务有限公司续出广告

1902年10月25、27—11月6日，第131、133—143号，第一、二版

敬启者：本公司定于十月念九日齐集股友会议，业已登报。嗣查各股友中尚有未换新单者为数不少，想因庚子合办一局事成仓卒，新旧账目未经刊布，诸友不无怀疑之处。但此番会议即为此事。务望速向麦加利银号挂明堂记、号码、股数，以凭核对。幸勿再行观望，是所切祷。

督办大臣张　总办严复　杨善庆　谨启

时事要闻

1902年11月18日，第155号，第三版

唐山紧要消息云，唐山矿务局洋员需人，张燕谋侍郎前因德璀琳氏之介绍，延请英国金司赟氏回华，已在津旅寓数日。

时事要闻

1902年11月19日,第156号,第二版

唐山紧要消息云,日昨唐山矿局西北井遇火焚毙西人一名、华人数名。

时事要闻

1902年11月20日,第157号,第二版

唐山紧要消息云,唐山煤矿失事,闻华工死者今已查知有六人,西人死者系英国苏格兰人巴克司特氏 Baxter。

北京专电云,开平矿务公司近日事务棘手,督办张燕谋侍郎定于本日二次车来津,以期设法为中国争回利权云。

开平矿务有限公司招买告白

1902年11月23—29日,第160—166号,第一版

启者:本公司时须在津购买器具、材料等件,如各行号现存有铅板、紫铜、铁钉、螺丝、锉铲等,即请开单送交敝处,以便随时赴各号购买,以供本局之用。特此布告。

开平矿务有限公司总办威英谨启

开平矿务有限公司议事情形

1902年11月29日,第166号,第四版

昨日为开平矿局股东集议之期,中外股东多有自沪来津者。是早十点钟开议,十一点十五分时散会。计莅会者中国官商十余人,西国官商七十余人。当经议定中英两国各举董事,会同详议善后之法,开议时先由津局总办严又陵观察、代督办大臣张燕谋侍郎演说,系以英语宣讲,兹先译录如下,以供众览。其余演说之词容即陆续译登。

张大臣演说曰:诸君、诸君,今日之会,本督办所欲与诸君宣明者:一是开

平矿务总局所以称有限公司之原因与其办理之节目；二、前与我们立约之人，后来如何违约；三要诸君公议后此补救之办法。两年以前本矿务局因遭拳乱，大局几不可问，加以交涉军旅，变故多端，开平前途实难逆睹。本督办上为国家保一方之矿利，下为股友惜巨万之母本。筹之至。再念英国在华商务最盛，商律亦称平允，遂用英律挂号，冀得其公平保全之益，并依矿路总局章程，添招洋股，以为扩充矿业之资。此原是中外商民两益之事。国家赋税亦以日增，且交通局成兵争自然稀少。此本督办当日之用心，所可遍告天下，而毋庸掩饰者也。不幸自合同订立之后，与我们立约之人食言失信不止一端，遂使至美之事反为指摘之资，而一切要约章程直同虚设。今此事底里，本督办已令某君在此明白相告，毫无欺饰。但先有一言所望诸君深悉者，我们所守系辛丑正月初吉所订合同与其副约。今所力争亦即此约。若前途肯以公正为心，争端自无难泯。即诸君协力同心，维持公正之事，亦不至稍有吃亏。盖欲平争执，欲开利源，舍公恕二字，别无他法可行也。今日诸君惠临，凡中国股分代表之人，大都在会。本督办实深欣慰，所望仗诸君之力，以公正之心扫除救正前此非理不公之事而已。德璀琳君在此，即以一切底细告语诸君可也。

开平矿务有限公司议事情形（续前稿）

1902年11月30日，第167号，第三版

开平矿局集议一节已纪昨报。兹将莅会人员及举定之董事名数续录如下：

主座督办大臣张侍郎，书记前都署发审司员司密氏，与议者严又陵、沈仲礼、洪翰香、梁浩如、邝容光、蔡述堂诸观察及陈吴姚、孙钟业、周长龄诸氏。又德璀琳税司，伦敦《泰晤士报》访事人毛利森氏，甘博士、麦克尼尔二律师，罗伯生医士及汉纳根、田夏礼、璞尔生，公易、洋东仁记大班等，其余不及备录。

举定董事员名：张翼氏、沈敦和氏、朱葆珊氏、梁浩如氏、唐杰臣氏、税司德璀琳氏、上海老公茂大班德贞氏、仁记洋东狄庆生氏、参将汉纳根氏、怡和

大班伊德氏、世昌大班海尔氏。是日议事详细情形及该局前后办法，本报已详为译录，敬告有股诸君，定于明日刊布。

论开平矿务局事

1902年12月1日，第168号，第一、二、三版

（以下第2版）自庚子之乱，开平有合办之局。然名合办，西人实主其权，且主其权者非旅华之西人，而为在欧之西人。乃易员司、变章程。旧之总办徒袖手旁观，一若业归他人，主权全失也者。于是谤言纷起，大抵谓张侍郎用德税司之计，乘紊乱之顷，藉保护产业之名，以国家之矿地私售西人而各分其厚利。不然何事权之偏欹如此，乃寂寂无讼声作耶？上海《中外日报》且大声疾呼，谓某官不宜任路矿事。审其所谓不宜，则亦云卖矿私肥而已。虽当时上海西商既会议矣，此矿背约之实情亦经某西人所觊觎。该报岂异鼎铛之有耳，抑同水母之无目，奈之何？心知之而故乱黑白如此。司马昭之心，路人知之矣。虽然事之真实无由，终阒观于本月二十九日之会议后，此群疑之黮暗与谣诼之纷纭，殆可以息矣。有股诸公集于天津之总局，中外仕商到者百余人，坐定，张侍郎宣言会议大旨，译以西语，此文本报已登报端，无烦复述。若德税司之言则译之如左。

其言曰：今日之会乃俾有股者，知开平局事之真实。因伦敦部前后所为既不肯坦白相告，且于东西各报横肆雌黄，欲令天下人信彼辈理直，华人理曲。此非将前后情节澈（彻）底表白，将诸君于两造有颠倒黑白之虞，其害非浅。故仆特为诸君一一言之。盖开平合办之局，由于庚子之拳乱，当时情景何若？在座诸君想犹记忆，即华人产业之难守易失，亦诸君所深知。张侍郎者，开平之督办而亦最大之股东也，乃与不佞深谋所以保持此矿不致见夺之良法。熟思审处，计无若添招洋股而以英律挂号之便者。夫以英律挂号最速最易，莫如香港。何必舍近而远取伦敦，则以欲添招西股之故。盖开平创办垂二十余年，而矿业不加进者，以在本国添招股本难耳。计虽定而事机间不容发。环顾无可与言此事者，乃得胡华。胡华者，英国墨林公司之代表，而开

平之顾问矿师也。与之商,欣然愿往,乃议定开平母本以一兆磅为足额。华人旧股一百五十万两进为三十七万五千磅,其所余之六十二万五千磅。先招其十万磅,以应局中目前急需,外是则以次招集。当是时,律师之在津者,仅伊美斯一人。胡华倩(请)之使签西七月三十之合同,而仆与胡共签押;为在见者,伊美斯与汉纳根也。合同为两分(份),其一存于仆所,以待谋占此矿者已。而胡华复至,自欧言有限公司已如约立,而勃拉索银行亦有电至,声言十万磅经收入。于是议新旧移交,而有辛丑正月朔日之合约。约凡二纸:一为移交正约,载旧公司应尽之义务;一为副约,载旧公司应享之权利。二者并行,不得去其一而承其一者也。移交约定,则有吴德斯者,为比国股东之所派。于是胡、吴与仆,乃鼎足以筦开平之局事矣。胡、吴二人之行事,渐露不承副约之意,为仆所微窥,累与争论,并责欧洲招股之账目。彼则唯诺延宕而已。至其夏间,而比人法兰吉来,仆又诘以招股之事,彼诺为求于欧洲,乃其秋伦部复邀大队工人来此,由英者二综司稽核。余则大抵比国之矿工。然此皆彼所自送,未尝商之华人者。人浮于事,且皆食莫大之月俸,而局费自此糜矣。七月,而杜庚至自美洲为特派之洋总办。于是胡、吴归欧,而前者鼎足之局遂散。仆乃当众议以正月之副约示杜庚,问若之来宁,守此而协恭办事乎,抑不承此而欲操此矿之全权耶?杜庚支吾不置对,仆嗣闻法兰吉方教杜庚以破坏华权之诡计并施压力,则无怪杜庚之不承也。而局事至此,遂若方轮之不行。先是颇闻伦部有借债五十万磅,六厘行息之举。仆乃以书召法兰吉于沪上,至复叩以副约之遵否与招股之实情。盖借债大事,而伦部忘合办之局,置华股于不论不议之列。且当是时局用甚充,股票市价倍本数,或加十之七,何乃以二十五万股予借债之家,以为劝奖之具?凡此皆百思而不得其理者也。法兰吉无以对,则谓比国方遣总理名图鲁惠者来,来则疑团、争端可以悉破。已而图鲁惠果来,亦莫能得领要,但云归与同事熟商而已。居此两月,实无所补救而局事益坏。其春月回欧,亦无以见覆。仆知伦部之无意于调处,而故为是延宕以怠华股东也。乃于本七月致书上海有限公司之律师名古柏者,叩以前事,词稍激烈,言若再宕则讼端开矣。书发而欧洲电至,言新总理威英且来,具有全权,将以公道议了诸不平事,则又不得不俟威英。俄而威于八月至津,实具全权,为欧股之代表。及与诘议,则坦然谢前此延宕旷缓之非,而言华部不可不立。问以招股实帐,则曰一兆磅,成本以三十七万五千股偿旧股一百五十万,此买矿价也。其二十五万则与五十万之债东,为奖劝。而其余之三十七万五千股固襄立新公司者之所分得也。其自酬之无理不伦如此。争执之际,此以为非,彼以为是。惟此是非之间,则此会诸公之所定也。若自仆言之,凡其所为乃绝于情理之至,而仆后此将为此事不遗余力而已。且彼固将依于律文之疑似。然律文疑似必非今日所得论也。颇闻会中诸君有议举专员俾治此事之意愿,以此重要争端任其处决。仆今日所为,不欲多言者。盖恐言多而过,将或使办事者因而益难。夫襄立之酬,诚所应得。所争在多少间耳,即借债之举。其是非亦至为难明,惟此亦解纷者之事。再者当合办之肇始,案其成约,此矿一切事宜固定为华部之事。以伦部而主华矿,前车之覆,固已昭然。用人过多,在在糜(靡)费。去年之帐可以比观而知。所损于股东者为不少。欧人不待延请伦部,畀以年约捆载而来,而又多不胜事,章程办法数变屡更。方云必行,继又改作。凡此种种,可知以不相谙委之西人猝然来华,欲为此矿兴发利源,必无望已。仆尚有言为诸君敬告者,外间或谓此番(以下第3版)事体若西客与华主同心,将必自贻伊戚。此论大谬,幸勿听之。仆今代张侍郎实告诸君,凡在华股东利益,侍郎十足承认,无论事势何如。凡与此举同心者,利权必教稳固。故仆奉劝游移诸君及早合力同心,与共责背一千九百一年英二月十九日之约者。

语毕,合会拊掌。继而汉纳根、罗伯生皆起有言,而办事专员遂于股友中华洋各举五人,而通会起诺。会终为时尚未午也。此本馆主人所亲闻目击者也,于是乃本所见闻而为之旁论,曰:海内之论开平矿事者众矣,而其事果为是,抑非乎?当庚子之乱也,设张侍郎不出于此举,则其事当何如?或曰:不过矿局被占而已。京津铁路不被占乎?天津城邑不被占乎?和议既成,终必还也。还则其物固无恙,又何必为此挂号而为开门之揖乎?曰:噫!足下居壬寅之岁杪,从容夷犹,以论庚子夏间霆击风驰之事,则其为此言也。不亦宜乎？今且无论其被占而勿还也。即言被占而还，则煤矿为物，非铁路、城池之可比。但使联军据之数月不事事，机毁水溢，则后此虽完璧归赵，而欲复旧观，非数百万金不可。于此之时，将招股乎，抑借债乎？吾知其物之等于石田而已矣。且人固莫不恤其私。苟无背于义，则君子恕之。张侍郎之于开平，也不仅为国家、为股友也。而己之产业成毁系焉，则万不能安坐以观其见夺。闻有术保全则乐从之者，又人之至情也。方变起北方，仆居海上，见有人持百金旧股仅售四五十金者，尚少过问，及议定价踊或悔恨自经。吾固知谤者之言必出于无股者之忌嫉。其有股而蒙其庇者，脱无他故。方感所为之不暇，而必不至设淫辞以助攻，明矣。且彼之谤侍郎甚者至以为巧于求利，卖矿私肥是真。所谓蟾蜍掷粪，自其口出，于侍郎何伤乎？夫如德税司言，彼伦部所为狡狯。若此，岂不思以利啖之以箝其口。然固不能。夫今日之事，不独侍郎之皭然不污，为可共白。即德税司之行事磊落，要为明者所共称，何则？此二人者脱有一毫暧昧之私，与为朋比，则今日为分赃之人，而为股友所共击也。久矣，则尚何所会议，而亦何争讼之能为乎？且此狱未竟已也。凡在事，中西人之所为，孰正孰邪？为清为浊？固将有时而尽发其覆，则吾愿谤侍郎如某报之气哽肺张者，少安勿躁，勉进饮食，以待事实之终明，乃徐起执笔论短长可耳。若夫添招洋股之事，虽侍郎以维持扩充此矿而后为之，顾终有人以为不可。或谓宁矿利之不开，而洋本有不可用时，固排外之偏见，而亦不可以为全非。但自仆观之，果如此言，则中国从此可置矿功于不事，以徐待东西人之逼据。设必言矿功，则洋本有必用者。非必云，吾国贫也，其理甚繁，非今所能尽，存之，以待他日之论可耳。若夫俄罗斯、美利坚治矿，用他国之母本而强。埃及、摩洛哥用英法之母本而弱。以同事之异效，知其故之别有由也。总之，开平前事即防患有所未周，致胡华等得以行其诡谲，亦由事机仓猝，主者为虑，或有未精。抑事势相乘，欲不出其途而不可。西谚有云，恶风吹人无爽利者，真庚子北事之谓也。幸今者股东，英人之中所为不平者甚众，若飞士尔、若伊德、若德贞、若金士理、若狄庆生，皆铮铮持公道以必破其奸为目的。更察此会之声气，而大众股东，人情向背，愈可知已。此固张侍郎之公正有以感孚,而亦英国诸君子之宝爱国名而疾恶之情胜也。呜呼,可以兴已!

时事要闻

1903年1月13日,第210号,第四版

政务处因筹款维艰,有将开平矿务局中国通商银行改归官办则定可收回利权之说。然而收买之费,亦甚不菲。

论说

1903年1月23日,第220号,第二版

二十九日开平矿局股东会议于天津。

开平矿务有限公司废铁、旧车招买告白

1903年2月24—28日,第242—246号,第一版

启者:本公司唐山厂内现有废熟铁四十余吨、旧煤车约三千辆出卖。有愿买者,请赴唐山库房,即可领看一切,但价值须于二月初九以前来天津总局洋总办处订议也。至于卖与何人,总办自定,愿买者不得干预。特此周知。

开平矿务有限公司洋总办威英启

开平矿务有限公司招包木桶告白

1903年5月15—21日,第321—327号,第一版

本公司唐山洋灰厂需用盛洋灰之圆木桶甚多。本公司今欲定做。一万只之谱松木即可,但必干木方为合式。如有愿包者,请至总局翻译处看式、议价可也。此布。

开平矿务有限公司谨启

新河招租广告

1903年10月11—17日,第470—476号,第一版

本公司在新河地方有地亩极广,内有耕种之地,有草地,又有泊地数方,可以业渔。此外该处又有运河一道,名黑猪河者。每岁进款甚巨,现在开标招租,以九月十二日为度。如有愿包租者,每岁愿出租价若干,可以开明送交本公司天津总局翻译处以凭核夺。幸勿自误。此布。

开平矿务有限公司总局谨启

开平矿务有限公司派利广告

1903年11月12—18日,第502—508号,第一版

启者:本公司总账结至西一千九百三年二月杪止。可派常年官利五厘,即新股每镑者派股利壹先林(令)是也。此款现由上海暨天津麦加利、道胜或德华银行按照买价付给。凡我有股诸公可将新股所粘之第二号取利小票持赴该银行取款可也,特布。

开平矿务有限公司谨启

开平矿务有限公司第二次总会聚议报单

1903年12月9日,第529号,附张

(天津英领事府译)

于西历十月十五日聚于英京伦敦,主理是会者为邓君纳,书记先读聚会之传单。后主理向众赴会者言,曰:论到第二年本公司之情形至本年二月止,诸君可知较比去年晚三礼拜者。原望早开此会,虽竭力将中国与伦敦二处所有本公司经手要件逐一清楚,无如为时所限,以致不克早集。

兹将稽查账目员与各股东之证单列后:

按照英国于一千九百年所定各公司之章程证明,所应查之各账俱已备齐呈验。本年二月二十八日,账内余款单并由上年至此日之盈亏各款均已查

清,可以陈明各股东。

伦敦册内所记各款查验证明,亦见出于中国并比京,所办各事俱已载在伦敦册内。按照由此二处所收之各册,惟中国出款尚未查验,伦敦、比京、中国各银行所存之现款查对,与各该银行证单相符。其在中国公司所存之现款,按照其总理签押之据相符。至余款单内所记外,欠公司之款五万七千九百四十四磅十九先令七边(便)①士,大约俱在中国。据总经理人言,此款能否清偿,尚在未定,仅记于账内,按照总经理人所报现存之家具、牲畜、煤、焦炭各类之价值亦记于余款单内,并云现存之煤系按其价值核算,公司房产地契并各股票俱在中国存储,此处无从察考,以上各条即可证明其盈亏之账,实属无讹。其余款单所载亦可显明本公司实在、真确之情形,均照本公司册内所载。

本年之证单并报单咸与去年相同。但去年报单内经本稽查指明本公司未于存款项下预备机器、轮船各类之销耗,本年之证单未曾题及此事者,因账内载明此款已经预备。

总办报单之第二节"应报本年所办各事始终之结局",须俟查清账目以后方能详论。

余款单内载结至本年二月二十八日止,本公司外欠之款核计约九万九千八百八十四磅,此为非常之巨数。因此内有一欠数约四万磅,乃积欠秦王岛包工人之款,本公司未曾付给,但未预知所欠如此之巨。此款现时业已清偿,积债遂即减少。除此款外,其余多半系日渐积累尚未偿还,日后必当清理照常无异。内又一大款系押款为本公司与商人并他人所定买煤合同。其余款系二月分本公司各员薪水及运煤之费,并煤窑分局各等杂项。

本公司所出借款票载于账内者,全数五十万磅。上年未赎之票,现已付讫。借款应付之利息四千九百七十六磅,系本年正、二两月所积欠者。

股本未曾更动,其盈亏之账,嗣后再述。次条系为回赎债票之公积款,计

---

① 本书所收录的史料,"边士"均应用"便士",后文不再以括号方式提示。

一千六百六十六磅十二先令四边士。然此条自须详细论之。

诸君谅必洞悉本公司之借款票，其办法系由公司之余利赎回，其办法每年用一万磅分期五十年。一千九百三年为第一期，故须预筹此两阅月，应备之数现已结于账内。其两阅月之需计数应付一万磅六分之一，并可知回赎债票一千六百六十六磅十二先令四边士，业于得利账内提出此款。但此条之紧要与股东债主皆有关系，亦为本公司之责任。谅诸君熟悉，无用再赘。如此办法，每年借款减去一万磅，而每年公司得利项下可积存一万磅。总之，担债之责日减，存款之数日增，迨至终借款尽销，脱然无债。届时五十万磅之债款变为五十万磅之存款矣。此系本公司所主办委为稳固关键。不数年，本公司之局势日有起色定显，然余款账内余利并股票之价值见之也。

再次一条系预筹各项机器损坏之存款共二万磅，应由盈亏账内移来此账者，但论此账时必须题明银盘账目内有九千七百九十二磅之亏。虽非本公司之责，祇为清算账目不得不为声明。此条乃由办理中国之账目，载于伦敦册内。盖银价早晚不一，时有涨落，致有盈亏，且于余款账内年年载有此节。余当声明，一千九百二年二月二十八日之余款单内银盘系按彼时之市价核算，即如一先令九边士半核洋银一元。是至本年之余款单银盘仍照此价计算。本年二月二十八日银价极低，落至一先令七边士核洋银一元。嗣后渐平，计一先令十边士一花丁换洋银一元。此节虽然无人言及，但以愚见，其价似与本公司出入银价不甚悬殊。揆理出入，银价惟于中国提款乃有关系。故此本公司核算银价平和时，始行提款。诸君可悉余款账单之末三条皆非本公司之责，其数约计三万一千四百五十八磅，可以归为额外之款以抵账内进款。

现时须论西历二月二十八日所有存于银行并本公司之银款，约计二十一万余磅外，欠本公司之款约计六万磅，于去年较多十分之一。再次一条为预付保险费计六千四百六十八磅，较去年之数有增，其故因有保险失事尚未赔偿者。现存各货及在途次未到之货，其价于去年较少一万六千磅，系因老公司办法积存不急用之货许多，以备每日应用。此货日渐用尽，存货厂现经本公司加意整顿，故比先时用本较少，其牲畜与去年无异。现存煤、焦炭二项计值五万八千三百七十三磅,显然比去年二万五千磅其数目较多,其值按照原本计算,因所出煤数增多,于去年二月二十八日所存之煤,计五万九千六百八十九吨,焦炭二千二百七十七吨。迨本年二月二十八日所存之煤,计十九万六千六百二十九吨,焦炭三百零八吨。所增之数尽系次等之煤,于去年底核算煤数增至二十二万吨。此数实浮于本公司所卖者。因总经理尽力经营,一面筹划煤之销路,一面限制煤之出数,乃存货显明渐渐减少,以至现时只存十四万吨,大约比去年极多之数计少八万吨。

在华股票其数与去年相等,账内之大款,即如产业权利及老公司批办之件,亦与去年无殊,即一百十一万四千七百八十五磅之数。

本年之大宗经费计十二万六千磅。此大宗为何?即系起建秦王岛各项工程,计费九万九千余磅。其工程系新造码头、修理旧时联军水师所筑之码头、火车支路房屋、货车、客车、煤厂机器以及他项工程,其余二万六千磅乃为本公司执事人员建房、建筑唐山新煤窑并一切家具、机器与煤车之用,又挑挖本公司所得芦台之运河。此河为运煤极要。水路缘此河能使本公司与中国各水路联络之益。

余款单内之末一条,四千六百八十二磅系本公司第三批经费,由本年得利项下扣出本年余利。除不能清偿之各债外,计十一万三千三百七十六磅,较去年计少一千磅。

利息账内显然加增,较去年多增二千磅,所以盈亏账之总数计有十一万七千七百六十八磅。

本年所得余利已于盈亏账内载明,包括公积及预备,并日后应当注销。格外各款共计七万九千三百九十九磅八先令四边士,以上之款再加去年拨入之余款,总共八万三千零二十磅十六先令九边士。今将出款办法开后:

本年摊派赎借款者,照以上所言,计一千六百六十六磅十三先令四边士,开发本公司之经费于本年注销者计四千六百八十二磅十先令六边士。此非本年所用经费,嗣后账内即不复载,因之净剩七万六千六百七十一磅十先令十一边士。此数约计于本公司之本百分之七分半相等。总办拟由此款内提出二万磅为公积预备款。惟此数似乎为一巨款,而寔为公积款,坚久办法之始基前已言明为赎借款。提出之数亦可作为公积款之用。所以余款单内寔有公积款二万一千六百六十六磅十三先令四边士。此款年增一年,至少每年亦增一万磅,并有他项合宜之款,亦可归此项下。

除此以外,下余五万六千六百七十一磅十二先令十一边士,载于余款单内。总办拟从此数提出五万磅作为五厘生息。尚余六千六百七十一磅十二先令十一边士存于账内,以备本年纳进项税之用。

总办报单之前二段(段)既已详论矣。

第三段(段)所论秦王岛工程。若有见过此段(段)者,藉可悉本公司于本年二月查明建筑码头所用之澳州(洲)木桩被海虫蚀坏,而且不能耐久。此工始则虽然看之无关紧要,究竟寔属重大,愚须陈明。建筑秦王岛码头之合同其初原非立自本公司,乃系老开平矿务局于一千九百年五月所立,故此与本公司之总办毫无干涉。前者老矿务局所借之二十万磅,名之曰"开平借款票"。立此合同、修此工程寔在本公司初立之时。查此借款除还有若干外,终由本公司将此款偿清,原立老合同所定工程当经本公司加展,于一千九百二年另立一合同。嗣因清楚合宜起见,乃于本年正月又将两合同归并为一总合同,所定工程六条开后:

一、第一条铁道系由汤河中国之干路接修至秦王岛铁路连合之处。

二、第二条铁道高处之铁道并煤厂(现无此议)。

三、第三条铁道低处之铁道。

四、第四条新河道为泄秦王岛东小河之水,河底宽十一英尺,其高低二尺至一尺。

五、第五条码头二千二百英尺之长,当按照图式修造。

六、第六条货厂一百英尺长,五十英尺宽,用洋铁瓦修造,然须经工程司允准。(未完)

开平矿务有限公司第二次总会聚议报单(续昨稿)

1903年12月10日,第530号,附张

现论到紧要处为二千二百英尺长之码头,至本年二月竖立木桩一千七百尺。本意造此码头之长短须容五船可以同时停泊。尽头两处水深十八至二十英尺,总办甚为惊异者,闻此码头被海虫剥蚀,从无人题(提)及此项。木桩易于受此损处,按照工程司所呈本部之报单。当立原合同时,无人悉知彼处沿海一带有无海虫。其塘沽、牛庄两处码头之木桩,系用平常美国松木建造,修筑多年,尚未朽败。若香港海虫其剥蚀之力甚锐,但香港之海水系在热道。而秦王岛之大气可谓近乎寒道,如此气候彼处之海,海虫似乎不易汇集。是以未经意及有此等危险之处,且于未用澳州(洲)所产木桩,以先博访周咨此等木料是否合宜或曾否免被虫蚀。有云此木造码头于香港,尚能撑架多年。并在澳州沿海各处十分合用,西澳州政府曾于此木出有切宽考语,并加意查验。由西澳州运出木桩必须真宽无伪,此等考语宽令人用之合宜,防用伪木毫无益处。据总经理报称,此项木桩残毁,虫力极锐,恐不能经久。待至数年,码头势必倾圮,遇此厄险之际为本部所当斟酌,第一要义即本公司亦应与包工人相商,应若何办理。因尚有五百尺未造之工,按此情形,此项工程难照合同所议办理,固显而易知,现时即应斟酌如何守已经造成之一大段码头,须费时日。处此境地,本公司惟有与包工人同议即将前立合同注销,包工人与本部和平商办。至注销合同出自两相情愿。积欠包工人之款,现已发付。尚有数项小款须在中国考核明白,方能清理。本部现已定议码头工程不再往前推展,但愿保守完全而已。现时已造到一千七百英尺,但应如何保守,非有熟手不能与议。

本部业已拟出数法,但其中用款有极巨,亦有较轻者。目下尚未定议。惟望信而不疑,定有善法使此码头完全巩固,且可历年久远。所用经费无多,想两三礼拜内即可定议。然须克日工作,以便保守码头无虞。本年冬季详细斟酌,现已定议于此码头外添筑一碎石坡。该坡能保守码头经久,然此应如

何与永远保安之法，联络尚未议定总经理，核算建筑此费不过四千磅。拟由本公司之营造，司兴作业经本部询明工程司允准，且许由总理兴办，现已开工作成多半。惟此项工程须用前包工人之器具，现在彼厂内储存，定规本公司将机器、家具各项全数收用，其价若干经总经理核算。其在伦敦包工人情愿按照其所核之数办理。此议保安碎石坡之情形也。

论秦王岛之贸易节录《字林西报》之一千九百二年贸易册。

论其贸易寔属令人诧异，因有人想彼处不过为西人在北方沿海为一消夏之所，并备冬日工作。然无论中国何处开口岸、设海关，即有人汇聚贸易。一千九百二年，货物价值不下关平银四百五十万两，内有二百五十万两为外洋进口货，九十万两为进口土货，一百十万两为出口土货。运往彼口之船只及吨数尽系轮船共计三百十五只。核计吨数三十万四千，内有英国船一百七十五只，计二十万吨。脑（挪）威国船六十四只，计五万一千五百四十六吨。德国船二十只，计二万零三十八吨。俄国船二十八只，计一万五千六百七十吨。进口货大宗为洋布，计美国粗布十三万二千七百十五匹。印度棉纱一万三百担，各类绒呢、五金类之大宗，系铁钢以外并有各项杂货，进口洋货由英国运入者，计值关平银二十六万两。由欧洲他国运入者，计值关平银十万两。俄国不在其数。由美国运入者，计值关平银二万八千两。由中国各口运入者，计值关平银二百十万两。出口货物亦有数种，其大宗为开平煤、火砖土、狗皮、山羊皮，并棉（绵）羊绒。其所输纳之税，按照各国分别列下：英国计关平银三万一千四百二十七两，脑（挪）威国计关平银七千八百三十九两，德国计关平银四千六百三十六两，丹（麦）国计关平银一千五百三十一两，中国计关平银二百四十三两，统共计关平银四万五千六百七十六两。可见其内十分之七系由英国船输入者，其金银出入表显明出口金计值关平银二万九百五十二两，纹银计值关平银三万七百两。秦王岛系为冬日京津来往搭客之口岸。据末后之客数表计算，本年由轮船进口之外国人五百零五名，中国人一千二百四十五名，其出口之外国人二百六十一名，中国人九百二十四名。

本公司至本年二月二十八日止，共由秦王岛装出之货计十六万五千吨以上。所题各节足征秦王岛,已为人所注意。将来贸易必无限量,以其为天然之地利也。

报单再次一段论之殊为可喜。据报此一年内所卖之煤其吨数与价值俱显然较上年畅旺,计售七阅月,至一千九百二年九月,共卖出三十万五百吨。再次年七阅月,至一千九百三年九月,计售出四十七万七千五百吨,显明加增十四万七千吨。本部不能指出所增加煤之价值,因为许多吨煤皆用本公司之轮船载运,所以水脚亦算在内。其水脚结数用电报告者,尚未到齐。论此七阅月内所收之款、所增之数甚属可观,所言系属寔情。但本年之余利,能至何等地步,尚不易言,因为窑厂工作并总局常年经费亦须核算。本部只可言本年与去年比较颇见进益。则本部甚望此年之生意更有成效焉。

本会正荐举总办之报单,并账单允准接收并声明本公司每股可得利五厘,免缴进项税,于西历十月二十一日发给。

席蒙君允助此举,于是会正请会众各抒己见。

毕耳森君言,伊想各股东不甚满意于所呈之余款单据。一千九百一年总办之报单言彼年望得利二十六万三千磅。现在公司之利减色者,因现在余款单所载十一万三千磅。较所望得之利少十五万磅。虽然余利见减,而经费较得利多百分之五,或言加多百分之一五。伊想利既见减,经费亦当减。乃于应得七厘半之利,现只得五厘。据言除非每年能派利一分公积一分,方可称许为矿务公司。

魏利谋君言,伊系在中国之股东,欲知因何必须于伦敦设一总局,于比京复设一总局,因何必须设有两处办事之所。伊素谂比京总局之经费较伦敦总局之经费实多,能否本公司设立办事之所仅在中国。如此便能节省经费。

司赖支君言,欲知何人买有本公司借款票,是否为地拉利安公司,抑或为督吹梅耳银行所有。

窦尼君言,会正于其所论之中,并未题(提)起使在华股东有不安之情。因距总局甚远未能询问,故未得切寔讲解。股东若在伦敦,便能辨清。今引风传之言,谓张燕谋君有向本公司索讨之事。想股东大半有未悉此事者,甚愿会正使众股东周知,并所索若干之大概情形,且使知总办于此事如何主见。于是复题一小节目,其余款单内所记之产业,并未题(提)及本公司之轮船,而产业利权并批办各件,只记有一总数,计一百余万磅。但会正于去年,已否题(提)及于账目到中国。时多人猜疑是否轮船为新公司之产,所以题(提)及此节以便总办藉知为紧要。乃将发往中国之各项账目分条详载,更愿准知将来能立一尤详细之账目。

会正言,现答以上各问。

论到毕耳森所题(提)之事,系引一报单所言论本公司将来之情形并所办之事。惟本部于此报单毫无责任。无非是矿师报彼时之情形,及将来本公司产业之扩充。寔与上年工程之结局无涉。若按毕君所意想,本公司不能照派一分年利并一分公积,难称公司之名,但有一法,即售出股票据。本会正之意,值此极难之时,能得五厘年利,已属可嘉。况此外复有公积两万磅乎?前曾言及上年之利稍过七厘半,此层系本年所言,本公司之进益,足见近有成效。据魏利谋所问,为何于伦敦设一总局。于比京复设一总局。伊若查知本部为何设立,因本部之总办半为英人、半为比人。此时复答司赖支君之问,欧洲他国不但仅认本公司之股票,即借款票亦为其所认,查此借款票非在一人或一公司,乃在数百人之手。司君云前所问此借款是否为地拉利安公司或督吹梅耳银行所有,会正答此两家俱有。司君问共计若干,会正言不易答。因系票未注名。司君云,想此借款,必无托事人,亦无托事单。会正言,此事无关紧要,至于将公司之事尽归在中国办理,断然不能因此。乃英国公司在伦敦设总局,原为总办驻此。并以担股东之责任,又拟裁撤欧洲之总局,亦将公司各事统在中国办理,势尤不能。若会众能晓然于此,则见窦尼君所论之事甚为紧要,且喜窦君题(提)及此事。伊问张燕谋君控案为何并所讨之数若干。会正答言此事之如何情形,缘此案被控者数家,本公司为其一。其用意欲使被控者,遵照一千九百一年所立合同,即论在华设立一本地管理部办理公司之事,但此案与财项毫无牵涉,专为管理之权,且与公司之责任无干。所论之合同并非法律所能使其照办。本公司总办未曾干预,并不知悉。迨至许久,始知有此合同。本部许与中国执政者克尽友谊之益,并因股票多半皆系中国所承认。此节初起时,总办甚为情愿,与设立合宜之本地管理部公同办理,且本部曾拟数条,为设立本地管理部。显然本部无论如何,必不合理。若将管理之权让出,独本部担承股东之责或于欧洲或在中国皆有担承责任。故此权寔难推让,请古瑞司普君再多陈数言。论及此案,古君言,会正所言此案并不干预财项,请略为更正。盖此案所欲者理直,其损失不过虚有其表,其实德纳君言为使被控者遵守合同,恰当无疑,甚不欲使人言。余坐于此处听其言,此案不关财项。

窦尼君问,所欲讨者为数若干?

古君言,彼因损失欲讨者并未声明若干。会正言,甚愿会众已听克君所言,因想并未寔在更正。故前所论者,此案欲使被控者遵守合同。由本部视之无足重轻。且有人进言此事亦无关紧要。故本公司毫不在念。至论轮船一节已包于一百十一万四千磅之内,前所言者足知轮船寔为本公司管业与他项产业同为本公司所有。且此项轮船已经用过,自接管公司事之时,待至明年余款单内自当分条另记,如此便能使人去其疑。窦论逐款分记,必能办理无疑。但曾言总数尚未寄到,诸君已知较去年增多二千三百九十磅。惟或增或减,须至各事清理以后方能斟酌按照所拟各款逐一分记。会众允收在会宣布之报单。

会正荐举席蒙君、倭拉佛君、拉委利君、司达克雷君仍为本公司总办,达韦司君允助经众允准。

依姆斯君、举施密司君协助安南达克司特公司仍司稽查账目之职。然后散会。(已完)

开平煤矿要闻

1903年12月20日,第540号,第二、三版

日前,袁宫保接奉廷寄内开,开平煤矿系国家筹拨巨款提倡创办,秦王岛为我自开口岸,疆土利权均关重要,岂容擅卖。前降旨责成张翼设法收回,如

有迟误,惟该侍郎是问。至今数月之久,乃敢支吾拖延,迄未收回,实属罪有应得。张翼着先行革职,仍着袁世凯严饬张翼,勒限收回,不准稍有亏失。倘再延宕,定将该革员从重治罪,并着该督切实挽回,俾资补救,以重疆土而保利权等,因当经袁宫保札饬津海关道唐观(以下第3版)察略谓,开平煤矿本由公家筹拨巨款提倡创办,始为接济海军,继为接济铁路。所有办事人员亦向由官家委派。虽有商股,实同官产。秦王岛系本国自开口岸,历经前北洋大臣饬局员周道学熙会同前津海关道李升道岷琛、黄升道建笎等暂代筹办,并非该局产业,且事关公家土地利权,均非局员所得擅卖。该关道总司本有通商事务,秦王岛口岸亦向归该关兼辖,应饬该道督饬在津矿局各员迅速设法挽回,并先将秦王岛口岸即日收回,以便料理开办市场,推广商务,并已严饬张前侍郎勒限两个月设法收回云。

比不干涉矿事

1904年1月16日,第566号,第四版,《译件》

访闻确信比钦使未曾与张前侍郎燕谋会晤,其一切所议开平矿局各事皆不干涉云。以上译《益闻西报》。

调停开平矿务

1904年2月1日,第582号,第二版,《时事要闻》

张燕谋侍郎因开平煤矿及某某二事落职一节曾载本报。兹悉某国出而调停,拟令某国将开平矿仍交还中国,并请某邸代奏赏还张侍郎原职云云。

纪闻开平矿务事

1904年2月6日,第587号,第二版,《时事要闻》

开平矿务一案闻经英公使出为调停,允将利权公平分判,已由外务部电咨北洋遴派干员与英人所派代表人妥议矣。

矿权可收一半

1904 年 3 月 8 日,第 608 号,第三版,《时事要闻》

传闻已革侍郎张燕谋之案近日已有头绪,开平矿务可收回一半利权,侍郎之职仍行开复。

接办开平矿务

1904 年 5 月 14 日,第 675 号,第一版,《时事要闻》

张侍郎因开平矿事被议,刻已办结,传闻系归天津钱商姚琴舫君接办,先由汇丰作保,交款十三万云。

会议收回煤矿

1904 年 8 月 21 日,第 774 号,第三版,《论说》

日前,英国公使在外部会议将开平煤矿准归华洋合办,由北洋大臣派精于交涉之员前往开平办理一切,以免诸多掣肘等语。

张侍郎赏顶戴之缘因

1904 年 11 月 20 日,第 805 号,第二版,《时事要闻》

此次张燕谋侍郎之赏还顶戴,实因报效之故,宜其得此殊恩也。

张燕谋氏出都有期

1904 年 11 月 25 日,第 870 号,第三版,《时事要闻》

前日纪张燕谋氏蒙赏三品顶戴,赴英国料理开平矿案一则。兹悉张燕谋氏定于二十日出都来津,趁(乘)轮赴沪,带同严幼陵、伍兆仪二公前往英国。

赴英办理矿案起程

1904 年 11 月 30 日,第 875 号,第二版,《时事要闻》

税务司德璀琳氏同办理矿务张燕谋氏于二十一日由津乘轮起程,前往英国。

矿案会质日期

1904 年 12 月 16 日,第 891 号,第二版,《时事要闻》

此次开平矿务局总办已革侍郎张燕谋氏,奉旨赏给三品顶戴,赴英会质开平矿务有限公司洋人背约事宜。其会讯之期定于西正月十七号,即华历十二月十二日,在英国法堂会讯。想该总办到英后,必能竭力争回此权,不负委任也。

派员查看矿苗

1905 年 1 月 6 日,第 912 号,第三版,《时事要闻》

日前,袁宫保派开平局矿师邝观察前往密云查看五金矿苗,闻为沈海峰军门陈少湍大令所禀请云。按:中国矿产极富,所在皆有,而无人提倡,遂至弃地利而不兴。苟得地方官留心考察,禀之公家自行开办,又何至大利不兴、利权外溢耶?

开平矿务讼案得直纪闻

1905 年 2 月 10 日,第 938 号,第三版,《时事要闻》

《中外日报》云,探得张燕谋侍郎于十二月念四日,由伦敦致电本埠沈仲礼观察,云开平矿控案连日英京公堂质审数次,原告理直,可望公断,大约正月初可以定案。供词印出即寄沪,望代告华股诸君云云。

英报评论开平矿务讼事

1905年3月5日,第961号,第四版,《译件》

路透电云:英伦《泰晤士报》云,此次张燕谋大臣办理开平矿务公司讼事由英返华,众□民照常恭送。并评论此事云,若开平矿务英公司办理此事不合于理,使华人不相信,而英之在华诸商务则必受亏损云。

记英京审讯开平矿务局要案

1905年3月9日,第965号,第四版,《录稿》(录《中外日报》)

西正月十七号,在伦敦高等裁判所,由佐斯按察司审讯原告张燕谋及天津开平矿务局控告查尔斯爱尔盖侬模恩、皮佛模恩公司及开平矿务局有限公司。

原告谓:一千九百零一年二月十九号,苟华、茨威利耶□复脱士、张燕谋、德璀琳等公共签字之约一通所有被告限制于该约之内,并载明各人均须照约中各款办理(同时彼此又另订合同一纸,言明将原告公司之产业交付被告等事)。

原告又谓:所订之合同中声明原告公司之产业交于被告者,实因受被告或其前任者或其代理人骗诱所致。原告公司系照中国规例所创之公司,有资本一百五十万两,以供开掘煤矿及他种矿之用。

利益、几尔、阳格、洛林斯四君代表原告,好尔顿、亨密尔登、惠侬三君代表皮佛模恩公司,哀雪、希胡司、赫脱三君为被告公司之律师。

利益君谓:开平矿务局系开掘直隶省之煤矿者,该矿之地位在北京、天津、大沽之间,该局于一千八百八十二年奉上谕创设之。

佐斯按察司问云:在中国律例,以何法办理此事?

利益君答曰:即中国皇上之命令是也(堂上诸人大笑)。

利益君于是又云:原告乃开平矿务局之督办,有办理该局产业一切事宜之全权。当时彼乃直隶省热河矿务督办,一千八百九十八年即派其为督办,后之第六年，秦皇岛始选为通商口岸，遂与模恩君商议用西法开采直隶各矿。模恩君与该局首次所办之事为商议借款一事，后张燕谋又请被告雇佣著名矿师一人，于是苛华君为其所聘请，且为皮佛模恩公司之天津代理人。一千九百年，原告开平矿务局欲得新股本若干，以供局中之用。后因有团匪之乱，故以为该局之产物须归英人保护方为妥帖。当时团匪攻击北京使署，各国联军往救，张燕谋与该局总办一人及德璀琳君均在天津。因张燕谋为力斥团匪之人，故甚为危险，因此逃入租界之内。联军入天津时，彼尚在租界，当时所有华人均不见信于外人，适值张燕谋养有寄信白鸽甚多，联军疑其有将信息通报团匪等事，故于一千九百年六月二十二号，彼遂为英国海军武弁一人所拘禁。其时，开平产物甚可危险，各工人全行逃避他处，联军又以煤斤为军务禁止品，张燕谋因欲保护各股东之利益，乃将代办该局事宜之权交于海关税务司德人德璀琳君。德璀琳于是禀求英官，张燕谋遂得释放，德璀琳遂得全权办理该局事宜，以为此举实有益于股东。后张燕谋请德璀琳借洋款或收外人股本，拟将原告之开平局改为华洋合办之公司，并请其拟一办理该矿之章程。德璀琳以长文答之，详叙办理该局各事之条陈，并布置股票之事。张燕谋允之，且云须有英金十万镑添入新立之公司方可。苛华君系皮佛模恩公司之代理人，每年薪俸英金二千五百镑。德璀琳遂与之商议，并与以筹股本之权，又照英国公司之法办理该公司事宜。因此开平局之产业、码头等均交于苛华。苛华遂将开平局作为一新立之公司，以英董、华董会同办理，并以张燕谋终生（身）为该公司之督办。一千九百年十二月二十八日，该公司遂在伦敦□公司之例注册，共有资本一百万镑，每股一镑。一千九百零一年二月，苛华从英国复回中国，并告张燕谋云：公司已在伦敦注册，命名开平矿务局有限公司，所筹之款亦已照约筹得，并请张燕谋将原告开平局之产物交与被告公司。张燕谋则谓：若合同不载明某款，则不能将开平局产物交出。其后即照合同办理。被告公司遂得收原告开平局一切之产物。但其后，事出意外，原告人及原告公司均损失甚大。被告收取开平局之产业后，不肯照彼等代理人所订之约办理，即不许华董预闻其事。该新立公司之章程只声明有挂名之华董，被告有

可以随意斥退之之权，且并无章程言明使张燕谋终生（身）为该公司之督办。（未完）

记英京审讯开平矿务局要案（续昨稿）

1905年3月10日，第966号，第四版，《录稿》

　　查原告与苛华所订之合同，张燕谋与开平矿务局之各股东，须得有新立公司三十七万五千镑之股票，唯该公司之股票须实有股本方可。因此原告遂得三十七万五千镑之股票，但该公司之资本已虚报有六七十万镑。一千九百零一年六月至十月间，将原有之三十七万五千股改为新公司股票，以原告公司之名发与各股东，其余六十□万四千九百九十三股则发出他处，此□股份所得之款尽入于创办被告公司者之掌中，该公司之实在资本十万镑乃由借款而得。该公司并未在中国设立华董，办理公司事宜则均由英董主持。原告公司不能预闻该公司之事，公司中虽有会议等事，然亦不知照原告公司之持有被告公司股票之股东，被告公司及其董事又不肯照所定之约办理。原告已知该约足以限制被告各人，被告公司亦在其内。若该约不能限制被告，□订立合同转交开平矿务局产物实乃由被告之代理人诱骗所致。是以原告请堂上判断，使该公司设立华董。

　　问官乃问曰：欲设立华董究属何意？

　　好尔顿乃答曰：即欲使张燕谋有全权治理华董之意（堂上诸人大笑）。

　　利益君则曰：当时被告代理人请张燕谋将开平局之产物交出，张不允从。其后彼之所以允从者，实因苛华与复脱士两人允将所定之约同时办理。今该公司已得开平局产业之利益，该公司自以为无庸照当时所定之约办理。据新立公司首董所言，则谓该约不过废纸，自以为被告代理人当时所订定之约，彼等实属不知，故不能□行。一千九百零一年七月十四号，复脱士君函告被告，云不足下已知该约于二月十九号签字，余等实出于不得已等语，然则不得已而签字究何故耶？此无他，若彼不肯将该约签字，张燕谋亦不肯将开平矿务局产物转交之合同签字故也。复脱士之函又云，余等欲为公司之主人，必须由渐而来,二月十九号所订之合同已在英国领事署注册,但余等须尽力使开平局之产物交出,阁下视之定必笑弟。盖该约并非限制余等,不过声明设立华董,但无一切权柄,仅以之全华人之体面,使余等助之而已。利益君则谓,据此以观,则知被告之代理人实系诱骗原告。原告已谓一千九百零一年二月十九号所订之约足以限制各被告,亦须照约内各款施行。若该约不能限制被告,则原告必谓转交开平局产业之合同实乃被告之代理人诱骗所致,若被告不照约办理,则被告不能有该合同之利益。(仍未完)

记英京审讯开平矿务局要案(再续前稿)

1905年3月11日,第967号,第四版,《录稿》

第二日,即西正月十八号,公堂重复开堂审讯此案。利益君复登堂辩驳,约有四点钟之久,又宣读开平局交出产业时来往之公文。

利益君云:交出产业之合同,必须同时照约办理方为合例。

好尔顿君云:张燕谋身居高位,余等亦明知之,但今所欲辩者在是否华董为此间之董事所管理,及是否张燕谋仍可居其昔日开平局之地位、掌无限之权。

利益君云:一千九百零一年二月十九号所立之约,实足以限制各被告之权力,责成其照约办事。

按察使佐斯君云:余不能命被告等会议定夺特别之事宜。

利益君则曰:公堂实有此权。

按察使佐斯君云:余不能命各股东公定此事,余无此等权柄,余料日后亦终无此权。因依照定例,公堂不能发出命令,使公司遵办所不能为之事也。

利益君曰:公堂可将被告公司封闭。

按察使佐斯云:因该公司不能为其所不能为之事,故余不能将其封闭。

利益君又云:此新公司乃创于一千九百零一年二月之后,其股票以开平局之名发与华股东。是以,凡华股东欲公定某事,则须先将其股票寄至英国,但该股票须在会议之前两日寄到方可。如此办法实系夺去华股东之利权。

德璀琳已收到由模恩交出之五万股，其友人则谓此股并非为贿赂之用。今此等股票已存银行，作为此次讼事费用之质。因新公司之注册实失信于人，故中国官员入奏中国政府，弹劾张燕谋。张遂失去矿务局督办之职。中国政府又限张燕谋于两月之内从被告处取回一切产业。张燕谋请政府准其前来伦敦，遂得政府之允诺，但若稍迟误则定受处罚。被告公司既得转交产业合同之利，故亦须受同时所立之约一切之责任，被告必将曰，昔日之股份业已与新公司之股份相换，故旧公司不能再行控告，但余有二端可以答之。从余所宣读之函牍，则可知旧公司目下尚在，即尚可将其在通商口岸外之产业租赁于人。因之，原告有权可控之于公堂，要求赔偿损失。所谓损失者，即因昔日之股价与今日之股价上落不同而致耗折之费也。至于模恩公司由其代理人购买此等产物，即以该公司为新公司之代理人。彼曾允将旧日所定之约仍行照办，不稍更改，不料模恩公司因贪获大利，故与开平局定一新约后，又将其产业售与东方公司。此公司之股共计十万份，其中模恩公司得七万九千股，后则东方公司又将其产业售于新公司，仍由模恩公司代理。所以该公司须受一切之责任，因彼等任意自相买卖，而以为转交产业实系照约办理，故不独模恩公司受其责任，即在模恩君亦当受其责任也。目下股价大跌，以致开平局受损，故依理而论，应由模恩公司任其赔偿。此种事情，问官必应详加查讯，因一千九百年七月之约乃系开平局与模恩公司之代理人互相订定者也。（仍未完）

记英京审讯开平矿务局要案（三续前稿）

1905年3月12日，第968号，第四版，《录稿》

按察使佐斯君云：汝等果能将模恩君与模恩公司分为二乎？

哀雪君云：若以财政之责任而言，则无甚区别。此次讼案并非控其有意诱骗，不过原告控其行为不正而已。

利益君云：模恩公司乃新公司之代理人，故股价大跌，该公司必须受其责任。所订之合同乃与模恩公司之代理人所订定，因此遂将一切之产业交付于彼。至于模恩君一人，其本身所担责任亦复相等，不过，从一千九百零一年二月起，彼为苟华之主人。其后，彼又由苟华居间，使原告自将产业交与被告公司。意者，当时苟华亦必曾将合同交新公司。是以控告模恩公司与控告模恩，向其索赔，实属毫无异同，因新公司既收原告之产业，即须照所定之约办理。若被告公司能照约办理，则堂上问官必须命其照办也。

按察使佐斯君云：汝知日前曾有此种命令否？

利益君云：目下并无律例禁止人民陈请发此命令。前者新公司已允将高价之股交与旧公司，然今则原告所得之股分，其价较之应得之数仅有五分之二。设使堂上不能发此命令，则原告甚愿取回产业，若被告愿留其产业，则须遵公堂之命令办理。至于张燕谋自向被告索偿之故共有二端：一、张有旧公司之股三千份，今彼以旧股票所换之新股票，其价甚低，与旧价相去甚远，故张之索偿即可视为旧公司索偿人之一分子；二则张之一身本可终身任为督办，薪俸甚优，今已全行失去，理宜向模恩公司及模恩一人索取赔偿，至其索偿之故，实因彼等以悬虚之股票发与张燕谋，并未发出真实之股票，故彼之失去职任一事，除向被告公司索偿以外，别无他法。今张燕谋已在中国失其职位，故特来英伸冤。但张燕谋将开平局售出，是否为一己之利益起见，目下亦应查究。因今日此案乃中国以西法办事所出□第一案件，若公堂不能批准此案，则英国在中国所谋之权利定必大有损碍也。

该律师辩驳后，公堂遂以希利耶君为通译员审讯原告张燕谋，并未照英国公堂之例发誓，不过立于法庭、高举右手为礼，亦并未站立于照例原告所立之地位，唯坐于一椅上。希利耶君则站于照例原告所立之地位，张燕谋所言诸事甚为流利，从此则可以试前任北京英使署之华文书记官希利耶君之有才干与否。

杨格君问曰：开平矿务于何时创办？

张燕谋答曰：创办于光绪四年初，系直隶总督所创设，三年后，遂颁发上谕谕令开办。

杨格君又问曰：汝何时始识被告模恩君？

张答曰：光绪三年。

杨问曰：何时始派汝为该矿局督办？

张答曰：光绪二十四年五月。至于借贷英金二十万镑一事，余当时虽有合同，然至一千九百年六月只收到英金六七万镑。

杨格问及当时为英国海军武弁拘捕之事，张答曰：当时团匪大乱，天津车站被焚，余遂逃入租界之内，以致被捕。当余于监禁之时，德璀琳君每日必来视我一次，彼谓余曰，目下情势甚急，使署甚为危险，并请余将产物交托于彼，开平煤矿大有充公之兆。其时，德璀琳与开平局并无关涉，不过系余之友人而已，曾于中日交战时彼已助余办理该局之事。其后，余得释放，至上海，即在上海与苛华君相见。其时，苛华适将由该处起程前往伦敦，余亦送行，此乃七月十四日事也。一千九百零一年正月，苛华与复脱士回中华，余在北京见之，苛华告余曰：各事已在英国办妥，请余在合同上签字。余即往见德璀琳君，复脱士语余云，彼系比国股东之代表人。一千九百零一年二月十五号，余复返天津，往见德璀琳君，苛华与复脱士两人又谓余曰，余等已在伦敦办妥，使阁下常为该局之督办。又云该局之事定必照旧办理。于是交出合同一纸给余，但余不肯签字。

杨格君问曰：汝不肯签字实系为何？

张答曰：因合同中所载各款实与初定之约不符。彼等答曰，此约不过用以注册。余仍不肯签字，彼等遂去。翌日，彼等又来，带有续订之合同一纸，彼此商议终日，卒未就绪。余之不允，实因余意以为照续订之合同实无异将矿产出售。于是彼等向余恫吓，且云，若汝不允签字，则英、美、比各公使定必前往总理衙门以威力压汝。余仍不允，因余不能将众华商之产业交与彼等故也。翌日彼等又来，谓余曰，当中法战时，有中国轮船公司曾亦照此办理，其意在欲使余允从。

杨格君问曰：西人为谁？

张答曰：即复脱士、苛华、德璀琳、古柏是也。余等当时彼此辩驳甚力，后则彼等一一出去，只有古柏一人尚与余相辩驳。

杨格又问曰：彼等于第四日再来否？

张答曰：来且携有续约一纸，□后苛华即行。后苛华君又与天津北洋大学堂总教习丁家立君同来。丁君问余曰：汝何故不肯将合同签字？余答之曰：因余不以该合同为然，势必将该矿局一切权利尽行夺去。丁君遂以此□转告苛华。苛华则曰：总须以续订合同为主。余曰：若果以此为续订合同，则尚需更改。苛华欲使余应允，但彼见余持之甚坚，故大有不悦之色。

杨格君问曰：该合同是否华文？张答曰：是。后张又连连以手演势以表明当时之事。但除通译员以外，无人明其意。堂上诸人视之而笑。于是退堂。（仍未完）

记英京审讯开平矿务局要案（四续前稿）

1905年3月13日，第969号，第四版，《录稿》

西正月十九号，张燕谋又上公堂受审，当仍由希利耶君为通译员。

张云：一千九百零一年二月十九号之合同更改之处，当时彼此业已允从。后该合同送回余处，余乃将续约之华文更改，苛华亦已允许。当余等商议此事时，德璀琳适至，因余不谙西语，故德璀琳与当时在座诸人所言何事不得而知。苛华君未去以前，另交出约文一件，后又带去，将约文略加更改。于是日八点钟又至余处，将该约交余。

问官曰：汝曾疑惑该约系的确与否？

张答曰：因苛华君言第二合同乃系主要之合同，故余信而不疑。其后，苛华君又交出一约请余签字。余云：尚有一约乎？余不能签字矣。彼乃告余云：此约只关于德璀琳与汝二人，故欲请汝签字以证明续订之合同至为重要。当时彼此相□甚为平和。翌日，因余妻病，余遂起程往上海。后余复返天津，苛华来访，与余商议该约之续纲。余以详情嘱咐（咐）德璀琳，令其照办。其后，余正欲起程前来欧洲时，余已将所为一切之事奏告中国皇上，□□言明余欲以何法添加资本，并欲使开平局改为华洋合办。当余方由德意志回中国时，德璀琳谓余云：被告公司不日可交出英金五万镑。且云：苛华与余之意均欲一经事成以后,即送汝五万镑之票股。余答之云:余不明此等贸易之事,此系一公司凡所付之银均应付与公司。余又问之云:此五万镑实从何处而来?德璀琳答余云:请汝稍待,事至则自知之矣。余曰:余实不明此事,余今姑候时日,以观其事。德璀琳谓余曰:各旧股东均愿意换新股票,故请汝登广告于报上,请各股董前来换股票。余于是登报。余意本以为彼等必照合同办理也。余当前往德国之时,曾由德璀琳君管理矿务局事务。苛华君则由在伦敦之董事派之为矿务局总理,从此苛华君遂与华董会同办理局中事宜。当余在德国时,余曾接德璀琳来函云:他面之人业已背约。当余在坚拿亚旅次时,□斯大佐前来见余,并语余曰,请阁下放心,续订合同定必照办等语。其时,余正与醇亲王游历各处,后余复返中国,始知矿务局产业业已转于他人,而归英国律例所保护。后余骤闻有股票若干已入于借出二十万镑英金之人之手。余乃大惊,文尼君告余云:有三十七万五千股已由模恩君及他人彼此相分。当文尼君将矿务局股分各自分派之事告余时,余乃曰:此事不能如此办法,如此则实与应为之事相背,因矿务局系华商与政府合办,故此等办法政府必不允许。因此,开平局各华股东于一千九百零二年三月二十五号会议,余当时亦已声明必当尽力挽回此事。翌年,余为御史所弹劾,言余受外人之贿赂,将政府之产业售于他人。余被御史弹劾后,皇上即下谕命余详细报告一切事宜,余遂将详情入奏。后皇上又下谕旨命余与外务部商酌办理。当时余之矿务局督办职业已革去,并限以最短之时日得回产业,否则将从严惩罚。余于是请命来英,以冀仍得照旧约办理,若不成,定必被严罚矣。当余将由中国起程时,余又蒙皇上赐以三品顶戴,若此次讼事不能有成,则余一经复回中国定必受严罚也(堂上诸人大笑)。然五万镑之股票,余实并未收到。

罗佛斯君向张询问数语,张答曰:当余与苛华等商议矿务局之事时,余深信德璀琳君,即至目下,余亦不敢稍有疑于德璀琳君,余等依然友谊甚笃。在团匪未乱以前,余已知模恩君办理矿务之事。

罗佛斯君问曰:汝知模恩君所为之事,实系谋侵尔之利益否?张答曰:当时余等并未言及此事。

哀雪君曰：自然不言（堂上诸人大笑）。

罗佛斯君又问云：汝有与模恩商议设立一公司收取开平局之产业否？

张答曰：未，不过曾言及筹借英金二十万镑以煤矿作抵之事，此项借款以其中之一半用以开辟港口，一半用以整顿矿务，所借之款限十五年之内交出。

罗佛斯君又问曰：汝知德璀琳君向模恩氏言欲设立公司收取矿务铁路之产业否？

张答曰：未闻之。

罗佛斯又问曰：汝知模恩所欲收取之产业乃系有关于汝否？

张答曰：未闻之。

罗佛斯又问曰：开平矿务局系何人所创？

张答曰：乃前直隶总督李鸿章所创办。

罗佛斯又问曰：汝知一千八百九十九年德璀琳君曾言欲使开平矿务局之产业为一新公司所收取否？

张答曰：未闻之。（仍未完）

记英京审讯开平矿务局要案（五续前稿）

1905年3月14日，第970号，第四版，《录稿》

于是将请收取洋股之来往信札宣读。

哀雪君将德璀琳与模恩君之信札宣读云：英国政府之政策无定，常与开放门户之宗旨相反，是以华人欲取英国资本经营蒙古金矿之事，甚属为难。加之近日俄人与中国定铁路之约，俄人定必抵抗此举。盖俄人甚不欲有英国资本流入其边界之内，即恐英国势力与之共侵入也。

哀雪律师又问曰：汝知德璀琳欲有美国资本否？

张答曰：此事不确。

罗佛斯问曰：一千八百九十九年六月德璀琳君曾云，资本一事可由华洋合办，整顿中国及直隶省矿务之银行所得。此事汝知之否？

张答曰：当时商议之法甚多，余不能记忆矣。

罗佛斯又问云：前所为之事，模恩君曾得有利益否？

张答曰：所借之款乃由模恩商议，故想彼必已得其利益。

罗佛斯又问曰：汝料模恩君有欲谋得利益之意否？

张答曰：所借之二十万镑英金，模恩君已得其利益。当团匪乱时，开平局之码头、船只已押于德华银行，但德员曾否占领此等产业，则余不能断言之。当时余正被拘禁，想德璀琳必可知此事。至于德政府占领此等产业可不待言，因占领此等产业不论何人均无不愿者。

罗佛斯君问张前往塘沽等事。张答曰：当时余未尝邀请伊姆斯君赴宴，余所住之房洋兵甚多，故不能宴客乃自然之理也（堂上诸人大笑）。伊姆斯君并未交出合同，余亦并未与之商议欲得利益之事。

罗佛斯君问曰：汝所得之五万股乃系创办英公司者之利益之一分，汝知之否？

张答曰：余实不知。余实不明此□股份从何而来，余曾问德璀琳此等股票何来。

按察使佐斯君曰：创办利益四字，汝知能译作华文否？

希利耶君答曰：余所知者即创办公司之人所得之谢仪股票也。

张乃曰：余曾告德璀琳君云，余因不知此等股票何来，故不肯收取。德璀琳答余云，此事日后再谈。

问官问及合同签字时，彼此相商之事。张答曰：余等大为争辩已亘四日（堂上诸人大笑）。当余将合同签字时，余并未有欲得股票之意，余亦并未提及欲得利益一事，余当时只知旧股东定得该票若干，即因续约中所载故也。

于是退堂，定于西正月二十四号再审。（仍未完）

记英京审讯开平矿务局要案（六续前稿）

1905年3月15日，第971号，第四版，《录稿》

西正月二十四，按察使佐斯君复上堂审讯张燕谋及天津开平矿务局控告查尔斯爱尔盖侬模恩、皮佛模恩公司及开平矿务局有限公司一案。其控告之故已见前两日报内。当复审此案时,堂上观审之人异常拥挤。西正月十九号,张燕谋业已被讯一切,其口供已由希利耶君传译英语,今日原告又被审讯。

哀雪君向张问曰:汝在未至天津以前,汝知苛华君欲汝将合同签字否?

张答曰:请汝先伸(申)明此意,然后余再行答复余能记忆此事否。

哀雪君曰:可,今余先以他法问汝,汝在天津争辩四日之事尚能记忆否?

张答曰:尚能记忆。

哀雪君遂将其所讯之语逐一解明,然后张燕谋始能明白。张遂答曰:是。

哀雪又问曰:当一千九百零一年二月十九号,将合同签字时,汝知德璀琳已被选,而与苛华君商议各事,彼并可代表开平矿务局签字否?

张答曰:知之。

哀雪又问曰:当汝受强逼将合同签字时,汝曾言及,若不先得五十万两,则不能签字,将以其中之二十万两与政府,以三十万两与局中各人为花红否?

张答曰:此语非如此说。

哀雪又问曰:汝曾向取五十万两否?

张答曰:余并未向索实数,不过曾言及旧股东之利益及局中各人之花红。

哀雪又问曰:除利益花红之外,汝曾向索二十万两与政府否?

张答曰:有,且其数已与政府。

哀雪问曰:汝将局中之事交与德璀琳后,汝知德璀琳、苛华、复脱士三人为董事,在中国办理该局之事否?

张答曰:知之。

哀雪又问曰:汝后曾又派华人二名为该局之董事否?

张答曰:有之。

哀雪又问曰:汝在中国时,曾管理该局之事否?

张答曰:有之。

哀雪又问曰:德璀琳曾否告汝,模恩已以五万股交彼?

张答曰:曾告余,但并未提及银两之事。(仍未完)

记英京审讯开平矿务局要案(七续前稿)

1905年3月16日,第972号,第四版,《录稿》

哀雪又问曰:汝知德璀琳收到三千七百五十镑英金为五万股之利息否?

张答曰:余知彼已收得五万股及银两,但余不知其数若干,余不知德璀琳要求此等股票,及至德璀琳将股票交与余后,余始明其故,但余不肯收受,余并未与德璀琳订约同享利益。当时,余知德璀琳亦预闻此事,故余已将此事托彼办理,每年与以薪资一千二百镑,又可得花红五厘,以三年为期。一千八百八十九年或一千九百年之时,余不知被告模恩及德璀琳已彼此应允均享利益,亦不知彼等欲将所得之利益分与余也。当时德璀琳所发起之议甚多,但未言及分派利益之事。至整顿财政之事,则德璀琳所议之法甚多。余知被告模恩欲借英金一百万镑与直隶矿务总局,但余今不愿再言及此事。当时德璀琳与模恩来往之信札均系用英文,故余不知彼等所言何事。

好尔顿君代表被告公司讯问原告云:汝谓此次至英实欲复回势位,此语实属何意?

张答曰:即余欲复回权力利益之意,使旧日之公司仍为官督商办,并欲得回旧股东所损失者。

此时遂将一千九百零一年二月十九号所立之合同交于张燕谋观阅。张则指出某款某款并未照办,华洋股东彼此均有权公定事宜之一款亦并未照办,亦未请华股东出而会议。第七款所声明,余当为督办,与前无异,但余并无丝毫之权。

好尔顿又问曰:汝在旧公司之职分如何?

张答曰:余有全权办事,凡与政府来往之事、雇用工人、动用资本等事均由余一人主持。若有局事股东不以为然者,彼等均须递禀于余。

好尔顿问曰:然则汝意欲在新公司得此势位乎?

张答曰:此乃合同中所言,余必须为督办,若公司中之事,新股东有不以为然者,则彼等须递禀与余,或与商务大臣,或与总督,或与政府。今日虽有华董,然被告不明认之也。

好尔顿君于是将创立被告公司后,张燕谋在天津报纸所登之告白宣读。该告白中载有甚奇异之语。张曰:此乃中国明代著名君主之语,其言曰"卧榻之侧,岂容他人酣睡"(堂上诸人大笑)。

张曰:余等日前争议此事业已笔为之秃,舌为之焦,均不能有成,直至去年三月始能将章程定妥。

好尔顿又将布置矿务局产业之事询问,张问曰:若今日果能照合同办理,则股东之利益定必照目下之所得者多过三倍,每股之价定必涨至四五百两,但今所得之利息则仅有七厘半、五厘、七厘半、五厘。

好尔顿则曰:此利已甚好,岂嫌少乎?

张答曰:是,尊言不错,但其故实因若人皆争购,则价必涨;人不愿购买,则价必落(堂上诸人大笑)。此事不独在中国为然也(堂上诸人为之狂笑)。

好尔顿君又问曰:汝知公司曾用二十万镑整顿矿局否?

张答曰:知之,但此举不过徒然败坏之而已,于事何补?(堂上诸人又大笑)遂退堂。(仍未完)

记英京审讯开平矿务局要案(八续前稿)

1905年3月17日,第973号,第四版,《录稿》

第五日,即西正月二十五号,张燕谋又上堂受讯。此次,张又将前次所答之语,再行详细言明。述毕,利益君遂请希利耶君转告张君燕谋,表其感谢之意,因其能将一切之事逐一详述也。后利益君又谢希利耶君,因其代张翻译一切之语也。按察使佐斯君向希利耶君曰:阁下能将此次最难之事办理至如此妥帖,余甚为感激。模恩君之律师希胡司君亦云:余代模恩君表明感谢之情。

利益君遂讯问德璀琳君,德于是答曰:余乃德国人,于一千八百六十五年为翻译学生,自一千八百六十九年后,则管理通商口岸之海关,一千八百七十七年任中国天津税务司之职,至今尚居是职。当余初在天津时,李鸿章为直隶总督,开平矿务局创办之事,余亦尚能记忆。该矿务局之第一位督办唐景星,余亦与之相识。一千八百八十二年,唐景星死,张君燕谋遂继其任,此两人凡有矿务之事均就商于余。该局自创办以来,资本甚少,银两缺乏。唐景星未死以前,该局并未获利,自由张君管理以后,该局遂渐为人所信用,即该局与银号借资亦较前为易,一千八百八十九年所分之利息有一分二厘。一千八百九十八年,余从欧洲复往中国。其后,余渐与该局有关系,一千八百九十八年六月,余见模恩君,遂与之商议请一矿师至中国,至于共享利益一事,则余并未与模恩君订立合同,模恩君曾将利益一事告于余,但余并未覆答。一千八百九十九年春初,苛华君抵中国,彼系矿务总局所雇用之人,故彼到后即前往各处查验煤矿。当时该局之债有一百二十万两,俄人曾愿出五百万两购其产业。一千八百九十九年六月,余函告模恩君云:该局悬挂洋牌一事甚属为难,张君定必愿意悬挂英国商牌,但不能立即就绪,唯华人观此举动均以为甚不爱国之所为,以是直至一千九百年仍不能有成议。

利益君问曰:张燕谋在时被拘?

德璀琳答曰:一千九百年六月念二号,彼被监禁于厨房之内。翌日,余往访之,余劝其设法以保护开平局之产业,张遂即给余以代理之权。当张释放之后,彼即往塘沽。余与苛华往见之,当时北京使署有被陷之兆,若果有不测,则中国定必受瓜分之祸矣。张燕谋之为人甚爱其政府,故当时即欲往北京谒见皇上,但半途遇一华官,告以目下有一党人,其权力甚大,且能勒令皇上随己意以发谕旨。张于是中途折回。

利益君于是问及七月三十号之约。

德璀琳答曰:苛华君与伊姆斯君初曾与余商议此事,其大纲遂于七月三十号议妥,但至八月二号或三号,余始签字。后苛华即前往上海将该约在英领事署注册,余等并未将此事与张燕谋君商议。(仍未完)

记英京审讯开平矿务局要案(九续前稿)

1905年3月18日,第974号,第四版,《录稿》

利益君问曰:当时汝曾提及利益之事否?

德璀琳答曰：苟华君见余时，曾言及分利益于余，但余当时未答之，余并未向索利益，亦未尝言及暗中含有索取利益之意之语。当苟华从英国回中国时，彼告余云，有五万股可给张燕谋及汝两人。但此语不过出诸彼之口中而已。一千九百零一年正月底，苟华将更改之约示余，且云，若不行更改，则该约定不妥当，彼亦未将更改之事告于张燕谋。

利益君问曰：该约更改后，曾给张燕谋观阅否？

德璀琳答曰：未。

利益君问曰：汝有将五万股之事告张燕谋否？

德璀答曰：未尝告张，在一千九百零一年二月之约未签字以前，张燕谋已有疑苟华行为不正之意。

利益君问曰：当彼此互相争辩四日之时，汝袒谁？

德璀琳答曰：余力请张燕谋将该约签字，因其时俄人已占领煤矿，击毙矿工，夺取煤斤。当时，余曾谓新公司照约办事，只有两三月之久，凡一切单票均须有苟华与复脱士会同签字方能作准。当时公司已用压力压制华董。其后，新公司又派总理一人前往中国，但各种合同约文一切之事，此人概不接洽。其后，总公司遂由天津迁至伦敦。一千九百零二年七月，余寄书与新公司之顾问官旦文律师，言及此事。一千九百零二年十二月，模恩君抵中国，余遂告之云，五万股之事必须办妥。模恩君答曰，此事须与他人商议后方可，故须回英国始能有济于事。模恩君即将银两置案上，余遂在英领事之前给以取到股份之凭证，并东方公司股份四千八百七十五镑之收据。余遂将此等股份逐一录出以便存案。当余与苟华将七月三十号之约签字时，曾彼此言明，若新公司不能筹足一百万镑，则须明认二十万镑为合例之资本，此二十万镑内须以五万镑寄往中国办理华洋合办中国公司之事。该约中言明，因日前所订之两约之原意甚为模糊，故余等决意不预闻五万镑之事，后遂将该款存入汇丰银行，以备公司中之用。模恩曾谓此项特别之股份乃彼从东方公司所得之利益。

利益君问曰：汝办此事，曾得模恩君给汝之利益否？

德璀琳答曰：模恩君曾对张燕谋言及余可为办事之人，每年可得薪金二千镑，以三年为限。此外，余并未收到银两与股票，余亦并未因股票之事收得利益。

希胡司君讯问德璀琳数语，德璀琳答曰：余在中国办事已有四十年之久，原告张燕谋人极明敏，凡有商务财政之事，无不洞悉。余自一千八百九十五年后为开平局之监督，但一千九百年以前，余并无薪资，亦无他项利益。

希胡司君问曰：汝为他人办事而无利益，何故汝愿为之？

德璀琳答曰：苟有一果核可破者，则余必破之（堂上诸人大笑）。

希胡司君曰：然则汝系破果核之人矣（堂上诸人又笑）。

德璀琳答曰：是被告模恩与苟华两人曾欲使余办理此事，当时余未允从，亦未尝拒绝。余之为此，实因日后办与不办均可由余随意也。被告曾欲将五万股给余与张燕谋，但当时并未定妥。

希胡司君问曰：汝所办之事是否择方便者为之乎？

德璀琳答曰：否，余以为应为者则为之。

希胡司君于是将来往信札之事讯问德璀琳，曰：汝曾致函于模恩君，称彼有机会可办理中国矿务之事，若依余之法办理各事，则必有利益云云。此事汝尚能记忆否？

德璀琳答曰：尚能记忆。

希胡司问曰：余意办理此事须公分利益方能妥当。

德璀琳答曰：是。

希胡司问曰：然则汝不思及己之利益乎？

德璀琳答曰：余未思及（堂上诸人大笑）。

希胡司又问曰：当时汝曾照彼之方法办理否？

德璀琳答曰：苟华与张燕谋常在塘沽相会，余常为彼等之通译人，至于一千九百年六月之约，则余曾请伊姆斯君拟一合同，以英商之名保护开平矿务局。当时苟华君欲为该局之受托人，但余之意则以为此位使模恩君居之方为合便。

于是退堂。（仍未完）

记英京审讯开平矿务局要案（十续前稿）

1905年3月19日，第975号，第四版，《录稿》

第六日，即西正月二十六号，德璀琳君又至公堂，为被告律师希胡司君所讯问。

德璀琳曰：余每年得薪金一千二百镑，另加花红。张燕谋则可得某项之利益。以余之意，则余现既已失去此职位，理应索偿，但余并未言及此事。至于张燕谋之失去其职位，理宜索偿与否，则当时亦并未言及。以余之意，则张燕谋既失去其应得之于开平局之利益，于理亦应索偿。前余已将一切合同等件交与苛华，但其中有一合同已由张批准，至余之已否将此事告知苛华，则余已忘之矣。西七月三十号之约之事，余未曾告知张燕谋。盖余之为此事实系余之责任，因余不愿听余之言者因此受累也。

希胡司君问曰：余料汝必已将一切之事告张燕谋。

德璀琳答曰：余已忘之。

希胡司君问曰：汝可否言汝实已告张燕谋？

德璀琳答曰：不可，因余实已忘却矣。

希胡司君遂将一千九百年十一月九号模恩君致德璀琳之函件向德璀琳询问。德璀琳答曰：当时余知必有红股发出，但其数若干余不知之。余从该函得知东方公司有股份甚多在新公司之内。当余与苛华君相商时，余并未提及余及张燕谋两人索偿之事。若余竟接受模恩与苛华之所与，则今日余必不能保护中国股东矣。

希胡司君问曰：是否无论何时，凡有关于公司之要事，汝必告知张燕谋？

德璀琳答曰：凡有应告张燕谋之要事，则余必告之。

好尔顿向德璀琳询问数语。德璀琳于是答曰：余之初意，凡创办新公司之人理应享受利益，其寄往中国之三万股理应照应用者施用。余并未告知复脱士谓西七月三十号之约乃奉张燕谋之命签字者。该约约文，当时张燕谋概不知之。其时张燕谋听余料理开平局之事,余曾将从张燕谋得有全权之事告知复脱士君与否,则余不能忆及之矣。

好尔顿君又问曰:张燕谋曾对汝云,余必将该约签字,但总之不能使余担其责任,以期余在官场复回体面等语。汝曾将此言转告复脱士否?

德璀琳答曰:张燕谋断无此言,余亦并未将约之宗旨转告复脱士。

好尔顿又问:自该约签字后,自应照约办理,当时在中国曾互争辩此事否?

德璀琳答曰:前往中国之各代理人均不肯照已签字之约办事,以致为难。

好尔顿问曰:是否彼等欲增改该约?

德璀琳答曰:彼等欲将约更改,伦敦董事之代表人均欲使华人无丝毫权柄。

好尔顿君曰:今所争辩者乃系欲将特别之款项加入原告、被告所立合同之内。

堂上问官曰:被告实不照合同办事,此洵为甚不幸之事。

好尔顿君曰:目下余必照约办理,所定之约定须实践,但利益君则谓此约尚不能限制被告。

好尔顿君并未争辩该约,按察使佐斯君亦不以为奇,但不肯言出该约究应如何办理。

好尔顿君曰:今公司为第二之被告,实属不幸之至。原告并非以欺骗之罪控告余等,但以余等为欺骗之人耳。

按察使佐斯君曰:然则汝系被告一面之人。

好尔顿曰:前按察使阶姆斯君曾有言曰,在欺骗之中受孕,而生于罪恶之内。余今不过引其言为证而已。

按察使佐斯君曰:被告系汝之仇敌,今汝代表被告,汝实不幸之至。余在未审讯被告以前,定必欲查问股票一事。

利益君曰:余必将各公司之股份注册簿呈上。

按察使佐斯君曰:可,但堂上众人须将股分之原意告余,因余尚不知此事。今定于下礼拜二日即西正月三十一号再审此案。

希胡司君问曰：原告所以控被告者实为何事，请于今日明以告余。

按察使佐斯君曰：汝思之即得矣。

于是原告业已全行审毕，定于西正月三十一号再审。（仍未完）

记英京审讯开平矿务局要案（十一续前稿）

1905年3月20日，第976号，第四版，《录稿》

第七日，即西正月三十一号，英国公堂重行开堂审讯开平矿务局一案。原告前曾谓所立将矿产售于开平矿务局有限公司之约，足以限制各被告。若该约不能限制各被告，则售矿之事实系由诳骗而得，查日前所讯各节，已逐一登载报中。

杨格君代表原告云：由日前所供之凭证而观，被告定不能再自伸（申）辩。至于所立之约，被告与彼等之代理人苛华君业已知之，模恩君前曾谓彼信该约业已彼此允许，至于何以令其深信则难以明白矣。

按察使佐斯君曰：彼可自行表白之。

杨格君曰：该约彼此未曾允许，且其约文所载原、被两造亦已知之。该约第一章已于一千九百零二年十月由模恩交于首相沙侯，至七月三十号之约所改一事，因被告所为一切之错误，以致原告受其损失，故应向之索偿。该约之更改，被告定必以错误之语告于德璀琳君，不然，则德君定无应允之理。新公司所发出之五十万镑债票，均由模恩君党人所购买。当时业已订定，凡购一百镑之债票者必可得该公司实股五十镑，即有二十五万镑之实股发出作为花红之用。因此，华人之股遂成空股，该公司之资本原定为一百万镑，其中所实收之股则有三十七万五千镑，其余六十二万五千股则均未收得一辨（便）士。

希胡斯君代表被告，于是请堂上问官将空泛之词转为切实之词，杨格君所控诳骗之罪及错误之事均无凭证，且无踪迹可考。若原告曰：余等深望被告必可□人指明实有犯诳骗之罪。则此语实属不当。模恩君与苛华君定必上堂受审，予料原告必不能将其所控被告之罪得有成功。从始至终，模恩君之意则谓二月十九号之约定必照办且必尽力使之实践该约而行事。

按察使佐斯君云：此语非是。

希胡斯曰：此乃保护被告之语，因张燕谋欲得全权办理该局事宜，此事实难办到，堂上问官定必知之，况欧洲有董事管理该局耶。

按察使佐斯君曰：该约已由律例限制之，汝尚未经声叙。

希胡斯君云：模恩君乃被告公司十二董事之一，彼与苟华君二人已尽力使该约得以照办。利益君之意则谓张燕谋与开平局应得三十七万五千实股，但被告未曾将应付者与之，不过付以虚股而已云云。此不过属于所谓合同之语而已。据原告所供之凭证，则知张燕谋与德璀琳已知必有实股发出，原告所言之合同定属虚妄，杨格君所言筹资本之款实属令人失笑。彼云除三十七万五千股外业已尽行发出。彼作此言实不过蔽人之目，使不能见公司之事而已。余不愿再言此案情，因张燕谋与德璀琳业已将其情言出也。一千九百年开平局之情势甚属不佳，资本缺乏、债务甚重，且又有团匪之乱，以致更属为难。各国联军大有占领该矿之意。德璀琳当时有言，中国之瓜分迫于目前，有欧洲之一国已将该局之煤斤取用。（仍未完）

记英京审讯开平矿务局要案（十二续前稿）

1905年3月21日，第977号，第四版，《录稿》

按察使佐斯君曰：此乃当时之情形，不足奇异，但该国日后曾付还煤价与否则又属另一问题。

希胡司君曰：当时该局之产业有全归乌有之兆，时势甚急，无人敢料该公司日后如何，想该矿定必被毁，被告冒大险为之办事，原告因之不独无损反有大益。该公司宛如一船遭风波之险，所用之款已有五十万，此数被告能得回与否则不可必。

按察使佐斯君曰：此等举动即系获大利与受大损皆在不可料之事。

希胡司君答曰：是，此亦可作为赌博论。

按察使佐斯曰：若汝赌而得胜，则汝所得之产业定必甚大。

希胡司君答曰：是，但此亦系冒险之事，该局请苟华君帮助以免该局灭亡，苟华于是助之，遂发出五十万镑以成其事，然原告反谓为被骗。

按察使曰：若谓该局之产物之价值较前更大，则不能视原告并非被骗，但该局亦可有所利益，亦可得到五十万镑。设使有机可得五十万镑，则汝为之否？

希胡司君答曰：或者余亦可为之（堂上诸人大笑）。余料此案原告必以负义之罪控余。一千九百年开平局之股分，每股名为英金七镑，实则不值一钱，今每股则值二十八镑左右，其所以得此之故，实因资本加厚，并发售后重复改良所致，若非用此法，则断难筹款。张燕谋、德璀琳两人必知，若欲加厚资本办理该局之事，而又欲得他国帮助，则非将实股交与各人必不能办到。据原告所言，则日前曾订合同只许发出三十七万五千股，但实则并无此等合同。彼所供之凭证又与此等合同不符。当时，模恩君尽力办理此事，实与旧股东大有利益。张燕谋与德璀琳已知，若非发出实股，则断难筹款。余不能查得被告有犯诓骗之罪也。于是退堂。（仍未完）

记英京审讯开平矿务局要案（十三续前稿）

1905年3月22日，第978号，第四版，《录稿》

第八日，即西二月一号，英国公堂复审开平矿务局一案。希胡斯君又上堂代表被告辩论案情，且云：余甚愿知原告以何罪状控告被告。

问官问曰：余甚愿知汝所索者系何事。

希胡斯君答曰：余等必须为股东并持有债票之人。

问官问曰：西七月三十号之约，汝尚有所索否？

希胡斯君答曰：无，因此事已办妥，新公司已得其产业，故无再索之理。

问官问曰：汝曾争辩此约之意否？

希胡斯君答曰：未。

问官问曰：然则，汝曾谓该约足以限制各被告，实何故耶？

希胡斯君答曰：模恩君自始至终并未争辩谓该约不能施行，且尽其全力使之实行。

问官问曰:利益君所求之事,汝断不抵抗否?

希胡斯君答曰:定不抵抗。

问官问曰:好尔顿君亦不抵抗。是以,各被告不应再将产业扣留不还,且无庸照约办理。

希胡斯君云:余等并未扣留产业,此不过模恩君一人之事,彼之公司不过系矿师之公司而已。苛华君往中国时,其职只为矿师,故奉到电命即行办事,彼实力不能为,且是否即以彼之一身代表该公司或模恩君,彼亦不能知之。新公司收产之时即在一千九百零一年二月也。

问官曰:想彼等必欲办理此事。

希胡斯君云:新公司既收取各国未占之产业,后又将所有之产业收取,自一千九百零一年二月以后,开平局并无产业矣。(仍未完)

记英京审讯开平矿务局要案(十四续前稿)

1905年3月23日,第979号,第五版,《录稿》

好尔顿君云:被告甚愿照该约办事,但原告所立之约,其文句甚属不合,故应行更改。

问官曰:余并非审判文句之事。

好尔顿曰:若不审判文句,则堂上断不能断决此案。

问官曰:余意不审文句,亦可断此案。若谓被告不应扣产业,无庸照约办理,则此语断无人可以反对矣。

希胡司君曰:余并未言及此事,若谓一千九百零一年二月十九号之约乃限制各被告,而又须照约办事,则余亦可应允。原告曾谓同时所定之约乃因被告之诳骗或错误而成,此语殊属非是。此等妄控之举,所关甚重,无论其事之真实与否,理宜从严审讯。

问官曰:原告有权可自行表明,张燕谋将该约签字,乃系误听人言,自信以为该约可以限制各被告也。

希胡司君曰：若果有此事，则余甚愿允从，但并无丝毫凭证，原告律师曾谓彼并未以诬骗之罪控告模恩及苟华。

问官曰：该约自可表出，立约之初意定必使该约足以限制各被告。被告曾告张燕谋与德璀琳，谓该约不能限制各被告，今已有凭证可表明之。

希胡司君曰：此举并非诬骗。

问官曰：设有一人与人定约，同时又另订一约以令第一次之约失其能力，此等举动是否即系诬骗？

希胡斯君答曰：此不过背约，并非诬骗。

其后，苟华君即行上堂受审，苟华君云：余乃矿师，自一千九百零一年十一月以后，余为皮佛模恩公司中东人之一。一千八百九十九年，余为模恩君之事前往中国，余并未精于理财之道。余曾与张燕谋、德璀琳商议矿事，德璀琳告余云，张燕谋乃矿务督办，彼甚欲筹款开矿。余曾至各矿查验，查毕后，即将其详情报告张燕谋。当时彼此商议筹款整顿张燕谋之矿。当团匪乱时，德璀琳告余云，有人欲将开平矿务局交与模恩君之手，以便整顿。当时该局财政甚属缺乏，张燕谋曾告余云，余甚虑中国有瓜分之兆，恐矿产等亦因之全归乌有。此后遂定议创立英公司一所，因此彼此商议约款之事，初彼此定夺，由余帮助此事而稍收利益。当时张燕谋与德璀琳已知，余与模恩君因整顿矿务局与筹款之事必略有所得，但所得之利益定必与张燕谋、德璀琳共分。该约已由伊姆斯君向张燕谋与德璀琳解释，想张燕谋已明此事，因彼欲设公司一所，如保险公司之类，以免受团匪之祸，且张燕谋欲以红股送与各国将军（堂上诸人大笑）。其时，所有各事已由德璀琳详告张燕谋，至利益一事，则彼此商议甚少，但张燕谋曾以利益之事询问德璀琳。余则告之曰，若能将各事办妥，则可发二十万股与张燕谋、模恩、德璀琳三人均分。至商议股价之事，则余已忘之。若言及此事之信件，余只见过一份，且已交与模恩君，并将各事告之。模恩君与东方公司所立之约，除其大意外，则其详情余概不知之矣。

希胡司君问曰：当时有人云，东方公司即系模恩之别名。此语是否的确？

苟华答曰：并无此语，当时彼此不相联络，载佛斯与吞那（按：后文作"推那")二人办理该公司之事,余曾告彼等曰,该公司必须设立华董,并使张燕谋终身为督办。至于设立华董并使张燕谋为督办之草约,余亦曾见之。

希胡司君问曰:汝是否愿该约得以施行乎?

苛华答曰:当时该约业已施行,故余不注意此事。但余常愿该约得以实施,其中各款已经实行者甚多。

利益君向苛华君审问,苛华君即答曰:余系美国人,自一千九百零一年,余抵中国后,始知公司已发出一百万股购买此等产业。一千八百九十九年,余曾致函于模恩君云,该产业之价乃在三十万镑英金以上。若有合宜之资本,则可值一百万镑。当时余意必须再行借款,定当有实在英金十万镑存于公司中方能有济,又须使他国管理其事,除将三十七万五千股交于华东外,其余之股则在模恩君之手,办理公司之事。

利益君问曰:张燕谋所言之事,汝信之否?

苛华答曰:信者甚少。

利益君问曰:有人谓汝行贿赂于张燕谋与德璀琳,有此事否?

苛华答曰:未有此事。

利益君问曰:订立该约,汝有利益否?

苛华答曰:若各事能办妥,则模恩君定必以利益与余。

利益君问曰:若该公司一经成就,则汝必入公司之内,当时已知之否?

苛华君答曰:余未知之。

于是退堂。(仍未完)

记英京审讯开平矿务局要案(十五续前稿)

1905年3月30日,第986号,第四版,《录稿》

第九日,即西二月二号,英国公堂又复审判此案。苛华君又复上堂受审,苛华君云:七月三十号之约,余尚能认之。伊姆斯君前曾告余云,开平局之产业当送交于汝,以汝为受托之人,请汝暂时管理,一俟日后再行定夺云云。余知余有权,可用合宜之法创立公司一所,其资本筹一百万镑。此一百万镑之资本乃德璀琳在大沽创议筹办者也。初并未提及新公司须付一百万镑于开平局以购其产业,但开平局所应购得之股共有新公司之股分三十七万五千股。当余至英国时,余闻公司须付出之股分共有一百万镑,但公司并未付一百万镑于开平局。余以为公司定必付出一百万镑之股,其中三十七万五千股则与开平局,其余之股则与模恩君所招致之人以整顿公司财政。余并未告德璀琳谓公司必将付一百万镑之股与一人也。余不过告伊姆斯君谓公司将付一万镑之股与各人耳。

有人向苛华问云:约文中并未载明模恩君应得六十二万五千股,实何故耶?

苛华答曰:因六十二万五千股未知如何处置,故未载之于约中。

前问之人又云:新公司之股票不发出于外而招募,是出于汝之意否?

苛华答曰:余不能言此事,因余不知如何办理也。

前问之人又问曰:德璀琳或伊姆斯君以为公司之股票定不发出于外而招募,汝曾言及此事否?

苛华答曰:余不知须用何法始可筹款,因开平局之情形不佳,故购票之价断不能照其原价也。

问者又曰:汝知东方公司欲将此等产业售于新公司,取价一百万镑。有此事否?

苛华答曰:余未知之。当时余不知财政之法如何布置。十月或十一月之时,有人云,东方公司欲更改其约。此事是否在模恩君应允合同之前或在其后,余不能记及之矣。

问者又曰:凡合同应允以后又复更改。此事可行否乎?

苛华答曰:余不知之。余不过照律师所言行事而已,至于更改之故,实欲使东方公司可以办理该局之事。有人告余云,旧订之合同实无利益,若不更改,则终难得利。故改约之故实为欲求利益起见。十一月九号模恩致德璀琳之函言及华董与张燕谋之事者,其语多不足为据。余告德璀琳云,东方公司甚愿以正直之道办理各事也。

问者又曰:果依正直之道以办事,汝曾料及三十七万五千股当改为一百万股否?

苟华答曰:余未思及此事,或者德璀琳已思得之未可知也。

问者又曰:改约之意实欲改产业之价值,以使公司付价,是否出于汝之意乎?

苟华答曰:非也。(仍未完)

记英京审讯开平矿务局要案(十六续前稿)

1905年3月31日,第987号,第三版,《录稿》

问者又曰:汝曾设法使在中国公司之产业为华董管理否?

苟华答曰:余已尽力为之,至于董事一节并未载入约款之内。若当时余知此事,余必力请将其载入款中。该约第八款云,公司在中国之产业应由华董办理。但矿务之琐事其办理之法,余不愿由华董干预,余所愿者由总理人办理此事,不过总理人须归华董管辖而已。余与复脱士君设立此法,实欲使矿局物件免为他人所窃,余并非有不理华董之意也。

问者又曰:某约签字实欲使华董有名无实,汝知之否?

苟华答曰:余不知该约之宗旨也。

问者又曰:余曾言办理开平局之事已在西人之手,不过由华董商议各事而已。又云华董之才亦复可用,但须无害于外人。此等言语,汝曾言过否?

苟华答曰:有。

问者又曰:张燕谋将欲签字时,彼有如以上所言之意,汝知之否?

苟华答曰:余未知之。张燕谋不肯以二月十九号之约为准。

问者又曰:张燕谋曾云,汝告彼曰该约乃为作准之约。有此语否?

苟华答曰:无此一语。

海末尔登君代表新公司,以各事询问苟华君,又言及威尼君之函。该函之中系声明以一千九百零一年二月十九号之约为作准之约,使开平局之产业转交于新公司之事也。

苟华答曰：被告公司之各董事答复云，彼等之意均谓二月之约不过欲使七月所订之约得以照办也。

苟华君又云：余并未告知张燕谋与德璀琳谓张燕谋在新公司之权与在开平局无异。余不以张燕谋有此权柄为然，以余之意观之，约中并无载有此事。余亦不以张燕谋居于大位管理各东及伦敦董事为然。若谓张燕谋不肯将约签字，余等定必设法弹劾之，则余并无此语。当余复返欧洲时，余遂被选为被告公司之董事。余已屡次设法使二月十九号之约得以和平办理。

问者问曰：团匪乱时，汝是否甚为忙碌？

苟华君答曰：并不甚忙，当是余曾为民兵跨马巡察各处，帮助保护大学堂。团匪声言，彼等定必先占大学堂。后有炮弹一枚落于大学堂余之住房之中，余即出外。其后与斐雪君相遇，始知张燕谋被捕。

问者又曰：汝曾与彼商议否？

苟华答曰：曾与彼商议，彼欲余控告英国统带官妄拘张燕谋。

问者又曰：其后，汝曾为张燕谋办事否？

苟华答曰：有之，当张燕谋丁内艰时，余往彼处问候，彼尚坐于其母之柩旁。

问者又曰：汝至塘沽时，汝曾见张燕谋否？

苟华答曰：曾见之，当时彼等正在筵宴，彼等即邀余入席。

问者又曰：汝曾允彼等之请而入席否？

苟华答曰：曾允之，今余尚能记忆，当时曾食烧羊肉，因余不食鲜肉已阅一月矣，故允其所请。

问者又曰：其后，汝曾商议公事否？

苟华答曰：曾商及之，彼等欲使开平局改为外国公司，后则欲改为华洋合办之公司。余告彼等云，此事断不能办到，彼等乃即谓将开平局改为德国公司或比国公司或英国公司，彼等遂络续商议此事，但余不明其言语，后则余问彼等之意若何，彼等告余言欲筹集资本，但余已知中国有乱，断不能筹得资本。彼等后又告余云：若得合宜之法，则模恩公司定可助力。余遂劝彼等不如将开平局改为英国公司。

于是退堂。（仍未完）

记英京审讯开平矿务局要案（十七续前稿）

1905年4月1日,第987号,第四版,《录稿》

第十日,即西二月三号,伊姆斯君又复上英国公堂受审。彼云:苛华君告余,若约文不改,余与余之公司定不能获利,故彼将更改之件交余。众人均知模恩公司定必得实股之利益,余料德璀琳必已知此事。德璀琳已允更改之款,故命余照所改之款另行新拟一合同。当余未离中国以前,余未闻德璀琳谓余所为之事□已过分也。

利益君向伊姆斯君讯问,伊姆斯君乃答曰:余于一千九百零一年十月由中国起程归国。余曾购有该公司之股票,当时每股价值英金二十八先令。余当时亦未知该公司资本是否实有此数。苛华君曾于在塘沽时言及,云公司定必发出一百万股,在伦敦之资本家定必以应为之法办理之。余曾告张燕谋谓开平局之产业当交苛华君管理,其意即使苛华君可创公司一所,照管理之法办理各事。若公司照约办理,则当发出实在之股三十七万五千与各旧股东。模恩君一经将约批准及创立一公司以后,即以苛华君为该公司之代理人。当苛华命余更改该约时,彼并未将批准该约之事及创立公司之事告之于余也。

利益君问曰:若汝知该公司业已创立,苛华又为代理之人,汝肯将该约更改否?

伊姆斯君答曰:余料当时余必不肯,余知苛华君乃英国诸人之代理人也。

利益君问曰:汝知该公司发出虚股一百万股,并未实收得一文否?

伊姆斯君答曰:余未知之,余料原告与德璀琳定必知有红股之事也。

模恩公司之模恩君上堂曰:此次在中国所办之事不过为财政之事。余之诸同人均已知之。一千八百九十八年,余往中国,当时李鸿章以中国矿务之事请教于余。当余未至中国之前,余曾谒沙侯与寇仁伯爵。及余至中国始识张燕谋后,张前来回拜,与余谈论直隶省矿务之事。余始知旧公司之名即为开平矿务总局。余以为张燕谋乃该局之主人。余将离去中国时,德璀琳请余再回天津商议开平局借款与整顿秦皇岛借款之事。余遂与开平局定约筹借英金二十万镑,利息一分二厘,其中,铁路脱辣斯(托拉斯)则出十万镑,其余则由余所出,以开平矿务局之产业为质。余知德璀琳大有权力于中国官场。余欲引诱德璀琳辞去海关之职而与余订约办事,但余总不能成功。余曾告德璀琳云,余等在中国无论所得若干,则余必以一半与之,亦可使之为欧洲与中国之总董,但彼终不允从。一千八百九十八年,余接德璀琳来电,请余聘一矿师前往中国,余遂请苛华君前往。当时彼此曾已订明,苛华君之薪金,张燕谋必须支付。当苛华与张燕谋谈论时,苛华曾言及某财政家数人均有商业在中国经营。一千八百九十九年六月,余接德璀琳来函言及各处矿务之事,又言及开平矿务局改为华洋合办之公司。一千八百九十九年,东方公司遂成。初余并非该公司之股东,其后因开平局股份之事,余始为该公司股东之一。一千九百年,余复至中国,余遂将创办该公司之事告知德璀琳。彼云凡财政之事须有各国之人在其中,不可使一国之人专管其事,因恐从此另生国际上之交涉。至于开平局一事,彼此谈论甚久,张燕谋与德璀琳甚欲再筹资本。因该矿局办理不妥,故德璀琳欲使西人管理。当余复返英国后,于八月十一号余接苛华来电,云交出开平局矿业之约业已签字。因此创立公司一所,资本九十万镑,以三十七万五千股与各旧股东,经营之资本则定为十万镑。东方公司所定之法,余与大尉斯君及推那君商议后遂始允从。苛华君将所定之约带至英国后,余遂将该约寄与沙侯。苛华曾告余云,张燕谋与德璀琳则为总办,且谓该约已由张燕谋批准也。(仍未完)

记英京审讯开平矿务局要案(十八续前稿)

1905年4月2日,第989号,第三版,《录稿》

问者曰:至于将利益或赔偿付与张燕谋与德璀琳之事,苛华曾否告汝?

模恩君答曰:余恐未也。余意凡所得一切之利益,余必分与德璀琳君。因中国情形不□与其他事故,是以筹款之事定必为难。当时曾已订筹款之事由东方公司办理。凡注意于此事者须购该公司之股票,因当时在中国办理此事甚为危险,此次所办之事知之者甚少。汇丰银行常与张燕谋不和,凡在伦敦筹款,以使张燕谋有益者,该行定必竭力与之多方为难。此外,开平局之债亦属甚大,此次所为之事,乃中国向所未有。余知张燕谋与德璀琳亦应得一份之利益,至于余若何,则未曾自行言及。以余向来办事断不欲多求,盖余之用款已费去英金一万二千镑也。苟华君曾言张燕谋可以终身为该局之总办。一千九百年十一月,苟华至中国时,彼带余与德璀琳之函。该函之意谓,因欲创立各国人公立之公司,故将此事交与东方公司办理,并将筹款之法告之。该函有言在中国设立华董,使张燕谋终身为督办。当余作此函以前,余曾见办理此事之草稿,即将来欲加入公司章程之内者。此事办妥以后,余力请设立董事,因余在该公司有大股分故也。余曾与东方公司定约,故余应得七万九千九百股。余曾常劝各董事照二月十九号之约办理。一千九百零二年十二月,余见德璀琳,遂以不能将五万股早日寄往之故告之。余将此等股分交与德璀琳,并交支票一纸以付各股份之利息,余以为须俟德璀琳与张燕谋办妥各事筹款之事后,方能将股分交与彼等。因余深信德璀琳,故将股分与利息与之。余之用意实欲使德璀琳办妥各事也。至于交付产业之事,乃在英领事署行之者。若发出债票之事,余则并未预闻,此事乃东方公司之所为。后则余已将秦皇岛整理港口之债票换为新公司之债票矣。

利益君向模恩君询问,彼答曰:余初有债票十万镑,但后照原价售出七万五千镑,故仅余二万五千镑。此二万五千镑内,余已付款四分之一,余之旧债票系周息一分二厘,但此二万五千镑之债票则仅有周息六厘。惟余另得有实股八十五分。因之目下余有二万二千镑之债票及二万股也,每股值价一镑余金,故余之资本已较前增加两倍。此三年间,股票利息计第一年七厘半,第二年五厘,第三年七厘半。由此思之,则各旧股东所得之利必较前更佳也。至于新公司,须将三十七万五千镑付与开平局,此事余亦知之。

利益君曰:此乃西法之一端?

模恩君答曰:是。

利益君问曰:若新公司以三十七万五千镑之股付与开平局,则其产业属于公司否?

模恩君答曰:是。

利益君问曰:汝可为创办此事之人否?

模恩君答曰:德璀琳系创办之人。

利益君问曰:一千九百零四年九月,汝曾演说云,余乃创办之人,今公司大有成效,余甚快乐云云。即此一端可以知汝乃创办之人矣。

模恩君答曰:余乃伦敦之创办人,但创办人之首领则实系德璀琳。

利益君问曰:汝能指出约文可使他人借资本与公司否?

模恩君答曰:不能。

利益君则曰:然则公司焉能得此五十镑之款耶?

模恩君答曰:东方公司已将四十二万五千股付与购买债票之人。

利益君问曰:汝意即系东方公司发出四十二万五千股,以使他人借五十万镑于公司乎?

模恩答曰:是。

利益君问曰:公司第一次会议时,汝已为董事乎?

模恩君答曰:是。

利益君问曰:推那君有言云,发出此等债票断不能使公司出其费用。此语曾有否?

模恩答曰:余恐此事不确。

于是退堂,定期于二月七号再审。(仍未完)

记英京审讯开平矿务局要案(十九续前稿)

1905年4月5日,第992号,第五版,《录稿》

第十一日,即西二月七号,佐斯按察使又升座审判张燕谋控告模恩及他人之案。利益君代表张燕谋又向模恩君审问。

模恩君于是答曰:商议之事已毕以后,苛华来电谓资本已预订筹一百万磅，旧股东应得三十七万五千股，办事资本十万磅须于本月一号备齐。余以为办事资本乃由股本中提出。筹款之法，用股禀（票）及用债票，二者无甚区别。一千八百九十九年年底，余抵天津，当时余以为德璀琳已定意发出股票而筹办事资本。西五月余回英国，八月余得苟华来电，谓所议之约业已签字。

苟华君为被告公司所作之报告书已交于余。该报告谓彼已于一千九百年六月查验各矿所有之煤，以每吨六辨（便）士算计，则其总数已有英金八百十二万五千磅。余曾有言该报告并非为公司而作，不过代表东方公司将其实情言出而已。初，办事资本已定由虚股中筹出。当时以为此举必可办到，但后则卒无成功。

利益君问曰：该矿之产业除煤斤外，可值英金一百万磅否？

模恩答曰：若有办事资本，该矿可值一千万磅。公司之煤山甚广，若有办事钜款，则其所得之利定必甚大，无此钜款则无益也。

利益君问曰：一千九百零一年十月汝尝致书沙侯云，余之公司已订一合同，故特转告贵大臣等语。该合同是否公司之合同？

模恩答曰：合同内业已声明该合同乃系公司之合同，实则余一人之事。

利益君问曰：如是则汝应云余已定一合同，方是。何汝又不为此言乎？

模恩答曰：其故实欲为表明公司之名起见也。

利益君又问曰：至于责任一层而言，则汝能分别汝与汝之公司否？

模恩答曰：此乃余之责任，非公司之责任也。

利益君问曰：然则公司曾否有言欲将合同之责任辩明否？

模恩答曰：此事实与公司无涉，该公司所批准之合同乃系代余行事也。

利益君问曰：若模恩公司不以合同中之各款为然，则定不肯批准，然则该合同是否由公司批准乎？

模恩答曰：乃公司代余批准者也。余接得电报后遂即与推惟斯、推那二君商议。至于公司筹款一事，余则任由东方公司料理，余在公司所得之利益有四万三千磅，从旧债票所换之股之利益不在其内。若东方公司为公司筹款，以致获得厚利，则实于公司无损。余闻一千九百年七月三十号所立之约，须再更改方妥。至于使二月十九号之约得以□办之款未曾加入约内,余不能明其故。东方公司并未应允,将该款加入约中□。

利益君又将一千九百年十一月九号模恩与德璀琳之函向模恩严询。模恩则曰:当时余之东方公司收一百万之股,以整理公司之财政,而从中谋利。当时余不知所有之资本是否收齐,余曾将实情告知德璀琳与否,今余则不敢实言也。(仍未完)

记英京审讯开平矿务局要案(二十续前稿)

1905年4月6日,第993号,第四版,《录稿》

利益君又以用债票筹款之事询之。模恩答曰:此举实与公司有益,前三年间,公司存于银行之款不下二十万镑。以余之意,此款须用以开新矿。因张燕谋出而阻止,故致并不另凿新煤井。若以债票筹款,则于公司甚为有益也。

利益君又以东方公司与模恩所订之某约询之,模恩君则不认曾有此事。

模恩君又曰:一千九百零一年七月,余为公司董事之一,自初至今,余已定意使所定之约必须照办。中国股东有权公定所办之事,但彼等之股票乃本身之股票。此甚为可惜,各国已知此法实属不妥。

利益君又以各股东决计增厚董事花红之事询问模恩君。模恩答曰:当时此事并未与华董商议,余亦并未拒绝,余知公司并未照与张燕谋所立之约办理,但该公司今欲照办。有数股东以为该约无甚紧要,但公司业已坚持□此办理。有董事多人谓该约并无效验,但余不以此意为然。

利益君又问曰:汝曾致函于德璀琳,谓张燕谋可终身为督办。此事确否?

模恩君答曰:此事甚确。此乃东方公司所订定之事,余意若该约更改,张燕谋又能将各事办妥,则彼可终身为督办。

利益君又问曰:当汝作此函时,汝知该公司尚未注册否?

模恩答曰:余已知之。余所言之意不过谓当时彼此定议,使张燕谋终身为督办耳。

亨密尔登君代表被告公司向模恩君审问。模恩答曰：以余一人之意观之，则该约各款公司无一不可照办，但约文之意并非使张燕谋有全权管理公司之事。

希胡司君向之询问后，好尔登君于是代表新公司上堂，言曰：约文之事实不过事后所附添之事。今所查者是否张燕谋有权将产业售出。余闻张燕谋所以来英之故，实欲注销注册之事，考察本案之律师曾有彼等断不能使英国公堂注销注册之事之语。因此，彼等遂反称所立之约足以限制各被告。在张燕谋之宗旨实欲将合同作废。今彼欲以间接之法行此事，若该约不付权于张燕谋，使其复返中国公堂得以声称有权废约，则所立之约断不能限制各被告也。公司不肯明认华董有大权之故，实因张燕谋欲得合同以外之利益，而办理公司之事则由各股东会议定夺。张断不能复回中国，谓彼有权可从英人之手取回已经售出之产业，中国公堂定必将向张燕谋曰，汝无卖产业之权。今张欲将合同作废，以使彼之势位足以售卖产业，今彼此所争辩者乃系约文中之词句，以免公司之事为张一人所主持也。

问官曰：此案愈审愈为离奇。遂即退堂。（仍未完）

记英京审讯开平矿务局要案（二十一续前稿）

1905年4月7日，第994号，第四版，《录稿》

第十二日，即西二月八号，复脱士君上堂受审，由通译员为之传达供词，彼云：一千九百年，余在日本代表一比国公司。是年之十一月，余往上海，苟华君将彼与德璀琳所订七月三十号之约示余。余曾见德璀琳与苟华君两人数次。余知七月三十号之约已于正月更改，但余并未与德璀琳谈及此事。

有人问复脱士云：改约之事德璀琳如何言之？

复脱士答曰：德璀琳只将华文之约示余，并未言及张燕谋已知更改此约之事，余亦并未与张燕谋商议改约。惟张燕谋曾谓旧股之价，每股计一百两，且可换得新公司之股二十五股。余曾迫令张燕谋将约签字，以便将产业转交于新公司，然余之所言张并不允。

问官曰：如其他项约文未曾签字，则张燕谋定不肯将交付产业之约签字。以我意观之，则汝等（非指汝一人而言）并未公平办事，此语无可再辩，若有可争辩之处，则请汝再言之。

亨密尔登曰：果如是，则余定必不将此事再问复脱士君。

复脱士又曰：余与苛华君为总理人会同办理公司之事，直至一千九百零一年九月始止，其后则设立华董，以张燕谋为督办。当余在中国时，华董业已办事。余甚欲使二月十九号之款得以照办，并设法将产业转交于公司之名下。

有向复脱士询问者，彼乃答曰：当余复回时，余知东方公司已得实股六十二万五千股，此等股份乃用以经营事业，以谋合例之利者。当余在中国时，余有薪金，但此次所为之事则余未得有利益。余购买债票四千镑，因此遂得二千股。余并无东方公司之股票，余甚欲使一千九百零一年二月十九号之约得以照办。余将该约签字，其故实欲使以前所定之各约得以实施。张燕谋曾谓，凡当应允之事须笔之于约内。以余意观之，该约并未载有新款。余之肯行签字即是故也。初，余与德璀琳、苛华三人与董事，凡一切重要之事均与德璀琳商议。中国董事已有实权，彼等已尽力公平办事。六月四号之章程，余亦能记忆之。

问者问曰：汝曾致函于公司，谓彼已许余等设立无实权之董事云云。此语究属何意？

复脱士答曰：若查察此事，则先须知余之心实属正直。

问者问曰：汝之心中实以所言为真否？

复脱士答曰：是。

问者又问曰：汝所写者是真实否？

复脱士答曰：若谓董事并无权柄则实为不确。

问者问曰：然则汝何不写真实之语以示开平局各董？

复脱士答曰：有人斥余所订之章程祖华人之处过多。

问者问曰：彼所言者是否重要？

复脱士答曰:此系彼所书写者,不能使余不信之,彼谓本国董事已斥其偏袒华人也。(仍未完)

记英京审讯开平矿务局要案(二十二续前稿)

1905年4月8日,第995号,第四版,《录稿》

脱罗盎君即自一千九百零一年以来为被告公司之董事者,此时上堂言曰:当年十一月余往中国各处游历后,始见德璀琳君,曾与之面谈数次。一千九百零二年二月,余带与德璀琳所订之合同复返比国京城。四月,此合同当由各董事批准,公司各董事于会议时遂公举余为董事,以符该合同之所言。

问官问曰:有何律师可以表白此事?

亨密尔登君曰:各董甚愿与张燕谋订约,使一千九百零一年二月之约得以实施。

问官曰:汝等彼此之约虽未订定此事,然余可以作为汝等甚欲订定也。

亨密尔登君云:且不但此而已。

问官曰:此说实与被告所言者相反,想贵律师于此案之情节亦不甚了了耳。

亨密尔登曰:余之所以不能了了者,实因此案于开堂时控告被告之举动令余不明故也。

问官曰:余非谓余之所言必系甚确,不过恐汝有不明之处而已。

亨密尔登君曰:此时两面之人业已互相商议。

问官曰:此实与被告所言者相反。

亨密尔登君曰:原告不能因此索得赔偿。

问官曰:日后必可得之。

亨密尔登曰:并非因此而得之。

问官曰:余可作为彼等业已商议。

利益君曰:此语诚然。

问官曰:以后彼此卒不能定约。得逊君(乃司会计之人)上堂将股份价值之事讲出,且谓利益君所言之虚股,实不过将股份之利益减少,使其价目减落而已。

问官曰:汝于此事有疑惑否?

得逊君答曰:无。(仍未完)

记英京审讯开平矿务局要案(二十三续前稿)

1905年4月19日,第996号,第五版,《录稿》

问官曰:汝似有怀疑之意,且又向之问曰,若有实在资本三十七万五千镑,并非一百万镑,则股价可值若干。

得逊答曰:余不知之,余仅知公司之股并未发外出售,余又不知有已付四十二万五千股交于英欧公司之事。

问官问曰:汝能言明曾声明此账并无错漏否?

得逊答曰:大约余必已将此事报告于各股东,公司筹借五十万镑,并付实在之股票八十五分于出资之人。此举是否有利,则余并未言及。若仅借三十万镑,则必更为有益也。

希胡司君代表模恩公司上堂言曰:余实不明此案。余曾闻言及诳骗之罪,但未闻有将此等诳骗之罪作文控告者。原告曾谓,因张燕谋曾经闻苛华言及该约足以限制各被告,并被告各公司定必照约办理,故肯将产业交出。此举并非诳骗,不过法律之事而已。若公堂谓所立之约足以限制各被告,则苛华之语甚属的确,今并无凭证表出其非。苛华君所言诸事甚属正派,并非诈伪。想张燕谋必知英国法律,然后方肯办理此事也。

问官曰:汝在中国与华人交涉是否以为该华人均系已谙英国律例乎?彼定不知英国之律例书与合办公司之例也。

希胡司君云:余不敢以此事为然。

问官曰:设使有外人在外国与英人交涉,以为彼亦知英律,若有人能举如此之案以为证,则余甚感。

希胡司君云:无论华人、德人或别国之人,若遇此等交涉,则其人必视为已知英律。此乃一定之理也!

问官曰：汝不能言出一定之理之语，汝必须有一实事以证汝之言。

希胡司答曰：若余所言不是，则贸易之事断不能办理，苛华之语并非有诳骗之语。

问官曰：汝不可以为余必应允此事，余恐此案必将出有最难之事也。

希胡司君曰：据各凭证以观，则知苛华自信该约定必照办。

问官曰：余意此案并非误会。

希胡司君亦以此语为然，且谓，断无人肯立约限制公司之理。以苛华之意观之，则知彼甚欲尽力使该约照办。若谓彼曾告张燕谋言该约定必能限制被告公司，此语必无人肯信。

问官曰：模恩君并未言及该约限制公司之语，此何故耶？

希胡司曰：张燕谋与公司彼此相距甚近，若模恩君果有此言，则甚属错误，且有损于公司也。

问官曰：希胡司君查问原告，实有何等宗旨？

希胡司君答曰：并非为争辩该约之事。

问官曰：余甚愿汝切实言明此事。

律师辩驳未毕，即行退堂。（仍未完）

记英京审讯开平矿务局要案（二十四续前稿）

1905年4月10日，第997号，第四版，《录稿》

第十三日，即西二月九号，英国公堂复开堂审讯此案。

希胡司君代表模恩公司上堂，辩曰：据张燕谋与德璀琳之口供观之，则知彼等已知有已付之股甚多，将行颁发，然后方能办妥此事。据原告所言，则云仅出三十七万五千股，张燕谋与德璀琳并未限定股额，因彼等已知，若一经限定，则断难使此事办妥。设使彼等曾已限定股额，则苛华君必将谓彼在中国断不能言出在欧洲所筹之款应用何项章程也。

利益君代表原告又复上堂，声请曰□将彼所发之议论更改，且云：德璀琳应允改约之故，实因模恩及苛华两人以不实之言告之所致。张燕谋又□将约签字,使开平局产业转于新公司,实因该二人以不实之言告之故也。

希胡司与好尔登君不肯允许利益君更改前说,且请利益君须将不实之言之凭证宣读。

利益君答曰:余所谓不实之言者,即诳骗之意也。

问官曰:余未定案以前,余必考究,可允许利益君更改前说之请与否。至于言及诳骗之言,余恐汝不应出此言也。

利益君答曰:此乃余之责任,模恩、苟华与德璀琳之两函所载多属不确。

问官曰:余必详细查察各凭证,然后定夺此案。

希胡司君则谓,此事已有两年,今原告谓苟华以不实之言使约更改。此乃首次提及此事也。

问官曰:七月三十号之约足以限制各人,此事并无人提及。余意亦料该约亦必不能限制各人。

希胡司君云:目下,并未提及二月十九号之约并无效验。

问官曰:余意七月三十号之约必以二月十九号之约代之。

希胡司君亦以此意为然。

问官曰:七月之约,英公司亦必得有某项权利。

希胡司君云:原告之案时时更改,彼等初则谓只收到虚股,并未收到实股。模恩公司与模恩君乃由其代理人代办此事,故原告理应向彼索偿□切。今者控告模恩君乃系控其背约,但模恩君如何背约,余必甚愿知之。盖被告因欲筹公司资本,并还公司债项,又欲使秦皇岛借款之利息自一分二厘减至六厘,故须发出已付之股方能有济。且其时中国财政业已不丰,故此次所为实有益于公司,且有益于各旧股东也。

好尔登君云:此约业已照办,张燕谋已为督办,此外又设华董。若华董办事不得满意,则实因直隶总督出而干预此事之故。被告公司已许华董得以照约办理,但原告不以此为满意。公司之收其产业于今已四年矣。且又用去资本发出债票,故将此等产业交还原告,则实不能办到也。

于是退堂。(仍未完)

记英京审讯开平矿务局要案（二十五续前稿）

1905年4月11日，第998号，第四版，《录稿》

第十四日，即西二月十号，英国公堂复审判此案。好尔顿君上堂言曰：今日彼此相争之故，并非为该约第七款之事。查一千九百年夏季彼此曾立一约，使开平局产业转于被告公司，以免为各国侵占，除此之外并无他法。至于创立新公司，并使开平局产业不由华人管理，而归英人管理者，其故实欲保护该局产业也。当时彼此欲照一千九百年七月三十号之约，转交产业于被告公司，但苛华君欲更改此约，其故因苛华君欲为其所代表之人获得利益。是以约文并未声明彼系公司之受托人。

有人问曰：苛华君前往中国时，彼是否模恩君之受托人？

好尔顿君答曰：模恩君不过为创办人之一，张燕谋与德璀琳亦系创办人。德璀琳曾谓公司中不日必发出五万股以酬张燕谋及余。德璀琳又曾云，依余之意，则宜提出资本金之一份，以实五万股之虚额，五万股以外之各股，则以之给各创办人云云。苛华君曾上一条与德璀琳。德亦以之为然。至一千九百零一年二月，张燕谋终不肯照德璀琳之言办理，且请德璀琳除向公司索取五十万两外，又索取他项利益。因此张燕谋与各人互相争执，德璀琳遂大怪张燕谋，以为张燕谋有知难而退之意。其后苛华与古柏两人拟定续约，意欲使此事得以办妥。此举并非将开平局之产业售于英公司之原告，有所更变，实欲订定款项使张燕谋多得银两。原告所拟第七款之词句，实欲使该公司不属英国。华官中曾谓，张燕谋已售出开平局之产业以肥私囊，是以华官目张为诳骗中国政府。据原告所供之凭证以观，则知张燕谋自知必不得五万股之利益。若欲将各事转告股东，则问（间？）亦有不确之处，此非独在中国为然，即在英国亦然。公堂应将两面之利权彼此分别，若堂上照原告之所请，以下堂谕，则中国之人必将以为英国公堂已判定张燕谋有全权管理产业之事，北京政府亦必不顾他□之利权，将公司产业全数收回。是以堂上当考察所立之约究属何意方可。

利益君代表原告上堂宣言曰：今日之问题乃在此等奇异之西方理财新法能否为公堂所批准，即此一事被告现已不肯言及日前所立之约，并不能借此借用资金。模恩君既创立新公司，必须先筹得办事资本方可。但令所用之办事资本乃由售股票所得之资提出者，故所借之资决不能作为资本。想当时彼此所已知者必将发出红股二十万，但其后并未照此数发出，实则公司仅发出一百万股作为实股，而创办人则得六十二万五千股，又使公司之债务增至五十万元。利益君又将一千九百年十一月九号模恩君所作之某信力加批驳。自公司创立以后，被告不肯照所立之约办理。该信中有云，华董现已设立，张燕谋又可终身为督办，模恩以不实之事作信，其故安在？彼须声明，若不声明，更实系存心诳骗。□其作□信之故，实欲诱德璀琳□□□所更改之各节，因张燕谋不能为□办，故谓堂上向模恩君索赔，并□□□□股之事，并公在已不肯□我立华董之约办理。当张燕谋前往德国时，公司已不□华董之□英董均□华董为英公司已无关系。模恩□□□不以此意为然，但彼并未自辞董事之职。利益君尚未言毕，即行退堂。（仍未完）

记英京审讯开平矿务局要案（二十六续前稿）

1905年4月12日，第999号，第四版，《录稿》

末次审判此案乃在西二月十一号，利益君上堂终结其辨（辩）驳之词。

利益君云：被告曾以诳骗之语引诱张燕谋，使之交出产业。当时原告所知之□，只知将其产业售出以后必得三十七万五千股，并以股票筹英金十万镑，以二十万股作为创办费。又当时苟华君曾云，原告所应得之股最多为二十万股。其后，新公司之资本共有一百万股，然旧公司则只得三十七万五千股，即只有三分之一，且又未收到银两。若果照七月之约办理，则所有之股本必应得六十七万五千镑，旧公司又应得十万镑之款或十万镑之股票。依此计之，则旧公司所得新公司之股业已过半。因此，旧公司所损失者共有英金十八万七千五百镑，故应向模恩君及模恩公司索赔。盖当时原告所以允将产业交出之故，乃以为被告之约定必照办。此种情伪堂上不可不知之也。至于筹借五十万镑之说实属无用。此举也,不独无益于公司而反有损。模恩君曾谓此等贸易甚为有益,此语殊属不确,故请堂上考察赔偿之事。此乃余控告模恩一人之控词,业已言毕矣。若控公司之一节,则公司曾已尽力欲得有全权管理产业之□。据所拱之凭证观之,则知被告公司并未照约办理。虽好尔顿君在堂上声明亦愿意照办,但被告不肯照办,故请堂上下谕□原告所索第一节办理。

问官曰:此举想必无人反对。

汉密尔登君云:余即欲极力反对此举。

问官曰:利益君此意不过欲请声明此事,并非下谕使其实施。

利益君曰:余所请者,实欲请堂上声明,一千九百零一年二月十九号之约足以限制各被告,使其照办也。

哀雪君曰:是否汝亦以此控告模恩君乎?

利益君答曰:是,因彼系约内被告之一也。

哀雪君曰:余不以此意为然,利益君始终并未言及一语,谓该约亦可限制模恩君。

堂上问官不以此语为然。

哀雪君曰:据用减笔字所录出之曰供观之,即知原告前并未请堂上声明所控告之事亦能施之于模恩君。

问官曰:以余意观之,则恐该约不□使原告索取赔偿,但被告亦不能得有产业之利益而不照约办事。

利益君于是言曰:余所欲请求于堂上者乃(一)在请堂上下谕声明该约足以限制各被告,并使之照约办理;(二)因被告模恩君以诳骗之事致令原告受损,故请堂上查考受损若干;(三)又请堂上下谕命被告模恩与其公司付此等赔款;(四)被告不照约办理以致原告受损,故请堂上考察受损若干;(五)又请堂上下谕命被告公司赔偿此等损失。

利益君又云:据各信观之,则知被告实曾犯诳骗之罪,若堂上照此下谕后,则余深信此事定必易办。

利益君又据被告所言诸事逐一辩驳,其谓:被告并无别法可阻止原告来此控告,亦并无法可阻止公司设一有全权(但股东会议定夺之权不在内)之督办。今日之问题乃在是否开平局为人所骗,是否被告公司另有正当之原因,而不肯照约办理。若堂上以原告所声言之此两问题为然,则原告理宜向被告模恩君索取赔偿,使张燕谋亦可复返中国,向中国政府表出己身之无罪,又并未假公济私,以使中国政府得以满意。

堂上问官曰:余必考察此事,但须俟一礼拜后,方有判词。

(录《中外日报》,译《捷报》。已完。)

张侍郎自英起程

1905年3月21日,第977号,第二版,《时事要闻》

张燕谋侍郎奉命赴英办理开平矿案,其详已志本报。兹悉外部于十三日接张侍郎自英来电,云西历三月十五日(即中历二月初十日)搭轮回华。

张燕谋氏将到津

1905年4月18日,第1005号,第三版,《时事要闻》

前工部侍郎张燕谋侍郎翼由英国回国,约于月之二十三四日可以到津。

开办硝矿近闻

1905年4月21日,第1008号,第二版,《时事要闻》

张燕谋侍郎前在商部禀请招股开办宣化府属硝矿,并将该硝呈请商部验看。一俟张侍郎回华,即订议开办云。

开平矿务局控案堂断

1905年4月25日,第1011号,第五版,《录稿》

按察使佐斯君于西三月一号升堂,定夺张燕谋控模恩诸人一案。此案已审讯十五日,本馆逐一登载。原告乃系张燕谋与天津之开平矿务局,被告乃系模恩君与皮佛模恩公司及开平矿务局有限公司。原告所控者乃系欲使堂上声明,一千九百零一年二月十九号之约而由苛华、复脱士、张燕谋、德璀琳签字者,足以限制各被告,并请堂上下谕使之照办,该约曾言使张燕谋终身为被告公司之督办,并设立华董。按察使佐斯君于是下谕曰:此案乃张燕谋与天津之开平矿务局(以下余即称之为中国公司)欲请堂上下谕,声明一千九百零一年二月十九号之约足以限制各被告,并使之照约办理。因该约不能限制各被告,故各被告与彼等之代理人以诳骗之术订立一千九百零一年二月十九号交产业之约,是以该约须当置之不理,而请堂上声明,被告若不照约办理,则不应把持该移交产业之约之利益。此外,原告又向被告索赔,移交产业之约乃系英文,由上海之古柏律师拟稿,带至天津。此约声明,立约之人第一面为中国公司与直隶省热河矿务兼中国公司督办张燕谋及该公司董事德璀琳,第二面为模恩代理人苛华君,第三面为被告公司。该约除载有他事外,亦载有一千九百年七月三十号所立之某约,其大意实使中国公司之矿务及产业交与被告公司,该约中又声明:中国公司一切之债务概由被告公司担当,并被告公司应赔偿中国公司云云。至于移交产业之约所载产业,其价值若干,则余可不必再言。观一千九百零一年七月十九号,该公司会议时,领袖人所言之事已可之知矣。该约又业已译出华文,约中所载之人名以张燕谋为最重,彼不谙英语,又不谙英国合办公司之章程,又不谙英国律例。所立之华英文对照之约,除被告公司外,已由两面之人签字,又由张燕谋盖有督办矿务之印章。以代表中国政府,并盖有中国公司之印章,立约之地系在天津。至于所立之约能否在中国移交不动产业,则余不知之。余恐此事不能办到,余见英文之约第三款有言,中国公司与德璀琳应允被告公司将所有各约悉行签字,并办约内所载移交产业一切之事等语。此事在中国律例应如何办理,则余不知,各面诸人亦未言及此事,虽余屡请彼等言及此事,然彼等终未言及。(未完)

开平矿务局控案堂断(续昨稿)

1905年4月26日,第1012号,第五版,《录稿》

至于移交产业之故,实由商议创立公司所致。余可称此公司为华英公司,在英国创立,意欲保护该公司之产业,以免为团匪乱时所出之事所侵害,并欲收用外人资本整顿该矿。商议移交产业之人一面为被告模恩与其公司,一面为张燕谋与中国公司。张燕谋常得久居于中国、执役于海关之外人德璀琳之助力。张燕谋亦曾订立数约言及新创公司之办法及其章程,当时彼此应允新公司之资本须有一百万镑,以一镑为一股,又另以三十七万五千镑之股交于旧公司之各股东作为产业之全价或其一部,又须设立董事两班,一在中国办事,一在伦敦办事。至办理在中国产业之事则归在中国之董事办理,张燕谋则为该董之督办,总管各事。被告公司已于一千九百年十二月二十一号由模恩或模恩有关涉之东方公司注册。查公司章程最要之事乃在照约办理,若稍有更改,则须照公司章程第三款办理。该款有言,凡公司立约必须照所定之草约办理,该草约又须有二人签字以免有弊,公司之董事必须照约办理等语。目下之案并无此等草约。审判此案之时,又未将草约呈上,是以余知当时并未立有草约。一千九百年八月,彼此商议之时,已将一千九百年七月三十号之约办妥,其大旨实由中国公司之代理人德璀琳将中国公司所有之产业交于被告模恩之代理人苟华。当时彼此声明苟华不过作为新创公司之代理人而已。

被告与东方公司由彼等在中国之代理人及上海之古柏律师迫令张燕谋将中国公司之产业交于被告公司。德璀琳亦劝张燕谋照此办法,但张燕谋不肯将移交之约签字。盖彼所立之各款言及新公司之办法章程之事者,未曾载入约内故也。张燕谋视该约为不能保护中国政府、中国股东及其本身。彼之所为甚合于理。余又知约内并未声明将三十七万五千股交于旧公司之各股东作为购买该公司产业之价。因此,张燕谋与被告之代理人以及东方公司之代理人古柏君彼此极力相辩,已有四日之久。苟华业已自认,曾以各种恫喝之词恐吓张燕谋,但后因古柏君再拟一约载明移交产业约中所未有之款,故张燕谋始允照办。被告之各代表人曾告张燕谋,谓今所立之约以此为准,即使各事得以照办,故张深信此事,遂将华英文对照之约盖印。此约华文英文各一份,已由被告模恩之代理人苟华、复脱士签字,又由张燕谋、德璀琳签字。以余之意,则该约与移交产业之约其为重要一也。古柏君乃系上海英律师公司人员之一,彼乃代东方公司与被告公司行事,该约与移交产业之约之稿乃系古柏君所拟定,当时彼此互相争辩后,德璀琳代表原告即张燕谋于一千九百零二年七月二十五号致函于上海古柏律师公司,告知其事有不合之处。盖该公司系被告公司之律法官。古柏律师等于一千九百零二年八月十一号复函云,因欲保持阁下(即德璀琳与张燕谋)与中国股东之利权,故订立此约(即一千九百零一年二月之约),此约与移交产业之约同日签字。苟华、复脱士两君与本律师明认该约为限制之约,以便将旧公司之产业交出。约中各款定必照办。本律师已知阁下与张大人之地位,故必将阁下之函抄录一份,由下次邮船寄与伦敦董事,而由彼等照合宜之法办理。本律师亦必指出,公司若不照阁下所请者办理,则所关甚属重要等语。据苟华所供之凭证,其意亦与此相同。复脱士所供者则彼之肯将约签字,实因约文中除彼此日前应允之事外并无他事,此语殊属确实。余今已知约中各款乃此事之根基,各面之人均已明白此约乃属最重之约,可使原告将其产业交于被告公司。余又知该约各款被告并未照办,被告公司与其董事不认该约作为可行之约,又不肯照各款办理。直至出案之时,据被告公司所供之凭证,则可知彼等并非不认此事。然时至今日,被告尚以移交产业之约为据而把持产业。据一千九百零一年三月二十七号苟华君所作之书,即可知彼以势力强夺产业之契据也。(仍未完)

开平矿务局控案堂断(再续前稿)

1905年4月27日,第1013号,第五版,《录稿》

以余之意观之,若任由被告公司把持移交产业之约之利益,而借词不照该约办理,即如苟华与复脱士系无权订立此等款项之人,或被告公司若不改其方针，不能照约办理，则实有背于公平之宗旨。此等失信之举实乃国中律例所不容。在本公堂之内，若有购买真实产业，无论其已否接收，若彼不照约行事，则堂上断不许其把持产业。凡有以契据收取产业者，则彼必须照所订之约行事，此乃律例之所必然也。余意亦可将此施之于本案，故移交产业之约与同日所立之约实与一约无异。被告公司因未尝将该约之意详告张燕谋与中国各股东，或不便照该约行事，故反谓该约必无所用，又谓订立此约之代理人并非奉命订立此约，其后被告公司与被告模恩不肯照约行事而置原告于不顾，故致有今日之案。

被告公司与模恩均已上堂辩驳一切，余不用将彼等之所言详细斥驳，今张燕谋与德璀琳前来本国，在余之前供陈一切。余料被告必甚有不乐之意。张燕谋业已受审，德璀琳与其余诸原告已由被告之律师详细询问。当审判之时，余曾言及被告公司并未将该约斥驳。以余之意，被告虽斥驳该约，恐亦未必有成。其后模恩之律师又谓不能斥驳该约，此即系该约足以限制各被告也。以余意观之，该约不能作为约稿，余又不能下谕使之照办，余又恐原告虽向被告索得赔偿，但余今已决议定夺一千九百零一年二月十九号之约，必足以限制各被告。若被告公司不照原约办理，则不应把持移交产业之约中所载之产业；若被告不于合宜之期内照约办理，则公堂定必将各矿与产业送回原告，以免被告公司与其代理人并执役之人把持产业。今此案之重要之处即原告已得成功也。

余今考究原告所索取之赔偿，被告公司常谓因照一千九百年七月三十号之约立有一千九百零一年二月十九号之移交产业之约，故中国公司一切产业须归被告公司。三阅月之后，东方公司因与被告公司其资本名有英金一百万镑，每一镑为一股，立有一千九百零一年五月二号之约，故允将一千九百年七月三十号之约内一切利益售于被告公司，而被告公司遂将彼之一百万股内之九十九万九千九百九十三股交与东方公司作为实股，东方公司又付英金两千镑作为被告公司注册之费。一千九百零一年五月二号之约乃于五月二十五号在被告公司各董会议时盖印。其时，以五万股作为实股交与被告模恩君，又以十五万股作为实股交与东方公司,各董已决意将三十七万五千股交与中国公司之代表人(即与以三十七万五千股交与中国公司各股东无异),又将四十二万四千九百九十三股交于东方公司代理人,即除以七股为注册之费外,□均为公司所有之资本。余知四十二万四千股于会议时并未声明乃系实股,但余知彼等常以此作为实股。因此原告遂有不满意之心。设使五万股与十五万股(合共二十万股)作为创办之红股,则无故以四十二万四千九百九十三(股)与东方公司之各代表人作为实股,余甚不明其何故。据所供各证观之,则中国公司已被骗去四十二万五千股,实有大损于中国各股东,而彼等理应得三十七万五千股也。此等股份不应虚设,其价理应在原价之上。盖原告有云,中国公司之股东所得售产业之三十七万五千股定必得有大利,但所得之股其价大跌,出于意料之外。被告借词辩驳,谓二十五万股送于购买公司债票,达五十万镑者作为红股,殊不知发来此等债票,中国各股东均不知之。原告曾谓筹借此项大债实属不必。盖所借之款内有二十万镑并未施用,不过存于银行,属于被告公司。若果用此款则亦可以知无用将股票给与他人。余知发出之债票并未售于外人,不过创办人与其友人将所有之债票全行购买而已。余料此等债票与四十二万四千九百九十三股之实股,目下尚在创办诸人之手。一千九百零二年五月,被告公司各董事会议之事甚属奇异,余尚未详细查考其事。总之,此事未曾照例办理,余恐不能使之得直。中国公司各股东因所得之三十七万五千股其价大跌,故向被告模恩索取赔偿,但所索者必视其有无背约方可定夺。该约已由被告模恩及代理人苟华签字者实无可疑之处。余并未在约中见得有声明不发实股之语。余又并未见有不许被告公司为实在之事发出实股之语。至于颁发实股与东方公司,实乃模恩一人之责任,余不明其故。总之,余不能使被告模恩或其公司当受原告所失一切之责任,但余之判词不能有损日后被告公司或代表被告公司出而上控之事或创办被告公司之人控告他被告之事。(仍未完)

开平矿务局控案堂断（三续前稿）

1905年4月28日，第1014号，第五版，《录稿》

原告律师当开堂询审此案时，请余更改禀内之某句，余已许之。此语见于索偿之禀内，但第十三次审判之时，原告又请余更改，谓德璀琳（余恐彼系原告张燕谋之代理人）肯为此事者，实因误信一千九百年十一月九号被告模恩与德璀琳之函应允更改某项之事所致，且又应允将一千九百年七月三十号之约加入所改之语，再行签字。因此等更改以致所出之事甚多。以余意观之，此等事件与此案无甚重要，但日后所出之案与此甚有关系，亦未可以逆料。余意此等更改无甚利益，余料原告亦不因此以致受损。日前审案之时，堂上之人并未言及所改者足以限制各人。原告律师又请余更改数语，谓张燕谋肯将一千九百零一年二月十九号移交产业之约签字者，实因一千九百零一年二月九号苛华与德璀琳之函内有诓骗之语所致。苛华并非被告，不过模恩之代理人而已。余曾考究索取赔偿之禀第十七款之末句，余料此等索偿并非有意加入，若该约足以限制各被告，并可照约施行，则原告并不因张燕谋将移交产业之约签字，以致有损。故余不能允许所请改之语，余之判词亦有断不损原告再控之事。

此外尚有索债一项，即张燕谋失去职位，故须向被告公司索取赔偿。张燕谋目下不为中国公司之督办，余不明其故，安在原告索赔之故，实因被告不照该约某款办理。余料此堂谕下后，该约各款定必照实施行，否则被告公司不应把持其产业，被告公司理应交还一切之费用，但不能由该矿所得之资筹措之。至于赔偿，余今暂不定断，以俟此谕下后，其结局如何，再行办理。被告公司又须付原告之堂费，被告模恩公司亦为此案中人之一，因该公司近日之举动致令堂费因之加大，故彼亦出彼所应出之堂费。余又再作一言，张燕谋并未有失信之罪或不合于法之罪也。

利益君于是代表原告曰：原告定必接受堂上之判词。

问官则曰：甚好，汝知今所声明者共有两端，一、赔偿之事暂不断定；二、堂费之事也。

亨密尔顿曰：余不知堂上是否因原告控模恩有诳骗之罪，故使被告公司须付一切之堂费。

问官曰：余意即令被告公司付给原告所有之堂费。

亨密尔顿曰：堂上可否将此事暂停，以便上控？

问官曰：并无暂停之理，余不过声明此案之堂谕。

利益君曰：可否照此施行？

问官曰：可。

（录《中外日报》译三月初四、初七日《捷报》。已完。）

张侍郎将回华

1905年8月22日，第1130号，第二版，《要闻》

张燕谋侍郎因开平矿务事宜赴英对质一节，早经得直，应令回华。惟政府迟疑不定，决之于某疆臣应如何办理。某疆臣以政府之意非某所当与闻，仍须政府作（做）主云云。闻张侍郎久不得召回之命，以责任已尽，无可停留，特电告该公司，云不待政府之命即束装回国，业已定期云云。

电召张侍郎归

1905年8月27日，第1135号，第二版，《要闻》

张燕谋侍郎电致公司行将归国一节，已志前报。兹悉外部于二十四日奉军机处交片，准其电，令张翼回国陛见。

开平煤矿奇缺

1906年4月3日，第1343号，第四版，《要闻》

近日开平煤矿煤又大缺，津沽烟煤异常昂贵。按：开平一矿为中国出煤之大宗，而竟缺乏，亦可虞矣。

车站汇志

1906年5月9日,第1378号,第五版,《时事》

署直藩毛方伯同李继纲观察于十五日由津乘火车回省。又通永镇邱开浩军门由昌黎来津。又张燕谋观察由京来津。又新任奉省安东县屠义瀚大令于十五日由津赴奉省新任。

开平矿务有限公司炉灶之谋策

1908年4月26日,第2075号,第八版,《广告》

今有多人欲俟秋后再为改修其炕灶、厨灶。本公司敬告诸君,务于现时享此改修之利益。兹因秋季人多忙碌且时□晚,难免有不满意之处。欲改修煤灶者,请函至北马路本公司帐房或面见均何(可)。

读北洋滦州官矿有限公司招股章程书后

1908年7月10日,第2150号,第三版,《代论》(作者:热血国民)

窃维铁路为交通之利器,石炭乃普通之燃品。中国铁路、煤矿旁落于外人之手者,不可胜纪。近数年来,风气开明,各省官绅士民,人人有权利、思想,呼号奔走群焉。以经营路矿为地方人民之义务,甚盛事也。直隶为列省之裹领、天下之根本。铁路纵横若京张、若京汉、若京奉、若津浦,亦既四通八达,经纬交错,无劳地方人民之担负责任矣。至若煤矿小者如房山、磁州、曲阳、临城,非煤苗狭小,难规大利。即华洋合办,事权不一。大者如开平,自庚子兵燹后,英人背约,强占太阿倒持,将来交涉如何,归宿现尚不能逆料。所谓煤苗厚旺,取不尽、用不竭,而主权又完全无缺者,仅滦州一矿已耳。滦州地濒渤澥,煤质精良。历经华洋矿师勘测,金称滦矿。煤脉面积宽广,为全球所希有。往岁项城宫保总制北洋,以中国不兴海军不能自强。煤为海军命脉。沿海七千里,除山东、直隶外,皆无大矿。山东煤矿误于胶澳条约,直隶开平又入英人掌握。失之东隅,收之桑榆。大利所在,不容漠视,遂咨农、工、商部,复准滦州定为官矿。特展矿界,以收主权,檄委前署皋台周缉廉访、道台孙荫庭观察招集股本,勘购地亩,并在陈家岭先行试采,成效卓著,彰彰在人耳目。本年春,又蒙泗州制军热心提倡,筹拨官款,以期大举。今阅招股章程,极为完备。股本银二百万两,除拨官股银五十万两及上年已集商股银五十万两外,而南中士商闻风订购者,函电交驰,络绎不绝。上下协力,于斯为盛,曷禁为中国前途庆喜。然兹矿固为全国富强之根基,而于吾直尤为密切之关系。昨闻吾乡京中巨公大老邀集同乡官商倡议保存桑梓公益组织乡会,公同决议。先从直隶京官各认巨股,再分函外省官商同认、劝招,以期普及。登高一呼,如响斯应。不数日间,已得股若干万。而挟赀而来者,仍踵相接。吾知此举,为国家规权利,为地方辟富源,公义私谊,两成其美。项城、泗州提倡于前,直隶诸巨公鼓舞于后。功在万世并垂不朽矣。吾中国数千年来专制政体,举凡地方利害悉听命于一二官吏,而莫敢谁何?即以矿论,如山西之福公司,安徽之铜官山,何一非官吏之忍心媚外及事后虽加胡聘之以严谴,而晋民之脂膏已竭。数百万吁可痛也。今幸奉明诏,庶政公诸舆论,圣谟洋洋,薄海欢动,而我滦州矿产乃发现。于兹会同乡名公巨卿,又能固结团体,共谋公益。洵千载一时之盛举。说者谓京中直省乡会,即中国国会之模型,非过誉也。夏休闲闲,日长如年。偶读滦矿招股章程,条理缜密。因而感念京中乡会之影响捷速,伸纸信笔,拉杂书此。为乡里幸,为全国幸,更为中国万世幸也。

北洋滦州官矿有限公司招股广告

1908年8月1日,第2172号,第七版,《广告》

启者:本公司蒙北洋大臣咨准,农、工、商部立案注册,奉饬开办,先集股本行平化宝银二百万两,分整股、零股两种。整股,每股银一百两;零股,每股银十两。官利常年八厘。款分两期交纳,次日起息。中国绅商士庶均可入股。查此矿业用土法试采,煤质极佳,煤层极旺,地势兼占优胜,一面在外洋订购机器,仿照西法开办大井,并兼部允特别宽展矿界,他矿不得援例。如在本年九月以前交款,附至十零股者,另酬红股一股,作为优先股,一律给息。关于营业内容,悉按商规,参照商律办理。现已集有官股五十万两,商股已陆续□集过半,一俟额满,立即截止。如有愿入股者,本埠请至本公司与天津银号两处,取阅章程,交纳股本。外埠可向天津银号所设之分号内缴款,汇费自给。特此奉闻,幸勿自误。此启。

天津三叉河口玉皇阁内北洋滦州官矿有限公司启
经收处:本公司天津北马路天津银号
北京、保定、唐山、张家口、上海、汉口分银号

论滦州煤矿之关系

1908年8月4日,第2175号,第二版,《言论》(作者:信都资抗氏)

互市起而环球通,轮船、汽车,捷如雷电。问:以何为原动,而速率如是其巨乎?曰:惟煤是需。物理明而机器兴,冶金、炼石,巧泣鬼神。问:以何为燃烧料,而制造如是其新乎?曰:惟煤是资。煤之效用大矣哉。欧米诸国深明其理。凡于煤矿所在,罔不全力贯注从事开采。独力不足,则合众力共图之;民力不足,则藉官力补助之。近数年来,全球产煤之额最占多数者,首推英国,每年产额两万两千万吨,米一万九千余万吨,德亦在一万万吨以上,他国鲜能及之。而英、米(美)、德之海军、铁路与各种工业遂雄飞于世界。论者谓,国运之文僿,国力之强弱,胥于产煤之多寡征之。而于今日之中国,尤有极大之关系。铁路虽经造端,亟待推广,海军屡议兴复,万难再延。工艺制造,若者宜改良,若者宜创办。种种要政,同时待举。非有极美富之煤矿,无以供其取求。故尝谓中国不欲自强则已,苟欲自强,必以集巨资开煤矿为之权舆。近阅京津各报纸,见滦州煤矿由北洋大臣奏准开办,并拨官股五十万两以为之倡,不禁以手加额,曰:此实千载一时之会,所以保国家之主权,觇社会之能力,皆在此举。且据实业家调查,此矿对于个人私利,亦有数大特色:一、煤质极佳。去冬,闻用土法在陈家岭一带开采出煤,远近争购。二、煤层极旺。此矿所产煤额可供四十年之开采。三、矿界特展,矿章所定之界向以

九百六十亩为限。此矿经部允特别宽展,约占三百三十方里,界内禁人开采,他矿不得援例。四、办理得人。北洋大臣札委舟缉之廉访为总理、孙荫庭观察为协理,皆以兴实业著名。次如矿师、煤师人等,均系办有成效之熟手。五、分利极厚。无论见煤与否,先给官利八厘,一经交股,次日起息,且在本年八月内交十股者,作十一股,名为红股,利息与正股同。将来见煤获利,当更倍蓰。六、见煤极速。此矿煤线涌现,上月已派矿师出洋购置新式机器,限期运到。其未安设机器之前,先砌井工,用土法开采,奏功在指顾间。有此数因,无怪二百万之股额两匝月间已收逾过半之数也。由前之说,对于权利思想,是为国民应尽之责任;由后之说,对于金钱主义,是为个人天然之美利。曩闻吾乡于股分一业泊然寡营,以视苏、杭、甬于一刹那间骤之自来水厂投资者,皆以数百万计。滦矿一事,尤极注意,甚至开会京师,抗言争之。今于唐山之士敏土厂,北京集两千万之股,彼此相衡,何庸多让。愿吾乡邦士大夫投袂兴起,俾早收众擎易举之效。乡邦幸甚,大局幸甚。

北洋滦州官矿有限公司招股广告

1909 年 1 月 2 日,第 2324 号,第二版

启者:本公司开办甫逾数月,投资入股者甚属踊跃。兹于九月杪优先股业经额满,惟寻常股尚有余额,届时亦将截止。热心实业诸君望速附股,幸勿观望。为此广告。

收股处:天津玉皇阁内本公司、北马路天津银号

北京、保定、上海、汉口、张家口、唐山、天津分银号　仝启

北洋滦州官矿有限公司付息广告

1909 年 3 月 3 日,第 2375 号,第一版

启者:查本公司定章,每届二月会议、三月付息。现时井工正在趱办,股东会尚未成立。兹先循章将各股东自交股日起,截至光绪三十四年底止,应得正股、红股官利,一律照付。本埠以三月初一日为始,外埠以三月十六日为

始。请各股东届时携带全张息单（此系第一期取息，万勿掣裁）向原交股处支取息银，或此埠股东愿改赴彼埠取息者，可预先半个月到原埠挂号声明，俾可函告该处，届时照付。倘有未经换股票者，请迅持原给执照往换，如无息单，即无凭付息。特此奉闻。

付利处：天津三岔河口玉皇阁本公司总理处、北马路天津银号

北京、保定、上海、汉口、唐山、张家口天津分银号　启同

北洋滦州官矿有限公司付息紧要告白

1909年3月25日，第2397号，第一版

启者：本公司第一期付息业经登报宣布，并声明须持全张息单。查此次息单，因第一期须查对票根，故请将全张息单寄本公司，俟加骑缝图记后，由公司将第一期掣留，再将息单连同息银交原收股处转发股东，系为慎重起见，惟展转寄递稍延时日。兹订定凡在外埠天津分银号取息者，即将息单交由分银号开给收条。俟一月后，再持收条换取息单及息银。其在本埠取息者，次日即可将息单盖章，连同息银汇交，不致有误。此启。

付利处：天津三岔河口玉皇阁本公司总理处、北马路天津银号

北京、保定、上海、汉口、唐山、张家口天津分银号　同启

滦矿与开矿之关系

1909年4月9日，第2412号，第三版

近日，直隶士绅对于滦矿问题纷纷聚议，函电交驰，其风潮之激烈一如江浙抗款之势，不可谓非直隶民气之进步也。然试问其所争者为滦矿乎？为开矿乎？抑争回开矿，而滦矿即包含其中乎？若果出于如此之目的，则不可不先辨明者即滦矿与开矿之关系。

滦矿者，中国独办之公司；开矿者，中英合办之公司。滦矿之为中国独办，经政府之许可，为中外所共知，铁案如山，万难移动。然而，开矿之为中英合办，亦经英国官厅之判决，中国政府之承认，人证具在，恐亦不易更移。然

则吾人今日所争者非必使中英合办之开矿变为中国独办,乃恐中国独办之滦矿变为中英合办耳。吾人既抱如此之目的,则不可不先注意者为英人要求之条件。若吾人今日所争之事并非英人要求之事,犹之无敌(的)而发矢,不战而自馁,其愚有不可及者。夫英人所可藉为口实者在于开平矿约之第十三款耳。其第十三款有唐山一带矿苗所接之处云云,英人以为此等字样即包括滦州之矿产在内(据他报所载)。据此以观,是英人之目的全在于侵占滦州之矿产,并非欲兼并滦州之公司。滦州公司之为中国自办,英人岂不知之?彼若合并公司与添招华股无异,英人虽愚,必不出此下策。然则吾人今日之争论使仅以滦州公司系属自办,必不足以拒绝英人之要求。因公司虽属自办,而矿产实为共有,于同一之矿产而容两公司之开采,英人虽不要求,吾人亦必争论。今中国自办之滦矿,虽有一定之界限,而中英合办之开矿并无一定之范围。彼英人以为"唐山一带"字样即包括滦矿在内,此等漫无限制之解释非但吾人不能承认,恐英人亦必不能据为理由,即或英人强词夺理,妄事干涉,吾人亦惟有要求政府划定开矿与滦矿之界线而已,岂有他哉?

此论尚未脱稿,忽接友人来函,谓英人干涉滦矿之事并不确实。然则今日士绅之纷纷集议,出全力以相争者,果何为耶?

汪大燮与张燕谋

1909年4月9日,第2412号,第三版,《闲评》

汪大燮有心以送苏杭甬铁道,举江、浙两省之力不能动其位;张燕谋无心而送开平煤矿,以袁世凯一人之力竟能革其职。今袁世凯固已去矣,而袁之势力尚未去。汪大燮之终于无恙,固不待论,而张燕谋竟欲希望开复,亦多见其不自量矣。

直隶民气之发达

1909年4月11日,第2414号,第二版,《闲评》

袁世凯未去以前,直隶人不争矿权;袁世凯既去之后,直隶人始争矿权。

张燕谋永不开复,直隶人犹可不争矿权;张燕谋可望开复,直隶人乃不得不争矿权。袁世凯未去以前,直隶向无民气;袁世凯既去之后,直隶始有民气。张燕谋永不开复,直隶之民气不生;张燕谋可望开复,直隶之民气乃大。然则直隶之民气乃由袁世凯而生,对于张燕谋而发。可贺哉,直隶之民气!可敬哉,直隶之民气!

直隶人之摹仿性

1909年4月14日,第2416号,第三版,《闲评》

直隶人之争滦矿,事事摹仿苏杭甬铁路者也。苏杭甬自办之公司,有英人以要求承办。故此次滦州矿务亦不可不有第二之英人以要求承办。其实,英人果要求承办否?直隶人不之知也。苏杭甬自办之铁路有汪大燮以授权英人。故此次滦州矿务亦不可不有第二之汪大燮以授意英人。其实,果有人授意英人否?直隶人未敢断也。然则直隶人所愤愤不平—若外人如何横蛮,政府如何专断者,其目的果安在耶?观于北京某报之论滦矿,其全篇之文字几与争苏杭甬铁路无异。彼殆以为不摹仿不足以鼓动人心,不摹仿不足以激成公愤耶。不知江、浙人之争铁路,其深恶痛诋欲食其肉而不能者,即勒令借款之袁世凯也。今直隶人事事摹仿□案,而于此点则绝不敢摹仿。因摹仿此点非特无以对袁宫保,且与出争滦矿之目的大相反背。是直隶人于摹仿□之中,尚有□□心存焉。不可谓非民智之进步也。

北洋滦州官矿有限公司每日取息时限广告

1909年4月15日,第2417号,第一版

启者:本司自三月初一日起付第一期官利,业登报布告。兹拟订每日上午自九钟起至十二钟止,下午自一钟起至四钟止,为取息时限。特此广告。付息处:三叉河口玉皇阁本公司总理处启。

敬告力争滦矿者

1909年4月15日，第2417号，第三版，《闲评》

开平矿务一案，庚子以后之案也。庚子以后之案至今日始发见于各报，不可谓非各报之记忆力。惟今日英人所争者重在滦矿而不在开矿。若仅宣布开矿全案而于滦矿之案并不提及，似乎英人所争者为滦矿，而吾人所争者专为开矿，似乎英人之目的在于侵夺滦州公司之矿产，而吾人之目的仅在宣布开平矿约之□名□。愿力争滦矿诸公速将滦矿全案一律宣布，勿仅宣布开矿全案，以供英人之参考，则幸其矣。

滦矿问题之变相

1909年4月21日，第2423号，第三版，《言论》

近日以来，争矿、争矿之声洋溢于吾人之耳。吾人对此问题亦颇热心研究，以便据理力争。惟一经执笔，先后推求，反觉无下手处。何以故？以命题颇不易耳。半月以前，争矿者多以之为滦矿问题，数日之后，忽又变为开矿问题。迄于今日，则但名之曰争矿问题。究其所争者为滦矿、为开矿，始终无定，反覆无常，即令人莫测其妙。兹据其所争情形略述大概，然后，再及于应争之点，以为今之热心矿权者告。

半月以前，争矿者之言曰，滦矿与开矿毫无关系，彼英人欲据开平之条约而争滦州之矿产是直无理取闹，任意要挟而已。据此以观，是认定滦州之矿产不在开矿范围以内。吾人欲保滦矿，但求外部一言以拒绝之，而其案遂结。

不意数日之后，争矿者又变其词，曰滦矿与开矿本有关系。吾人欲断其关系，但求外部划定两矿之界限而已。据此以观，是其目的仍在保全滦矿。惟以开矿之范围未定，则滦矿之权利难保，故其最后之手段在于划定两矿之界限，而其案亦可结。

乃目今日观之，争矿者已尽舍其本来之目的，而专从事于开矿之争，并不问滦矿与开矿有何关系。但以为英人之争滦矿实为开矿，开矿争回而滦矿自可保矣。至于开矿之如何争回及争回后能否解决滦矿问题,彼皆未之及也。

以上各情形皆近日争矿者所持之议论,其间倏忽万变,层出不穷,诚有非吾人思料所能及者。所幸当道未采其言。使其言竟能实行。吾恐仅有一外部必不足以对付英人。因外交上之议论朝夕变更,天下无此厚颜之外部耳。而彼等所以如此反覆、首尾不应者,则因自始至终未解明滦矿与开矿之关系及公司与矿产之关系,使彼于此数者之间,稍加辨别,何至今日争滦矿,明日争开矿;今日争矿产,明日争公司,争之不已,而成效毫无,反贻外人以笑柄,抑又何耶?(未完)

滦矿问题之变相(续)

1909年4月22日,第2424号,第四版,《言论》

窃以为既欲保全滦矿,不可不先辨明滦州之矿产(滦矿案应行宣布)。既欲争回开矿,不可不先辨明开平之公司(开矿案亦应宣布)。因滦矿问题乃矿产之问题而非公司之问题,开矿问题乃公司之问题而非矿产之问题也。此二问题固皆有可争之点,然欲求其同时解决实属不可能之事,何以故?以开矿纵能争回而滦矿之界限仍未划清,滦矿若能自保,开矿之权利仍待争论。故余辈自始至终认定保全滦矿与争回开矿实为二事,惟于此二事之中是否先争滦矿或先争开矿乃应注意之点。或者谓开矿若能收回,则滦矿自为我有,与其先争滦矿,不如专争开矿之为便。且英人干涉滦矿,由于把持开矿,故与其仅争滦矿,尤不如先争开矿之可恃。有此二种理由,故今之争矿者咸趋重开矿之方面,而视滦矿之问题反轻。不知开矿者中英合办之公司也,今欲先争开矿,将尽弃从前之约而不认之为合办乎?抑责其履行前约而仍认之为合办乎?自前言之,则正约既经取消,滦矿自无可议;自后言之,则开矿仍为合办,滦矿势所必争。故今之力争开矿者,必认定废弃当年之正约,改中英合办之公司而为独办,否则不能达开矿之目的,即不能达滦矿之目的也。然试问欲废当年之正约,岂空言所能济事乎?既欲废弃正约,则必问其副约之条件是否履行,如业已履行或尚在履行之中,则不能竟弃其正约。当日张燕谋起诉英廷,乃以被告若不遵守副约则正约由于受骗。而英公廷判决亦以被告若不照约办理则财产仍须退还。据此以观,是正约之可废与否全视其副约之实行为准。副约者,正约之条件。副约不行,正约自应作废。今吾人于其副约所载之条件,虽未尽悉,惟既名之曰"中英合办公司",则必有最要之条件二,其一为英人之实在股本,其二为中国人应有之权利。自第一条件言之,在英廷起诉以前,固未有实股,然自判决以后,已及数年,是否陆续补入,此第一关键也。自第二条件言之,副约中所载中国督办、中国议董及股东之利益是否一一享有,此第二关键也。以上二条件如毫未履行,则正约自应作废。如业已履行,而尚有未尽之处,则吾人之争点不在废弃正约,而在催行副约。因英廷之判词有于相当期间内,被告若不照约办理,始将各产尽退还云云。现在将及四年之期,英人于副约各条件,何者已行,何者未行,皆今日可以争论之点。至英人从前侵吞之款及欠纳之税皆可令其一一补偿,但不得以此而为废约之理由。因此等责任本非合办公司之要件,故不得以此而废合办章程也。(仍未完)

滦矿问题之变相(续)

1909年4月23日,第2425号,第三版,《言论》

试问今之争开矿者,果能断定其副约之条件尚未履行乎?若今日英人已有实在之股本,已认华人之权利,是合办之局已成。万无竟弃前约之理;如以股本尚未充足,权利尚未完全,则其所争者为股本之数目与权利之程度。亦不□以此而为废约之理由。当日所以彼此成讼者,以其不认英人为虚股,不认华人有权利,故副约既未履行,正约自应作废。惟既经判决之后,彼若再不承认,则必据理上控;若不上控,则必照约履行;若既不上控,又不履行,吾知英廷之判词具在,执行之效力必生,何至迟至四年,被告既不遵行,而原告反置之不问乎?使原告果置之不问,第三者出而反对,犹之可也。假令被告业已遵行,第三者反出而力争,吾未见其可也。吾人以为开平之案必已判结,所未结者不过履行之手续耳。如以其手续未尽,犹待于争,则所争者仍在于履行副约而不在于废弃正约。正约一日不废,则正约中所载之矿产仍不免于争端。试问今之争开矿者,其目的果在废弃正约乎?抑在于实行副约乎?如竟欲废弃正约,则必断定副约之条件始终未尝履行;如仅欲实行副约,则所载于正约之矿产仍未划清界限。自前言之,是争开矿,即所以争滦矿;自后言之,是虽争开矿而仍未争滦矿。吾□今之争开矿者必出于前者之目的,而不出于后者之目的,因后者仅可以解决开矿问题,而不足以解决滦矿问题也。今之争开矿者,乃欲藉开矿以争滦矿,非仅争开矿而不争滦矿,且因英人把持开矿致滦矿不能自保,故非使英人退回开矿而滦矿终不能自保也。虽然,既欲其退回开矿,必先去合办之副约,而欲废去合办之副约,必先证明副约之条件毫未履行。试问今日开矿之资本果有英人所投入者乎?试问今日开矿之权利果有华人所享有者乎?是非据副约之条件与现在之实情两相比较不足以下断定。据吾人所见者,英人于副约之条件万不至丝毫未行,不过有其未行之部分尚待争论而已。故吾人对于开矿问题,既不敢有废约之主张,而对于滦矿问题仍另有界限之争议。若以开矿问题而解决滦矿问题,始终与吾人之见解不能相容。何也?吾人本认滦矿问题与开矿问题属于二事。既属二种之问题,欲其同时解决必不易得。况滦矿为矿产问题,界限一定,争端自泯,其解决也较易;开矿为公司问题,争论已久,头绪纷繁,其解决也较难。故二者虽均有可争,实不如先争滦矿之便,若误认滦矿之纠葛发生于开矿,遂奋其九牛之力直争开矿,卒之开矿之交涉一日不完,即滦矿之权利一日不定。假使于交涉未结之先,滦、开二矿竟以界限不清之故互起争端,彼时将以强权从事乎?抑将诉之以公理乎?吾知仍必以画(划)清界限为唯一之方法也。况据某报所载,今日英人已明目张胆夺我滦矿,我不先保滦矿而惟从事于开矿之争,诚不知争矿者之目的果何在耳。(已完)

滦矿案入奏消息

1909年4月25日,第2427号,第三版,《要闻》

闻外务部梁尚书近因政府催结滦矿一案,已于日昨将此案详细始末会同庆邸入奏，所有一切对待之法则由庆邸亲自面奏。

北洋滦州官矿公司设立接待处广告

1909年6月11日，第2474号，第二版

启者：本公司现时暂在玉皇阁工艺局内附设，头门以内立有接待处。凡遇绅商士庶枉顾，或缴股款，或取息银，均请径到接待处晤谈。该处派有妥员专司其事。又渔业公司接待处亦附设在内。凡来宾因渔业事件惠临者，均一律办理。此启。

北洋滦州官矿有限公司开正式股东会订期广告

1909年6月30日，第2493号，第二版

启者：本公司开办已逾一稔，造端宏大，事绪綦繁。兹定于五月二十四日下午二钟，在天津东门外玉皇阁本公司开正式股东会，提议各项事件。应请股东先期于三日前，各带股票赴本公司验明，以便填给会券，届期即可持券入会。如不先领会券，临时未便接待。再，各股东领会券时，务祈将姓氏、籍贯、住址开示，以便随时通函布告。谨启。（本广告再登载于1909年7月1日《大公报》第二版。）

记滦矿开股东会之盛

1909年7月16日，第2509号，第三张第一版，《来稿》

本年五月念四日为滦矿公司开正式股东会之期，凡政界、绅界、学界、工商界到者约百余人，跄跄济济，颇极一时之盛。下午两钟振铃后，众股东及执事员齐集会厅，由总理周缉之廉访报告滦矿开办后至现在情形，约两时之久，条分缕析，娓娓动听。复与协理孙荫庭观察演说告退总协理之理由。旋由议长赵大令幼梅提议选举董事事。议决后，众股东遂各投票，开筒揭晓，以得权数最多者为当选。照章选定董事十五人，李希明、周缉之、赵幼梅、刘仲鲁、陈一甫、李嗣香、李伯芝、孙荫庭、张伯讷、严范孙、卢慎之、王少泉、胡季樵、周宾

之、杨溥庵等,多系大资本家。旋用复选举法,由董事中选有总协理之资格者,先后各举一人。其被举总理者为周缉之廉访,得一千一百三十一权,被举协理者为孙荫庭观察,得一千零三十八权。其后又选举孙君华伯、甄君铸臣为查帐(账)员,并决议总协理任期以三年为限,董事以二年为限,查账员以一年为限。按:该矿厚集股本,于上年四月间扩充筹办,今年始开第一次股东正式会。记者赴滦矿参观竟日,其规模之宏大、布置之详密,实可倾(钦)佩,而各执事员昼夜经营,无稍暇逸。观此一端,即可卜后日收最佳之效果。总理周廉访、协理孙观察创办此事,几经擘画,时阅三载,始底于成,非惟识远才长,而魄力之宏毅尤非他人所能望其项背。此次开会报告历来创办情形,不特足以征信于各股东,尤可使各省之热心实业者闻而生羡。此其关系殊为伟大。闻原订是日二钟开会,六钟闭会。而当其时,探讨极详、筹画极细,直至鱼更二跃始行藏事。则各股东团体之固结,尤为各公司所望尘莫及云。

北洋滦州官矿有限公司迁移广告

1909年8月25日,第2549号,第一版

启者:本公司现定于七月十一日,由三岔河口玉皇阁迁移至紫竹林法租界五号路第十四号门牌长发栈南首洋房内。凡有枉顾以及各处往来公文信件,请径向此间投递、接洽是幸。

北洋滦州官矿公司开收第二期股本广告

1910年2月25日,第2723号,第一版

启者:本公司原招股本系分两期核收,分填天字、地字两项股票。兹特定期将地字股本收足。自本年正月十五日起,望持天字股票为凭,以便验票收款。天津本埠以三个月为限,交法界五号路十四号门牌本公司总理处。其外埠较远,以五个月为限,仍交各处天津分银号。均先发执照,一个月后换取地字股票。如逾限不交,当查照本公司招股章程第十七条办理,合先登明。此启。

北洋滦州官矿有限公司订期开股东常会广告

1910年3月15日,第2741号,第二版

启者:本公司现届第二期派利,谨择于二月二十五日下午二钟,假座天津河北李公祠东院罩棚内举行股东常会。应请有股诸君于会期前三日,携带股票赴法租界五号路本公司验明,填给会券。届期即可持券入会。如不先领会券,临时碍难接待。谨启。(本广告再登载于1910年4月1日《大公报》第四版。)

开平矿务有限公司广告

1910年3月20日,第2746号,第三、四版夹缝

启者:本公司自备高等烟煤,价廉物美,最为合用。兹定块煤每吨价洋八元九,一号末煤每吨六元九,二号末煤每吨六元四,焦炭每吨十二元。以上煤焦均在河东本厂交货,如送至英、法、德租界,每吨加脚力五角。欲购他等焦煤者,祈函询价目可也。再,本公司自制各样火砖、火坭、缸砖、缸管等类,无不齐全,并备有样子,随意索看。如来函买煤,务祈将住址注明,以便交货无误。买煤五吨以下者须以现洋交易。一切函件可直达本公司买煤处可也。天津英界开平矿务有限公司谨启。(本广告再登载于1910年5月1日,第2787号,第五、六版夹缝)

滦州官矿有限公司第二次付息广告

1910年4月1日,第四版

启者:本公司现届第二次付息之期,仍照定章自三月初一日起,本埠在本公司验发,外埠仍由天津银号各分号就近验发。其天字、地字号之股票只须掣取息单,便可照付。惟续招之股票系填宇字、宙字号者尚系初次付息,应将息单交本公司验明、盖戳。其外埠之息单或径寄本公司,或由天津分银号转寄,均俟本公司验明、盖戳后,立即付息、发还。特此广告。

密电商办开平矿务

1910年5月1日,第2787号,第四版

探闻外部近与直督叠次密电往返互商,据云系关于中英开平矿务及滦州矿务之交涉,并闻直督陈制军本月内外尚须晋京,特为会商此事。

北洋滦州官矿公司开收第二期股本广告

1910年5月1日,第2787号,第七版

启者:本公司原招股本系分两期核收,分填天字、地字两项股票。兹特定期将地字股本收足。自本年正月十五日起,望持天字股票为凭,以便验票收款。天津本埠以三个月为限,交法界五号路十四号门牌本公司总理处。其外埠较远,以五个月为限,仍交各处天津分银号,均先发执照,一个月后换取地字股票。如逾限不交,当查照本公司招股章程第十七条办理。合先登明。此启。

北洋滦州官矿公司续收第二期股本截限广告

1910年5月21日,第2807号,第七版

启者:本公司自本年正月十五日起开收第二期地字股本。原定本埠以三个月为限,外埠以五个月为限,现在三个月已届限满,交款者颇形踊跃。兹特照原定招股章程第十七条,本埠再行展限一个月。其外埠业经□(兑?)限两月,应毋庸再展。凡在此限期内,务请持天字股票到天津法租界本公司或外埠天津分银号验票交款。天津本埠以五月十五日截限,外埠以六月十五日截限。届截限后,如有未交者,即将该股东应得地字红股注销。恐未周知,合先声明。此布。

开平交涉将次解决

1910年5月31日,第2817号,第四版

日来,驻京英国公使迭与外部会办大臣那琴轩相国会议开平矿务交涉。那中堂接待甚优,英公使亦颇为谦抑,故会商数次,废约之事大约可望有成。惟签押一节尚须商诸该国政府。

北洋滦州官矿公司第二期地字股限满截止广告

1910年7月31日,第2817号,第八版

启者:本公司续收第二期地字股本,前经登报声明,天津本埠以五月十五日截限,外埠以六月十五日截限。现在限期均满,所有各股东未缴之第二期地字股,应即取销,以符定章。倘续行缴款者,本公司仍照章统附入宇、宙字正股可也,此布。

收回开平矿之办法

1910年10月2日,第2941号,第五版

直督奏请借债收回开平矿,各节已纪本报。兹探析前次北洋派人至英办理此事,本定两种办法:(一)全行收回;(二)矿归华人,仍许英人附股。今所议定者系第一种办法,须由我国付还英公司股分一百万磅,又还旧债四十三万磅。此已无可更易。惟英公司尚要求付还十年来余利三十五万二千五百磅。一俟议定即行签字。其款暂由英银行垫付,月息七厘,计五年后可分作二十五年逐年归还云。

开平焦炭

1910年10月6日,第2945号,第六版

启者:本公司新制特等焦炭出售。此炭体质、火力均超越他种焦炭,且价值尤廉,每吨洋十二元。如送至本埠各租界,每吨加脚力洋五角。今将该炭

用化学考验，内含结定炭精百分之八十七零六厘二毫二丝，流动炭精百分之一零一厘五毫，硫磺百分之零六厘五毫六丝，灰土百分之十零一厘七毫二丝，水气百分之零四厘。此焦炭与英国上等焦炭相等，用以暖房、烧饭，均甚合宜。兹请一试，则知较前所烧之块煤优胜远矣。

开平矿务有限公司谨具

张京堂将为直省矿务交涉专使

1910年10月16日，第2955号，第四版

三品京堂张燕谋于开平、滦州两矿交涉，颇知始末。日昨曾递封奏一件，详陈延宕不结之害，并附陈解决办法，大为监国所嘉许。闻有拟派该京堂充开平、滦州两矿之交涉专使云。

开平矿之历史

1910年10月18日，第2957号，第二版

开平煤矿为粤人唐廷枢所创办。时李文忠在北洋极力提携之，始得成立。计唐所招股本一百余万，而官款垫入者一百余万。越数年，唐廷枢物故，无人肯垫巨款接办此矿。其时张燕谋在醇王府，有资，遂请由张接手，陆续垫款至二百万。适逢庚子之变，俄占秦王岛，此矿即为俄人所据。张筹思无计，乃与其谋主德璀琳谋（德国人，曾为天津税务司）。德曰：非由外人出面不可。张乃以矿务大臣名义下一札与德，令办理此事，遂以七十余万磅售与比人胡华所组织之墨林公司，订立合同，载明该矿全部皆归墨林公司所有，以为对付俄人之计。另订副合同一则，声明该矿之一部份售与墨林公司，其他一部份乃为中国所有，且规定两方面之权限，墨林公司但派查账员等，而总理之权仍在华人之手。嗣后胡华以无力向俄人收回此矿，乃以一百万磅将该合同及墨林公司应得之权利售与英人，而英人乃照正合同管理此矿。时袁项城任北洋，遂以私售开平煤矿奏参张燕谋。张由是与德璀琳等至英京控告，以副合同为据。其时美人嬉在明在英力助之，遂得直。该矿成为华洋各半之局。张

回国报告，袁复奏参张，勒张复控，一面电请嬉在明来京备外交顾问，盖恐其为张画策也。开平煤矿之交涉至于今日成一未了之局。开平初办时所开之煤井苗不甚旺，后在林西地方再行开井采掘，则煤产大盛。其地踞原开之井约二十里。自开平矿创办后，为运煤计，乃筑铁路至塘沽，继而接至天津，此京奉铁路发原之地也。去年（己酉）滦州矿发起后，开平股票大跌，原□每股一磅，历年已涨至三磅，合法币五十佛朗（法郎），至去年乃跌至十余佛朗（法郎），最低时竟至十佛朗（法郎）。此时中国若能收买股票，则收回此矿亦是一好机会，然竟无人顾问也。

关于开平煤矿纠葛之文件

1910 年 10 月 19 日，第 2958 号，第六版

庚子之乱，督□矿务大臣张燕谋之委任人德璀琳，与英商墨林之代表胡华于西历一千九百年七月三十号，订立卖约，将开平矿产与秦王岛口岸及各项利权、利益售与墨林。嗣墨林以原约不足所欲，函诱德璀琳另行更改，遂以之在英国注册，其后张燕谋与胡华复续立移交约、副约，将产业实行交割。而副约之中显引一千九百年七月三十号所订之卖约为根据，乃张燕谋于光绪二十七年五月二十六日朦（蒙）奏朝廷，饰词为中外合办，股东各居其半，一切该局旧章仍复遵守不变，并未将三项约章咨部入奏。及朝廷责令全数收回，不得已赴英涉讼，又复违背朝旨，仅责认副约，虽称得直，其实为卖约增一案。据此事缪辖十年，现在北洋大臣奉旨筹办，决定实行收回之宗旨，而张燕谋坚持责任副约办法，谓可不费一钱即能收回一切利权。殊不知卖约、移交约、副约三约一脉相承，责认副约即不能不认移交约与卖约，一认卖约则主权利益尽失。张之所以为此者，不过为个人之私计，回护前失而已。兹觅得三约英文正本，经深于英文者译出（原约洋汉两文不符之处甚多，如卖约两字译作合同两字之类），加以注释，照登左方，用以备关心斯事者之研究焉。

（注：后续报道分别为《卖约》《移交约》《副约》，现有资料集已经收录）

北洋滦州官矿有限公司特别股东会日期广告

1910年10月27日,第2966号,第六版

敬启者:查本公司原定招股章程第四条,内载特别事件,随时开股东会议,禀请北洋大臣核示办理等因。兹有重要事件,关系股东利益,亟须提议,谨订于十月初四、五、六日开特别会。务请股东诸公前二日携带股票到紫竹林法租界五号路本公司,凭取入场券,届期下午一钟持券惠临河北□公□公同会议。此布。

张翼又上封奏

1910年10月27日,第2966号,第二版

张翼反对收回开平煤矿,昨日又上封奏。探其内容,仍系砌词怙过欺蔽。朝廷闻直省绅民大动公愤,连日筹议对待方法,恐将有极烈之举动云。

张翼反对赎矿之原因

1910年10月31日,第2970号,第五版

直省绅民联名公呈赎还开平矿产,而张燕谋京堂两次上折阻止,其原因系为张与该矿有密切之关系,深恐一经赎还,其从前种种奸谋必至败露,又英人以大利所在,不忍舍弃,故运动该京卿出面梗阻云。

挽回矿权

1910年11月1日,第2971号,第六版

政府关于开平矿务一案,前曾责成督宪陈制军及直绅,设法挽救,筹款赎回,俾免莫大利源尽归外人。自奉明谕委度支部泽公、邮传部盛宣怀查办以来,直省官绅一切希望遂多专注于泽、盛二公。兹闻二公对于此事亦颇加慎重云。

论张燕谋反对开平赎矿事

1910年11月2日，第2972号，第三版（作者：斯）

怪矣哉！天下有不肯认错、一错到底之人哉！国家主权委任与我而自我失之。朝廷纵不加诛，人民纵不加责，内反诸心亦应自咎。苟有人焉。就我之所错失而代为挽回，其感激当复何如？感激不已则必力起而赞助之。方冀大功告成。赎一己之前愆，以免天下后世之唾骂，此固人情之常。苟非至愚，宁不如是乎？其或天良不泯，深抱惭德，觉我所失者不能自我得之，而必待他人出而补救。糜国家无数之金钱，动人民无限之号呼，费当事者无穷之交涉，谁阶之厉，在予一人？我更无言与闻其事矣。或成或否，一任人为，此犹不出乎人情之外也。而孰知有大谬不然者，如张燕谋之反对赎矿一事。开平煤矿为中国极佳之矿产，即为国家莫大之利源。自庚子拳匪肇祸，联军入京，张以督办矿务大臣不能设法保全而必借助于外人，已非策之善矣。然人犹得以时势，急迫不暇，详择原之。不谓阳示保全之名，而阴用贩卖之实。举国家之土地、股东之资本尽付于人，而仅以加招洋股、中外合办入奏欺蒙之罪，实无可辞。迨英人不准矿局悬挂中国龙旗，其卖矿之实情始行发露。嗣经北洋督臣再三参揭，仅与英人那森议定六条，以作搪塞支吾之计。诏旨下逮，诘责綦严，不得已亲赴英京与英商等诉讼。远涉重洋，公堂对质，而仅得一责认副约而还。嘻！是一误而再误矣。盖当日所定之副约则原于移交约。移交约则原于卖约，责认副约势不能脱离移交约，不能脱离移交约即不能脱离卖约。呜呼，其果不知也耶？抑别有所不得已而出此耶？吾闻天下之权利失之甚易，而得之甚难，况乎就前日之事而论则人直而我曲；就今日之势而言，又我弱而人强。荏苒十年，所失已巨。矿产之丰富而人占据之，海岛之便捷而人攘夺之。狡哉！张氏图一己之利而失国家之主权；愚哉！张氏博外人之欢而丧半生之名誉。假令此矿移（权？）终沦于外人之手，永无赎还之期，而谓国家能听其丧失乎？人民能坐视不问乎？即质之张氏亦果能悍然不顾而安于心乎？奈之何？今北洋大臣与外务部几经审慎，反复踌躇，以谋收回权力。而张氏非特不肯赞成,且更从而反对。推其阻挠之用意,不过欲回护当年之失,以为怙过,地不知过愈掩而愈彰,名愈邀而愈不可得,其亦不智甚矣。虽封章迭上,强词饰非,朝廷亦安能为所愚哉?或谓张氏以责认副约为利,给款收回为害,此特奸雄欺人之语。十年之久,一筹莫展。今见国家果欲收赎,恐前日卖矿之情一时败露,故特作此大言耳。不然,吾将拭目以观张之不费一钱而挽回大利。

泽尚书对于开平矿务之政见

1910年11月3日,第2973号,第五版

张燕谋两次封奏阻止直绅赎还开平矿产一事,已交度支、邮传等部,并案核议。兹闻泽公对于张之封奏大不谓然,以张之丧失利权莫此为甚,既不能审慎于前,复硬行阻挠于后。其两次封奏殊属不合,拟即将其所陈各节逐条批驳,仍照直督及直绅等所议之法办理。

力争矿案

1910年11月6日,第2976号,第六版

顺直绅民对于开平矿务一案争持甚力,并闻日前海军大臣洵邸过津时,曾全体谒见,恳祈主持收回,勿得再为张燕谋从中蛊惑等语。未悉果能如愿以偿否?

北洋滦州官矿有限公司招募学徒广告

1910年11月19日,第2989号,第五、六版夹缝

本公司现为培植营业人才起见,特招募学徒,以便学习本公司各项营业事宜。如有愿意学习者,限自本月三十日以前,亲自到本公司□(报?)名,阅看章程。于十一月初四日上午九点钟,各带笔墨,合集河北李公祠内,听候挑选。俟录取后,再行照章取具家□志□等及殷实铺户保证书可也。特此广告。

张翼又递封奏之内容

1910年11月28日,第2998号,第五版

二十四日,张燕谋京堂又递封奏一件,内容仍系主张开平矿约不可议废,并驳□(剖?)若曾等主议赎回之背谬云。

北洋滦州官矿公司售煤广告

1910年12月1日,第3001号,第七版

本公司自采烟煤质高价廉,销路日广。兹定块煤每吨八元,一号末煤每吨五元,二号焦炭每吨九元,头号焦炭每吨十四元。凡大宗批订者另行面议合同。□愿诸君请到后,开各处均可接洽。总批发处计三处,一在日本租界河□武斋洋行,一在老车站诚记,一在辛庄盐码头。分销处计三处,一在老车站公记,一在老车站合兴,一在西沽。

北洋滦州官矿有限公司谨启(法租界五号路,电话一千二百四十七号)

开平矿案之议决

1910年12月2日,第3002号,第四版

开平矿务一案,张翼与直绅各执一词,纷纷争论。前日资政院特开秘密会议,已议决仍照直绅赎回办法,现由秘书厅预备折件,拟一二日内即行具奏矣。

密谕派员筹办开平矿案

1910年12月3日,第3003号,第五版

开平矿务一案,自前日张翼第三次呈递封奏后,监国颇为所动,惟以关系甚巨,未便遽定办法。因密谕外、邮两部赶派妥员与直督陈小石制军妥筹切实办法,总期于疆土交涉,两无妨碍。

赎回开平矿之筹款法

1910年12月7日,第3007号,第四版

探悉直隶京官今日建议以开平矿已决计赎回,定于日内即行具折奏请。若仍不邀俞允,即在省内劝募公债,不动丝毫官款。特未知张燕谋得此消息,又将用何手段也?

北洋滦州官矿有限公司订期开股东会广告

1911年2月4日,第3057号,第七版

启者:本公司定章每年二月开股东常会。兹谨择于二月初一二两日下午二钟,假座天津河北李公祠东院罩棚内,举行公司研究营业进行方针,并遵旨筹议添股接收开平事宜。务请有股诸君于会期前五日携带股票赴法租界五号路本公司,验明填给会券,届期即可持券入会,如不先领会券,临时碍难接待。谨启。

直督复陈开平矿收回办法

1911年2月11日,第3064号,第五、六版

直督陈制军已于去岁十二月二十二日,将开平矿务情形缮折入奏。兹觅得原稿录下:为复奏事承准,军机大臣字寄十二月初五日,上谕盛宣怀、载泽,查明开平矿始末并筹拟办法一折。庚子之后,此矿改为中外合办,奏明有案。张翼赴英涉讼,得直归国,英公使愿为调停。袁世凯狃于成见,不肯实行助力,以致始终未能收回,实属失机已甚。该矿本系华商公司,此次陈夔龙遽请发给国家债票,并不预为请旨,殊属非是,着毋庸议,至所议以滦矿局招集商股,即就开滦两矿局发给公司债票,归并办理。如有把握,事尚可行。惟中国公司素多缪辀,张翼为原经手办事之人,届时仍赶赴北洋会同办理,不得置身事外。倘英公使要求无厌,该大臣等不妨坚持定见,徐图抵制。总之,此矿被占,英公堂判为诳骗。公道俱在,当无虑其久假不归。着外务部、北洋大臣、

张翼均将载泽所奏各节妥筹办理，毋稍迁就。钦此。遵旨寄信前来，仰见皇上慎重外交、保全矿产之至意。至此案为商务关键，关系甚钜，着手之初，必先认定私约应归无效，始能期从速了结。臣于本年二月三十日奏明在案，数月以来随时会商外务部与英外部，多方辩难，幸驻英使臣李经方多方助力，始将私约证明无效，英使始有交回产业之议。至发给国债票乃专注重国家主权起见。此系收回后体恤英商之款，并非赎矿之需，已饬洋员守此定见，与英外部反覆声明，以杜彼借口商业。致滋缪辕，而债票数目本未约定，诚以为数甚钜，先经商酌度支部于八月初五日奏请，饬部预筹办法，妥议办理，藉昭慎重。兹既奉旨着毋庸议，当电饬洋员向英公使、外务部将原条正式撤销，即速回华以消前议臣与外部直接交涉所有前次提议之件。英外部仍执与中央政府交涉为词，惟随同会商外务部，按照查办大臣载泽所拟各节妥筹办理。惟是债票数目应俟核清旧账再行确定。张翼为原经手之人，由该员先与英公使详慎核算，必俟确定数目，实不吃亏，再由臣与英使相机磋商。如能就范，即行收回。即饬开滦矿局发给债票，务使主权、商务两无妨碍。倘英使要求无厌，或账目不清，自应凛遵前旨，坚持定见，徐筹抵制，云云。监国阅后随即硃批：着该大臣等凛遵十二月初五日之旨，妥筹办法，毋稍迁就，外务部知道。

会议矿务

1911年3月1日，第3082号，第五版

顺直士绅各界对于滦州、开平矿务等事，昨又开会筹议。至详情若何，尚不得知。

开会争矿

1911年3月10日，第3091号，第六版

顺直绅民为开平矿案事于昨初八日下午，特假咨议局会场开会，筹商办法。是日到者除咨议局全体议员及本埠绅商各界二百数十人外，尚有京保士绅数十人。开会后，公推咨议局议长阎君凤阁为临时议长，报告开会宗旨并

维持秩序;次由滦州官矿局协理大学堂监督、督署会议厅议绅王君劭廉将开平矿案始末情形,由庚子年张燕谋将该矿断送外人,及被前督袁项城奏革,饬其赴英涉讼,并历任直督及本省京官士绅连年与英人力争挽救情形,报告约二钟之久;复由咨议局议长阎君凤阁报告该局成立以来,即以全力挽救此案,及大众宣布张燕谋回护前失,从中破坏此案之情形;又由滦州官矿顾问矿师唐山洋灰公司经理李希明君及滦州官矿总局经理黄阶平君详述开平矿务之获利富厚及国权土地之关系,并受各绅关于该矿各事之质问逐条解释答复;又由井陉煤矿总办督辕幕府直绅李伯芝君提议宗旨、办法,以便大家讨论研究。时至六点半散会。尚有多事未毕,公决初九日再延会一日。

筹办矿案

1911年3月24日,第3105号,第六版

开平矿案前经顺直士绅假咨议局开会筹议,办法已见各报。兹悉起草员已将草稿起定,经评议员审定后,诸代表有月内晋京之说。按:本省士绅前以此事关于外交,数年以来均守秘密。兹以势值危迫,故开全省大会,公诸国人,故进行一切,主持从速云。

滦州官矿有限公司第三次付息广告

1911年4月10日,第3122号,第五、六版夹缝

启者:本公司现届第三次付息之期,定于三月十六日起在天津法租界长发栈斜对过五号路路西本公司,凭验息单照付。其原在北京、保定、上海三处天津分银号交股者仍可向各该处直隶省分银行(即前天津分银号)就近领取。至唐山、滦州两处,直隶省分银行业已裁并,凡在该两处之股东均请向天津本公司领取股息,可也。合并声明。此启。

车站纪事

1911年5月10日,第一版

十一日,又唐山矿务协理孙观察传杛由津赴唐山。

车站纪事

1911年6月26日,第一版

二十九日,又唐山矿务协理孙观察传杛由津赴唐山。

车站纪事

1911年7月11日,第一版

十四日,农工商部参议周学熙由津赴唐山;又滦矿公司协理赵元礼由滦州来津。

车站纪事

1911年8月19日,第一版

二十三日,唐山矿务协理孙观察传杛由唐山来津。

车站纪事

1911年9月24日,第一版

初二日,农工商部丞参周学熙、探访局总办杨观察以德均由津晋京;又补用副将王凤岗、陆军部何守仁均由京来津;又唐山矿务协理孙传杛由津赴唐山。

车站纪事

1911年10月7日,第一版

十四日,农工商部丞参周学熙、开平矿务协理孙传杛均由津晋京;又津浦铁路车机总管施肇祥、陆军部司医长何守仁、日本武官二员均由京来津。

车站纪事

1911年10月8日,第一版

十六日,开平矿务协理孙观察传杆、河间府同知沈保恒均由津晋京。

北洋滦州官矿有限公司售煤广告

1911年6月22日,第三版

本公司自采烟煤,质高价廉,销路日广。兹定块煤每吨七元三角,一号末煤每吨四元五角,二号焦炭每吨八元五角,头号焦炭每吨十二元。凡大宗批订者另行面订合同,赐顾诸君请到后开各处均可接洽。总批发处计三处:一在日本租界河沿武斋洋行;一在老车站西闸楼对过;一在辛庄监码头。北洋滦州官矿有限公司谨启。法租界五号路。(电话一千二百四十七号)(本广告又载于1912年1月5日第二版。)

开平矿务有限公司

1911年8月19日,第二版

启者:本公司自备高等烟煤,价廉物美,最为合用。兹定块煤在本厂复过筛者每吨价洋七元五,一号末煤每吨六元,二号末煤每吨五元,焦炭每吨十二元五力(角)。以上煤焦价值,送至英、法、德租界者,脚角(力)在内。欲购他等焦煤者,祈函询价目可也。再,本公司自制各样火砖缸、火缸砖、坭管等类,无不齐全,并备有样子,随意索看。如来函买货,务祈将住址注明,以便交货无误。买煤五吨以下者,须以现洋交易。一切函件可直达本公司买煤处可也。天津英界开平矿务有限公司谨启。

启新洋灰有限公司董事会条驳湖北水泥厂总理程听彝观察诬蔑节略议案

1911年9月16日,第三版

一节略内叙,启新公司全数借用北洋官款开办,一面招集商股归还官本,该公司计用成本二百八十万元,开办已经三年,所还官本不及十分之四;又叙缉之荫庭所办之天津银号,即现在之直隶银行放给自办之启新公司、北京自来水、滦州矿务局之款,大半均已无着各等语。本公司资本雄厚,出纳谨慎,滦矿公司与京师自来水公司股本充足,办事循序,均人所尽知。其直隶省银行为从前天津银号,开办已经多年。本公司总协理周、孙两公,从前虽曾任该行总办,嗣以先后简放司道缺禀辞有案,且该行营业素以谨饬不阿著称,又为人所尽知,万无通融用款之理。溯本公司以前为唐山洋灰公司,于光绪三十二年七月前升督□袁宫保向开平矿务局英人收回归官办理,彼时饬由天津银号垫款,招股承办,旋由总理周缉之京卿、前任协理孙荔轩观察,招集商股,另在唐山添辟新厂,始改启新牌号,随将该号垫借唐山洋灰公司之款全数还清,此从前为官办拨垫,官款清还后,与现在之启新商股商办截然两事,何能牵涉?正拟据以函查直隶省银行,适接该行送来辩明书,缮列于后,以证此等诬蔑毫无影响也。

一节略内叙,由部派员查账,及东三省总督派员查办,彼借吉林官银分号之款,均系周缉之京卿设法切托并函托吉省某当道,欲为启新作一间接之归并等语。查听彝办理该厂不善,曾为鄂绅所攻击。借用吉林银号官款,知者颇多。部派查账、省派查办,均属上峰自有权衡,种因得果,于人何尤?即其所谓以股票作抵一语,已自违商律。试问此数十万之股票从何而来?如股东实有其人,则谁肯以个人之股而抵办厂之债项?若谓股东并无其人,则该总理可以任意填写数十万之股票,能不自失信用乎?此即其自酿查全之根由,顾不自责而责人,迁怒于周京卿,种种诬蔑,此不辩可自明也。(未完)

启新洋灰有限公司董事会条驳湖北水泥厂总理程听彝观察诬蔑节略议案（续）

1911年9月18日，第三版（照录直隶省银行函）

敬启者：顷阅汉口《中西日报》所登湖北水泥厂与贵公司结怨始末，内有牵及滦州矿务局北京自来水公司以及敝行之处。闻之不胜诧异之至，似此信口诬蔑本系无稽谰语，是非自有公论，原不足与之计较。□如中国实业甫任萌芽，汉报风行甚广，设或外事者不知其中底蕴，误以为真，则以个人之私害及大局，诚为可惜。敝行不得不将此中原委详为剖白，以保名誉。如节略内所叙，启新公司全数借用北洋官款开办，一面召集商股归还官本，该公司计用成本二百八十万元，开办已经三年，所还官本不及十分之四等语。查光绪三十二年秋间，前督宪袁向开平矿务局英人收回旧日之唐山洋灰公司归官办理。其时奉饬由敝行暂为垫款，一面招商承办，嗣经周缉之京卿、孙荔轩观察招集商股一百万元，另辟新厂，更名为启新洋灰有限公司，比即将唐山洋灰公司旧厂之垫款一律还清，此后并无拨用敝行款项之事。所谓开办已经三年，所还官本不及十分之四者不知其何所据而云然。又节略内叙周京卿、孙观察所办之天津银号，即现在之直隶银行，放给自办之启新公司、北京自来水公司、滦州矿务局之款，大半均已无着等语。查启新公司并无借用敝行之款，前条已经叙明。至滦州官矿公司当日奏明筹拨官股五十万两，奏明有案。敝行只拨股十万两，余系指拨他项，并非敝行放款。又京师自来水公司开办之初，由敝行代为招股，不及两月，三百万之股本即经收齐，至今尚有存余二十余万两。以上各节皆事实之确凿有据，并非空口所能诬蔑者也。敝行自开办以至于今，一切恪守商规办理，从未滥放一账，亦无放空一款，所以南北各商埠颇著□用。今汉口《中西日报》所刊节略，想局外人不明局内原委之故，登载失实亦未可知。若系有意捏造蜚语，实属损害贵公司名誉，而又牵及敝行，故特详为辨剖，用释群疑。敬请贵公司俯察一切，即向前途，速令更正，是所切愿，专肃敬请台安，诸惟察照不备。直隶省银行谨启（七月初七日）。（未完）

北洋滦州官矿公司矿厂纪略

1911年10月11日,第三版

滦矿公司自光绪三十四年开办,在天津设立总理处。其总矿厂设在滦州开平镇附近,界于唐山、林西两矿之间。其煤线与京奉铁路平行,延长至十五英里,距开平、洼里、古冶各站均约三英里。马家沟正矿系为总矿,设有总公事房一座,所开煤井二,其一以双绞车提运,井口设有井房并筛煤楼,每点钟能筛出煤二百二十五吨,筛煤并送煤各机均以电力带动。其井房二层之间设有电力提运机二副,以便上下转运。锅炉房至井房以铁桥相通,锅炉内安设兰加牙锅炉七口,带重加热汽管、添水泵并电力提灰机一副。宣统元年六月间,设有暂用电机房一所,为井下水泵、电绞车、电风扇、陡河水泵及电灯等用,其陡河水泵距矿局约一英里之遥。大电机房安设磨电机一分(份),以双气缸汽机带动,其一气缸系一千二百马力者,其次系一千五百马力者,自宣统二年开驶。矿内所用之大发动机系三股线者,其电流为三千电力之交流电气,小发动机之电力经过油箱变为五百电力,大汽机开驶时之乏汽或经过冷水柜或直入乏汽管。电力抽风机二副,专为井下流通空气之用,一系每分钟抽四千码立方风者,一系每分钟抽三千码立方风者。提煤机、风扇、石钻、挖煤器及井下运送器等皆可以电力或空气压力开驶。当开办之时,用汽机带动小压气机一分,自宣统三年始安设电力大压气机一分,每分钟能供五千五百码立方风。一号井安设双汽缸绞车机一分,每点钟能提一百五十吨煤者,并拟安设与此绞车扯力相同者之电力绞车一副。(未完)

北洋滦州官矿公司矿厂纪略(续)

1911年10月12日,第三版

二号井安设每点钟能出五十吨煤绞车机一副。自宣统二年四月建造修机厂一所,内设电力带动机器二十分,其门窗等皆以铁制之。库房三所,煤厂一处,暂用装煤桥一处,油柜四座,炸药库一所,磅房一处,车头房一所,净水池一处，员司沐浴室一所，工程处一所，售煤处二所，查工处一所。以上皆系矿厂上之布置。矿厂自修铁路一道，以接京奉开平车站，此支路自备火车头二架，一自宣统二年十二月间开驶，其次自宣统三年五月开驶。拟来年添购煤砖机、洗煤机、总凝水柜及炼焦窑等，其炼焦窑现约有四十座焉。井下可作煤槽四层，其厚有四尺者、六尺者、二十三尺者、四十五尺者，渗入厂内之水每分钟约二零七五立方码。第一道行，安设离中心力电水泵一副，每分钟可泵二零五立方码水；第二道行，将来安设大电水泵数架，除泵水之外尚有余力。将来井下运煤，拟用空气车头带运。以上皆系井下之布置。局外建筑市场一段，其邮政局及他项生意略备焉，并修马路一道以便行走。另设矿地公司一处，专为承办矿地及市场铺房等事，开办第二年由德国花园购来洋槐一百二十五万株，栽植局内外矿地等处，拟仍续种若干株。该树长城（成）可充井下材料，即能省巨费而使之又便也。在局附近设有医院一处，其内备有盛药室、试验室、事务室及养病室等，中国医士管理，并盖防疫医院二所，以防传染等病。宣统二年二月，附设矿务学堂一处，开校时招募生徒二十名，专为练习矿务人员，至宣统二年七月续招学徒三十三名，学习井下各事。以上皆系厂外之布置。（未完）

北洋滦州官矿公司矿厂纪略（续）

1911年10月14日，第三版

印字沟、狼尾沟、陈家岭、桃园各附矿皆备有锅炉、添水筒、汽绞车、汽水泵、公事房、修机厂、库房及清水池等处。惟印字沟安设电灯并电力风扇一分，每分钟能抽二千五百立方码风者，其电流以电线由马家沟通过。陈家岭开办时，以人力辘轳工作，直至宣统二年十月始易绞车。该附矿等皆以小铁道接通总局。赵各庄附矿坐落桃园东首约十英里之遥，开有煤井三处，每一井安设每点钟出五十吨煤汽绞车一分，其锅炉、修机厂、清水池、磅房、车头房亦皆备焉，并有汽力风扇一分，每分钟能出二千立方码风。井下现用汽力水泵一副。该矿修有铁路一道，与京奉路古冶车站相接。以上系副矿之布置。

宣统二年十月时，正副矿统计每日出煤一千三百吨。若煤市畅销之时，每日可出八千吨。各附矿之德律风皆与总矿相通，其总矿亦与开平车站及地公司缸砖窑等相通。现本公司为推广销路起见，拟添购出口商轮数艘，并拟于山海关一带筑一运煤码头，又拟于就近开设铸铁厂，此则正在筹画间也。以上总论。（已完）

开平矿务有限公司

1912年1月6日，第一版

启者：本公司自备高等烟煤，价廉物美，最为合用。兹定块煤在本厂复过筛者每吨价洋七元五，一号末煤每吨六元，二号末煤每吨五元，焦炭每吨十三元五角。以上煤焦价值，送至英、法、德租界者，脚力在内。欲购他等焦煤者，祈函询价目可也。再，本公司自制各样火砖缸、火缸砖、坭管等类，无不齐全，并备有样子，随意索看。如来函买货，务祈将住址注明，以便交货无误。买煤五吨以下者，须以现洋交易。一切函件可直达本公司买煤处可也。天津英界开平矿务有限公司谨启。

北洋滦州官矿有限公司开特别股东会广告

1912年1月7日，第一版

敬启者：本公司原定招股章程第四条内载，特别事件随时开股东会议，禀请北洋大臣核示办理等语。兹有重要事件关系股东利益，亟须提议公决，并因股东在京津者居多数，特提前于十一月二十四日开特别会。务请股东诸公前二日携带股票到天津紫竹林法租界五号路本公司，凭取入场券。届期下午一钟持券惠临河北李公祠内公同会议。此布。

北洋滦州官矿有限公司续开特别股东会广告

1912年1月19日，第一版

敬启者：本公司因有重要事件遵照商事，订于十二月初一日下午一钟，仍在天津河北李公祠续开特别股东会公同决议。届期仍祈股东诸君惠临为盼。此布。

北洋滦州官矿有限公司广告

1912年1月30日,第一版

启者:本公司前经两次特开股东大会,议决开滦联合营业办法,并举定代表前往磋商。现由代表按照股东会最后解决之条件,邀请协议员暨董事公同研究妥协,于十二月初九日,将草合同签字,除禀北洋大臣咨呈阁部核定外,所有本公司股东诸君务请随时移玉法租界五号路本公司,阅看此项草合同可也。此启。

开平矿务有限公司

1912年4月14日,第二版

启者:本公司自备高等烟煤,价廉物美,最为合用。兹定块煤在本厂复过筛者每吨价洋七元五,一号末煤每吨五元二角五仙,二号末煤每吨四元七角五仙,焦炭每吨十四元五角。以上煤焦价值,送至英、法、德租界者,脚力在内。欲购他等焦煤者,祈函询价目可也。再,本公司自制各样火砖缸、火缸砖、坭管等类,无不齐全,并备有样子,随意索看。如来函买货,务祈将住址注明,以便交货无误。买煤五吨以下者须以现洋交易。一切函件可直达本公司买煤处可也。天津英界开平矿务有限公司谨启。(本广告又载于1912年4月20日第三版,其中一号末煤价格为每吨五元七角五仙,其余内容不变。)

开平矿务有限公司

1912年5月8日,第3504号,广告页

启者:本公司自备高等烟煤,价廉物美,最为合用。兹定块煤在本厂复过筛者每吨价洋七元五,一号末煤每吨五元七角五仙,二号末煤每吨四元二角五仙,焦炭每吨十四元五角。以上煤焦价值,送至英、法、德租界者,脚力在内。欲购他等焦煤者,祈函询价目可也。再,本公司自制各样火砖缸、火缸砖、坭管等类,无不齐全,并备有样子,随意索看。如来函买货,务祈将住址注明,以便交货无误。买煤五吨以下者须以现洋交易。一切函件可直达本公司

买煤处可也。天津英界开平矿务有限公司谨启。

庚子年前开平矿务局旧员司鉴

1912年8月26日，第3614号，第二版

开平矿务局付旧员司花红银十五万两，经吴少皋登七月二十二号、八月十五号天津《大公报》及《天津日日新闻报》。兹于昨二十四号在德义楼集众会议分派方法。请各位或其后嗣亲戚查照下列各条，于本年十一月二十二号即壬子十月十四日以前，详细函报，以便核派，逾期自误：一议此项花红银除提酬劳各代表及办事人、总会办、帮办共五成，其余五成，按各员司薪水多寡积算核分。一议因获咎被开除者、亏空款项者、在轮船上充当执事者不应分给，□一查照局定分红章程只列员司，不及工匠，所有工匠一项应无庸议。一议各分□首领等与各员司一律核分。一议该项由吴少皋手存天津道胜银行，倘遇有意外变故，不归其咎。一议择定天津英界福安里门牌第二十四号为报名处。路樾堂、覃翰池两君专司其事。凡报名领款者请与直接。一议报名者须将籍贯、职事、薪水若干，何时到局至何时因何事离局，当时同事何人，逐一开□。倘查与账册不符，应即扣除不给，以杜浮冒。开平矿务局旧员司公启。

开滦煤矿总局

1912年11月18日，第3698号，广告页

启者：本总局自备高等烟煤，价廉物美，最为合用。兹定块煤在本厂复过筛者，每吨价洋七元五，一号末煤每吨五元七角五仙，二号末煤每吨五元二角五仙，焦炭每吨十四元五角。以上煤焦价值，送至英、法、德租界者，脚力在内。欲购他等焦煤者，祈函询价目可也。再，本总局自制各样火砖缸、火缸砖、坭管等类，无不齐全，并备有样子，随意索看。如来函买货，务祈将住址注明，以便交货无误。买煤五吨以下者须以现洋交易。一切函件可直达本总局买煤处可也。天津英界开滦矿物总局谨启。

《外交报》开平煤矿史料

外务部奏定矿务章程折

1902年,第二卷第7期,5—8页

  注:《中国近代期刊篇目汇录》第二卷(上册)上面收录了篇名。《万国公报》1902年第160期,第53—56页;《政艺通报》1902年第5期,第10—13页等报刊也曾刊发。

奏为酌定矿务章程恭折,仰祈圣鉴事。光绪二十七年十二月二十五日政务处具奏开办矿物一折,奉旨依议,钦此。钦遵抄折,知照前来臣等,当即按照原奏内所称,延聘矿师查勘矿山及豫购机器、广招商股各节,详加筹议。复于本年正月十六日钦奉谕旨,派张翼总办路矿事宜。臣文韶、臣鸿礽仍奉命督同办理,自应仰体朝廷振兴之意,悉心筹画,以濬利源。臣等窃维中国矿产之富甲于五洲,特以地质,素昧讲求开采,未能如法鸠赀试办,成效茫然。近来风气渐开,始知西国矿务之精良、机器之利便。然必有能识矿师之人,而后不为下等矿师所惑;有自制机器之厂,而后不以广购机器为难。际此库款空虚,经费万难筹措,自不得不借资商力,广为招徕。顾华商见小欲速,势散力微。集累万之钜赀,收效在数年以后,势必迁延观望,裹足不前。而奸诈嗜利之徒又往往以一纸呈词希图揽办。斥之,则有所藉口;准之,则益启效尤。甚且勾结外人,辗转售卖。其弊必至于利权尽失。为今之计,惟有明定画一章程,使人人晓然于厚生利用,但能上下交益国家,固无所私。无论华洋各商,皆可照章承办。其有违背定章、任意要索者,仍应坚持驳阻,杜绝弊混,即所以鼓舞商情。臣等博访周咨,公同商酌,谨拟矿务章程十九条,恭候钦定。如蒙俞允,即由臣部通行饬遵。其有未尽事宜,应由矿路总局随时体察情形,奏明办理。所有酌定矿务章程缘由,谨缮折具陈。伏乞皇太后、皇上圣鉴训示,遵行谨奏。

谨拟筹办矿务章程十九条恭呈御览:

一、凡拟开办矿务者,或集华股,或借洋款,均须先行禀明外务部。其禀或自行投到,或由该省州县详请督抚专咨到部。俟奉批准后,方可为准行之据;未奉批准以前,不得开办。

一、此项禀咨如外务部核夺以为可行,即知照路矿总局,询以此事可否批准。俟接到可准之覆文后,即由外务部知照总局,发出准行执照。此照奉到,方可开办。其照费视成本多寡,酌提百分之一缴局,以资办公。

一、开办之人必须系原禀领照之人,自行举办。不得私将执照转卖他人。倘欲售卖,或在开办以前,或在已办之后,须由原办之人会同接办之人照上两条复行禀请立案领据,方可转交接办。

一、该处地主原有不从之权,须由原禀之人向其先行说明,商定价银,报明立案,不得私行交易。倘该地有关系国家,必须开办之故,其地主虽有不从之权,亦应听顺国家之意,由官公平发给地价,任凭开办。

一、递禀开办者,或华人自办,或洋人承办,或华洋人合办,均无不可。惟地系中国之地,举办系由中国准行,无论何人承办,均应遵守中国定章。倘出有事端,应由中国按照自主之权自定。

一、矿产出井,视品类之贵贱以别税则之重轻。现酌定煤铁、锑砂、白矾、硼砂等类值百抽五,煤油、铜、铅、锡、硫磺、朱砂等类值百抽十,金银、白铅、水银等类值百抽十五,钻石、水晶等类值百抽二十五,均作为落地税。其有税则未载之矿质,应视物类之相近者比照,抽收其出口税,仍应照章在税关完纳。

自纳出口税以后，内地厘金概不重征。此项出口矿税为新增之款，应在税关另款存储，听候拨用。

一、各公司承办矿务自发给执照之日起，限十二个月内开工，如逾期不开，热（执）照作废。该矿即由总局另行招商承办，并登中外各报，声明某省某矿现因逾期，执照作废。

一、矿山准造枝路以便转运矿产。惟只准造至最近水口，如与干路相近，即准接连干路为止。

一、附近开矿处所应设社矿务学堂，为储才之地。该学堂一切薪水经费均由该公司自行筹给。

一、凡开办所需机器材料等件，除运自外洋照章归海关收税外，内地厘金概不重征。如在内地采买材料，经过关卡查明实系运往开矿处所，准给执照免厘放行。惟不准夹带别货，违者照章罚办。

一、公司雇用矿师赴各处勘矿，应呈报外务部，咨明各该省督抚札饬地方官实力保护。如有意外之事，惟该地方官是问。至购地开办，如遇百姓阻挠及工匠滋事，由公司呈报地方官，即应随时晓谕弹压，尤应严禁胥吏需索。倘有前项情事，一经查出，或被控有据，严参不贷。

一、矿产地亩，民地则照市值购买，官地则令备价承租。惟民地虽购买过户，执业仍须照中国原定田则完纳钱粮，以符赋额。至各矿所用地段，只准足敷。挖井盖厂，各用为限，不得多占。

一、公司购用地亩，自应公平给价，不得强占抑勒。地主亦不得抬价居奇，并不准以有碍风水藉词阻挠。如该地主不愿领价，愿入股份，即按照原值给予股票为凭。

一、采验矿苗，应须打钻掘井。遇有田舍坟墓所在，务须设法绕越，如实在无法绕越，应商明业主，由公司优给赀费，以便迁移。

一、矿产如须安设巡兵护厂，专用华人。所需教练经费、口粮均由该公司自行筹备。厂内除管理机器、经理账目必须聘用洋人外，其一切执事工作人等均应多用华人。该公司从优给予工价。如矿峒有压毙人口等事，亦应由公司优恤。

一、华人在外洋矿务学堂卒业,学生愿回华充当矿师,及外洋各埠华商愿回华开矿者,准其赴外务部呈明。如该生等勘矿确有见地,资本实在充裕,俟办有成效后,由外务部奏请给奖,以示鼓励。

一、各公司承办某矿所有华洋股东,国家但任保护。如有亏折成本,国家不认赔偿。倘因资本不敷,借用洋款,亦应商借商还,与国家无涉。

一、开采以后,每年结账,除提还本息外,如有盈余,以十成之二五报效国家。

一、此次新章未定以前,凡已开办各矿及曾经议定之处,除出井税课合同内声明,按照奏定专章者应照此次所订第六条办理外,其余仍照合同核办,以示大信。嗣后华洋各商欲承办矿务者,均照此章办理。此外未尽事宜,应俟随时增损,以期尽善。

光绪二十八年二月初八日具奏奉朱批:依议。钦此。

会办路况大臣张遵旨回奏开平矿务情形折

1903年,第三卷第6期,4—7页

注:《开滦煤矿档案史料集》(一)第465页的《张翼奏遵旨设法收回开平煤矿,近日办理情形折》收录的是《严复集》第137页的《为张燕谋草奏》,本文则应是张翼上奏的正式文本。两者文字颇有出入。

为遵旨明白回奏并略陈开平矿务情形恭折,仰祈圣鉴事。窃臣于本月十七日接军机大臣片交面奉谕旨,有人奏大臣卖矿肥私,请旨严惩一折,着张冀明白回奏等因,钦此。跪聆之下,恍悚莫名。伏念臣一介庸愚,仰荷殊恩,畀以重任,乃以奉职之无状致被纠弹,复蒙高厚优容,俯命回奏,抚躬引咎,感悚益深。伏查原奏,谓臣卖矿肥私各节,究之不察。当时之情事,难免局外之吹求。兹谨将开平矿务合办原委及现在办理情形为我皇太后、皇上陈之。查开平矿务加招洋股改为中外公司,原属万不得已之举。缘光绪廿六年夏间北方遭变时,臣被困天津租界。其河东一带所有开平矿厂均被抢掳焚烧,目睹情形,万分焦灼。其时,与臣相处者天津税务司德璀琳三两人耳。臣等昼夜筹商,德璀琳建议谓:煤矿在西国军火之条,联军一来,势必首先攫取。又谓:矿司执事大半逃生,一经停止,水为淹没,矿井废弃,救治无从。若不及早图谋,则该矿原有数百万中外商本势将化为乌有,计惟有加派洋员、招添洋股、改为中外合办公司,庶可拒联军而保矿井,则中国利权仍可无恙。彼即慨然自任为该矿之洋员总办,当于是年五月二十七日由开平总办道员周学熙签押主诺,复由铁路总办道员唐绍仪签押作证,予以总办全权。臣复加剳委派立与办法八条,饬其遵守。布置甫定,军务日逼,津沽无可驻足。臣即前赴上海。至八月间,始随全权大臣李鸿章来京办理和议之事。到津,德璀琳即面禀开平之事,渠已与矿师胡华订立六个月草约,命其前赴英国办理合办、招股、挂号、保护之事。是时,联军压境,俄兵竟已突往唐山将局占踞,各军继往,遍插洋旗。局内华人不能容留,均各逃散。德璀琳唯恐矿产毁失,立即执持约据,驰往力争，又复往返京津，与俄使辨难两三月之久。俄军始肯退出。其时，和议尚在未定，遍地洋兵，而开平得以机井未停、矿产无恙者，皆德璀琳维持之力也。及至胡华由英回津，将招股、挂号等事办理已毕，六个月草约之期已将届满，而联军注意此矿正在眈眈。是以臣赶即于二十七年正月初间赴津与之订立正副两合同。其正者，合股、挂号所以拒联军；其副者，乃中外合办之章程也。此约既定，臣复与德璀琳商办设立局厂、委派员司，并局内办事章程一切条款，立约签订以备遵守，并选择熟悉交涉、通晓洋文人员总理其事，即由沪札调直隶候补道梁诚、候选道严复二员派为中国总办，以期中外平权、不相隔阂。部署既定，乃于五月二十六日会同李鸿章具奏。奉旨允准在案。是月，臣又奉命随同醇亲王出洋，往返五阅月，由德回华，讵料该矿办理竟未遵照臣等所订之约。德璀琳屡次致函向西国诘问，彼亦置之不理。臣等访查，不料胡华到英，竟将臣等原约隐匿，仅以德璀琳草约与英商墨林设立东方有限公司，以图骗局。原议老股一百两者作二十五镑，每镑作一股，共作三十七万五千股。再添招六十二万五千股。新旧共作一百万镑，合成一百万股，乃渠竟除去三十七万五千股老股外，下余三十七万五千股，尽作为红股，又借债票五十万镑，又将下余二十五万股津贴债票之股。所以将招添新股均作虚股，因此公司不得现银而反添股本。是以老股受亏，新股被赚，中外股友均欲向其力争。渠更在中外布散谣言，登上报纸，声言此矿卖于外人，借此以售其欺。自臣查明后，原拟奏明请旨，据理力争，无奈时势牵制，各国觊觎，再四思维，未敢以轻举而偾事。臣复博访西人，均谓该矿既有中外股东，须按照西国商律办法约请律师、邀集股友，凭众公断利权，庶可挽回。臣乃于上月二十八日赴津，约齐中外股东并著名英国律师公同会议，将历次签订合同宣示于众，并将此矿合股始终缘（原）委及胡华等设骗情形演说表明，故得中外股友咸抱不平，并无不赞德璀琳保护之功，自始至终，毫无一毫私意。各股东及董事英人德贞伊特的根森、德人汉纳根崔勒等均愿倾心相助，当经律师指出背约各条，谓：一应将胡华墨林侵骗之项或红股或银款如数退还；一应将中国办事之权规复旧制；一应将国家厘税以后按课纳交；一应按照副约合办章程实力奉行。否则,应照西律办法,合同一概作废。臣一面委派洋员赴英安置一切,一面与华洋股东妥筹办法。墨林公司现已自知理屈,已先将五万红股退还,情愿和平了结,势已大有转圜。此开平矿务合股自始至终办理之大略情形也。至其间之委曲周折尚有不能尽述者,此尤外人所不能曲谅而共知者也。惟是刻下机势,正在办理,吃紧关键。倘少有牵动,即虑大局变更。臣本拟俟办理妥协,即将一切情形据实奏陈。适奉明白回奏之旨,谨先将大略陈布以慰圣怀。查原奏所称谓臣卖矿等情,乃缘德璀琳在塘沽与胡华订立草约,借以拒联军,故设为卖辞保护此矿,乃其经营筹画一片苦心,不过暂为权宜之计。其实,初定草约合股尚在未成,并无承受之人,岂能据此即为售卖之证。又如原奏所指秦王岛码头云云,该岛早经奉旨作为通商口岸,现在海关收税,已经解报如常,但其一万三千五百英亩之地自联军驻扎兵队至今尚插洋旗,是以未便议及。然既为开平商产,各军退后,自应照章办理,当不致意外之变。原奏又谓庚子之乱理应暂时停办,以图后举等语。不知其时军务纷扰,力无可施,且正虑矿井机器一停,水为淹没,全矿从此废弃,何能再举?更属不知局内情形之论。又谓德璀琳与胡华订约在庚子之夏,张翼签押在辛丑之春,数月之久,何不请之行在,商之全权。不知德璀琳与胡华订草约之时系在臣已赴上海之后。及臣与李鸿章北上,其时胡华尚在外洋。其招股挂号如何办理,犹未可知。迨彼办妥回华,已届庚子岁暮。是时,俄兵未退,草约又将至期。是以臣赶即于辛丑正月初间签立正副合同。其间,亦曾屡次禀商于李鸿章,至五月乃会同具奏。而未及先行请命者,此也。至于谓臣被骗一节,乃系胡华在外洋将臣与德璀琳之约章隐匿,以德璀琳抵拒联军之草约示人,意图谋骗,故敢全行背违原约。现今既经宣明,正在力筹办理者即此事也。又云张翼无擅卖之权,胡华无擅买之理,合同何难作废?及责令将所得洋款全数退出等语。不知此矿原系遵照路矿准其中外合股章程办理,本非售卖,则洋款何从而得。此中外股东所共知共闻、不待辨而自明者也。现在该律师等已筹定办法数条,或退还红股,抑或改定章程。臣现已委派洋员前赴伦敦,相机行事。刻下英国驻京公使亦因此事电致该国外部,助力压制以保西国利益邦交。再迟两三月之期,办理必自有规模矣。总之,臣以一人之智虑,加以纷扰迫促之时措置,本不敢谓悉当,即使人不我谅而获咎朝廷,亦属罪有应得。惟是微臣获罪之事小,关系大局之事重,臣只有尽心竭力,劳怨悉不敢辞,总期上保国家已有之利权,下顾商家不易之资本,决不敢稍涉孟浪,致有溃败之虞,更不敢因被纠参,稍存退诿之念,负皇太后、皇上面谕谆切之至意。所有遵旨陈奏开平矿务办理情形缘由,谨恭折具奏,伏乞皇太后、皇上圣鉴,谨奏。

光绪二十九年正月　日

开平矿务局合同凭单:税务司德璀琳与胡华议定合同

1903年,第三卷第7期,4—6页

注:该文与《开滦煤矿档案史料集》(一)第325页《卖约》为同题材,文本则不尽相同。

立合同人德璀琳、胡华均住天津,今因开平矿务局之事业产业,现拟移交与英国有限公司,按一千八百六十二年所订公司条例注册,又因开平矿务局经已派定德璀琳为全权代理之人,出售开平矿务局之产业利益、利权。复因胡华为英国伦敦墨林所派之代理人,是以德璀琳、胡华订此合同,彼此认允者如左。

计开:

一、德璀琳暨开平矿务局,兹将开平矿务局所有之地亩、房屋产业、物件及一切所享受之利益、利权暨国家特施之恩,全行移交出卖与胡华暨其后裔或其受托司理者。至于不在通商口岸之产业,又开平煤地等如不移交开平矿务局,将租与胡华,以九十九年为期,期满再展,永无已时。所纳租款系有名无实,承租者有全用该产及煤地之权,不得拦阻。

二、胡华允按一千八百六十二年所定公司条例以墨林襄助设一英国有限公司,一俟有限公司设立妥当、注册后,胡华有权将已得利益、利权移交与该有限公司。凡胡华之以为可者,彼皆可为之,以使该公司得以设立。

三、该有限公司注册之资本将定英金一百万镑分为一百万股,每股计英金一镑。其开平矿务局之实在欠款约数，开单附后，归有限公司承认，与现时督总办无涉。

四、有限公司设立至迟不得逾一千九百零一年二月二十八号，或早日设立亦可。胡华应允，一俟设立，墨林集办事资本英金一十万镑（或有可靠凭单以抵此数）分期汇存天津麦加利银行，入公司之账，以便妥当办理公司生意，至分期汇，交由墨林决断。

五、开平矿务局老股计有一万五千股，每股一百两，将由胡华换给有限公司股票二十五股，每股计英金一镑，以补还开平矿务局股友所有之利益、利权，有限公司所有股东利益亏累，自应共同享受。

六、有限公司设立妥当，按此合同布置。所有开平矿务局产业利益、利权及国家特施之恩，德璀琳暨开平矿务局皆允签押各项合同契据文件等，以便胡华支给有限公司俾得办事，并将所有一切契据文件凡与有限公司有涉者存放天津麦加利银行。

七、有限公司须妥当设立、注册，并接办开平矿务一切事宜，至迟不得逾一千九百零一年二月二十八号。然看此地兵事如何，但不得逾此期太久，有限公司即当用应有之权，以使有限公司之股东得获利益。

八、如墨林不以此合同所立各款为然，墨林亦可推却此合同作为废纸。墨林与胡华并不为此所拘，但合同签字九十日内或行或止，墨林必须知照。

九、德璀琳或开平矿务局于墨林尚未决定行止以前，不得将开平矿务局产业利权及国家特施之恩另行移交他人。

西历一千九百年七月三十号

德璀琳　胡华

见证人：汉纳根　易美士

开平矿务局产业列后：

天津河东河西码头	塘沽烟台牛庄上海码头
出售应得香港码头	广东省城码头

新河地八万亩	杭州苏州地亩
秦王岛地四万亩	唐山林西煤矿
胥各庄煤厂	运煤河长十四英里
承平银矿	建平永平金矿股本
洋灰公司股本	铁路天津至唐山股本
天津督矿局公事房及房屋	六平轮船

秦王岛借款余项：欠款列后

老股本一百五十万两（整顿后每百两作英金廿五镑）

德华银行借款四十五万两	庆善银号借款十四万两
银钱所支应局共五十万两	秦王岛借款一百四十万两
张燕谋借款二十万两	

德璀琳
一千九百年七月三十号

开平矿务局合同凭单：张侍郎与洋商胡华议订合同

1903年，第三卷第7期，6—8页

  注：该文与《开滦煤矿档案史料集》（一）第361页《移交约》为同题材，翻译文字不尽相同。

  西历一千九百零一年二月十九号，因督办直隶全省及热河矿务开平矿务局帮办关内外铁路大臣前内阁侍读学士张京卿燕谋于光绪二十六年五月二十八日，札饬津关税务司德君璀琳招集股本英金一百万镑，中外同出接办。凡开平矿务局之矿地等各产业后有细单详载，均移交听凭管理，且招集续股，整顿开办一切。德君璀琳于西历一千九百年七月三十号，因奉此札特与墨林之代理人胡华订立合同，设立公司，名为"开平矿务有限公司"。股本英金一百万镑，将开平矿务局所有之产业归该公司管业办理。又因该公司缘所订合同，现已设立，即此合同内所指之开平矿务局其总局设在中国天津。张京卿燕谋乃该局之督办、德税司璀琳乃该局之总办，与胡华暨开平矿务有限公司订立合同，将开平矿务局之产业交与开平矿务有限公司。以下所订各条均已允可。

计开：

一、开平矿务局暨督办张京卿燕谋、总办德君璀琳将以下所开移交与开平矿务有限公司胡华允可。而督办直隶全省及热河矿务大臣张燕谋亦答应属实。

（一）所有直隶省开平煤山地亩各矿，矿质煤槽，凡与唐山、西山、半璧（壁）店、马家沟、无水庄、赵各庄、林西地脉相接者，皆在其内。凡界内开矿、寻矿均有专利之权，凡利权与此相关者，以及开平矿务局在该处所有一切利益，均行移交。

（二）所有自胥各庄至芦台之运煤河道、河地及开平矿务局他处之运河，并开平矿务局所有在通商口岸或他处之地亩院宇等（详载细单），以及利权与此相关者，并开平矿务局在彼处所有一切利益，均行移交。自此日起，开平矿务有限公司或其接理人即永远执守。

二、按该合同开平矿务局暨张京卿燕谋、德君璀琳，将以下所开，尽归开平矿务有限公司或其接理人接管，胡华君允可。

（一）所有房屋器具机器铁路码头货厂，凡一切不能移动之物，或在移交开平矿务有限公司地亩之上，或与其产业有关者，均行移交。

（二）所有开平矿务局之承平银矿，建平、永平金矿，唐山左近之洋灰厂，天津、唐山铁路各处股本及各户欠开平矿务局之款，以及该局一切所订合同应有之利益并物产，均行移交。

（三）开平矿务局暨张京卿燕谋、德君璀琳今允开平矿务有限公司，凡于移交全产与开平矿务公司所需文件及须行之事，均必署名签押，以完全移交之事。

（四）开平矿务有限公司允开平矿务局将至此日为止之可信帐目，代其承认该账目等即与开平矿务局张京卿燕谋、德君璀琳不相干涉。

订定此约,开平矿务局暨开平矿务有限公司盖印于此。张京卿燕谋、德君璀琳及胡华君亦于西历一千九百零一年二月十九号署押盖印,以昭信守。

细单附录于左。

计开:

天津　河东地亩码头约十六英亩,河西地亩码头约九英亩,并英新租界傍海大道、赛马路及密多斯路地基约十一英亩。

塘沽　地亩码头约四十英亩

烟台　口岸前升科地亩约一英亩半

牛庄　地亩码头

上海　浦东地亩码头约四英亩半,吴淞地亩约五英亩

广州　地亩码头约十一英亩

新河　地亩

杭州　地亩约一英亩半

苏州　地亩约一英亩半

秦王岛　地亩码头产业约一万三千五百英亩

胥各庄　煤厂暨地亩

督办张燕谋　除署押之外,并用督办直隶全省及热河矿务总局关防暨开平矿务总局关防　德璀琳　墨林代理人胡华　见证人丁嘉立　顾勃尔

张侍郎发给德璀琳凭单

1903年,第三卷第7期,8页

注:该文与《开滦煤矿档案史料集》(一)第361页《移交约》为同题材,文本不尽相同。

开平矿务局督办张京卿燕谋、总办德君璀琳:无论此据入于何人之手,均认为可。今因西历一千九百零一年二月十九号,开平矿务局暨张京卿燕谋、德君璀琳与胡华君及开平矿务有限公司订立合同内载,所有开平矿务局地亩各矿暨其全产均交与开平矿务有限公司。因欲移交全产,张京卿燕谋兹特派

德君璀琳为开平矿务局暨张京卿燕谋之合例经理,代理之人用印签名,移交一切契纸文凭合同等件,并代张京卿赴各领事衙署办理,一切用印签名所有存案案卷契纸以及各项字据,凡于开平矿务局移交全产与开平矿务有限公司或其代理人,所有应行各事俱可举办,且于办理此事并可转派经理代理之人。凡按此据合例所行所作各事,开平矿务局暨张京卿燕谋均皆认允。而此据亦属永远不能毁废者,恐后无凭。开平矿务局兹特盖印于上,而张京卿燕谋亦特于西历一千九百零一年二月十九号盖印署押于此,以昭信守。

光绪二十七年正月初一日

张燕谋　德璀琳　见证人:丁嘉立　顾勃尔

矿路汇志:自张燕谋侍郎奉命收回开平矿务之后

1903年,第三卷第9期,18—19页

自张燕谋侍郎奉命收回开平矿务之后,迭与该局总办英员威英君商办。威君允为购回,仍作为中英合股公司。惟英人大半皆系红股,实未交分文股本。张侍郎会同外务部与英人竭力磋磨,而红股一事,未能略为通融,其他各节,亦坚持不让。张侍郎拟即赴津,与德璀璘(琳)君商议,将以胡华等人欺骗之罪,控之于英政府。闻已先遣某西人至伦敦,坐探消息,并闻张侍郎拟令英人略出红股资本,即可议结。而北洋大臣袁宫保之意,则必以英人红股一律作废云。○漠河旁近有地一区,产金甚旺。近由美商某与华人集款合办。闻已议定章程,醵银一千万两,不日即可开采。○德国矿师罗得满君勘验蒙古土谢图一带矿苗甚旺,约集蒙员招股,并拟由华员为之呈请外务部,准其开办。○前由俄人交还关外铁路,中国偿以代守费银三十万镑,且曾立据致谢。然材料遗失,房路毁坏。近由华员与洋工程师极力修葺,始复旧观。○合兴铁路工程师好君在广东办理铁路,忽为土人攻击,虽未受伤,而坐船被掳,测量器具遗失殆尽。已有美德法等国兵舰驶往保护,闻中国亦已派有炮船前往。

论外人攘取矿权之害

1903年,第三卷第26期,2—3页

今外人有不战而侵略吾土之术。其所持以为军械者,曰建路之权,曰开矿之权。路权之害,其始盖无有注意者。不曰待其成而吾利用之,则曰脱有战事,以数人数日之力毁之而有余,是何能为?虽然,彼外人者,既竭其无限之心力,掷其无限之资本,以至于此,其老谋深算,岂于此雀鼠之伎俩而不计及耶。于是驻巡守之兵焉,移濒路营业之民焉。图穷而匕首见,则有如俄人经营东三省之为。于是攘取路权之害,殆已为吾国有目者之所共睹。至于攘取矿权,则自一二深识忧时者外,殆视之与洋货进口金银外溢相等,以为不过朘吾利而已,他无足虑。不特不力筹抵制之策,而且有为虎作伥,授权外人,而因以自规一时之利者,呜呼!何我国人虑患之浅,一至于此乎!

今使外人攘吾矿权,仅朘吾利而止,犹可言也。然以吾国国计之绌,民力之疲,而外债之迫,头会箕敛,日不暇给。将欲振兴实业,保全生计,则亦仅得指此自然之矿利。而开发之以为之基本。今又悉举而□之于外人之手,则利源既竭,财政愈艰。□及季世之历史,可为殷鉴。而游民落户,穷无复之,盗贼繁兴,破和平而招干涉,我国其何堪乎。

虽然,此犹言乎其驯致者也,而其害又有迫焉者,如外务部所定矿务章程,诚可谓虑之周而辨之早矣。然以吾今目(日)之国势,与外国之资本家相交涉,则有在在可以启□者,如矿山准造支路以运矿产,此诚资本家应得之权利也。然而既有此路,则向者所谓路权之害,皆缘之而生,又若护厂巡兵,虽云专用华人,然以我国民智,易为桀犬吠尧之用。其与俄抚马贼德练华军之事将□同。其他若采苗则绕越墓舍优给迁费,购地则公平给价,照值给票,占地则挖井盖厂足用为限,所以杜公司之专横者甚至。而地主之不得抬价居奇、藉词阻挠,亦必不可省之禁令也。然而民间风气未开,迷信滋甚,惊疑俶扰,所在皆是。而外人贱视吾民,等于奴隶,势必驱遣官吏,以强权压之。官吏急媚外而易抑民,重以舌人之营私,胥役之倚势,敛怨激变。归极外人,竞争之烈，将有甚于教案。彼教士者，以博爱为旨，以同化为用，其道以渐而尚用强买屋地干与词讼之技，以布濩其势力焉。况其惟利是视如公司者，其在本国，且以股盗、厂盗之名，见疾于社会，及至我国，有不冒险进取一无忌惮者乎？其所以酿意外之变，而动干涉之师者，何可胜计。胶州覆辙，宁可遒乎？此皆为恪守章程者言之，而害已若此，他若奸商劣绅，影射规取，越权于章程以外者，其险象之愈速而愈大，更可知矣。

维然，此犹言乎其相因者也，又有附属而不离者，则外人开矿之权，即领地之权是也。土地，公产也。乍而曰是为某甲之地，何理乎？乍而有某乙者欲得某甲之地，则必出某甲所愿得之价以酬之。非是则谓之盗，此合理乎？曰：土地之所以有益于人而为人所愿有者三，曰建筑焉，树艺焉，采掘焉。非是三者，则委而去之，而是三者皆以劳力为原质。是故劳力所及，即地主之权之所及也。国家之始由游牧而耕植，则树艺之权之所生也。铁路之权，建筑之权也；开矿之权，采掘之权也。吾有矿产，吾不自采掘焉，而以让之于人，是明明以地主之权让之也。即曰：彼外人者，其所任及试验监督之事而止，其劳工，则仍以属之吾人焉。然而彼出资本而我为隶役，彼主而我奴，则于主权之让与，固无救焉。夫使我国既已政法甚修，教育普及，在野者既无野蛮排外之举动，在上者已有治外法权之全体，则彼外人之营业于兹者，亦不过私人之权利，不过国际私法之范围。诚使吾之章程，果能虑之周而辨之早，则于吾国之主权，殆可以无损也。然而以民族主义言之，则必不可以容此。此文明之国所以无以此权授人者。况吾国文明排外之思想，治外法权之收回，皆渺不知其何日。而彼外人之以一私人一公司来者，皆为彼国国权之先导，而以蹂躏我国之主权为作用，则吾国且抵制之不遑，而乃有为虎作伥故以此权授之者，是何心欤？

论中国路矿

1903年，第三卷第33期，22—23页〔译英国十月分（份）《矿务报》〕

驻华英使馆商务参赞哲姆森以路矿情形报告政府，其言云：当一千九百二年，中国屡议开矿，今已从事采掘，然成效犹未昭著。督办大臣尝聘英国某矿师查探矿苗，归而述其所勘，谓皆良苗。当亦为华官所能注意者。近闻大冶铁矿运往日本之铁，已视昨年为减，而湖南出口之安的摩尼，每年由三千二百十四吨增至一万零三百十三吨，其中约有百之十九，运往美国。至萍乡之煤，载以火车，运至水口，复由水运而达汉阳者。汉阳铁政局，约岁销十万吨。而机器制造等局所用，尚不在列。胶州之煤，即以供其铁路之用，犹患不敷，亦安能运赴他口耶？中国政府已许英法二国开矿于闽。惟出煤未盛，以是进口洋煤，不绝于道。核其进口之数，一千九百一年，有一百十五万三千吨，一千九百二年，则增至一百十七万四千吨，此其大略也。至于铁路，今已日见推广，以芦汉言，则由南境建至汴省北境，期以两年告成，他日人货运载，自必繁盛异常，至粤汉铁路之工程师，已于北江流域，从事测量，省佛（广州—佛山）之路，亦不日可行。近又传闻中国政府将又开办汉口、成都铁路。一千九百二年终，道胜银行筹拨英金一百六十万镑，以建正太（正定—太原）铁路，长约二百十七英里，可由海岸以达陕西。一旦竣工，则天津出口货物，自能大盛。盖今之所以百物腾贵者，转输不便故耳，铁路既通，自无此虑。他若京张（北京—张家口）之路，方议敷设，且英华（译音）公司已得有宁沪路权，又议建津镇之路。自此济南、青岛，即可联接而不虞隔阂矣。夫中国墨守旧习，不规远利，其于铁路，固尝深恶而痛嫉之。迄于今日，风气大开，成见悉化，朝野上下，靡不措意及此。观于朝廷之谕，建一路以达西陵，从可知也。

记外人干预中国路矿

1904年，第四卷第1期，22页〔译英国十一月分（份）《翻连苏报》〕

中国筑路之权皆为各国分掌。而自有主权者，实所罕见。若美人海利文、亨丁顿二君主持兴华公司，承建粤汉铁路，所索权利，华政府惟命是从。凡百执事，靡不智而有才，措事允当。美国邮船公司及其他各公司，亦皆赖有裨益，成效昭著，世所共知。故拟逐渐扩充，兴办各事，而不欲徒囿于铁路一端也。

蜀汉铁路,英人将次兴建。近为华政府所阻,然仍鸠工开筑,且聘工程师东来矣。德之铁路,已推广至周晋(译音)。出入各货,皆由此路运载,故商务亦因而日盛。

榆关内外铁路,久为英俄分掌。今有欲归商部办理,而以曩所主持其事者裁去云。俄人视耽欲逐,攘夺之心,无时或已。举凡开矿筑路,靡不乘时而动。奉天增将军有鉴于此,遂令华商自备资□,以开锦州、富州、开平、海城等矿。然华商率与俄人合本,以致授权于人,自失其利。将军闻之,谕使停办。俄官怒而致诘,乃告以是故内政,无庸他人越俎而谋也。

开平矿务局控案伦敦按察使佐斯君堂断

1905年,第五卷第7期,4—8页(录上海《中外日报》,译《上海捷报》)

此案乃张燕谋君与天津之开平矿务局(以下即称之为"中国公司")欲请堂上下谕声明,一千九百零一年二月十九号之约,足以限制各被告,并使之照约办理。因该约不能限制各被告,故各被告与彼等之代理人以诓骗之术,订立一千九百零一年二月十九号交产业之约。是以该约须当置之不理,而请堂上声明,被告若不照约办理,则不应把持该移交产业之约之利益。此外,原告又向被告索赔移交产业之约,乃系英文,由上海古柏律师拟稿带至天津。此约声明,立约之人第一面为中国公司与直隶省热河矿务兼中国公司督办张燕谋君及该公司董事德璀琳君,第二面为模恩之代理人苟华君,第三面为被告公司。该约除载有他事外,亦载有一千九百年七月三十号所立之某约。其大意实使中国公司之矿务及产业交与被告公司。该约又声明,中国公司一切之债务概由被告公司担当,并被告公司应赔偿中国公司云云。至于移交产业之约所载产业,其价值若干,则余可不必再言。观一千九百零一年七月十九号该公司会议时,领袖人所言之事,已可知之矣。该约文业已译出,华文约中所载之人名,以张燕谋君为最重,彼不谙英语,又不谙英国合办公司之章程,又不谙英国律例。所立之华英文对照之约,除被告公司外,已由两面之人签字,又由张燕谋君盖有督办矿务之印章,以代表中国政府,并盖有中国公司之印章。立约之地系在天津。至于所立之约能否在中国移交不动产业,则余不知之。余恐此事不能办到。余见英文之约第三款有言:中国公司与德璀琳君应允被告公司,将所有各约悉行签字,并办约内所载移交产业一切之事等语。此事在中国律例应如何办理,则余不知。各面诸人亦未言及此事。虽余屡请彼等言及此事,然彼等终未言及。

至于移交产业之故,实由商议创立公司所致。余可称此公司为华英公司,在英国创立,意欲保护该公司之产业,以免为团匪乱时所出之事所侵害,并欲收用外人资本。整顿该矿,商议移交产业之人,一面为被告模恩君与其公司,一面为张燕谋君与中国公司。张燕谋君常得久居中国执役海关之外人德璀琳君之助。张燕谋君亦会订立数约,言及新创公司之办法及其章程。当时,彼此应允新公司之资本须有一百万磅,以一磅为一股,又另以三十七万五千磅之股交于旧公司之各股东作为产业之全价或其一部;又须设立董事两班,一在中国办事,一在伦敦办事。至办理在中国产业之事,则归在中国之董事办理,张燕谋君则为该董事之督办,总管各事。被告公司则已于一千九百年十二月二十一号由模恩或与模恩有关涉之东方公司注册。查公司章程最要之事,乃在照约办理。若稍有更改,则须照公司章程第三款办理。该款有言:凡公司立约必须照所定之草约办理,该草约又须有二人签字,以免有弊,公司之董事必须照约办理等语。目下之案,并无此等草约;审判此案之时,又未将草约呈上。是以余知当时并未立有草约。一千九百年八月,彼此商议之时,已将一千九百年七月三十号之约办妥。其大旨实由中国公司之代理人德璀琳君将中国公司之所有产业交于被告模恩之代理人苟华君。当时,彼此声明,苟华君不过作为新创公司之代理人而已。

被告与东方公司由彼等在中国之代理人及上海之古柏律师,迫令张燕谋君将中国公司之产业交于被告公司德璀琳君,亦劝张燕谋君照此办法。但张燕谋君不肯将移交之约签字。盖彼所立之各款言及新公司之办法章程之事者,未曾载入约内故也。张燕谋君视该约为不能保护中国政府、中国股东及其本身。彼之所为甚合于理。余又知约内并未声明,将三十七万五千股交于旧公司之各股东作为购买该公司产业之价。因此,张燕谋君与被告之代理人,以及东方公司之代理人古柏君,彼此极力相辩,已有四日之久。苛华君业已自认,曾以各种恫喝之词恐吓张燕谋君,但后因古柏君再拟一约,载明移交产业约中所未有之款,故张燕谋君始允照办。被告之各代表人曾告张燕谋君,谓:"今所立之约,以此为准,即使各事得以照办。"故张深信此事,遂将华英文对照之约盖印。此约华文、英文各一份,已由被告模恩之代理人苛华君与复脱士君签字,又由张燕谋君德璀琳君签字。以余之意,则该约与移交产业之约其为重要一也。古柏君乃系上海英国律师公司人员之一,彼乃代东方公司与被告公司行事。该约与移交产业之约之稿,乃系古柏君所拟定。当时,彼此互相争辩后,德璀琳君代表原告即张燕谋君于一千九百零二年七月二十五号致函于上海古柏律师公司,告知其事有不合之处。盖该公司系被告公司之律法官古柏律师等,于一千九百零二年八月十一号复函云:"因欲保持阁下(即德璀琳君、张燕谋君)与中国股东之利权,故订立此约(即一千九百零一年二月之约)。"此约与移交产业之约同日签字,苛华、复脱士两君与本律师明认该约为限制之约,以便将旧公司之产业交出,约中各款,定必照办。本律师已知阁下与张大人之地位,故必将阁下之函抄录一份,由下次邮船寄与伦敦董事,而由彼等照合宜之法办理。本律师亦必指出:公司若不照阁下所请者办理,则所关甚属重要等语。据苛华所供之凭证,其意亦与此相同。复脱士所供者则谓:"彼之肯将约签字,实因约文中除彼此日前应允之事外,并无他事。"此语殊属确实。余今已知,约中各款乃此事之根基,各面之人均已明白此约乃属最重之约,可使原告将其产业交于被告公司。余又知该约各款,被告并未照办,被告公司与其董事不认该约作为可行之约,又不肯照各款办理。直至出案之时,据被告公司所供之凭证,则可知彼等并非不认此事。然时至今日,被告尚以移交产业之约为据而把持产业。据一千九百零一年三月二十七号苛华君所作之书即可知,彼以势力强夺产业之契据也。以余之意观之,若任由被告公司把持移交产业之约之利益,而藉词不照该约办理,即如苛华与复脱士系无权订立此等款项之人,或被告公司若不改其方针,不能照约办理,则实有背于公平之宗旨。此等失信之举实乃国中律例所不容。在本公堂之内,若有购买真实产业,无论其已否接收,若彼不照约行事,则堂上断不许其把持产业。凡有以契据收取产业者,则彼必须照所订之约行事,此乃律例之所必然也。余意亦可将此施之于本案。故移交产业之约与同日所立之约,实与一约无异。被告公司因未尝将该约之意详告张燕谋君与中国各股东,或不便照该约行事,故反谓该约必无所用,又谓订立此约之代理人并非奉命订立此约,其后被告公司与被告模恩君不肯照约行事,而置原告于不顾。故致有今日之案。

被告公司与模恩君均已上堂辩驳一切。余不用将彼等之所言详细斥驳。今张燕谋君与德璀琳君前来本国,在余之前供陈一切。余料被告必甚有不乐之意。张燕谋君业已受审,德璀琳君与其余诸原告已由被告律师详细询问。当审判之时,余曾言及被告公司并未将该约斥驳。以余之意,被告虽斥驳该约,恐亦未必有成。其后,模恩之律师则又谓不能斥驳该约。此即系该约足以限制各被告也。以余意观之,该约不能作为约稿。余又不能下谕使之照办,余又恐原告虽向被告索得赔偿,但余今已决意定夺:一千九百零一年二月十九号之约必足以限制各被告,若被告公司不照原约办理,则不应把持移交产业之约中所载之产业;若被告不于合宜之期内照约办理,则本公堂定必将各矿与产业送回原告,以免被告公司与其代理人并执役之人把持产业。今此案之重要之处即原告已得成功也。

余今考究原告所索取之赔偿,被告公司常谓,因照一千九百年七月三十号之约,立有一千九百零一年二月十九号之移交产业之约。故中国公司一切产业须归被告公司,三□月之后,东方公司因与被告公司其资本名有英金一百万磅,每一磅为一股,立有一千九百零一年五月二号之约。故允将一千九百年七月三十号之约内一切利益售于被告公司,而被告公司遂将彼之一百万股内之九十九万九千九百九十三股交与东方公司作为实股。东方公司又付英金二千磅作为被告公司注册之费。一千九百零一年五月二号之约乃于五月二十五号在被告公司各董会议时盖印。其时，以五万股作为实股，交与被告模恩君，又以十五万股作为实股，交与东方公司。各董已决意将三十七万五千股交与中国公司之代表人（即□以三十七万五千股交与中国公司各股东□□），又将四十二万四千九百九十三股交于东方公司代表人，即除以七股为注册之费外，乃均为公司所有之资本。余知四十二万四千股于会议时并未声明，乃系实股。但余知彼等常以此作为实股。因此，原告遂有不满意之心。设使五万股与十五万股（合共二十万股）作为创办之红股，则无故以四十二万四千九百九十三股与东方公司之各代表人，作为实股。余甚不明其何故，据所供各证观之，则中国公司已被骗去四十二万五千股，实有大损于中国各股东，而彼等理应得三十七万五千股也。此等股份不应虚设，其价理应在原价之上。盖原告有云："中国公司之股东所得售产业之三十七万五千股，定必得有大利。"但所得之股，其价大跌，出于意料之外。被告藉词辩驳，谓："二十五万股送于购买公司债票达五十万磅者，作为红股。殊不知，发来此等债票，中国各股东均不知之。"原告曾谓筹借此项大债实属不必，盖所借之款内有二十万磅并未施用，不过存于银行，属于被告公司。若果用此款，则亦可以知无用将股票给与他人。余知发出之债票并未售于外人。不过，创办人与其友人将所有之债票全行购买而已。余料此等债票与四十二万四千九百九十三股之实股，目下尚在创办诸人之手。一千九百零二年五月，被告公司各董事会议之事甚属奇异。余尚未详细查考其事。总之，此事未曾照例办理，余恐不能使之得直。中国公司各股东因所得之三十七万五千股，其价大跌，故向被告模恩君索取赔偿，但所索者必视其有无背约，方可定夺。该约已由被告模恩及其代理人苛华君签字者，实无可疑之处。余并未在约中见得有声明不发实股之语，余又并未见有不许被告公司为实在之事发出实股之语。至于颁发实股与东方公司，实乃模恩君一人之责任，余不明其故。总之，余不能使被告模恩或其公司当受原告所失一切之责任，但余之判词不能有损日后被告公司或代表被告公司出而上控之事，或创办被告公司之人控告他被告之事。

原告律师当开堂询审此案时，请余更改禀内之某句，余已许之。此语见于索偿之禀内,但第十三次审判之时,原告又请余更改,谓德璀琳君(余恐彼系原告张燕谋君之代理人)肯为此事者,实因误信一千九百年十一月九号被告模恩君与德璀琳君之函应允更改某项之事所致,且又应允将一千九百年七月三十号之约加入所改之语,再行签字。因此等更改以致所出之事甚多,以余意观之,此等事件与此案无甚重要,但日后所出之案与此甚有关系,亦未可以逆料。余意此等更改无甚利益,余料原告亦不因此以致受损。日前审案之时,堂上之人并未言及所改者足以限制各人。原告律师又请余更改数语,谓张燕谋君肯将一千九百零一年二月十九号移交产业之约签字者,实因一千九百零一年二月九号苟华君与德璀琳君之函内有诳骗之语所致。苟华君并非被告,亦不过模恩之代理人而已。余曾考究索取赔偿之禀第十七款之末句,余料此等索偿并非有意加入,若该约足以限制各被告,并可照约施行,则原告并不因张燕谋君将移交产业之约签字,以致有损。故余不能允许所请改之语,余之判词亦有断不损原告再控之事。

此外尚有索偿一项,即张燕谋君失去职位,故须向被告公司索取赔偿。张燕谋君目下不为中国公司之督办,余不明其故安在?原告索赔之故,实因被告不照该约某款办理。余料此堂谕下后,该约各款定必照实施行,否则,被告公司不应把持其产业,被告公司理应交还一切之费用,但不能由该矿所得之资筹措之。至于赔偿,余今暂不定断,以俟此谕下后其结局如何,再行办理。被告公司又须付原告之堂费,被告模恩公司亦为此案中人之一,因该公司近日之举动致令堂费因之加大,故彼亦当出彼所应出之堂费。余又再作一言,张燕谋君并未有失信之罪或不合于法之罪也。

按:张燕谋侍郎以开平矿事,前赴伦敦上控,经英按察使佐斯君于光绪三十一年正月二十六日(即一千九百五年三月一日)堂讯,谳十五日,乃始定案。原告为张侍郎与开平矿务局,被告为模恩君与皮佛模恩公司及开平矿务局有限公司。原告欲令问官声明前约(即一千九百一年二月十九日所立者),而由苟华君、复脱士君、德璀琳君及张侍郎所签字者,足以阻制各被告,并请问官下谕,使之照办,前约曾言使张侍郎终身为被告公司之督办及设立华董也。

论开平矿局讼事

1905年,第五卷第7期,12—13页(译英国一千九百五年一月三十日《蛮奢斯达报》)

近者,中国显宦张燕谋侍郎在伦敦公堂控告开平矿事。此案关键重要,且于国际亦大有干系也。按:开平煤矿距天津不远,三十年前,由英工程司金达开办。彼即创建中国首次铁路者。李文忠公督直,设局专理,仿效西法,且筑铁路直达秦皇岛,而以近世称最之钜商君景星主之。其后,拳匪作乱,联军北上,逐以矿业付之英公司,非畏拳匪之侵略,实畏俄人之攘夺也。今已于公堂宣布一切矣。

张君谓,所立合同业已声明,英公司须在中国北方设立华董,即以张君充之,而又设英董于伦敦,合力办理。循是行之,则华人犹得保持其业产也。模恩公司乃接受开平业产之英公司,以苟华君为代理人,复脱士君则代表英国股东。英公司自认其代理人曾与张君订约,收取矿业。然代理人之行事,固未禀命于英公司,且业产早为公司所有。而张君已授权与天津税司德璀琳君,使代理之,故与订立合同。拳乱既平,李文忠公薨,袁制军督直,乃查询矿事,始知矿业为英公司所得。于是严诘张君,令速收回。致有今日之讼。使当拳匪乱时,此矿犹属华人,必已为俄人所夺。然至于今日,亦不能斥除英人之权利也。

按:右言今亦不能斥除英人之权利,与外人合股贸易者其慎之哉。

论开平矿局讼事(其二)

1905年,第五卷第7期,13—14页(译英国一千九百五年三月二日《太晤士报》)

张燕谋侍郎以开平矿事,控于伦敦法院者有日,而原告幸已得直,其关系诚不小也。夫华官就谳我国,鲜得直者。张君若虚此行,必为中国政府所严惩,谓其擅售公产,图饱私囊,且督办一差,既已被撤,今若不能得直,是不徒令彼事之败坏至极。而为我英计,则在华之权利,既有大碍,且远东之荣誉,亦必堕落也。孰知张君之于此案,竟能穷原竟委,娓娓而陈,终得直于我之法院也耶。张君邕晓时务,粗谙西学,故其所主政策,期使仿效欧洲,力行其事。又知欧人富于资本,若以输入中国,开辟财源,固自绰有余裕也。夫欲辟中国之财源,必以筑路开矿二者,相辅而行。然非与达官贵人协同办理,则断难有成。而张君固早已知其然也。观其供词,亦可见其智矣。而又不敢自恃其智也。其顾问官僚,皆才学卓著之欧人。且用欧人资本,整顿制造,是其有功中国,亦非浅鲜。而无知华人,乃以利权授外。群起责之,众口铄金,遂无辞以自解。今者就讯得直,而英人在华他日所得之利,其明效必有出于堂断之上者,殊可喜也。中西合股经商,每以贷用西人资本,至多疑虑。据此观之,可知欧人之办事,无稍偏袒。实以理之是非,判事之曲直也。自是而华人之于泰西资本家,坦然信之,则富商投资中国,自可畅行无阻。而我国法院之正直,亦能见信于华人矣。

张君为一千八百八十二年所创开平矿务局之督办,以开辟直隶热河之矿,乃设是局。嗣因欲增资本,整理矿事,故由海关税司德人德璀琳君筹之,遂与被告模恩公司商议,而立有一千九百一年二月十九日移交产业之约,使原告公司一切产业,悉交被告公司。原告之意,谓前约签字之故,以同日所订之约,言明除限制新公司一切外:一、张君终身督办其事;一、华洋股东须一律有公议权;一、公司须设董事两班,华人一员,英人一员;一、华董可理公司在华产业,后必照行。今此等条款,被告悉未照办,新公司亦不明认此等款项。华董因以无权,所派总理,又不谙所立之约。总公司亦未设于天津。当日定约章程,概未遵办云云。今原告所求:惟愿该约各款,足以限制被告公司,或将移交产业之约作废。而被告则未言该约必无所用。当模恩君被审时,曾谓公司董事,虽或蔑视该约,亦甚欲使之照办,鄙意实不谓然云云。被告所辩,谓欲使张君终身督办其事,实不合于英例。问官判断此案,乃以原告为直。若被告不于合宜之期内,照约办理,则问官必使一切产业交回原告也。

他日张君言返中国,凡曾听审之英人,必当敬礼有加,谓非若人必不得直,其因此而见重于我英也若此。吾知张君既归,必告于守旧党曰:与英之财政家交涉,非必无所益也。请观此案堂断,于我华上流人物大有关系。而英人之可信,亦可见矣云云。此案之被告英国公司,乃与英为仇之人所设者。此案若不得直,则英之权利固大有所损,而张君之名誉,亦遂扫地无存。今既赴质而直,心迹自可大明,彼华人亦无所用其谣诼矣。

按:开平讼案得直,事诚可喜。自是而华人之信任外商,必更加甚。吾愿中西合股之贸易,益当慎订合约,而毋贻后悔也。

路矿汇志:英德两国近将津镇铁路草案送交外务部

1905年,第五卷第19期《交涉录要》,8页

开平矿案,前经奉旨饬张燕谋侍郎全数收回,切实妥订,当即赴英涉讼,责认副约。英公司仍不认督办管理,经在英再三争辨(辩),判照副约办理,其公举总办入股理事各权,均应彼此平等。华官交涉,统归督办经理,作为官督商办在案。近闻张侍郎以英堂判认副约,无可再议,宜即及早回华,以便料理。若日久迁延,必致贻误大局,因电请直督袁慰帅,转电外务部,核示办法。

力争矿权:力争滦州矿权

1909年,第九卷第12期《外交大事记》,19页

直隶滦州矿务公司,近已招股开工。忽有英人在京要挟外部,执前开平矿局总办张燕谋侍郎所订开平矿务条约内载唐山一带字样,谓即包括滦州各处而言,滦矿公司应即作废,归英人承办。直隶士绅起而力争,外部即以奏闻,并派张左丞荫棠与英使约期会议。英使尚未答覆,而鹿中堂之意,亦因开平矿约,久失效力,决计会同外部内外主持,先行争回开矿副约合办之议,复令张侍郎会办一切,以资得力。闻张侍郎业已允许。惟以滦矿开办之人,系前直隶运司周都转学熙,此时出与英人交涉,必须令其协同办理也。

要事汇志：咨查有无路矿逾期条约

1909年,第九卷第17期《外交大事记》,17页

外务部电咨各省督抚,查明前与各国所订路矿各约,如有期满未办者,约即作废。

矿政交涉：开平矿务之交涉

1910年,第十卷7期《外交大事记》,23页

庚子以后,英商占据开平煤矿。经张燕谋侍郎赴英讼理得直。本可定期收回,乃英商牵涉滦州官矿公司,遂未能照案清结。己酉年,外部梁尚书赴津,面商前直督端制军,查阅案牍,即拟照会英使。定期交付,旋因铜官山矿案之牵涉,遂又迁延。及铜官山案既结,亟宜议及开平。政府因将关于此矿交涉之约章,及张侍郎赴英控讯之判词,会议办法。即与英使互开谈判。

至牵涉滦矿之故,则袁宫保督直时,以张侍郎讼虽得直,而英商强占不退也。欲尽废英商虚股。英商不服,乃力持自开滦矿之议以制之。及袁宫保去位,英商竟自定合同二十余条。大意以开平煤矿交还中国为名,而其所有虚股,乃须官利七厘,且照分红利五十年。现开之滦矿,亦须并入。五十年内,更准其派充委办洋人一名。其权利与中国政府相等。闻曾禀由英使照会外部,外部乃与英使重议开平、滦州两矿之事,谓此系直隶人民与英商订立之合同,未经政府核准,理应薄给偿金,一律作废。英使则谓英商于开平一矿,立有章程,期与中国熟商,一而要求中国设立公司,华人英人皆可入股,英亦可派总办一员,以五十年为满云。旋闻外部欲以开平、滦州及秦皇岛等,议出赎价英金一百万镑,分五十年偿清。未清之前,中国官不得过问,如有不合之处,应由英使派员与华官理处。直隶绅民抗不承认,外部不得已,委之直督。及陈制君莅任,以张侍郎系原订约之人,派令与现为滦矿总办之周缉之廉访会同商办。

矿政交涉：赎回开平煤矿

1910 年，第十卷第 23 期《外交大事记》，25 页

直督陈筱帅呈递密奏，筹议举办公债预备赎回开平煤矿。略谓该矿自庚子年兵燹后，被英购去。秦王岛左右，中国几不能顾问，所失以亿万计。前朝廷派三品京堂张翼、前运使周学熙来津，筹议收回办法。现已略有端倪。惟英人所索甚巨，要求偿还英金二百四十万磅。经臣再三磋商，又请洋员到英，详述当年诡诈情形，英政府亦自知理屈，稍肯俯就。近已暂议偿一百七十五万磅。五年以后，二十年以前，将债票尽数赎回。赎回后准附洋股，英政府定欲一百八十万磅，已将此意告知驻京使臣，谓一百八十五万磅，以属和平办理，每年利息不及十二万五千磅，而此矿一年获利甚夥，即以去年而论，已得二十四万七千磅。并云此事若因细数，败于垂成，殊属可惜等语。复经外部据理驳回，惟以中英友谊素敦，总宜互相退让，期于了结为要义。准外部知照前来，臣当电饬洋员等谨守此意，相机磋商。固不得因此微数，致令要案久悬；又不得过示退让，更令别生枝节。并经臣函商度支部，公债票一项将来拟由大清银行发行，以昭大信。此案缪辕多年，中外注视。如能全数收回，虽国家暂时担任百数十万磅之债票，而全矿产业，皆为国家所有，每年进利足抵本息而有余，且此矿界范围极广，将来逐渐开采，洵为莫大利源，况秦王岛关系国家疆土，尤非寻常可比。现一面由臣竭力磋商，俾早日了结；一面速筹善后事宜，以作赎路之准备。折上当交外、度、农三部妥议速奏。旋闻事已解决，以百五十万磅赎回，即可签押。

矿政交涉：开平矿务

1910 年，第十卷第 31 期《外交大事记》，21 页

开平矿务直督陈制军力请备款回赎，张燕谋侍郎力争照约合办，前奉旨派泽尚书、盛侍郎核办，而久无办法。又恐日久别生枝节，拟将开平各案均不□准，当由国家备款赎回，改归官办，请外部与英使交涉。

张□颁上封奏,仍主副约,反对赎回。奉旨着钞交外部会同度部并案核议。

廷寄外部暨直督,谓泽、盛两大臣奏查明开平矿务始末情形及收回办法一折着直督□照各节切筹,随时就商外部,妥慎办理。

闻英使又向外部声称,英人只认国债票,如为公债,断难允认。

附录:严复有关开平矿权纠葛的六封信函

第一封

大人阁下:

兹译庆世理原函并复拟覆函意一并呈上。鄙见此番覆信,应照庆世理来函法,将前后收发历次电稿抄录一分(份)与他,以凭核对,是否有当?伏莅卓裁。

并颂

崇安!

复谨状　十八

第二封

　　　　　　藉呈　内稿二件　八月初二日到
张大人钧启
　复手肃
（以上三行文字为信封内容）
燕老督办赐鉴：

　　别来倐忽数月。数次前往尊寓拜访，皆值大驾前往津门，废然而返。伏想兴居安平，诸如歌颂。昨睹报章，知开滦合办业已成议。前此赔偿问题当亦解决。沧桑易代，朝野人事，举目都非。丈于开平矿事，竭数十年之精力，罄一家之所有。窃计此时结束，必不能如分偿补。惟是慰情，胜无得早一日清了，为门户计，亦未始非善荣耳。

　　兹有恳者，自政体改革之后，复之境遇大有江河日下之势。政界既不堪涉足，即学界亦是觥觥不安。十口之家，浮寄都邑，米珠薪桂，典贷俱穷。若长此终古，恐必有不可收拾之一日。再四筹思，以为仕宦既无可为，或且实业商界可以谋一枝栖之地。刻下开滦既已合办，窃计用人必多不识，旧人如复，能托鼎力于其中求一位置否？切盼！便中与那森、德璀琳辈商之，千万。再者，昨于报端知局友花红壹节亦已解决，但此系庚子已（以）前之事，而复自庚子以后自谓于公司不无微劳。当项城绝对龃龉之时，复以稍悉局中真情，据实持论，登刊报章，与之相迕，由是大为所衔。而京津官场无复之迹。十年来，仕官不进，未必非此之由。凡此皆公所亲见，有以知不佞之非妄发耳。今者局事既行改组，旧人劳勋当有报酬。复之所恃，惟公望于订议之顷。为留余地，不敢奢求，但得五百元月薪，自壬寅以来照旧支发，则无受赐亦既多耳。手此。极恳。即颂

台安　伏祈
霁鉴
　　　　　　　　　　　　　　严复顿首　七月廿八日

第三封

大人阁下敬肃者：

承示洋职缄系庆世理所寄中并封呈四件：

一系我们律师将墨林覆词各条略加批语。

二系来往电报抄底并呈。

三系律师代请派员前来录集供谬。

四系庆世理与德璀琳函稿。

查庆世理来函中示道云，墨林覆词经我们律师批驳后，渠亦有呈语，并论派员来华之事应否准行。大概此事在有限公司自施沮力。然律师以碍于事势，法官拟亦能不准等语。至庆世理与德之函中言墨林覆词称，德璀琳所以能立卖约，而卖约必亦可翻者，因无得有代理权凭之故。代理权凭西名包尔阿埵尼，此件果有，最关紧要。而庆与郝律师等等，从前全不知之。今问德呈出此凭为要。至与复之信，亦通属常通械，并云公司之事愈出愈奇。前若深知底里，必不干此无谓官司。但事已至此，又不能不观其后效等语。复明午拟即回津，到津时拟即向有限公司解去此席薪水也。手此布达。馀容到津再谈。此颂

夕安

复顿首（？）

十六

第四封

德税司阁下敬启者：

前礼拜闻阁下有来京之意，甚为欣盼。嗣阁下未践此约，想因地面初行交还关税诸公事纷繁之故。而弟亦适遇内人弃世，一时自难赴津。但开平煤局自与英、比各股友立约合办以来，至今瞬将二载。若照原议正是更约整顿之期。又去今两年，伦敦部所为种种背约。此事所关极钜，京外啧有烦言。即现在外务部遇承领矿务之人，凡称华洋合股合办者无不批驳。揆其所由，未必非以开平洋股东之涛（铸）张而引为前车之鉴也。

弟忝为督办，责任匪轻，而此事于阁下声名亦所关非浅。即今试办期满，乃是忍无可忍之时。所以极盼阁下一来面罄种切（种）。又闻英、比股东所派新总办已到，谅阁下当与晤言，但不知此君具有何等权力，能否尽革杜庚等诸人所为，恪守已诺成约。即我们与之议办一切能否作准，望即查明示知。至为紧要。假若新总办无甚权力，而其宗旨主义又与前人相同，则弟自无须与彼相见矣。英七月间"前日"所发之信屈指此时当有回音。如前途竟付不答，弟惟有声明背约，一面奏明办理而已。手此布达。即盼回音。顺颂

勋安　不宣

愚弟□□顿首

第五封

再密启者：

前承示，由台端所与古柏律师缄稿，诘问墨林揩借五十万镑一节，甚为钦佩，未稔古柏如何回。当目下伦敦部所为背约是实，画押之十万镑并未交付，一也；毁华部之权，二也；所招股分若干并未呈验，三也；自为办事章程亦未知照，四也；私行借款，五也；一千八百九十九年所许股利、花红、厘金报效皆未照付，六也；华洋总办未与平权，七也；两年出入账目均未呈核，八也。据此等八端，知当试办期满更议章程之时，自应向伦敦部澈（彻）底理论。

弟身在京师，为职守所限，不能奔走津沪之间。查章程有督办自举代表一条。鄙意拟派矿路局提调沈道台敦和作为代表，以与阁下及严又翁共事。再，此外须由阁下处雇请高明律师一人以便商榷。是为至要。如果伦敦诸人无理相欺，不图改辙，则涉讼公庭势恐不免。弟意一面将前途背约情节登报；一面除由我们认明英国挂号及所有新添来股外，招集在华之港、沪、津、京中外各股东会同定议，另派洋总办、总账、矿师诸种脚色，另章办理。不知卓见以为何如？总之，伦敦部既已背约，渠依所为，我们自可不认，况有在华诸股东之权力，揆之事势当属可行。即使当日所画诸约中间，我们有些小漏洞之处。然兵乱之顷约本仓猝，闻公法例许更张，大意不差。当亦急，遂以败事也。总之，事务重大，时日已逼，不可更与委蛇。即新来之人，若宗旨与吾约不合，阁下与之谈言亦祈谨慎。弟处所欲面商事多，如公事稍可拨冗，尚祈命驾一来，是为甚盼。

弟张□（翼）再顿首

第六封

迳启者：

近日鄙人愈将开平事势细思，愈觉旧公司股友利益与有限新公司后添股友利益迥不相同，其中只有一事。若使新旧股友合力同心后，此年例会议时，得用其过半大众之权力，庶几公推办事之人。令照一千九百一年二月十九之副约办理。除此，无所谓公同利益也。

敝律师前函，谓此种后添股友购买虚股，其情形与旧公司股友不同，亦是有所希望于心，乃由襄（向）立新公司之人得此新股。明知所谓添招股分，并非真实母本，乃有名无实。除却代公司借债五十万两外，绝无所付者也。所以他们得此股分，其值甚廉。既无被欺情节，自不应更有后言，明矣，即此事至于法司公堂，在律在情，彼辈皆无可说。且彼辈于此争执之事，可谓有利无害。何以言之？假使阁下讼后，收回数十万镑之实银，归入有限公司。此种虚股，前经十两八两购置者，立即倍徙腾贵。彼诚何修，可以得此？就令不然，彼亦无失。故无论公司所受何损，损者并非购置新股之家。盖彼购置之时，公司业已受害。而真实受损，系属旧公司与旧股之家。惟旧公司、旧股友既经受害，自然理得取偿。其取偿之法，即是告发受托添招新股之人，以其违背塘沽合同，及辛丑正月诳骗勒约过付等情。但阁下为此，系纯用旧公司名色，所得偿还利益，亦应统归旧公司与其股友，与新者丝毫无涉。

若阁下不依前法，以收回应得之权利，且事事为新公司一切股友起见，此固是阁下洪量，但恐与阁下现在所共事一辈人，彼于此事，既然有得无失，可劝阁下及早了事，少得即止，致阁下失此极好收回利权之机会也。

更有进者，敝律师近知外国有人，于此事有关涉，而不知阁下为受骗之人。此项人极可以法，令其出头，助理此事。彼设知此事与彼有益，而肯出头理事。颇望阁下授敝律师事权，令得与此项人商议。无论后事何如，总望得一合式收场而已。

律师林文德谨启

西十二月初十

严幼陵译

后 记

　　史学研究选题往往有着现实主义的情怀，诸如现代化、市场化、城镇化的诸多论题一度属改革开放以来中国近现代史研究的热点、焦点。自步入史学探索领域以来，研究社会经济史方面的问题是自己十分感兴趣的。开平矿权史的探索即属此例。

　　笔者之所以研究开平煤矿史，是受益于王庆成老师赠送开平煤矿相关的文献。王老师晚年研究经济史学，也有学术行政经验，他曾任中国社会科学院近代史所经济室主任、所长等。笔者认识王老师时，他基本处退休状态，在家做研究的时光多。老师常在电话中讲他所关注的一些经济史、社会史学方面的论文，让我帮他检索并复制。复制好了，从积水潭乘地铁到建国门，再走几步就到了他们社会科学院的集体住所。周末大多去他在建国门附近的家中送资料。王老师常在书房，偶在厨房见我。见面我们的话题大多是从他要我复制的论文或文献开始谈起。王老师往往讲一些他复制资料的用意及其在学术方面的价值。其时谈天的话题多涉及学术、学界。王老师常谈他对华北农村的研究。其时王老师花了很大的精力与时间研究华北村落，并以村落为中心来讨论华北区域的整体性问题。言谈涉及费孝通等研究中国村落问题的著作。当时我研究严复，遂谈及社会学家林耀华有关严复的研究，后涉及林的自传性社会学经典著作《金翼》。王老师提及林耀华当时在中央民族大学任教，建议我找林耀华，听取一些研究经验。可惜未及实行，林就去世了。我后来看了王老师有关华北村落整体勾勒方面的一些论文,考论及阐发细致,多发表在《历史研究》《近代史研究》等。王老师有关社会经济史研究带有国际学术对话的性质。他对美国学界施坚雅的一些著作及其研究方法有总的看法。他认为,他们的研究方法有启迪,有些结论有待于探讨。王老师有关社会经济史的探索新方法、路径倡导及其国际视野也可见于他与虞和平研究员联合主持的有关译丛,其中有日本学者滨下武志的著作。王老师为其做的序言我读了多遍,颇受启发。王老师的史学研究很注意社会经济史方法的运用。

21世纪以降,中国经济史学探索已成海外汉学研究的热点。他们的分析多以学理阐释见长,而研读中国相关文献,国内学者多得语言及地缘等优势。研究近代中国经济史学的学理可以用当下最新的一些经济学方法,但我想探索英国工业革命及其背后经济学的诠释,可能用与此对应的斯密的经济学理论更有说服力。斯密、穆勒的经济学理论恰恰就是那个时代那个世界的产物,同时相关学理也引领着工业化大生产继续前行。严复为斯密论著所作按语称:"后之计学大家穆勒,尝深考国财愈丰赢息愈薄之理,而著为例。今观斯密氏前后之说,盖已为穆勒导先路矣。盖积畜岁广,而母财日多。母财多,而商业如故者,其赢率必日趋薄。富国之民,往往病此。欲救其弊,则用母之道,必岁有新开,发业日宏,赢率不降。故如垦新田,如农用新法,如益精制造,皆为此也。即不能,则不若贷之异国以兴其业。夫母财溢而出以假人,无异民丁溢而谋庸于外也。前所以救赢息之过微,后所以救庸钱之过薄。今者,中国过庶而不富,而国中可兴之新业最多。此所以浮海华工,日以益众,而各国争欲主中国矿路者,亦正为此耳。"严复译著《原富》涉及古典经济学相关学理,其强调矿山、铁路建设,富有创见,至今仍令人深思。

从社会经济史的理论关照层面进行比较、分析,斯密的经济动力论与马尔萨斯的人口论对一个村落的学理分析当有启迪。若长江中下游某个村落有一百亩水田,人口有一百人,均摊,一个人就有一亩地。那么当人口增加到两百时,人均半亩地。一亩水田养活一个人可以种植单季稻子。但人口增加到一百五十人时，粮食紧张，为增加产量，可种植双季稻或单季稻加上种植油菜等。人口增加到两百，对应的是普遍意义上双季稻加种油菜等。当一百人时，种单季稻，可以部分依靠自然以恢复地力。种双季稻或油菜时，就要适当投入人畜粪便等肥料，恢复地力。而两百人口时，就要适当在冬季到荷塘等用船只捞取淤泥作为肥沃土地的措施。由此增加的人口消费从加倍利用土地资源中得以保障人均生活水准。人口增加到三百时，土地无法再提供四季稻子之类，毕竟冬季阳光或温度不利于稻谷成熟等，与此对应，人们的生活质量明显下降，这时候这个村落就需要移民或陷入贫困等。从历史纵向层面而言，江南类似村落的农业经济也存在"物竞天择、适者生存"式资源竞争，就若一块蛋糕就那么大，有人吃多了，就有人要少吃。而强者往往通过各种途径兼并土地或占有资源，弱者丧失土地或资源，变成富者或强者的附属或帮工之类，贫富由此分野。也即社会资源占有的规则由此会发生分配上的变化：富有者愈加富有，贫困者愈加贫困。社会贫富日益悬殊，积累到一定的程度，阶层乃至阶级矛盾就要爆发，重新分配土地资源等成为必然。由此形成村落的一个经济从增长到衰落的周期。

中国传统社会家国同构，从修、齐、治、平的生存斗争哲学就可以看出来，"家"是社会乃至"国家"的基本单位，有影响的家族其变迁可谓社会乃至民族国家变迁史的侧影。透过村落研究去解析国家、社会历史的变迁轨迹及其规律，属历史学家、社会学家常用的手法。社会学家擅长考察村落的社会结构、功能，以及因社会结构的变化导致功能的嬗变。村落研究除了像细胞一样在空间上具备横向解剖这一可能性外，在时间上它还有历史的变迁。变迁速度上的骤缓与其社会结构、功能的变化有着内在的一致性。村落史学探索若此，煤矿史学的经典个案之探索也当若此。当然煤矿史学属于经济史学的一部分，研究者需要经济学学养，同时需要近代人际脉络上的历史学知识等。

近代中国的市场交易不完全遵循经济运作的规则。近代中国仍属于农耕文明下人治社会，人脉资源在经济活动中扮演了重要角色。而官场规则及潜规则表现出来的经济或政治功利，往往通过报刊甚至皇帝的谕旨将其进行合法化。笔者探讨的以官督商办形式运作的开平矿务局曾是洋务运动的典型范例。论及开平矿权之争背后的人脉因素，当事人"中国华部总办"严复曾称："开平局事为不知者所诟厉。本初伺隙抵巇，内与善化相怨，以倾通州。幸今事稍明白，无所谓不测者。报纸所登，大率皆党袁者扇其焰耳，非事实也。"①"本初"，袁绍字，借指袁世凯；"善化"指瞿鸿机，湖南善化人；"通州"指张翼，直隶通州人。庚子年间，开平煤矿由官督商办形式易为中英合办名义，实为鲸吞。后引发中外纠葛。近代开平煤矿的利益纠葛，涉及英、美、比、德等国，参与人物有后任美国总统的胡佛等。利益纠葛与国际政治格局变迁有关联。时值英帝国丧失其在工业化进程中的霸主地位，转而依赖掠夺海外殖民地资源维持其高额的垄断利润。中国的开平煤矿等远东的矿产是其攫取殖民利润的重要组成部分，而张翼、袁世凯从经济层面还是从政治高度处理，成为英国外交迂回的重要策略；就晚清官场权力纷争而言，开平煤矿的重要经济地位及其作为牟取政治功利的经济资本等诸多因素，决定袁世凯与张翼派系斗争的激烈程度。此大体上反映中国传统的地缘政治代表人物在开平矿务局权利纷争中的派系角逐。循此究往，开平矿权史学的探索另有天地。

笔者所著系列论文曾在母校广西师范大学 2008 年举办的中国经济史年会上交流。后有关开平矿权的一些论文也在华中师范大学近代史所举办的高端学术论坛、中国人民大学清史所举办的学术会议上宣读，最近一次系 2016 年 9 月 24 至 25 日，由山东师范大学历史与社会发展学院和中国社会科学院近代史研究所史学理论与文化史研究室联合主办的"从闭关到开放：中国早期现代化与社会转型"学术会议上交流，并得到相关专家的点评。本书第一编有关开平矿权的内容皆为笔者独著，部分稿件曾刊发于《史学月刊》等。郭常英、张秀丽老师等在编审稿件中付出诸多心力，特予致谢。

有关近代煤矿方面的档案、报刊文献辑录及整理，是本书中、下编重要构成部分。感谢王庆成老师馈赠"开滦矿务资料"；笔者在复旦大学新闻学院珍

---

① 严复：《与熊季廉书(1904 年 2 月 8 日)》，孙应祥、皮后锋编：《〈严复集〉补编》，福州：福建人民出版社，2004 年，第 245 页。

稀资料室曾查阅了《外交报》有关开平煤矿的报道及评论等；笔者指导博士生范子谦遴选《申报》有关开滦煤矿相关文献，指导博士生高俊聪选录1902年至1903年等《大公报》中开滦煤矿史料，指导研究生高舒、姜蔓、刘婧、王雨晴、鲍宪伟、林娜、严悦、张敏、王茜茜、陆艺璇、章健等参与《申报》和《外交报》中相关文献的辑录与整理。凡与开平煤矿相关并已公开出版的文献汇编收录的资料，本书基本略而不录。部分文档表述上若有不同，仍收录，便于研究。特说明。

安徽大学学报编辑部张朝胜老师为笔者主持国家社科基金重大项目"不列颠图书馆藏中国近代珍稀文献辑录、校勘并考释"课题组重要成员。他审读了书稿部分内容。特此致谢。

书稿在安徽大学出版社编审的过程中，李加凯付出了诸多的辛劳，与此同时也感谢安徽大学出版社齐宏亮等诸位领导对学术事业的无私支持。

王天根
2017年6月1日